中原学术文库·文集

崔大华全集

（全七卷·第七卷）

崔大华　著

社会科学文献出版社

SOCIAL SCIENCES ACADEMIC PRESS (CHINA)

（上图）退休后在家工作的
崔大华

（下图）1965年在河南商丘
工作时的崔大华

1987年8月，崔大华在黄河大桥

1992年5月10日，崔大华参加侯外庐先生逝世五周年学术研讨会时，在西安大雁塔留影

1998年4月18日，
崔大华参观河南临颖南街村

2003年6月，崔大华（左）到河南大学
参加中国哲学硕士毕业答辩时，在河南
大学门前留影。崔大华常年担任河南大
学中国哲学硕士毕业答辩委员会主席

2006年9月23日，河南省社会科学院举办"第九期中原哲学论坛"，崔大华（前排左三）与参会人员合影

2007年10月20日，亲友和学生在郑州庆祝崔大华（前排左二）虚岁七十大寿

（上图）2008年在书房整理书籍的崔大华

（下图）2010年11月11日，崔大华与家人在广州过生日

〔一〕 庄子其人　　　17/3　1988.

〔1〕生卒年代

关于庄子的生卒年代，晚近学者有多种说法：

364-286（马）
355-275（汉）
328-286（范）
365-290（杨）
375-295（南）

任继愈 1961年2期《庄子探源》归纳为五种

实际上有三种主论根（《哲学研究》）据：

①《史记》庄周本传提供的三行君王在位时间

"魏"梁惠王瑩 370-335 周显王三年—周显王三十四年

齐宣王 342-324 周显王三十七年—周显王四十三年

楚威王 339-329 周显王三十年—周显王四十年

《竹书纪年》订正《史记年表》有两项错误

六国　　　　　　　　　　　　二前 370-319

　a. 梁惠王在位 36年后（前335年）改元 又16年方卒

魏方合
（经后少算16年）

（这16年，在《史记》中另立襄王，襄王 318-296在位22年
　的时事属"哀王"，实际上梁无"襄王一代"）

　b. 田齐从陈恒以始，经十代（西世系前）而亡，

齐少算
（经后多算22年）

《史记》所记仅十代，少悼子、田侯剡两代，又太公
和在位共又少算22年，使《史记》齐纪年误前移22年
　二宣王在位为前320—302年

据此，庄子生卒为前375-300 "与梁惠王、齐宣王同时"

〔梁启超《先秦学术年表》〕"楚威王亦近之"

（《古史辨》第四册）

《崔大华全集》编纂委员会

出版说明

　　崔大华，字实之，1938年12月3日（农历十月十二）① 出生于安徽省六安县南岳庙区分路口乡莲花庵村（今安徽省六安市裕安区分路口镇莲花庵村）。1961年8月毕业于中国人民大学哲学系。1961年9月至1978年9月，先后任教于河南省医学院、商丘第一高中、商丘师范学校、商丘大学、商丘师范学院。1978年10月考入中国社会科学院研究生院攻读中国思想史专业硕士学位，师从我国著名马克思主义历史学家、思想家、教育家侯外庐先生（1903～1987）。1981年10月分配到中国社会科学院历史研究所中国思想史研究室工作。1982年9月调入河南省社会科学院哲学研究所，1983年任副所长，1987年晋升为副研究员，同年加入中国共产党，1992年晋升为研究员，1993年任所长，1998年退休（随即返聘，2001年2月正式退休）。2013年11月25日于广州逝世，享年75岁。

　　崔大华先生曾被聘为河南大学中国哲学专业硕士研究生导师、南京大学中国思想家研究中心兼职教授，曾担任中国哲学史学会理事、国际儒学联合会顾问、河南省儒学文化促进会副会长兼学术顾问、《道家文化研究》编辑委员会编委、"元典文化丛书"编辑委员会编委、《中华道藏》顾问委员会学术顾问，是河南省优秀专家、河南省劳动模范、国家有突出贡献专家、享受国务院政府特殊津贴专家。

---

　　① 崔大华的出生日期有两种说法：1938年农历十月十二（生母所说）和1938年农历十月十一（乳母所说）。他采用后一个说法，又向后推一个月，通常写为1938年11月11日。经崔大华夫人李正平老师确认，他的出生日期是1938年12月3日（农历十月十二）。

崔大华先生是当代中国著名哲学史家，其学术成果受到海内外学术界的充分重视与肯定。崔先生毕生从事中国哲学思想史研究，其代表性著作主要有：专著《南宋陆学》《庄子歧解》《庄学研究——中国哲学一个观念渊源的历史考察》《儒学引论》《儒学的现代命运——儒家传统的现代阐释》，合著《宋明理学史》《道家与中国文化精神》。此外，还在《中国社会科学》《哲学研究》《文史哲》《中国哲学史》《中州学刊》等刊物上发表学术论文 70 余篇。其中《宋明理学史》获第一届郭沫若中国历史学奖荣誉奖，《庄子歧解》获河南省社会科学优秀成果一等奖、全国首届古籍整理图书二等奖，《南宋陆学》《庄学研究——中国哲学一个观念渊源的历史考察》《儒学引论》《儒学的现代命运——儒家传统的现代阐释》四部专著及合著《道家与中国文化精神》获河南省社会科学优秀成果一等奖。

崔大华先生的学术成果具有很强的创新性，其理论深度为当代中国哲学界公认。崔先生读研究生前，学术兴趣主要集中在庄子道家；读研究生后，在指导老师的建议下，他把宋明理学特别是南宋陆学作为自己研究的重点。他的硕士学位论文《南宋陆学》将南宋陆学作为一个整体进行研究，资料翔实，论断新颖，拓展了中国思想史研究领域。为此，张岱年先生曾评价该成果"超过了近年来有关宋代思想论著的水平"，"是对于宋代思想史研究的一个重要贡献"。其后，崔先生又参与了集体项目《宋明理学史》的撰写，这为他后来系统的儒学研究奠定了坚实的基础。20 世纪 80 年代初至 90 年代初，崔先生回到庄子研究，先后出版《庄子歧解》和《庄学研究——中国哲学一个观念渊源的历史考察》两部大著。《庄子歧解》是他为撰写《庄学研究》所做文献准备的成果。以往注解《庄子》的方法大体有两种：集解法与孤解法。前者长于搜集，失之于冗；后者长于有见，失之于偏。崔先生兼取两者之长而避其短，在前人注释《庄子》的基础上活用歧解法，显化分歧产生的原因，从注解的分歧进入问题的研究。因此可以说，《庄子歧解》不是一般的《庄子》注释、集注性著作，而是以对中国哲学史历代思潮、学术派别的全面把握为基础进行的深入、系统解析的研究性专著。该书已成为学人读通和理解《庄子》的一部案头必备书。《庄学研究》在历史考证上系统地归纳并正确地解答了历史遗留的有关庄子其人其书及其与先秦诸子关系上的存疑问题，廓清了重重迷雾；在思想研究中视野广阔，在整个中国哲学和思想文化的发展背景下，系统地分析研究了庄学理论体系及其基本范畴，并在世界哲学背景下，彰显庄子哲学的特质与价值；具体考察了庄子思想在儒学理论更新和消化异质文化方面的突出作用。曾经被认为只有思维教训的庄子哲学，通过崔先生的研究，展现出了真实的面貌与可贵的价值。该书受到学术界的高度评价，称其为"道家思想研究方面的一流学术成果"（吴光先生语），"20世纪最有新意和理论深度的一部道家思想研究专著"（方克立先生语）。崔先生因《庄学研究》而成名，但鉴于中国传统思想文化的主流是儒学，自20世纪90年代起，他的研究重心逐步从庄学转向儒学，这反映了他终极的治学目标和学术旨趣。他先后主持两项国家社科基金项目，结项成果以《儒学引论》和《儒学的现代命运——儒家传统的现代阐释》为书名，由人民出版社列入"哲学史家文库"出版。《儒学引论》运用结构的方法，将孔子创立的儒学解析为三个理论层面，即心性的（仁）、社会的（礼）、超越的（命），表达自己对于孔子儒学的核心究竟是"仁"还是"礼"这类问题的回应，并以这个理论结构的稳定与更新，考察儒学理论形态的变化，将方法自觉与理论创新圆满结合起来；运用历史的方法呈现儒学的理论面貌，即以经学为基础的儒学形态，包括汉代天人之学、魏晋自然之学（玄学）、宋明性理之学（理学）；运用比较的方法突出儒学的伦理道德的理论特质，并在与古希腊和古印度思想的比较中彰显其特色。《儒学的现代命运——儒家传统的现代阐释》承续《儒学引论》而又高屋建瓴、视野宏阔，不仅有高度的方法自觉，还有明确的问题意识。针对儒学在现时代社会生活中究竟是已经退隐而成为一种历史记忆，还是仍在显现功能而仍然活跃的生命这一重大问题，他以翔实严密的论证，彰显了作为中国人的一种生活方式的儒学，在推进中国现代化进程和应对现代性问题中的积极作用和从容姿态，由此说明儒学具有超越具体历史情境的久远价值，古老的儒学并不是博物馆里的死物，它所蕴涵的对人类文明发展具有普适性价值的思想资源，在现代社会依然具有鲜活的生命力。这两部儒学专著，其理论创新所确立的全新视角与学术考察所拥有的开放内涵，为儒学的历史与现实的有效衔接提示了内在的逻辑理路，并为儒学未来的发扬光大和影响世界的命运进程提供了可能的范式。

崔大华先生一生淡泊名利，潜心治学，学养深厚，对于中国哲学、马克思主义哲学、西方哲学、印度哲学，皆精研有得。崔先生将学术研究与延续中华文化慧命结合起来，表现出高度的文化自觉与历史使命感。他在道家与儒学的学术研究中所取得的创新性成果，对于深化道家和儒学研究乃至中国传统文化研究，都有重要的学术价值；对于传承和弘扬中国优秀传统文化，增强中国人的文化自信，具有重要的理论价值和现实意义。

作为当代中国哲学界著名的哲学史家，崔大华先生是河南省社会科学院和河南哲学界的一面旗帜。如今先生虽已仙逝，但他高尚的学术品格和宝贵的思想遗产，永远值得后人学习、研究与传承。2019 年 3 月，河南省社会科学院启动《崔大华全集》的编纂出版工作，并成立《崔大华全集》编纂委员会。《崔大华全集》不仅收录了崔先生已出版的全部论著，包括专著、合著、论文以及早年发表的哲理短文、崔大华先生学行简谱，还收录了他未发表的随笔、短文、日记、部分书信及不同时期照片。《崔大华全集》以保证论著的完整呈现为原则，按照时间与类别相结合的方式编排，共分为七卷：第一卷收录《南宋陆学》和《宋明理学史》《道家与中国文化精神》中崔先生撰写的章节，第二卷收录《庄子歧解》，第三卷收录《庄学研究——中国哲学一个观念渊源的历史考察》，第四卷收录《儒学引论》，第五卷收录《儒学的现代命运——儒家传统的现代阐释》，第六卷收录《中国传统社会思想的理路及当代价值》①，第七卷收录崔先生已发表但未收入《中国传统社会思想的理路及当代价值》的论文，以及随笔、短文、日记、书信、崔大华先生学行简谱。《崔大华全集》计400 余万字。《庄子歧解》《庄学研究——中国哲学一个观念渊源的历史考察》经过崔先生修订后曾在中华书局和人民出版社再版和重印，《崔大华全集》根据再版和重印本校勘。其余发表过的作品根据原版原文校勘。未发表过的作品，在整理中尽量保留原貌，底稿中明显的讹误之处以"编者注"的形式予以说明。

---

① 崔大华先生仙逝后，河南省社会科学院哲学与宗教研究所曾组织科研人员搜集崔先生发表的学术论文，进行分类、校对，编成《中国传统社会思想的理路及当代价值》一书，于 2016 年 10 月由社会科学文献出版社出版。

《崔大华全集》由河南省社会科学院创新工程项目资助，作为河南省社会科学院创新工程成果出版发行。

　　以"全集"的形式为专家学者出版作品集，在河南省社会科学院尚属首次。我们在编纂过程中虽然尽心竭力，但是由于学术水平和编纂经验所限，难免会有不足之处，希望得到学界同仁与读者的批评指正。

《崔大华全集》编纂委员会

2021 年 7 月

编辑凡例

一、已发表作品的版本、出处见各卷"卷前说明"。

二、以繁体字发表的论文改为简体，竖排改为横排。

三、原印刷中的错误和作者行文中明显的文字、标点错误均予校改。异体字改动而无损原意者，一般改为通用字。

四、标点符号按照最新的标准执行。

五、原有随文注一般不改动，文末注释均改为页下注；注释中有明显错误的，予以订正。

六、编者注释均注明"编者注"字样。

卷前说明

　　本卷收录崔大华已发表但未收入《中国传统社会思想的理路及当代价值》的论文 18 篇,《中国历史大辞典·思想史卷》中崔大华撰写的 26 个辞条,崔大华 1970～1973 年写作的随笔《佳羽集》,崔大华撰写的哲理短文集《雕朽集》(共计 87 篇,其中 20 篇曾在《读书》杂志发表,其余 67 篇首次发表),崔大华给前辈学人、学界同仁、编辑、后辈学人、读者、老师、同学、亲人及其他人士的书信共计 105 封,崔大华夫人李正平老师提供的崔大华日记(1979～2012),崔大华先生学行简谱。已发表的论文于文末、《中国历史大辞典(思想史册)》和哲理短文于标题下说明出处,并据此校勘。

目录
CONTENTS

评《简明中国哲学史》（修订本）

1973 年 7 月，《简明中国哲学史》出版了。1974 年，"四人帮"提出中国哲学史要以儒法斗争为基本线索的旨意，又火速修改，1975 年 5 月重新出版，是为《简明中国哲学史》（修订本）（以下简称《修订本》）。这个《修订本》修订了什么？无非是为在中国哲学史领域建立法家的一统天下，做了两件事：第一，抬出几个在中国历史上以厉政著称的帝后将相登台升帐，作为"执行法家路线"的大头目；第二，招兵买马，把从代表没落奴隶主阶级利益的名家公孙龙，到资产阶级民主革命派章炳麟都拉入"法家"阵营，以证"儒法斗争贯穿古今"。《修订本》给中国哲学史上的一个个唯物主义思想家戴上"法家"的桂冠，或挂上"反儒尊法"的牌号，把中国哲学史上唯物主义与唯心主义、辩证法与形而上学的斗争及其所反映的中国历史上各个时期的阶级斗争，歪曲为封建地主阶级内部尊儒和尊法的斗争，完全搞乱了中国哲学史上的阶级阵线、唯物主义和唯心主义的阵线。

一

《修订本》认为中国历史上，从奴隶制崩溃时期到资产阶级革命时期，都存在着儒法两条路线、两种思想的对立和斗争；认为中国哲学史上从古到今都存在着"反儒必尊法"的思想斗争规律。这是《修订本》种种论断的两个主要依据。然而，历史实际果是如此吗？

在中国历史上，儒法作为互不相容的两种政治思想和阶级利益的对立是在春秋战国时期，即奴隶制度向封建制度转变的时期。儒家用"礼治"，以尊崇传统的伦理道德和规章制度来维持以"井田"制、分封制和世袭制为主要经济政治特征的奴隶制度；法家代表新兴地主阶级利益，主张用"法治"来统治人民，以耕战来建立和巩固地主阶级的土地私有制。

汉代以后，随着封建制度的确立和巩固，儒法的对立就逐渐消融，并在政治上互相结合，渐趋合流了。这种历史现象的出现是必然的。列宁说："所有一切压迫阶级，为了维持自己的统治，都需要有两种社会职能：一种是刽子手的职能，另一种是牧师的职能。"① 刽子手杀掉敢于反抗者的头，牧师泯灭准备反抗者的心。牧师发挥职能的办法，就是以"天堂"来欺骗，以"地狱"来恐吓。在中国，能起到这种作用的东西也有儒家。"仁者爱人"（《论语·颜渊》）这是骗，"获罪于天，无所祷也"（《论语·八佾》）这是吓。汉初的思想家或谋士们惩震于秦的迅速崩灭和农民起义的威力，就感到对于维持封建地主阶级政权，法家提供的理论武器显然是不够用了，需要儒家帮忙了。刘邦的谋士陆贾就说："法令者，所以诛恶，非所以劝善。"（《新语·无为》）提出"以仁义为巢"（《新语·辅政》）。贾谊也认为："礼者，禁于将然之前；而法者，禁于已然之后。"（《汉书·贾谊传》）随后，董仲舒对先秦儒家思想作宗教化的改造，进一步论证封建的神权、政权、族权、夫权的合理性、永恒性，儒家的牧师职能得到充分发挥，于是汉代的统治者终于确定了儒家的统治地位，儒法结合或合流起来。汉武帝一面"独尊儒术"，一面制定严刑峻法来统治人民。汉宣帝说得分明，"汉家自有制度，本以霸王道杂之"（《汉书·元帝纪》）；汉代的经书写得分明，"礼乐刑政，其极一也，所以同民心而出活（治）道也"（《礼记·乐记》）。儒法间的小纠葛，在共同对付农民阶级这个大目标下，必归和解。用汉代盐铁会议上桑弘羊的结束语来说，叫作"胶车倏逢雨，请与诸生解"（《盐铁论·大记》）。

汉代以后，直到明清，中国封建制度的经济基础没有根本变动，儒法思想作为构成封建制度上层建筑的理论基础和施政原则的情况都没有改

---

① 《列宁选集》第2卷，第638页。

变。所谓"法家人物"也常操儒家的武器。曹操主张"治定之化，以礼为首；拨乱之政，以刑为先"（《三国志·魏志·高柔传》）。他虽录用"不仁不孝而有治国用兵之术"的人，但也曾以"不孝"的罪名杀掉人。明代的张居正在给同僚耿楚侗的信中说："孔子论政，开口便说足食足兵……何尝不欲国之富且强哉？后世学术不明，高谈无实，剽窃仁义谓之王道，才涉富强便云霸术，不知王霸之辩，义利之间，在心不在迹，奚必仁义之为王，富强之为霸也。"（《答福建巡抚耿楚侗谈王霸之辩》）张居正的话表明，儒法在空洞的理论争辩时有时争得面红耳赤，而其政治目标则是一致的，都是要巩固剥削阶级的统治。只不过儒家主张用软刀子，法家主张用钢刀。难道软刀子一定比钢刀好吗？张居正认为彼此彼此。张居正为了"富强"，进行了一些改革，同时为了维护"仁义"，也杀掉不少人，其中包括"非名教所能羁络"的梁汝元（何心隐），他毫无顾忌地在刑杀和仁义之间划了个等号："盖闻圣主以杀止杀，刑期无刑，不闻纵释有罪以为仁也。"（《答应天巡抚胡雅斋言严治为善爱》）

　　同样，在儒家人物那里也不乏法家的手段。明代心学家王守仁在镇压江西农民起义时，一面实行思想瓦解，颁布"告谕""乡约""社学教条"等，宣扬孔孟之道，要使反抗的民众"格面格心"；一面实行军事镇压，规定"斩贼擒贼"的赏格和"迟延隐匿"的惩条，"选练民兵"（训练地主武装）创立"十家牌法"（严密封建政治统治），使反抗的民众"渐尽灰灭"。这一手正是商鞅发明、王安石也曾使用过的东西。曾国藩平时说"诚""进德修业"，信誓旦旦，"不敢一毫欺人"，彬彬然孔孟程朱的信徒。一旦太平天国兴起，他为镇压农民革命，"出办团练军务，又变而为申商"（《水窗春呓》），凶相毕露地宣称："用重法以除强暴，而残忍严酷之名在所不辞。"他的湘军所到之处，"兵过如洗"。这时，他行的当然是法家主张的"严家无悍虏，而慈母有败子，吾从此知威势之可以禁暴，而德厚不足以止乱"（《韩非子·显学》）的路数了。鲁迅先生说得好："在中国的王道，看去虽然好象是和霸道对立的东西，其实却是兄弟，这之前和之后，一定要有霸道跑来的。"（《且介亭杂文·关于中国的两三件事》）这是中国历史上儒法关系的确凿之论。

二

在中国历史上封建地主阶级的政治实践中，总是体现着儒法结合而不是对立的情况，这是一方面；另一方面，在思想领域内儒家和法家却有不同的地位：从奴隶主阶级那里被改造过来的儒家思想高居正统；封建地主阶级所固有的法家思想却立于卑位，有时甚至被视为"异端"。儒法两家学说命运的这种高岸深谷的变化，是因为儒家比法家能在更多、更根本的方面满足封建地主阶级的需要，而这又是由中国封建社会的特点和地主阶级历史地位的变化所决定的。中国的封建社会是宗法性的封建社会，血缘的宗族关系拥有广泛的社会权力；调整这样社会内的阶级关系，维持这样社会的稳定，伦理准则比法律条文更根本、更有效。在中国氏族奴隶制经济基础上形成的儒家孔丘学说，就有丰富的伦理思想，他从贵族奴隶主阶级立场制定的一系列道德准则，诸如忠恕、孝悌、仁义等，用来调整统治阶级和被统治阶级以及统治阶级内部的关系，维护"君君臣臣、父父子子"的宗法制度。封建制度虽由奴隶制度转变而来，但都属私有制度，政治、经济上和奴隶制度都有很多共通的地方（如等级、世袭、割据等），奴隶制度下产生的思想意识形态被改造过来加以使用是完全可能的。汉代董仲舒首先开始这个改造工作，他把孔丘的这些伦理准则概括为"三纲五常"，并归之于"天"："五道之三纲，可求于天"（《春秋繁露·基义》）赋以神圣的、绝对的权威；宋代理学家进一步把它归之于"理"，"父子君臣，天下之定理"（《二程遗书》卷五）改造了它的神学外衣，赋以新的哲学基础。儒学就这样适应着封建制度的发展，变更形态，增新内容，成为封建地主阶级得心应手的统治人民的精神桎梏，它比法家惯常使用的木枷铁锁厉害百倍。清代戴震说："酷吏以法杀人，后儒以理杀人，浸浸在舍法而论理，死矣更无可救矣。"（《戴东原集·与某书》）"人死于法犹有怜之者，死于理，其谁怜之？"（《孟子字义疏证》卷上）在封建社会里违理犯伦的"名教罪人"是永无出头之日的。但法家学说自先秦以后就停止了发展。封建地主阶级从奴隶主贵族手中夺得政权，取得统治地位后，就渐趋保守、没落，作为法家学说哲学基础的唯物主义精神和发展的观点，也就失去了自己的阶级依据，法家学说当然也就只能停留在韩非的那个历史高度上。

在封建社会复杂的阶级矛盾和激烈的阶级斗争中，特别是在反映这些矛盾和斗争的思想领域内，高居正统地位的儒家思想，必然要受到多方面的冲击。它首先受到对立的农民阶级的反对，在封建社会末期，还受到资产阶级的攻击，这是主要方面；另一方面，它还受到地主阶级内部某一集团的攻击，通常他们是受到代表皇族、豪族大地主压抑、排挤的庶族中小地主的攻击。这种情况在中国长期的封建社会里，它经常表现为一些唯物主义思想家批判处于统治地位的儒家唯心主义——孔孟天命论、董仲舒神学目的论和程朱理学，有时还在政治领域内表现为变法革新等。

但是，反儒并不就是法家，也并不就一定尊法。例如，先秦的墨家、道家都在不同程度上反对过儒家，难道能说他们是法家吗？东汉末年的黄巾大起义提出"苍天已死，黄天当立"的口号，宋代农民起义提出"等贵贱、均贫富"的口号，都带有鲜明强烈的反儒色彩，同时也是对主张以法制来制造、维持贵贱贫富的法家思想的批判，难道也能说他们是法家吗？再拿近代资产阶级来说吧，中国资产阶级和封建地主阶级在政治上、经济上有千丝万缕的联系，在思想上它经常是崇奉和维护儒家思想的。但资产阶级毕竟有和封建地主阶级相矛盾的阶级利益和要求，一定时期中总有反儒的思想和人物出现，如戊戌变法时的谭嗣同和辛亥革命前的章炳麟。但他们也绝不是"法家"，因为他们的反儒是为了实现资本主义而不是维护封建制度，他们使用的武器不是中国古代法家的理论，而是近代资产阶级思想：庸俗进化论、机械唯物主义和社会政治学说。谭嗣同是近代中国资产阶级改良运动中最为佼佼者，他的"冲决罗网"的反封建思想的哲学基础，就是以"以太"范畴为核心的机械唯物论。他认为，"以太"是一切事物的本源，"以太"的本性表现是"仁"（"夫仁，以太之用"），"仁"的本质是"通"（"仁以通为第一义"），"通"的具体表现是"平等"（"通之象为平等"）。封建的伦理规范、纲常名教，如忠、孝、廉、节、礼、义、信等，都是具有等级性的，所以皆是"不识仁之体"，皆当"冲决"（见《仁学》）。他的结论的理论前提和逻辑推理，就没有一点法家的内容。谭嗣同在谈到自己"仁学"的思想来源时，列举中外古今百家学说，唯独没有法家（见《仁学界说》）。可见，他对法家也并非推崇。辛亥革命前，当章炳麟民主革命精神焕发的时候，他有过批孔批儒的言论。他历数孔学儒家的罪恶，诸如"以富贵利禄为心""君主愚民"等，无疑都是事实和正确的，但这并不是法家反儒的话头，儒家用来抨法也未尝不可。他的反孔批儒是出于当时和保皇派进行辩论的政治需要，作为其思想基础的"自贵其心，不援鬼神"（《答铁铮》）、"妨碍平等的东西必要除去"（《演说录》）等观点，都是资产阶级的东西，也掺有佛教唯心主义的内容。"可是，因为中国资产阶级的无力和世界已经进到帝国主义时代，这种资产阶级思想只能上阵打几个回合，就被外国帝国主义的奴化思想和中国封建主义的复古思想的反动同盟打退了。"① 章炳麟也是这样，他很快颓唐，又用手扯起他用脚踏过的旗——尊孔读经。章炳麟在早期反孔批儒的时候，并没有根本否定孔丘，在后期尊孔读经的时候也还是推崇先秦法家的学术和事功。他心目中儒法对立是没有的，今古文经学的门户界限却是森严的，所以他曾对清代今文经学进行了激烈的攻击。清代今文经学是主张变革的，《修订本》里被划入"法家"阵营。编著者如谓章炳麟此举是法家"同室操戈"，那是有眼不识章夫子，对龚自珍、魏源恐怕也是所识甚浅。

封建地主阶级内部的"反儒"情况比较复杂。儒家学说大抵可分孔孟开创、董仲舒神学化、程朱理学化等不同的阶段。孔孟时期和儒家对立的先是墨家，后是法家，这是在阶级立场、政治主张、哲学基础、学术传统上全面的对立，他们的矛头指向儒家孔孟学说的核心：天命、礼治、仁义，这是真正的反儒。此后，封建地主阶级内部的反儒情况就不是这样了。几乎是所有的反儒思想家都是主要反对自己那个时代处于正统地位的、已被改造的儒家思想（他们称之为"俗儒""世儒"），而对儒家的祖宗孔丘、孟轲却是称颂崇奉的。宋代理学产生以前，儒家正统地位还未十分巩固，封建伦理纲常尚未极度强化，还有讥嘲孔孟的不逊微词。例如汉代王充的"问孔""刺孟"，但也只是说"孔子之言多若笑弦歌之辞"（自相矛盾），孟轲自诩甚高，其实"与俗儒无殊"，根本不着要害（但这仍是王充富有批判精神的一种表现）。但是，《论衡》中也不乏称颂孔丘

---

① 《毛泽东选集》第2卷，第657页。

的言词，诸如"孔子圣人，孟子贤者"（《命禄》）、"故夫孔子，山中巨木之类也"（《效力》）。在王充心中仍是"可效仿者莫过孔子"（《自纪》）。宋代以后，反理学的唯物主义思想家对孔孟就不敢再触碰了，相反，常常以先儒批后儒，以能揭出理学、心学与孔孟悖谬为最有力之立论。明代罗钦顺着力于论证心学不合孔孟，流于禅。清代颜元宣言："必破一分程朱，始入一分孔孟。"（《年谱》卷下）戴震考证"六经孔孟之书，不闻理气之辨，而后儒创言之……实失道之名义也"（《孟子字义疏证》卷中）。他们与"俗儒""世儒"的对立，主要表现在自然观方面，王充以元气自然论反对董仲舒天人感应的神学目的论，张载、王夫之以元气本体论反对理学家的理本体论。这些用王充的话来说，叫作"虽违儒家之说"，却合于"黄老之义"（《论衡·自然》），这与先秦法家的唯物自然观有共同渊源，都是来自对道家自然观的唯物主义改造。而在社会政治观点方面，他们与"俗儒""世儒"却没有本质的区别。从王充的"治国之道当任德也"（《论衡·韩非》）到颜元《存治篇》里提出的"王道"政治（主张恢复"井田"、封建、学校三项体现西周奴隶制的经济基础和上层建筑的制度），一千五百年过去，反儒的思想家和政治方案还是"礼治""仁义"的老一套，这里就没有一点法家的眼光。即使是主张变法革新的人物，也要在儒家经典里寻根据找武器。宋代王安石最为理直气壮的一句话是"一部《周礼》，理财居其半"（《王荆公文集·答曾公立书》）。王安石新法的理论根据不在《韩非子》，而在《三经义》（《诗》《书》《周礼》）。

这些唯物主义思想家虽反"俗儒"，但并不尊法，即使其中有些人肯定、称赞先秦法家的事功，但对其学说，特别是对法家思想主要特色的法治观点并不以为然，乃至攻击。王充还是个好代表，谈到法家事功时，他抬举商鞅、管仲，盛赞他们"富民丰国，强主弱敌"（《论衡·案书》），谈到法家思想时，他却写《非韩》，指责治国任刑，犹如"治身之人任伤害也"，当然是反对的态度。王安石有诗"今人未可非商鞅，商鞅能令政必行"（《临川集》三十二卷《商鞅》）是赞商鞅的事功，却又有诗"兴世不读《易》，但以刑名称。蚩蚩彼少子，何用辨坚冰"（同上书，卷九《秦始皇》）讥嘲法家"以吏为师"，不知礼义，反对法家"惟法为治"

（《韩非子·心度》）的思想。他还有诗《始皇驰道》《愍儒坑》《骊山》等，也是抨击秦政，反对法家思想的。

中国古代朴素唯物主义思想集大成者、明末清初的王夫之，他继承和发展了宋代张载的唯物主义思想，用元气本体论，从有无、体用等根本方面批判了儒家唯心主义的理学、心学的虚妄，但同时也多次抨击申韩"峻刻"，主张"言治者，任法不如任人"（《读通鉴论》卷十），认为"任法则天下困，任道则天下逸"（同上书，卷一），这里的"人""道"即儒家的"礼治""德政"。王夫之同时也极力维护封建伦常，认为"尊尊、贤贤之等杀，皆天理之自然"（《张子正蒙注·动物》），"仁义，天德也"（同上《张子正蒙注·诚明》）。这更和孔孟、程朱、陆王别无二致。所以，王夫之的门上也是难以挂上"反儒尊法"的牌子的。

在封建地主阶级内部的反儒思想家中，还有一个特殊人物，这就是明代的李贽。在中国封建时代里，他是对孔学、儒家（理学）作了最猛烈尖锐批判的人。用顾炎武的话来说，叫作"自古以来，小人之无忌惮而敢于叛圣人莫甚于李贽"（《日知录》卷十八）。但由于他的思想的哲学基础是主观唯心主义的（"童心说""生知说"），他虽揭露批判了客观唯心主义的理学所表现出的虚伪、腐朽，而无法把它的内核理之本质的虚妄击破；由于他的方法是相对主义的（"是非无定质"），他反对"以孔子之是非为是非"，但也否定有客观的是非标准（见《藏书·世纪列传总目前论》）。他说："自古忠臣孝子、义夫节妇，同一侠耳。"（《焚书·昆仑奴》）可见儒家的封建伦理纲常更是他无法突破的。他对法家并非独尊，而是和诸子六家同视："各自成家，则各各有一定之学术，各各有必至之事功。"（《焚书·孔明为后主写申韩管子六韬》）他乐于为各种历史人物闹翻案打抱不平，既有"千古一帝"秦始皇这样的法家人物，也有"皆有一定之学术、非苟苟者"谯周、冯道这样的儒林文臣。可见李贽既不以儒家之是非为是非，也不以法家之是非为是非。"十卷《愣严》万古心，春风是处有知音。"（《续焚书·石潭即事四绝》）儒法道佛，李贽的心是钟情、皈依佛门的。

以上论述在于说明，以儒法斗争为基本线索的《修订本》赖以立论的依据——儒法斗争贯穿古今的反儒必尊法，全属虚妄！

三

由事物表面现象的分析达到对事物内部本质的认识，这是科学的抽象，这里就需要运用辩证法；而把不存在的事物描绘得如同真的一样，这是捏造的伎俩，《修订本》主编的"功夫"就是用这种伎俩来维护他的虚妄观点的。

1. 取其一点，不及其余。列宁说："辩证法要求从相互关系的具体发展中来全面地估计这种关系，而不是东抽一点、西抽一点。"①《修订本》的形而上学表现在它总是抛开一个思想家的全体或主要方面，从他著作中东抽一点、西抽一点，剪拼成自己需要的形象，拉他起来"反儒尊法"，加入从古到今的"儒法斗争"行列。这里，且以荀况为例。荀况是先秦诸子中的重要人物，他丰富的、深刻的唯物主义思想的确对中国哲学思想的发展产生了深远的影响。然而《修订本》认为荀况是法家，其根据：一是他反对孔孟，二是他主张法治。这两点都背离了当时的历史背景和荀况思想的全貌，是站不住脚的。第一，荀况的唯物主义自然观、认识论和历史观当然是和孔丘的唯心主义思想对立的，但荀况立论的锋芒并不是指向孔丘，而是针对当时（距孔丘有二百多年的时间）的世俗迷信和宗教神秘主义。如司马迁所说："荀卿嫉浊世之政，亡国乱君相属，不遂大道，而营于巫祝，信禨祥，鄙儒小拘……序列著数万言而卒。"（《史记·孟子荀卿列传》）相反，在《荀子》三十二篇中盛赞、拳服孔丘之词比比皆是，如称孔丘是"天不能死，地不能埋"（《荀子·儒效》）。至于荀况反孟，那是为了护孔。孔丘死后，儒家分裂为几个派系，思孟派即是其一。荀况说自己的任务就是："上则法舜禹之制，下则法仲尼子弓之义，以务息十二子之说。"（《荀子·非十二子》）即继承孔丘的传统，批判诸家各派，子思、孟轲是"十二子"中的二员，当然也逃不了荀况的笔伐。第二，法治思想根本不是荀况政治思想的主要倾向。荀况认为德治称王胜于以力争霸："以德兼人者王，以力兼人者弱。"（《荀子·议兵》）这就不同于法家的"明君务力"（《韩非子·显学》）；荀况主张"惠政""爱民"：

---

① 《列宁选集》第4卷，第449页。

"庶人骇政，则莫若惠之……故君人者，欲安则莫若平政爱民矣。"（《荀子·王制》）这和法家"仁义爱惠之不足用，而严刑重罚之可以治国"（《韩非子·奸劫弑臣》）的主张也不相同。至于法治，荀况是把它作为礼治的辅助方面提出的，"治之经，礼与刑"（《荀子·成相》），而且主要是用来对付广大劳动群众的："由士以上，是必礼乐节之；众庶百姓，则必以法数制之。"（《荀子·富国》）荀况的"无能不官、无功不赏、无罪不罚"这类貌似法家的话（《荀子·王制》）都是在这个大前提下谈的。所以，如果从政治思想方面来说，荀况和儒家的孔孟，乃至以后董仲舒、理学的儒家"正统"，都是对立的，但也不能因此就说他是"法家"。荀况的"无家可归"，只是表明汉代人对先秦思想无论是司马谈的"六家"或班固的"十家"划分法，都不科学严谨，既不能概括先秦思想领域内的全部现象，更没有揭示各家的本质。用历史唯物主义观点来看，荀况是属于新兴地主阶级的唯物主义这一家，他和先秦儒法两家的关系是承前启后的。《修订本》的非儒即法、判荀入法是形而上学思想方法的反映，是为其政治目的服务的。《修订本》就是用这种"取其一点，不及其余"的形而上学方法，用"唯物主义者——反儒（孔孟）——尊法"这个虚构的公式，把王充以后的几乎所有的唯物主义思想家都划入了"反儒尊法""法家"的阵营。事实上，这既不是他们生平的作为，也不是他们心中的诚愿。古魂如真是九泉有知，那是一定要叛离这个阵营的。

2. 断章取义，肆意歪曲。《修订本》还常将一些唯物主义思想家的话斩头断足，再作适合自己需要的"反儒尊法"的歪曲。宋代以后的唯物主义思想家，常援引孔孟思想中积极入世的主张（孔孟本意是为了挽救奴隶制的危亡）来反对理学、心学的空谈礼义心性。例如南宋功利派的陈亮说："夫渊源正大之理，不于事物而达之，则孔孟之学真迂阔矣。"（《龙川文集·勉强行大道有功论》）这句话的意思很明显是说，孔孟是关心实际问题的，象程朱理学所说那样"理"存在于事物之外，是不合孔孟旨意的迂腐之论。这种援孔批理，本是地主阶级唯物主义思想家的时代和阶级的局限性的表现，但这却使《修订本》上的那个虚构公式濒于破产。于是主编就挥起笔斧，一下把这句话砍去一半，只留下"孔孟之学真迂阔"，把"认为孔孟之道不切实际到了极点"这个莫须有的观点加给陈亮，陈亮就成了不仅反对程朱同时也声讨孔孟的"反儒尊法"人物——清代颜元这个"反儒尊法"人物也是用这个方法制造出来的。颜元引用《尚书》《易经》《孟子》等儒家经典，证明"以利为义"符合儒家观点（见《四书正误》卷一），以揭露批判利欲熏心的理学家讳谈"利欲"的空疏和虚伪。《修订本》砍去他的论证，引他的结论，说这是他的"尊法反儒思想"。陈亮公开宣称"王霸可以杂用，则天理人欲可以并行矣"（《龙川文集·丙午复朱元晦秘书书》）。李塨在主张恢复"王道"的同时，认为"治则刑重，乱则刑轻"，主张实行严刑峻法（见《平书订》卷十三）。这些都表明，封建地主阶级里面的"功利派""经世致用派"，还有"变法派"，绝不是什么"反儒尊法"，而是公开主张儒法并用。这铁的历史事实，《修订本》和笔斧是砍伐不掉的。

3. 望文生义，不作深究。代表奴隶主阶级利益的名家公孙龙也被拉入"法家"阵营，就是用了这个手法。《修订本》根据文献记载中的法家人物多"好刑名之学"和荀况著作中有一处惠施、邓析并提，就断定名家"接近"法家，属于法家的"同盟军"。这是望文生义，不作深究。事实上，第一，名家并不是统一的学术和政治派别，它的主要代表惠施和公孙龙在政治立场和哲学上都是对立的。惠施"不法先王，不是礼义"（《荀子·非十二子》），曾为魏惠王制定法律（见《吕氏春秋·淫辞》），主张"合同异"（相对主义），反对奴隶主阶级的绝对权威（"去尊"）。所以惠施的思想和活动是属于新兴地主阶级的。公孙龙却是"少学先王之道，长而明仁义之行"（《庄子·秋水》），曾劝说燕昭王不要进行战争（见《吕氏春秋·应言》），主张"离坚白"（绝对主义）。他用《指物论》《通变论》里一番概念推演来证明奴隶制度的种种现象、个体（实）虽在变化、没落，但其本质、共相（名）却是永恒不变的，又在《名实论》里提出以名正实，即以旧的奴隶制的规范来纠正变化的现实，这就是司马谈《六家要旨》中所说的名家的用处在于"控名责实"。公孙龙的思想是反对奴隶主、反对儒家的，云云。第二，就名辩思想产生的社会根源和政治作用来说，名家和法家不是"接近""同盟"，而是根本对立。先秦"辩者"（即以后之名家）常是很有文化修养的奴隶主阶级人物，他们利用语言文字的理解上可能产生的歧义和概念的内涵外延间客观存在的矛盾，对当时各国代表新兴地主阶级利益公布的法令条文作咬文嚼字的曲解，以反对和破坏新兴地主阶级的政治统治。对此，法家当然是要给以反击的，所以韩非说"坚白无厚之词章，而宪令之法息"（《韩非子·问辩》），简直是势不两立。（"坚白"是公孙龙的论题，"无厚"是惠施的论题）司马迁说韩非"喜刑名法术之学"，那只是表明法家都极为注意掌握辩论的方法，丝毫不能证明法家把名家引为同类。

《修订本》还把章炳麟《驳建立孔教论》等三篇文章说成是"把尊法反儒的斗争提到新的水平"，不对，这是编著者把"望文生义"发展到新水平！这篇文章只要略为粗读，就可以看出在貌似反孔的题目下全是尊孔的内容。章炳麟认为孔丘是功德"高于尧舜文武而无算者"，把孔丘当教主来尊奉，就会损伤、降低孔丘的神圣。这也能算是反孔吗？可见，《修订本》主编煞费苦心论证的儒法斗争贯穿古今的结论虽是假的，其所使用的形而上学方法贯穿古今倒是真的，从奴隶制崩溃时期到资产阶级民主革命时期都用到了。

4. "秽史"的笔法。孔丘修《春秋》为亲者、贵者、贤者讳，维护奴隶主阶级的利益。《修订本》的主编为法家讳，运用"所恶洗垢求疵，所爱钻皮出羽"的秽史褒贬笔法，颂扬所谓"执行法家路线"的帝后将相，如武则天、康熙"有作为"，曹操"促进了社会生产力的发展"等，而对他们残酷镇压剥削人民的主要方面，讳莫如深，缄口不语。对封建地主阶级采取这种感情立场，真是连资产阶级民主派也赶不上，更何况无产阶级。对其他历史人物也是如此。隋唐时期是佛教在我国最为兴旺的时期，佛教是当时唯心主义和宗教迷信的主要形态。在这个时期，排佛最力的要算韩愈，他还提出"道统说"，就是要以儒家的唯心主义来对抗佛教的唯心主义。而柳宗元由于"自幼好佛，求其道积三十年"（《柳河东集·送巽上人序》），深受佛教唯心主义思想影响，就使他的唯物主义思想只能在丰富王充元气自然论的基础上展开对世俗迷信的批判，而不能在范缜形神理论的基础上进一步展开对佛教唯心主义的批判，而这正应是当时思想战线上的主攻方向。这样，就不免降低了他的唯物主义的思想水平和在中国哲学史上的地位。《修订本》的主编却因为韩愈尊儒，也就对他的排佛不作任何分析；因为柳宗元所谓"反儒尊法"就对他晚年的信佛竭力掩饰，说是"或多或少"受佛家感染，在"晚年"才有点表现，云云。这种私意褒贬的秽史笔法，当然不是尊重历史的科学态度，而是任意摆弄历史的实用主义的态度。

四

应当指出，1973 年的《简明中国哲学史》第一版在儒法问题上的持论还是比较公允的。这本书在一年时间内发生的这种变化，不禁使人想起马克思关于资产阶级经济学从古典经济学蜕变到庸俗经济学所说的话："它敲响了科学的资产阶级经济学的丧钟。现在问题不再是这个或那个原理是否正确，而是它对资本有利还是有害，方便还是不方便，违背警章还是不违背警章。不偏不倚的研究让位于豢养的文丐的争斗，公正无私的科学探讨让位于辩护士的坏心恶意。"①《修订本》也是这样，对于它，问题不再是"尊重历史的辩证法的发展"②，科学地说明中国历史上唯物主义与唯心主义、形而上学与辩证法之间的斗争随着阶级斗争和生产斗争而发生、发展的客观过程，而是遵从"四人帮"的意旨，把中国哲学史捏塑成适合他们篡党夺权需要的主观样子："四人帮"要以"儒法斗争"来篡改党的基本路线，《修订本》就编造哲学史上的儒法斗争贯穿古今；"四人帮"以"法家""最革命"自居，《修订本》就证明唯物主义都是法家，都是反儒尊法。所以，《修订本》是一部为"四人帮"篡党夺权阴谋服务的伪史，是主编对自己灵魂和科学良心的出卖。它出版后，和"四人帮"御用文人梁效、罗思鼎之流炮制的其他历史黑书、黑文一起，广为流传，一时间，唯心主义泛滥，形而上学猖獗，在史学领域内造成了极大的混乱。

值得庆幸的是"四人帮"的横行未能长久，以英明领袖华主席为首的党中央一举粉碎了"四人帮"，挽救了革命，挽救了党，使我国人民避免了一次大灾难，使我国社会主义事业避免了一次大倒退，我国的历史科学也因此避免了一次空前的破坏。今天，我们一定要在以华主席为首的党

---

① 《资本论》第 1 卷，第 17 页。
② 《毛泽东选集》第 2 卷，第 668 页。

中央领导下，抓纲治国，深入揭批"四人帮"，澄清他们制造的混乱，肃清他们的流毒和影响，用马列主义、毛泽东思想指导历史的研究，为繁荣我们社会主义祖国的科学文化事业而努力工作。

（写于 1978 年）

（收入《哲学研究》编辑部编《中国哲学史文集》，吉林出版社

1979 年版，以"周问石"笔名发表，崔大华的生母姓周）

南宋陆学[*]

南宋陆学是以南宋理学家陆九渊为核心，由其浙东和江西弟子共同组成的一个学派，它的理论宗旨是"发明本心"。本文努力在宋代思想和整个中国思想发展的广阔背景下，对其主要人物的思想面貌进行分析，主要论述了四个问题。

一　南宋陆学的形成和流变

1. 南宋陆学的开创

陆九渊是南宋陆学的开创者。陆九渊生平的特色，是其思想经历了一个独特的发展过程：少年时代受庄子思想情趣的浸染；青年时摆脱儒外思想的影响，确立儒家人生观；中年以后显示出某种理论创造性，提出"宇宙便是吾心，吾心即是宇宙""发明本心"，创立了主观唯心主义的"心学"体系。这个体系有以下这些主要内容。

哲学基础。构成陆九渊心学体系的哲学基础的观点是"心即理"。陆九渊所谓的"理"，和宋代理学思潮一般的理解相同，是指世界终极根源性的实体。陆九渊对"心"的理解，则具有自己的个性特色。宋代理学家讲的"心"，经常是指知觉之心和道德之心，"心者，人之神明，所以具众理而应万事者也"（朱熹）。而陆九渊所理解的"心"，是一种伦理性的实体，"四端即是本心"，知觉作用和道德行为仅是它本能的自然表现，

＊ 本文是作者硕士学位论文《南宋陆学》的摘编，发表在当时的中国社会科学院研究生院院刊《学习与思考》"毕业论文提要"专栏中。

"苟此心之存，则此理自明，当恻隐时即恻隐，当羞恶时即羞恶，当辞让时即辞让，是非至前，自能辨之"。陆九渊所理解的"心"还是万物根源性的实体，那充塞宇宙的万物之"理"即在心中，发自心中，"万物森然于方寸之间，满心而发，充塞宇宙无非此理而已"。这样，陆九渊就得出了"心即理"的结论，并把"明心"（"立心"）作为自己学说的宗旨。陆九渊心学也就具有了明显的主观唯心主义性质。然而，他的这个思想体系，和从唯心的经验论角度得出"存在即感知"结论的主观唯心主义又有所不同，它是从儒家传统的"天人合一"的伦理观念角度得出"宇宙吾心"的主观唯心主义结论的。所以陆九渊"心即理"的论断，使他的思想不仅具有主观唯心主义的一般特色，而且有了中国儒家思想和宋代理学思想的个性特色。

方法。陆九渊心学体系的方法的特点有二：其一，在陆九渊思想中，"心"是具有伦理本能的实体，所以认识"本心"就不是指锻炼、扩展思维智慧能力，而是指体认、表现道德品性，故他的方法是修养个人道德的方法，而不是认识外界事物的方法；其二，陆九渊所要认识的不是外界客观事物，而是"本心"，所以在陆九渊的思想里，认识对象也就是认识主体，认识了它，也就是认识了世界全体，故他主张整体明了，反对逐一识解。

陆九渊心学体系的方法论或修养方法，由三个方面组成：一是以"易简工夫"发明"本心"，这是一种深刻的对封建伦理道德（"义理"）的自我反省、自我认识、自我完成的过程；二是以"剥落"工夫解除心蔽，它是借师友琢磨，以格除"物欲"、扫却"邪见"；三是以"优游读书"涵养德性。但这三者并非无主次之分，陆九渊认为，发明本心是主，师友、圣训但助鞭策而已。

思想渊源。陆九渊心学的哲学内容和孟子学说中的唯心主义思想是一脉相承的，但陆九渊并不是完全因袭孟子，而是对他有所改造、发展。作为孟子学说主要内容和特色的是"仁政""王道"的政治理论和性善论的伦理观点，但陆九渊却把孟子论"心"的观点从孟子学说中剥离出来，把"明心""不失本心"等说成是孟子学说乃至整个儒家学说的核心。陆九渊所理解的"心"和提倡的"求放心"，都不全是孟子的原意。陆九渊说自己的思想是"因读孟子而自得之"，可谓周到而切要。

2. 陆九渊弟子对心学的发展

陆九渊及门弟子大体分布两地，一是江西，一是浙东。两地弟子的风格和对陆派心学的建树也有所不同。江西者，多簇拥象山讲席，着力于陆派门墙的确立，史称"槐堂诸儒"；浙东者，折服"本心"之说，着力于陆九渊心学的阐发和扩展，以杨简、袁燮、舒璘、沈焕四人为代表，世称"甬上四先生"。

陆九渊的弟子中，对其心学思想有重要发展的是杨简和袁燮。

杨简是"甬上四先生"之首，他使陆派心学向哲学的唯我主义方向发展。这主要表现为，第一，他抛弃陆九渊的"沿袭之累"，即在他的思想里抛弃了那些曾为陆九渊所沿用的、和陆派心学主观唯心主义不协调的、具有某种客观性的范畴或概念，如"理""气"，而只有"心""意"等纯主观的范畴。第二，他公开引进佛家思想和提倡蒙昧主义，认为"心"即是"佛"，以"毋意"否定人的本能以外的任何具有能动性、创造性的思维或实践活动。

杨简还是陆九渊"六经注我"的实践者，即利用注疏儒家经典来发挥心学观点。杨简所著《杨氏易传》所反复说明的，就是"人心"即"《易》之道"和"人心不放逸"即"得《易》之道"这两个问题。《慈湖诗传》则是说明《诗经》三百篇所表达，或直显"道心"，或诱发"道心"，或蕴藏"道心"，或出于"道心"，一言以蔽之，三百篇皆是"道心"。陆九渊所谓"六经皆我注脚"，被杨简"证明"了。

袁燮是陆派心学向社会政治伦理方向的发展者。陆学经常是把"心"理解为社会伦理道德行为的本源，但袁燮并没有停留在这一点上，而是作了进一步的发挥，认为人的一切社会行为皆是心的体现。从君主的施政，到民众的劳作，皆是"心之精神"。袁燮还由陆学的"心即理""心本善"推论出"天人一理""君民一体"两个哲学的政治结论。

陆九渊的多数弟子，学术疏浅，儒家理论修养不高，加以陆九渊心学本身内容也比较单薄，没有给它的后学留下延伸、扩展的广阔空间，所以他们不是落于平庸，就是陷入禅窠，并且表现出兼收对立门户程朱派理学思想的折中倾向，渐次失去陆九渊心学的鲜明的个性特色。及至宋末，陆学也就沉寂下来。

二 陆学和朱学的关系（朱陆异同及其争论）

从南宋理学的完成到清代理学的终结，朱陆异同之辩一直未息。宗朱者谓"朱正陆禅"，宗陆者谓"早异晚同"，二者各持己见，不相上下。其实，朱陆同作为儒家思想家，他们在基本方面是始终相同的，而作为理学阵营中的不同派别首领，其分歧也是始终存在的。

1. 朱陆之同

朱陆之间有共同的政治立场，他们总是非常自觉地把自己学说的根本目标和维护封建的伦理及政治制度紧密地联系在一起。朱陆的政治感受和政治实践也极为相近。朱陆的哲学世界观也有共同的出发点，他们思想体系里的最高范畴都是"理"（"道"），并且都把它理解为世界终极性的根源。他们都认为人具有合于伦理的、善的天然本性。可见他们对世界的哲学性质和人的哲学性质的认识都是相同的。

2. 朱陆之异

朱陆之间的分歧是由于对当时理学思潮中的主要哲学概念或范畴的理解不同而产生的。

对"理"的理解不同。朱陆都认为"理"是世界终极性的根源，但从这个共同出发点跨出第一步后，他们之间就出现了分歧。陆九渊从发挥儒家"天人合一"观点的途径，认为"心即理"，得出主观唯心主义的结论：万物之"理"皆自心发。朱熹从吸收道家"体用合一"观点的途径，认为"性即理"，得出客观唯心主义的结论：万物皆是"理"的体现，人心只是其一。

对"气"的理解不同。在朱熹的思想体系里，"气"是和"理"相对立的哲学范畴，它是宇宙万物形成的基础，构成万物的物质材料，因而也是形成人物之别、贤愚之殊的内在要素。而在陆九渊的思想体系里，"气"（"气质"）只是一个生理、心理的概念，它的哲学意义只是作为造成"心蔽"的外界原因之一。

对"心"的理解不同。朱熹所理解的"心"（异于"性"），是人的知觉认识能力，是人的行为的主宰。而陆九渊所理解的"心"（即是"性"），是人的伦理本能的根源，是人的本质所在。

由于这些根本观念上的分歧，使他们在其他一些理学问题上也有分歧，如对"人心""道心"的解释，对"天理""人欲"和性、情、心、才的区分等，并酿成了他们公开的争论。

3. 朱陆之争

概言之，朱陆之间的争论有三。其一是方法论之争。朱陆在学习和修养方法上的主张不同，朱主"道问学"（"格物穷理"），陆主"尊德性"（"发明本心"）。即在如何锻炼和完成封建的伦理道德修养问题上，朱主张先积累知识，陆主张先确立立场。二人在鹅湖之会和南康之会上为此展开争论，陆讥朱"支离"，朱谓陆"空疏"。其二是世界观之争，即"无极""皇极"之辩。由于朱陆二人对"理""气"的理解不同，于是对是否以"无极"来形容"太极"（即"理"），以及"阴阳"是"形上"抑或"形下"的问题发生了争论。朱以为"不言无极则太极同于一物而不足为万物之根"，陆以为"太极"之上加"无极"如同"叠床上之床，架屋上之屋"，完全是多余。朱认为"阴阳"是"气"，是形而下之器；陆认为"阴阳"是宇宙间一切对立现象的总概括，是形而上之道。其三是人物评价之争。朱熹撰《曹立之墓表》，陆九渊撰《荆公祠堂记》，对此二人，朱陆各提出对方不能接受的评价。为此，朱陆相互指斥，其弟子们更是"厉色忿词，如对仇敌"。朱陆在人物评价上的争执是其派性立场的表现，没有重要的理论意义，但陆九渊《荆公祠堂记》一文对王安石的评价和对"熙宁之政"的分析，在当时和现在看来都是非常特出的。

4. 朱陆相争的原由

儒家在新的发展时期，朱陆由于对儒家以外的佛、道思想吸收的内容或受到的影响不同而产生分歧，朱陆为争夺正统地位而展开争论。一般说来，朱熹在本体论上多有华严宗思想印迹，在宇宙论上多和道家观点相通。陆九渊则是在心性修养理论上吸收或感染禅宗和道家的思想比较明显。

三　陆学与禅学的关系

佛学渗透到儒学中来，是宋代思想和理论思维的特色。在这种背景下，佛教或禅宗作为历史悠久、思维水平很高的思想体系，作为在宋代仍很有势力和影响的宗教派别，对陆九渊心学思想的形成及其弟子对心学思想的发挥都起过启诱作用，这是很自然的。陆九渊心学中的主要论点和禅宗的立论多有相合之处，陆九渊心学的方法和禅宗也是相通或相似的。如陆学的"明心"与禅宗的"见性"，陆学的"一明皆明"与禅宗的"顿悟"，就很为契合。甚至禅宗特有的即境举例、动作示意的"机锋"方法，在陆学中也有表现。

但是，陆学和禅学在本质上仍是不同的，它们的理论内容和宗旨都是不同的。第一，它们体系中的基础范畴"心"或"性"的涵义不同。禅宗所论心性，是指无任何规定性的本然存在，特别是指无善无恶、无动无静的寂然的心理状态；陆学的"本心"，常是指人的某种伦理道德本能，根本上是善的。第二，它们所持修养不同。禅宗主张"随缘消业，立处皆真"，保持着佛教出世的性质；陆学则要求严格按照封建伦理的道德标准生活，保持着儒家积极入世的特色。因而，第三，陆学和禅学在方法上虽有相通或相似之处，但其所要说明的内容或达到的目标也是不同的。例如陆九渊以侍坐的弟子见师长起立而随之起立的下意识动作，说明"四端固有"，元证禅师以提起拂子的随意动作，说明"即相即真"。一个要说明的是儒家的伦理原则，一个要说明的是佛教的宗教义旨，两者毫无共同之处。

所以，当时的程朱派理学家和后世学者把陆学视为禅学是不符合实际的。一般说来，在陆学中，佛家禅宗思想只是作为理论背景而有所映照，不是作为思想渊源而得到再现的。

四　南宋陆学的意义

南宋陆学的理论和实际意义在于，第一，陆派心学对儒家学说中的主观唯心主义有新的发展，是完整的理学唯心主义体系中不可缺少的一翼，和程朱理学共同构成了儒家思想和中国思想发展史上一个新的阶段。第二，陆学论证了封建伦理的永恒合理性，提出了一种封建伦理道德修养的新方法，否定了对封建伦理起破坏作用的"物欲"，这些都表明陆学对于封建统治阶级具有很大的理论价值，对封建统治制度起着维护作用。第三，陆学作为一种主观唯心主义的思想理论，也含有某种对封建伦理和制度起破坏性的因素。这虽然不是陆学理论本身所固有的内容，然而却是它理论逻辑的必然结果。因为主观唯心主义理论在逻辑上的发展，必然要否定主观意识以外的一切。这对那些神圣的、权威的事物总是不利的。陆学也正是这样，它的主观唯心主义的扩张，不仅在逻辑上，而且也在事实上表现出对封建伦理道德规范的漠视和否认。如陆九渊的"超人"思想和对儒家经典的轻蔑态度，陆九渊弟子们松懈或背离儒家道德修养的种种言行，都是如此。这对后世的反正统思想有所影响。

（《学习与思考》1981 年第 5 期）

杨简的心学思想

杨简是南宋陆九渊学派的主要人物，他把陆九渊的主观唯心主义心学思想又向前发展一步，成为唯我主义。杨简的思想是迄至宋代儒家思想阵营中最彻底的主观唯心主义和形而上学的思想形态。

一　生平和著述

杨简，字敬仲，慈溪人，宋高宗绍兴十一年生，宋理宗宝庆二年卒（1141～1226）。五十五岁后，筑室德润湖（慈湖）上居住，故世称慈湖先生。

杨简青年时在太学读书，二十九岁时（孝宗乾道五年）中进士，久任地方小官，五十二岁才升到知县（乐平县），五十四岁时为国子博士。不久，庆元学禁起，又遭远斥，以祠官家居十四年。七十岁时又出知温州，此后入京，常为无实际职责的散官，最后以耆宿大儒膺宝谟阁学士，官阶至正奉大夫，封爵为慈溪县男。谥号"文元"。《句章摭逸》概述其政治生涯曰："文元丁宋祚之末，阅事孝、光、宁、理四朝，始终五十四年，立朝仅三十六日，四经陛对，逆麟之言虽忠，而措之无用，君子惜之。"甚是。

杨简一生的政治活动虽是平庸，但其学术事业却很突出。在陆门中他的著述最多，《宋史》杨简本传和《艺文志》共录有十二种，《慈溪县志》录有二十四种，今人张寿镛《慈湖著述考》谓有三十种。现存杨简著作中最重要者当为《慈湖遗书》《慈湖诗传》《杨氏易传》。《慈湖遗书》连同续集、补编共二十一卷，辑录的内容最为丰富，从中可以窥见杨简思想的全貌，《诗传》《易传》是杨简利用儒家经典来发挥自己心学的著作，是陆九渊"六经注我"的具体表现。

二　思想发展过程

杨简的彻底的主观唯心主义思想有一个形成发展过程。

（一）太学生时期

杨简唯心主义思想的最早萌芽是在二十八岁为太学生时。他曾说：

> 某之行年二十有八也，居太学之循理斋。时首秋，入夜斋仆以灯至。某坐于床，思先大夫尝有训曰"时复反观"。某方反观，忽觉空洞无内外、无际畔，三才、万物、万化、万事、幽明、有无通为一体，略无缝罅。（《慈湖遗书续集》卷一《炳讲师求训》）

杨简通过"反观"而体验出"万物一体"，这种具有神秘色彩的精神状态，是他对"心"的最早觉醒，故他说："简年二十八而觉。"（《慈湖遗书》卷二《永嘉郡治更堂亭名记》）

（二）富阳主簿时期

杨简二十九岁中进士后，出任富阳主簿。三年后，陆九渊中进士归家路经富阳，杨简挽留，讲论半月。在陆九渊的诱导下，杨简悟得"本心"。杨简自谓这是"简年三十一而又觉"（同上），陆、杨师生关系也由此而定。《宋史》杨简本传谓："陆九渊道过富阳，问答有所契，遂定师弟子之礼。"（卷四百零七）杨简悟"本心"的经过，他自己也有叙述：

> 壬辰之岁，富春之簿廨，双明阁之下，某问本心，先生举凌晨之扇讼是非之答，实触某机。此四方之所知，至于即扇讼之是非，乃有澄然之清，莹然之明，非思非为，某实有之。无今昔之间，无须臾之离，简易和平，变化云为，不疾而速，不行而至，莫知其乡，莫穷其涯，此岂独有之，举天下之人皆有之。（《慈湖遗书》卷四《祖象山

先生辞》）

杨简所理解的"本心"，完全达到了陆九渊所理解的境地，它是指一种无思无为、寂然不动而又具有伦理本能的精神实体，他曾举丧妣哀恸之"心"为例说：

> 承教于象山陆先生，闻举扇讼之是非，忽觉某心乃如此清明虚灵，妙用之应无不可者。及后居姚氏丧，哀恸切痛，不可云喻，既久略有察，曩正哀恸时，乃亦寂然不动，自然不自知，方悟孔子哭颜渊而不自知，正合无思无为之妙，益信吾心有此神明妙用。（《杨氏易传》卷二十）

（三）乐平知县时期

杨简的思想没有停留在由"反观"而体验出的"万物一体"和由扇讼而悟出的"本心"上，大约在五十岁以后，他在《孔丛子》书中一语的诱导下，将这种对物和对己的体验结合在一起，深化提高为"万物唯我"的彻底的唯心主义。他说：

> 学者初觉，纵心之所之无不玄妙，往往遽足，不知进学，而旧习难遽消，未能念念不动……予自三十有二微觉已后，正坠斯病。后十余年，念年迈而德不加进，殊为大害，偶得古圣遗训，谓学道之初，系心一致，久而精纯，思为自泯。予始敢观省，果觉微进。后又于梦中获古圣面训，谓某未离意象，觉而益通，纵所思为，全体全妙，其改过也不不动而自泯，泯然无际，不可以动静言。（《慈湖遗书》卷十五《家记九·泛论学》）

杨简所说"偶得古圣遗训"是指《孔丛子》中一语。叶绍翁《四朝见闻录》谓："慈湖杨公简，参象山学犹未大悟，忽读《孔丛子》，至'心之精神是谓圣'一句，豁然顿解，自此酬酢门人，叙述碑记，讲说

经义，未尝舍心以立说。"(《四朝见闻录》甲集《心之精神是谓圣》)

《孔丛子》一书，记载孔子、子思、子上、子高、子顺的言行，叙事至东汉，是魏晋时人所作。"心之精神是谓圣"一句，出自该书《记问篇》，然而竟是孔子对子思问疑的答语！所以向来被辨伪著作视为《孔丛子》无据作伪的首要证据。杨简亦认为"《孔丛子》所载亦有乖戾，不可信者"(《慈湖诗传》卷五《木瓜》)，但在此书破绽最大处却坚信不疑。因为这句话不仅能体现他的心学思想的灵魂，而且能给他新的立论根据，"予始敢观省"，把陆九渊心学又向前发展一步。这个发展的主要内容或特征，就表现在他任乐平知县时删订的《己易》和撰作的《乐平县学记》、《绝四记》中。

第一，在《己易》中，用主观的"我"吞没一切，自然和社会的一切，都是我心的产物，他说：

> 天地，我之天地，变化，我之变化……天者，吾性中之象，地者，吾性中之形，故曰在天成象，在地成形，皆我之所为也……以吾之照临为日月，以吾之变通为四时，以吾之散殊于清浊之两间者为万物。(《慈湖遗书》卷七《家记一·己易》)

第二，在《乐平县学记》《绝四记》中，用"毋意"来否定人的一切认识活动，主张保持无思无虑、凝然不动的"明鉴"(心)之本体状态。他说：

> 千失万过，孰不由意而生乎？意动于爱恶故有过，意动于声色故有过，意动于云为故有过。意无所动本亦无过，先圣所以每每止绝学者之意，门弟子总计之曰"毋意"。(《慈湖遗书》卷二《乐平县学记》)

> 何谓意？微起焉皆谓之意……心与意奚辨？是二者未始不一，蔽者不自一。一则为心，二则为意；直则为心，支则为意；通则为心，阻则为意。不识不知，变化云为，岂发岂离，感通无穷，非思非为……昭明如鉴，不假致察，美恶自明，洪纤自辨。(《慈湖遗书》

卷二《绝四记》）

非常明显，杨简的"心"是指某种寂然不动的、具有伦理本能和知觉能力的实体，而"意"是指任何实际的、具体的知觉、情感等思想意识活动。"万物皆吾性（心）中之象"和"意虑即是心之蔽"的观点，都表明杨简的主观唯心主义思想染有明显的佛教主观唯心主义的色彩，因为"万法唯心""心如明鉴""心念不起"正是佛家的基本哲学观点或主张。

三　陆派心学向唯我主义方向的发展

杨简中年时由陆九渊诱导，悟得"本心"，主要是把"心"理解为具有伦理本能的精神实体，与外界事物仍有扞格间罅，即他自己所谓仍"未离意象"。五十岁以后，"心之精神是谓圣"之"圣语"，给了他新的理论启悟，就把"心"理解为唯一的、最后根源的精神实体。在他看来，世界一切皆是自我心中产生，而不仅是如陆九渊所说"义理之在人心，实天之所与而不可泯灭焉者"（《象山全集》卷三十二《思则得之》），这样就把陆九渊心学发展到了极端的、唯我主义的思想形态。具体说来，这种发展表现在三个方面。

（一）抛却陆九渊的"沿袭之累"

明代王守仁对陆九渊在推崇之中也有微词，他说："象山之学，简易直截，孟子之后一人，其学问思辨、致知格物之说，虽亦未免沿袭之累，然其大本大原，断非余子所及也。"（《阳明全书》卷五《与席元山》）王守仁所谓陆九渊在他的思想体系里，沿用了和他的主观唯心主义思想不协调的程朱派客观唯心主义思想体系里的范畴、概念，如"理""气"等。

杨简对陆九渊无一句批评之语，而是以更加彻底的主观唯心主义思想来修正陆九渊的"沿袭之累"。

第一，在陆九渊的心学里，核心的、基础的范畴当然是"心"，但从形式上看，最高的哲学范畴却是"理"。"理"有时显得有比心更广泛的内容和独立于"心"之外的性质，如他说："此理充塞宇宙，天地鬼神且不能违，况于人乎?"(《象山全集》卷十一《与吴子嗣之八》)只是因为"心即理"，所以这句话的实质才仍然可以理解为是主观唯心主义的，理解为和他的心学思想体系一致的。但也可见，这种因袭而来的"理"，对于陆派心学来说，完全是多余的累赘。到了杨简的时候，就彻底把它抛弃了。在杨简的思想里，只有"心"这一个最高的范畴，这是一个永恒不变的，是万事万物之源的精神性实体。他说：

> 心何思何虑，虚明无体，广大无际，天地范围于其中，四时运行于其中，风霆雨露雪散于其中，万物发育于其中，辞生于其中，事生于其中。(《慈湖遗书》卷二《著庭记》)
>
> 人皆有是心，是心皆虚明无体，无体则无际畔，天地万物尽在吾虚明无体之中，变化万状而吾虚明无体者常一也。此虚明无体者，动如此静如此，昼如此夜如此，生如此死如此。(同上书卷二《永堂记》)

第二，人心或人之本性是善，何以有恶？陆九渊沿用了"气"的概念，以"气有所蒙、物有所蔽、势有所迁、习有所移"(《象山全集》卷十九《武陵县学记》)等主观以外的原因来加以解释。杨简抛弃了这些实际上承认了物我对立的思想，而用纯主观的"意"来加以解释。他说：

> 人心本正，起而为意而后昏，不起不昏。(《慈湖遗书》卷一《诗解序》)
>
> 人性皆善，皆可以为尧舜，特动乎意，则恶。(同上书卷一《乡记序》)

杨简既然认为"心"是一种如同"明鉴"一般的无思无为，寂然不动的精神实体，所以他所谓的"意"，就不仅是指"邪念"之类，而是指人的本能之外的一切的意识活动，他说：

人心至灵至神，虚明无体，如日如鉴，万物毕照，故日用平常不假思为，靡不中节，是谓大道，微动意焉，为非为僻，始失其性。（《慈湖遗书》卷九《家记三·论礼乐》）

（心之）慈爱恭敬、应酬交错、变化云为，如四时寒暑，未尝不寂然，苟微起思焉，即为出位，即为失道。（《杨氏易传》卷十七《艮》）

意生则失心，则失道，则为恶。恶生于"不自知"，"人惟不自知，故昏故愚"（《慈湖遗书》卷八《家记二·论书》）。所以杨简反对从主观以外来找心昏恶生的原因，他说：

《乐记》亦非知道者，其曰"人心之动，物使之然"。此语固然庸众者不知其非，而知道者不肯为是。盖知道则信百姓日用斯道而自不知，百姓日用无非妙者，惟不自知，故昏乱也。故曰"物使之然"则全以为非，裂物我，析动静，害道多矣。（《慈湖遗书》卷九《家记三·论礼乐》）

第三，人心是善，人却有恶，陆九渊认为这是"心有所蔽"，故提出"收拾精神""剥落""读书讲学"等修养方法，以"发明本心"。但杨简却认为这些强制、外索工夫，非但无益，甚至有害，他说：

清心、洗心、正心之说行，则揠苗，非徒无益，而又害之。（《慈湖遗书》卷二《永嘉郡治更堂亭名记》）

（元度）笃志于学，夜则收拾精神，使之于静。某曰：元度所自有，本自全成，何假更求……收之拾之，乃成造意，休之静之，犹是放心。（同上书卷三《与张元度》）

杨简认为人心本明，意动而昏，所以他的修养方法只是"毋意"，使心保持寂然不动的无尘无垢的"明镜"状态，他说：

人皆有至灵至明、广大圣智之性，不假外求，不由外得，自本自根自神自明，微生意焉，故蔽之。有必焉，故蔽之。有固焉，故蔽之。有我焉，故蔽之。端尽由于此。（《慈湖遗书》卷二《绝四记》）

意虑不作，澄然虚明，如日如月，无思无为而万物毕照，此永也。（同上书卷二《永嘉郡学永堂记》）

杨简所谓"毋意"并非是绝对的不思不为，而是指顺应"心"本能地而思而为，他说：

不动乎意，非木石然也。中正平常正直之心非意也，忠信敬顺和乐之心非意也。（《慈湖诗传》卷十八《维天之命》）

孔子莞尔而笑，喜也，非动乎意也。曰野哉由也，怒也，非动乎意也；哭颜渊至于恸，哀也，非动乎意也。（《慈湖遗书》卷二《临安府学记》）

可见杨简所谓"心"是指合于封建道德标准的"伦理本体"，而不是简单的生理本能，这和陆九渊乃至宋代其他理学家都是相同的。

（二）公开引进佛家思想和提倡蒙昧主义

杨简思想中的两个主要范畴"心"和"意"都和佛家思想有明显的联系或相似，试对比列举如下。

（1）万物众生皆我、皆心

天之所以健行而不息者，乃吾之化生也。日月之所以明者，乃吾之明也。四时之所以代谢也，乃吾之代谢也。万物之所以散殊于天地之间者，乃吾之散殊也。（《慈湖遗书》卷十二《家记六·论〈孝经〉》）

一切众生，各种幻化，皆生如来圆觉妙心。（《圆觉经》卷上）

三界所有，唯是一心。（《华严经·普贤菩萨第三十一》）

（2）心境

自古谓之心，又谓之神，孔子曰："心之精神是谓圣"，此心无体虚明，洞照如星鉴，万象毕见其中而无所藏。（《慈湖遗书》卷二《昭融记》）

十方世界诸如来心，于中显现，如镜中像。（《圆觉经》卷下）

身是菩提树，心如明镜台。（《六祖坛经·行由品第一》）

（3）毋意、无念

意如云气，能障太虚之清明，能蔽日月之光明。舜曰道心，明心即道，动乎意则为人心。孔子曰"心之精神是谓圣"，而每戒学者毋意、毋必、毋我。（《慈湖遗书》卷二《著庭记》）

不起意非谓都不理事，凡作事只要合理，若起私意则不可。（同上书卷十三《家记七·论〈中庸〉》）

心念不起，名为坐；内见自性不动，名为禅。（《六祖坛经·坐禅品第五》）

问：此顿悟门以何为宗，以何为旨，以何为体，以何为用？答：无念为宗，妄心不起为旨，以清净为体，以智为用。问：既言无念为宗，未审无念者无何念？答：无念者无邪念，非无正念。问：何为正念，何为邪念？答：念有念无即名邪念，不念有无即名正念；念善念恶名为邪念，不念善恶名为正念。（《顿悟入道要门论》）

然而杨简毕竟是儒家思想家，所以正是在这种和佛家相似的思想形式下面，有着和佛家相异的思想内容。杨简的"心"固有伦理的品性，而不仅仅是知觉能力，他说："君君、臣臣、父父、子子、夫夫、妇妇，道心之中固自有。"（《杨氏易传》卷十三《暌》）"人性本善本神本明。"（同上书卷九《无妄》）这就和佛家教义把心分析为各种心理状态（《大日经》有"六十心"，唯识宗"心所"有六类五十一种），认为"性中不染善恶"（《六祖坛经·忏悔品第六》）的观点不同。杨简的"毋意"主要还是指克制违背伦理的意念萌生，这和佛家的"无念"要求有无善恶皆不思念的思维寂灭也是不同的。

陆派心学和佛家禅宗之间的这种虽然晦隐但却根本的区别只有陆九渊自己清醒地意识到，当程朱派攻击杨简是禅，"不读书，不穷理，专做打坐工夫，求形体之运动知觉者以为妙诀"（《北溪文集》卷一《答陈师复之一》），陆九渊替他辩护道："杨敬仲不可说他有禅，只是尚有习气未尽。"（《象山全集》卷三十五《语录》）和陆九渊相比，杨简就差逊一筹了，他觉察不到这个根本的区别。这与其说是由于他的儒学理论修养不足，还不如说是他的佛学理论修养不足。在杨简的著作里，不止一次对老庄思想提出批评，但对佛家思想却无一句批评的言词，他模糊地将孔子之心认作达磨之佛，把心学和佛学完全等同起来，他说：

> 孔子曰心之精神是谓圣，即达磨谓从上诸佛。惟以心传心，即心是佛，除此外更无别佛。（《慈湖遗书》卷一《炳讲师求训》）
> 妇而能觉，古惟太姒，自兹以降，以悍行称于史，固不乏，求其内明心通，惟庞氏母子……（《慈湖遗书续集》卷一）

太姒乃文王之后妃，杨简在《慈湖诗传》里多次赞颂她有"道心"。"佐助文王，辅成治化"（卷十六《思齐》），当然是儒家伦理道德的圭臬。庞氏母女，据陶宗仪考证，当是唐代襄州居士庞蕴妻女。庞氏举家修禅，"有男不婚，有女不嫁，大家团栾头，共说无生话"。女名灵照，"制竹漉蓠，卖之以供朝夕"（《南村辍耕录》卷十九），可见是佛门的虔诚信徒。杨简把儒家的典范和佛门信徒视为同类，视为一心，也正是引佛入儒的表现。这就是他的"习气未尽"。

杨简的"毋意"虽然主要是指要克制"心"以外的邪念，但因为他所理解的"心"是如同"明镜"一般的无思无虑、寂然不动的精神实体，所以在实际上必然要否定人的一切意念活动，他说："直心诚实，何思何虑，思虑微起，则支则离。"（《杨氏易传》卷十六《井》）这就使杨简得出两个其他理学家或儒者没有过的结论。

第一，否定人的本能以外的任何具有能动性、创造性的思维活动。

从某种意义上说，人的本质特征或特性，就是在于他能改变自己、丰富自己。能动性、创造性的思维活动是人的品质不断变异更新的最重要因素。但宋代的理学家一般认为，人的本质特征或特性在于他具有其他生物所没有的"伦理本能"（他们称之为"性"或"心"），体认、回复、表现这种本能，就是做人的根本（他们称之为"存天理"或"明心"）。陆派心学更以此为自己学说的主要内容和宗旨。把这一学说推向极端的杨简，更进而否定人的伦理本能（"心"）以外的一切意识活动、一切具有主观能动性和创造性的活动。他认为凡是说到"能"者，即是"求诸心外"，即是"用意害道"。他说：

> 汲古（曾熠）问："子曰'中庸其至矣乎，民鲜能久矣'，又曰'中庸不可能也'，何谓'鲜能'与'不可能'？"先生（杨简）曰："《中庸》'能'字是子思闻孔子之言不审，孔子未尝云'能'。在《论语》只曰'民鲜久矣'，无'能'字，如'子曰中庸不可能也'，此'能'是用意矣。道无所能，有能即非道。"（《慈湖遗书》卷十三《学记七·论〈中庸〉》）

> 《毛诗序》曰："《天保》，下报上也。君能下下，以成其政，臣能归美，以报其上焉。"……夫上之礼其下，与下之敬其上，爱敬之情，发于中心，播于歌诗，而《序》谓之"能"，盖求诸心外，殊为害道。（《慈湖诗传》卷十一《天保》）

第二，提倡无思无虑无知的蒙昧主义。

与此同时，杨简认为"有知则有意"（《慈湖遗书》卷十一《家记五·论〈论语〉下》），"无思无虑是谓道心"（《杨简易传》卷十三《睽》），"如蒙如愚，作圣之功"（《慈湖遗书》卷五《吴学讲义》），中国思想史上，在道家蒙昧主义之外，又出现了一个儒家蒙昧主义。他说：

> 圣人果有知果无知乎？曰：无知者圣人之真知，而圣人知之实无知也。如以为圣人之道实可以知之，则圣人之道乃不过智识耳，不过

事物耳。而圣人之道乃非智识、非事物，则求圣人之道者不可以知为止。然以圣人之道为可以知者，固未离于知，以圣人之道为不可知者，亦未离于知，惟其犹有不可知之知，非真无知也。圣人之真无知，则非智识之所到，非知不知所能尽，一言以蔽之曰：心而已矣。（《慈湖遗书》卷十一《家记五·论〈论语〉下》）

蒙昧主义是这样的一种认识集结，它反对人们去认识那些可以认识的具有丰富内容和不同规律的外界事物，而主张人们去体验那种没有任何内容的内心状态。杨简也正是这样，他认为圣人所认识的不是一般的"智识""事物"，而是"心"。认识"事物"是"有知"，认识"心"只能是"无知"。"如蒙如愚，以养其正，作圣之功。""惟无思故无所不明，惟无为故无所不应。"（《杨氏易传》卷十四《益》）唯浑浑噩噩可以使人智慧焕发，品德端正，无所不能，成为"圣人"。这就是杨简蒙昧主义的结论。

（三）批评历史上的儒家、道家中的唯心主义不够彻底

杨简以主观的"心"吞没一切，故对历史上儒家或道家思想中尚承认有物我对立、物质和意识对立的那一部分观点提出批评。杨简认为"心"是永恒的、没有变化的唯一本体，故对儒家或道家思想中尚承认有动静对立、性（心）情对立的那一部分观点也提出批评。

第一，对子思、孟子的批评。

宋儒认为《中庸》是子思所作，故对他十分推崇，但杨简却认为"子思觉焉而未大通者也"。他说：

> 子思曰：喜怒哀乐之未发谓之中，发而皆中节谓之和。中也者，天下之大本也；和也者，天下之达道也。孔子未尝如此分裂，子思何为如此分裂？此乃学者自起如此意见，吾醉心未尝有此意见……吾心浑然无涯畔，无本末，其未发也吾不知其未发，其既发也吾不知其既发……如四时之错行，如日月之代明，油然而生，忽然而止。生，不知所生而是非自明，利害自辨；止，不知所止，止无所止，止无其

事，如此而知犹无知也，如此而为犹无为也。子思觉焉而未大通者也。（《慈湖遗书》卷十三《家记七·论〈中庸〉》）

杨简认为"学有三者之序［按指：'兴于诗、立于礼、成于乐'（《论语·泰伯》）］，而心无三者之异"（《慈湖遗书》卷一《诗解序》）。即是说，心是浑然的、无任何知觉认识发展过程的本体，故他反对《中庸》对性情心理过程的描述，认为这是分裂心之整体。

从同样的观点出发，杨简认为孟子将心与性、志与气加以区分，也正是他的瑕疵失误处。杨简说：

> 性即心也，心即道也，道即圣，圣即睿，言其本谓之性，言其精神思虑谓之心，言其天下莫不共由于是谓之道，皆是物也……孟子有存心养性之说，致学者多疑惑心与性之为二，此亦孟子之疵。（《慈湖遗书》卷八《家记二·论〈书〉》）

> 孟子谓志至焉，气次焉，持其志无暴其气，配义与道。与存心养性之说同。孔子未尝有此论，惟曰忠信笃敬，参前倚衡，未尝分裂本末，未尝循殊名而失一贯之实也。（《慈湖遗书》卷十四《家记八·论孟子》）

第二，对老、庄的批评。

杨简认为老子是"入于道而未大通者也"，他说：

> 老子曰："致虚极，守静笃，万物并作，吾以观其复。夫物芸芸，各归其根，归根曰静。"老子之于道，殆入焉而未大通者也。动即静，静即动，动静未始不贯一，何以致守为，何以复归为？（《慈湖遗书》卷十四《家记八·论诸子》）

> 老子言"道大天大地大王亦大，域中有四大而王居一焉，人法地，地法天，天法道，道法自然"。夫三才之道一而已矣，而老子裂而四之，其法天、法道、法自然尤为诬言，瑕病尤著。以他语验之，老子不可谓无得于道，而犹有未尽焉尔。（同上）

在杨简看来，老子的"观复""归根"是"入道"，老子的动静之分、天地人之分是"未通"，可见杨简能细致而准确地分辨出老子思想中所具有的唯心主义因素和唯物主义因素的不同部分。

杨简对庄子也多所批评，总的评价是"庄周寓言，陋语良多。仁义籧庐之论，惟睹夫二，未睹夫一也。亦祖夫归无之学而未大通者也"（《慈湖遗书》卷十四《家记八·论诸子》）。所谓"未睹夫一"者，是指庄子不知"有无之一""天人之一""生死之一"。杨简说：

> 庄子曰："有以为未始有物者，至矣尽矣，不可加矣。"此又意说也，未悟有无之一也。（《慈湖遗书》卷十四《家记八·论诸子》）
> 庄子曰："知其不可奈何而安之若命，惟有德者能之。"有德者不如是也，以为不可奈何者非能安者，非真知命者也。天命之妙不可以人为参也，曰天曰人，非知天者，亦非知人者也。天人一道也。（同上）
> 庄子又曰："劳我以生，息我以死。"是又思虑之纷纷也，是又乐死而厌生也。乐死而厌生与贪生而惧死同。桑户之歌曰："而已反其真，而我犹为人。"以死为反真，以生为不反真，其梏于生死又如此，岂若孔子之言曰："未知生焉知死。"明乎生死之一也。（同上）

杨简从他的心学立场看来，古往今来只有一条真理：人心即道。他说："百圣之切谕明告，诚无以易斯'人心即道'。"（《慈湖遗书》卷十五《家记九·泛论学》）他对思孟老庄以外的其他许多古今学者，如列子、荀子、董仲舒、王通、周敦颐、二程、张载也都提出批评，就是因为这些"学者之过，在于不求心而求之名"（《慈湖遗书》卷十四《家记八·论诸子》）。

总之，杨简心学的特色，就是以主观的自我之心吞没一切外界客观事物，"天地吾施生，四时吾继续，日月吾光明，变化吾机轴，夫人同此机，宇内皆吾族"（《慈湖遗书》卷六《偶书》），以"虚明无体，寂然不动"之心否定外界事物客观存在的差别、运动和变化，"吾道一以贯之，未尝异动静、有无、万一而为殊也"（《慈湖遗书》卷十四《家记八·论诸子》）。即使是飘风骤雨，也实无变化可言，他说："今飘风不终朝，骤雨不终日，此其不恒者皆形也。其风之自、其雨之自不可知也，不可知者未始不恒也。"（《杨氏易传》卷十一《恒》）所以杨简心学是迄至宋代儒家思想阵营中最彻底的主观唯心主义和形而上学的思想形态。

（收入《中国哲学》1982 年第八辑，

生活·读书·新知三联书店 1982 年版）

说 "阳儒阴释"

——理学与佛学的联系和差别

一

"阳儒阴释"——表现上是儒，实际上是佛，这是对宋代理学思想性质或特色的传统的论断。但这一论断在不同人那里因为提出的理论背景不同，其涵义也有所不同，大体来说有三种情况。

1. 宋明理学阵营内程朱派对陆王派的攻击之辞。宋明理学中有一个重要的理论内容，即所谓"道统论"，它是宋代理学家在韩愈提出的先秦儒家思想的承继关系的论点基础上发展而来。"道统论"确定了尧舜至孔孟的传道系统和"十六字"传道内容，划定了对立面，以杨、墨、佛、老为异端，尤以佛家为主要攻击目标。如朱熹说："异端之说日新月盛，以至于老佛之徒出，则弥近理而大乱真矣。"（《中庸章句·序》）"佛氏之言，比之杨墨尤为近理，所以其为害尤甚。"（《论语集注·为政》）但在理学阵营内部，程朱、陆王两派为争正统地位，也常乐于揭发对方与佛老之相似，将其斥为"异端"，"阳儒阴释"之说最早就是在这样的背景下出现的。其说最初是朱熹评论张九成之语，他说："凡张氏所论著，皆阳儒阴释……"（《朱文公文集》卷七十二《杂学辨·张无垢中庸解》）。以后他亦如此批评陆九渊，谓其言论风旨"全是禅学，但变其名号耳"（同上书，卷四七《答吕子约之十七》），乃"假佛释之似以乱孔孟之实者"（同上书，卷六十《答许生》）。明代陈建著《学蔀通辨》，通篇主旨即是论陆九渊心学是"阳儒阴释"。清代陆陇其对王守仁之评断亦正如此："阳明以禅之实而托于儒，其流害固不可胜言矣。""良知……其倡之者，虽不敢自居于禅，阴合而阳离；其继起者，则直以禅自任，不复有所忌惮。此阳明之学所以祸于天下也。"（《陆稼书集》卷二《学术辨中》）陆九渊也曾攻诘朱熹的言论是"学禅宗所得如此"（《象山全集》卷二《与朱元晦》）。但毕竟朱门势重，陆九渊的声音竟被淹没，在理学阵营内部，还没有人能把"阳儒阴释"的帽子戴在朱熹的头上。

2. 反理学思想家对整个理学的批判之辞。最早起来和理学思想抗衡争辩的当数南宋的功利派思想家陈亮、叶适。其时，"道统"观念尚未普及和巩固，故他们的立论主要是批评理学思潮"专以心性为宗，虚意多、实力少"（《习学记言》卷十四），"相蒙相欺，以尽废天下之实"（《龙川文集》卷十五《送吴允成运干序》），而不以释老"异端"论其罪。明清的反理学思想家是在儒家正统思想（"道统"）极为巩固的情况下进行斗争的，他们的斗争方法是以先儒反后儒，以尧舜孔孟驳程朱陆王，揭橥宋明理学与"圣学"孔孟之悖谬，而与"异端"佛老之同趋。如明代从王学中蜕变出来的黄绾说："宋儒之学，其入门皆由于禅。濂溪、明道、横渠、象山则由于上乘，伊川、晦庵则由于下乘。"（《明道篇》一）清代的最彻底的反理学思想家颜元说："论宋儒，谓是集汉晋释道之大成者则可，谓是尧舜周孔之正派则不可。"（《习斋记余》卷三《上太仓陆桴亭先生书》）

3. 释徒对宋明理学的轻蔑之词。宋明理学家虽然和佛禅都有着或浅或深的关系，但在公开场合还总是把佛老视为"异端"而加以抨击的。于是佛家学者如袾宏、德清、智旭等就立论融会儒佛，以消弭对立；也有释徒则倡言"理学窃佛"，以挫儒家气焰，如景隆撰《尚直编》，谓"宋儒深入禅学，以禅学性理著书立言，欲归功于己，所以反行排佛"（《空谷集》卷上《尚直编·序》）。他认为"以佛法明挤暗用者无甚于晦庵"，故把批驳的矛头主要指向朱熹："晦庵注书惟《毛诗》一经乃学力注成，简用佛法，自人余四书等注并诸制作皆用佛法，泛以佛经禅语，改头换面，翻其语而取其意。"（《空谷集》卷中）晚清著名的居士学者杨文会亦谓"宋儒性理之学，自成一派，不与孔子一贯之旨相同，所谓穷理者，正是执取计、名二相也"（《等不等观杂录·阅言植之微言书后》）。

以上三种"阳儒阴释"之说，其社会意义不尽相同，但都是在历史上某种特定的理论斗争背景下形成的，因而也各有所蔽。现代学者在探求宋明理学的理论内容和思想特色时，有时对理学和佛禅的关系缺乏具体的、深入的比较分析，故也如培根的"剧场假相"之障，在他们服膺反理学思想家的历史功绩的同时，也附和了他们"理学实是佛老"的这个具体结论。如胡适在《几个反理学思想家》（《胡适文集》第三集卷二）一文中说："理学挂着儒家的招牌，其实是禅家、道家、道教、儒教的混合产品。"

然而也由此可见，历来"阳儒阴释"之说，其具体涵义虽因人因时而异，但仍不失于是对理学和佛学的关系，以及理学的理论性质和特色的一致论断。此论断确当与否，下面试以理学内部的程、朱、陆、王等主要人物为例作一论述。

二

"阳儒阴释"虽是为一种理论斗争需要而提出的论断，但它大都是有某些事实根据的：宋明理学家一般都和佛禅发生过一定的关系。程、朱、陆、王等主要宋明理学家和佛禅的关系可以归纳为三点。

1. 在他们的理学世界观形成以前，都有泛滥于佛老的生活经历。例如程颢就是"慨然有求道之志，未知其要，泛滥于诸家，出入于老释者几十年，返求诸六经而后得之"（《伊川文集》卷七《明道先生行状》）。朱熹曾自谓："熹于释氏之说，盖尝师其人、尊其道，求之亦切至矣，然未能有得。其后以先生君子之教，校乎前后缓急之序，于是暂置其说而从事于吾学。"（《朱文公文集》卷三十《答汪尚书之二》）王守仁的思想历程也是如此，他说："某幼不问学，陷溺于邪僻者二十年，而始究心于老释。赖天之灵，因有所觉，始乃沿周程之说求之，而若有得焉。"（《阳明全书》卷七《别湛甘泉序》）宋明理学的主要人物大都给予佛学理论以很高的评价。如程颐说："释氏之学，不可道他不知，亦尽极乎高深。"（《二程遗书》第十五）朱熹赞叹"佛书中说六根、六尘、六识、四大、十二缘生之类，皆极精巧"（《朱子语类》卷一二六），陆九渊称许"佛老高一世人"（《象山全集》卷三五《语录》）。王守仁甚至认为孔孟之后，迄今无有高出释氏之论者："圣人之道若大明于世，然吾从而求之，圣人不得而见之矣，其能有若……释氏之究心性命者乎？"（《阳明全书》卷七《别湛甘泉序》）既然如此，在他们的理学思想中留下佛禅的痕迹那就是很自然的了。

2. 在他们的言语、文字里，都曾援用过佛禅的语言或概念。例如程颐在《易传·序》里概括《周易》思想特色时所说的"体用一源、显微无间"，其意即源自澄观《华严经疏》①。朱熹曾引用"鸳鸯绣出从君看，不把金针度与人"两句诗来批评陆九渊的方法是"两头明、中间暗"（《朱子语类》卷一○四），此诗句即出自《大慧语录》卷九。陆九渊用来描述自己"超人"形象的四句诗"仰首攀南斗，翻身倚北辰。举头天外望，无我这般人"（《象山全集》卷三五《语录》），原来就是五代五台山法华寺智通禅师的临终偈语（《景德传灯录》卷十）。王守仁有首诗曰："一窍谁将混沌开，千年样子道州来。须知太极原无极，始信心非明镜台。""始信心非明镜台，须知明镜亦尘埃，人人有个圆圈在，莫向蒲团坐死灰。"（《阳明全书》卷二十《书汪进之太极岩二首》）这两首诗除却道教话题外，全是禅语。禅家所谓"菩提本无树，明镜亦非台。本来无一物，何处惹尘埃"（《六祖坛经·行由品第一》）、"人人本具，个个圆成"、"不可蒲团上死坐"（《禅关策进》卷一），即是此诗中"心镜尘埃""圆圈蒲团"渊源所自。此类禅家话头在《阳明全书》里是很多的，《朱子语类》中也有不少。

3. 更重要的是在他们阐述理学的哲学基础和修养方法时，也借鉴和援用了佛禅的思想和方法。理学中最基本的哲学范畴——程朱派的"理"和陆王派的"心"，都是指一种宇宙根源性的实体。如朱熹说："宇宙之间，一理而已，天得之而为天，地得之而为地。"（《朱文公文集》卷七十《读大纪》）陆九渊说："宇宙便是吾心，吾心便是宇宙。"（《象山全集》卷二二《杂说》）要把"理"与"心"当作宇宙根源性的实体，就得进行必要的哲学论证。程朱派主要是从本体论的角度来进行论证的，它的基本结论有两个方面：太极（即理）产生万物，太极融于万物。如朱熹说："自本而之末，则一理之实而万物分之以为体，故万物中各有一太极。"

---

① 澄观《华严经疏》中"动静一源""体用双融""隐显无碍"等语意俯拾皆是。

（《通书·理性命章注》）太极与万物或理与事这种生而又融、"万个是一个，一个是万个"（《朱子语类》卷九四）的关系，朱熹曾比喻为"如月在天，只一而已，及散在江湖，则随处可见，不可谓月已分也"（同上）。朱熹的这番论证很近似唐代华严宗祖师在疏解《华严经》时所提出的"法界缘起""理事熔融"。如澄观说："法界是理，生界是事。揽理成事，理彻事表。"（《华严经疏》卷四十）法藏说："一一事中，理皆全遍，……一一纤尘皆摄无边真理，无不圆足。"（《华严发菩提心章》）"月散江湖"之喻，朱熹承认是援引自禅宗《永嘉证道歌》（见《朱子语类》卷十八），其实更早应是（《华严经·贤首品第十二》）。陆王派基本上是从认识论角度来论证"心生万物"的，它的逻辑过程：心是知觉→知觉生万物。如王守仁说："身之主宰便是心，心之所发便是意，意之本体便是知，意之所在便是物。"（《阳明全书》卷三《传习录下》）可见陆王派"宇宙吾心"的论证也是和佛家极为切近的，因为把"心"理解为知觉，从而得出"万法唯心"的结论，是佛家各派共同的理论基础①。王守仁把"心"的内容析解为"心""意""知"三项，和唯识宗把"识"的内容析分为"心""意""识"三种也是一致的。（见《辨中边论》卷上）王守仁游南镇时所说树花与心"同寂同现"与佛家所谓"心生种种法生，心灭种种法灭"（《起信论》）也极相似。

理学所提倡的修养方法，程朱曰"穷理"，陆王曰"明心"。先秦儒家主张人的道德完善过程是对最高的道德标准"仁"的实行过程，如孔子曰："能行五者于天下为仁矣：恭、宽、信、敏、惠。"（《论语·阳货》）但理学家认为"仁"即"天理"，即是"本心"，如朱熹说："仁是天理之统体。"（《朱子语类》卷六）陆九渊说："仁义者，人之本心也。"（《象山全集》卷一《与赵监》）所以"穷理""明心"就道德修养方面来说就成了对"仁"的体认过程，故程颢说："学者须先识仁。"（《二程遗书》第二上）这样，在理学家面前又出现了一个新的论题，即需要阐明"体认天理""发明本心"的方法和过程。在完成道德修养的过程这个问

---

① 例如唯识宗"一切唯识"（《成唯识论》卷七），华严宗"应观法界性，一切唯心造"（《华严经·夜摩宫中偈赞品第二十》），禅宗"外无一物而能建立，皆是本心，生万种法"（《六祖坛经·咐嘱品第十》）。

题上，理学中的两派有所分歧，即程朱派主张由对一事一理的体认，逐渐达到对"天理"的"一旦豁然贯通焉，则众物之表里精粗无不到，而吾心之全体大用无不明矣"（《大学章句》传五章）。陆王派则主张先"立心"，则万事万物之理自明，"一明即皆是，一明即皆明"（《象山全集》卷三五《语录》）。这里陆王派的"一明即皆明"显然与佛家"一解即是一切解"（《华严经·初发心功德品第十七》）极为相似，程朱派的"一旦豁然贯通"而明理明心和禅宗所谓"即时豁然，还得本心"（《维摩诘经·方便品第二》）也是相通的。但在"体认天理"或"发明本心"的根本方法上，两派是一致的，都提倡"主静无欲"。

上述说明理学的形成和理学的内容都和佛学有密切的关系，但能否由此得出理学是"阳儒阴释"的结论呢？

三

宋明理学虽然在阐述自己的基本理论范畴和修养方法时与佛禅极为相似或冥合，但毕竟是不同的。

第一，理学和佛禅所论的"理""心"的理论内容不同。

理学所谓的"理"或"道"，是指宇宙万物的根源，也是社会伦理关系的根源，并且具体表现为社会道德准则。如朱熹说："其造化发育，品物散殊，莫不名有固然之理，而其最大者则仁义礼智之性。"（《朱文公文集》卷七八《江州重建濂溪先生书堂记》）而释家如华严宗所谓的"理"是指"佛境"中的"真如"，它的唯一可以言表的性质就是"空无"，如法藏说："尘相圆小是理，尘性空无是理。"（《华严义海百门》）此外，理学家和华严家的"事理观"也是不同的。对于事、理关系问题，理学家把它分解为两个方面：就一个事物的现存状况来说，理事不可分，"凡物皆有理，盖理不外乎事物之间"（《朱子语类》卷九五），但就一个事物发生时的状况来说，是先有理而后方有物，"此言未有这事，先有这理。如未有君臣已先有君臣之理，未有父子已先有父子之理，不成元无此理，直待有君臣父子，却旋将道理入在里面"（同上）。程朱派理学家的这种"事理"观，从根本上来说当然也是唯心主义的，其理论意义在于说明社会的伦理纲常是社会存在中最根本的、决定性的因素。但它毕竟也承认理与事、精神与物质之间存在着差别、对立和统一，因而具有某种理性的思辨色彩。然而在华严家这里，事与理或"尘相"与"尘性"是"圆融一际"的，其差别和对立是不存在的。《华严经》说："法界众生界，究竟无差别。一切悉了知，此是如来境。"（《菩萨问明品第十》）即认为能达到这种"理事圆融"的认识状态，就是进入"佛境"。实际上这是指一种对世界没有任何清晰意念和确定性认识的精神状态。因此，华严宗泯灭精神与物质、理与事界限，以"无"融"有"的"事理观"具有明显的蒙昧主义色彩，它的理论意义在于为佛家的"解脱"提出一种思索方法。

理学的"心性"观念和禅宗的"心性"观念也是不同的。禅宗的"心性"是指无任何规定性的本然的存在，特别是指无"善"无"恶"、无动无静的寂然的心理状态。如慧能说："但识自本心，见自本性，无动无静，无生无灭，无去无来，无是无非，无往无住。"（《六祖坛经·咐嘱品第十》）"善恶虽殊，本性无二，无二之性，名为实性。"（《六祖坛经·忏悔品第六》）而理学的"心性"，乃是指人的某种伦理道德品性，如陆九渊说："四端者，人之本心也。天之所以与我者即引心也。"（《象山全集》卷十一《与李宰之四》）"人受天地之中以生，其本心无有不善。"（同上书卷十一《与王顺伯之二》）朱熹也说："性者，人之所以受乎天者，其体则不过仁义礼智之理而已。"（《论语或问》卷一四）而这些道德品性表现为社会行为，又犹如人的本能的自然流露，故陆九渊说："苟此心之存，则此理自明，当恻隐处自恻隐，当羞恶、当辞逊，是非在前，自能辨之。……所谓'溥溥渊泉，而时出之'。"（《象山全集》卷三四《语录》）理学的"心性"观，是对封建伦理制度合理性的论证。

第二，理学和佛禅所持修养不同。

佛家立足于个人的解脱，理学立足于封建的社会伦理纲常的实现，所以它们所持修养必然不同。当然，佛家也有戒律并且也是一种道德规范或伦理标准，但从根本上来说，它是为了维持其游离于社会生活之外的独特的宗教生活，而不是为了实现某种社会伦理关系的。所以佛家说："出家人法，不向国王礼拜，不向父母礼拜。六亲不敬，鬼神不礼，但解法师语。"（《梵网经》卷下）但理学家，无论程陆王，都肯定伦理，要求严格按儒家的伦理道德标准来进行修养。理学家特别尊崇《大学》，就是因为

《大学》的"三纲领""八条目"概括了儒家从完成个人品德修养到践履社会伦理关系的全部过程。这种不同遂导致了理学家对佛禅的批评或抨击。如朱熹说："佛老之学不待深辨而明，只是废三纲五常这一事，已是极大罪名，其他更不消说。"（《朱子语类》卷一二六）

尽管理学和佛禅在修养方法上同倡"无欲主静"，但其内容则是不同的。宗密在《禅源诸诠集都序》里，把禅家按其"思维修"的内容浅分为"息妄修心""泯绝无寄""直显心性"三宗，从这里可以看出，禅宗"静虑"的过程是体认并形成世界是"妄念""空幻""本然"等观念意识的思维过程，所要达到的目标是使心境空无所有；禅宗的所谓"静"是断尽意念。而理学家"无欲主静"的修养过程，用他们自己的话来说，就是体识"天理"、泯灭"人欲"的过程，如王守仁说："静时念念去人欲存天理，动时念念去人欲存天理。"（《阳明全书》卷一《传习录上》）这是一个"净化"意念而不是断尽意念的过程。故有的理学家主张用"敬"字而不用"静"字，如程颐说："才说'静'，便入于释氏之说也，不用'静'字，只用'敬'字。"（《二程遗书》第一八）即是说理学家的"主静无欲"不是使意念空寂，而是以儒家的伦理道德规范来制欲养心，如朱熹说："夫持敬用功处，伊川言之详矣，只云但庄整齐肃，则心便一，一则自无非辟之干。又云但动容貌整思虑，则自然生敬，只此便是下手用功处。"（《朱文公文集》卷四一《答程允夫之六》）王守仁也说，"致良知"的工夫，"只是空静守如槁木死灭亦无用，须教他省察克治，……将好色、好货、好名等私，逐一追究搜寻出来，定要拔去病根，永不复起，方始为快"（《阳明全书》卷一《传习录上》）。这就和禅家主张在"静虑"中识得"本然"，则一切皆无区分，甚至认为"淫性本是净性因"（《六祖坛经·咐嘱品第十》），是不相同的。

然而理学和佛禅在"无欲主静"修养方法上的区别同在"事理""心性"等基本范畴内容上的区别一样，主要还是在理论上的，在实行过程中，除了程朱陆王少数儒学和佛学理论修养都很高的理学家外，他们的多数弟子辈和理学末流，是未能自觉分辨的，他们很难体认到人的"心性"具有先天道德观念或本能，而容易更深入人心的知觉能力和生理本能，故易于接受佛老的心性观点，"流于异学而不自知"（《朱文公文集》卷三一

《答张敬夫之十八》），因而在反理学思想家看来，理学和佛禅就是没有差别的了，"释氏谈虚之宋儒，宋儒谈理之释氏，其间不能一寸"（颜元《朱子语类评》）。但客观地来说，这个结论并不完全符合实际。从以上的对比分析可以看出，理学的根本内容是论证封建社会伦理道德的根源和阐明完成儒家道德修养的方法，这和佛学主要是论述世界的空无，从而得到个人解脱，在理论性质上是不同的。

由以上论述可见，宋明理学和其先前的儒家不同但它却仍是儒学；理学和佛禅很有相似处，但它绝不是释氏之学。断定理学为"阳儒阴释"是不确当的。

（《中国哲学史研究》1982 年第 4 期）

陈献章的江门心学

明代的心学阵营是由陈献章开创的江门心学和王守仁开创的姚江心学两派组成。中国思想史或哲学史界对王守仁的姚江心学已有颇多阐述，但对江门心学尚罕有论及。本文试图对陈献章生平及其心学思想主要观点和特色作一论述，以见明代心学另一个方面的内容。

一　陈献章的生平及其心学产生的学术背景

陈献章字公甫，别号石斋，广东新会白沙里人。生于明宣宗宣德三年，卒于明孝宗弘治十三年（1428～1500）。白沙村濒临西江流经入海之江门，故明清学者称陈献章其人为白沙先生，其学为江门之学。陈献章的诗文，后人辑为《白沙子》。

陈献章早年曾锐意科举，于二十岁（正统十三年）、二十三岁（景泰二年）、四十一岁（成化五年）时三次参加会试，但皆落第，终未获出仕机会，从而促成了他逐渐走向潜心学术的生活道路。

陈献章第一次落第后，以听选监生入国子监读书。第二次落第后，于二十七岁时（景泰六年）曾师事当时著名的江西学者吴与弼。半年后归家，闭门读书；又筑阳春台，静坐其中，数年不出户外。正是于此期间，陈献章的思想发生了一种转机，即由读书穷理而转向求之本心，他提出"惟在静坐，久之然后见吾心之体"的修养方法，开始显示了异于朱学的心学的思想风貌。

陈献章三十八岁时（成化二年），重游太学，受到京师名士们的极高推崇，被誉为"真儒复出"，但三年后他第三次参加会试时，却又名落孙山。五十六岁时，因布政使彭韶、都御史朱英的推荐，陈献章应召赴京，令就试吏部。他以疾病为由，推辞了吏部的考试，又上疏乞终养老母。最后，授以翰林院检讨而放归。此后至卒，屡荐不起。此期间，陈献章的思想风貌又有所变化，即他非唯静坐室中，而是逍遥于自然，"或浩歌长林，或孤啸绝岛，或弄艇投竿于溪涯海曲"（张诩：《白沙先生墓表》），领略山水风光，养浩然自得之性，提出"以自然为宗"的为学宗旨；主张不离日用，于时事出处中即现"本心"，并将自己世界观的基本观点归纳为"天地我立，万化我出，宇宙在我"。这些都表明陈献章的心学思想体系已臻完成，其规模也较初期为开阔。总之，陈献章的生平，在政治上是极为平凡的，而在学术上却是颇具特色的。陈献章心学的萌芽到完成的过程，他自己有个叙述：

> 仆才不逮人，年二十七始发愤，从吴聘君学，其于古圣贤垂训之书，盖无所不讲，然未知入处。比归白沙，杜门不出，专求所以用力之方，既无师友指引，惟日靠书册寻之，忘寝忘食，如是者亦累年而卒未得焉。所谓未得，谓吾此心与此理未有凑泊吻合处也。于是舍彼之繁，求吾之约，惟在静坐，久之，然后见吾此心之体。隐然呈露，常若有物，日用间种种应酬，随吾所欲，如马之御衔勒也；体认物理，稽诸圣训，各有头绪来历，如水之有源委也。于是涣言自信曰：作圣之功，其在兹乎？（《白沙子》卷二《复赵提学》，以下凡引《白沙子》，皆仅注卷数、篇名）

从陈献章的自述中可以看出两点，第一，他为学的根本目标，乃是"作圣"，即完成儒家主张的伦理道德修养。在这一点上，他和宋元以来的理学家是一致的，故他的学术也同样受到封建统治者的褒扬，在他死后八十五年（万历十三年）即从祀孔庙，并赐谥"文恭"。第二，但他为学的方法，却和自宋末以来，在学术思想领域内居于统治地位的朱熹理学方法异趣，而与沉寂无闻的陆九渊心学方法同旨。"朱子求一贯于多学而识，寓约礼于博文，其事繁而密，其功实而难。"（章学诚：《文史通义·朱陆》）陆九渊则主张"易简工夫"，唯在"先立乎其大者"或"发明本心"；朱主"居敬"而陆倡"求静"。这里陈献章标举"舍彼之繁而求吾心之约，惟在静坐，久之然后见吾心之体"，其于朱陆之间取舍异同，昭然若揭。

这样，陈献章学说的出现，既是明初朱学一统局面的结束，也是明代心学思潮的开始，正如《明史·儒林传序》所述：

> 原夫明初诸儒，皆朱子门人之支流余裔，师承有自，矩矱秩然。……学术之分，则自陈献章、王守仁始……嘉隆而后，笃信程朱，不迁异说者，无复几人矣。（《明史》卷二百八十二）

陈献章在明初朱学处于独尊地位和极盛局面下，思想向陆学的逆转，这与陈献章个人的生活经历以及当时社会的学术背景都是有关的。

明代初年，诏天下立学，颁科举程式，钦定朱熹的《四书集注》及程朱派的其他解经著作，为科举经义考试的理论标准，明确规定，"剽窃异端邪说、炫奇立异者，文虽工，弗录"（《松下杂钞》卷下）。这样，读书求仕之人就不得不拜倒在朱熹的脚下了。朱彝尊说："世之治举业者，以《四书》为先务，视六经为可缓，以言《诗》，非朱子之传义弗敢道也，以言《礼》，非朱子之《家礼》弗敢行也。推而言之，《尚书》《春秋》非朱子所授，则朱子所与也。言不合朱子，率鸣鼓而攻。"（《道传录序》）陈献章早年也颇有功名之志，"幼览经书，慨然有志于思齐。间读秦汉以来忠烈诸传、辄感奋赏咨"（张诩：《白沙先生墓表》）。后来尽管有"真儒"之誉，但科举却屡试不第，这种遭遇或经历，自然容易使他走向绝意仕宦而追求学术的路子，他曾说："予少无师友，学不得其方，汩没于声利，支离于秕糠者益久之。年几三十，始尽弃举子业，从吴聘君游。"（卷一《龙岗书院记》）自然也容易产生和表现出鄙薄、疏远朱学的倾向，如他斥训诂、辞章为"陋学"（卷一《古蒙州学记》）；当江西按察使陈耻菴等遣人来聘他去图复白鹿书院、兴考亭之学时，他即告使者说"使乃下谋于予，是何异借听于聋，求视于盲也"（卷一《赠李、刘二生使还江右诗序》），表示出自己对朱学无法消融的隔膜、对立之感。于是他就针对朱学的"穷理"，针对汉唐以来的训诂、辞章、科举之文而提出圣学在于"人心"，"圣朝访古设学立师以教天下，师者传此也，学者学此也"（卷一《古蒙州学记》）。

陈献章心学的产生，与明初社会的学术状况也有关系。明初，朱学成为具有绝对权威的、神圣不可改易的官学后，学者士人大都只能以程朱为极致，谨守其矩矱，极尽推崇而不敢逾越。如明初最称博学者宋濂说："自孟子之殁，大道晦冥，世人摘埴而索途者千有余载。天生濂洛关闽四夫子，始揭白日于中天，万象森列，无不毕见，其功固伟矣，而集其大成，唯考亭朱子而已。"（《宋学士全集》卷五《理学纂言序》）明初另一著名学者薛瑄亦曰："《四书集注》《章句》《或问》，皆朱子萃群贤之言议，而折中以义理之权衡，至广至大，至精至密，发挥先圣贤之心，殆无余蕴，学者但当依朱子，精思熟读，循序渐进。"（《读书录》卷一）可见，在明初朱学独尊的情况下，认为道理已被朱熹说尽，是一种很流行的观念。这种迷信的观念正是朱学由于极盛而生出的一种流弊，表明其丧失了进一步发展更新的动力。然而朱学的这种流弊，却正是陈献章转向心学的契机。他慨叹世之学者蒙昧而不知觉悟，"眼前朋友可以论学者几人，其失在于不自觉耳"（卷三《与湛民泽》），于是提出"贵疑"："前辈谓学贵知疑。小疑则小进，大疑则大进。疑者，觉悟之机也。一番觉悟，一番长进。"（卷二《与张廷实》）这位"贵疑"的前辈，正是当初与朱熹争鸣并立的陆九渊。陆九渊曾告诫其弟子"为学贵知疑，疑则有进"（《象山全集》卷三十五《语录》），"小疑则小进，大疑则大进"（《象山全集》卷三十六《年谱》）。陈献章一反崇朱的时论，认为濂洛的学脉是主静主一，继承这个学统的是陆九渊而不是朱熹："周子《太极图说》'圣人定之以中正仁义而主静。问者曰：圣可学欤？曰：可。孰为要？曰：一为要，一者无欲也'。《遗书》云：'不专一则不能直遂，不翕聚则不能发散。见静坐而叹其善学，曰：性静者可以为学。'二程之得于周子也，朱子不言有象山也。此予之狂言也。"（卷四《书莲塘书屋册后》）自谓"狂言"，是在朱学统治的情况下，陈献章使用的遁词，其实正表明陈献章的思想已背离朱学领域而进入陆学藩篱。

陈献章离朱入陆，即因"寻书册，累年未有得"而转向"求心"，这种思想变化的逻辑必然性，与宋末以来和会朱陆的社会思潮也有关系。朱熹和陆九渊在政治立场和哲学世界观的根本点上都是一致的，作为朱陆学术差异标志的"道问学"和"尊德性"两种不同的完成儒家伦理道德修养方法，实际上也是相辅相成的。故在朱陆相争的当时，也就出现了会通朱陆的主张。朱陆和会更是整个元代学术思想的特征。即使在明初朱学独尊的局面下，宗朱学者的思想中，也有陆九渊心学观点的成分。如服膺朱熹、称其为孔子以后"又集其大成者也"的王祎即说："人身甚微细，而至广且大者，心也。范围天地、经纬古今、综理人理、酬酢事变，何莫非心思之所致也。于是圣贤有心学焉，先之以求放心，次之以养心，节之以尽心。是故心学废，人之有心者犹无心矣。无心则无以宰其身，伥伥焉，身犹一物耳，何名为人哉？"（《华川卮辞》）薛瑄亦说："为学第一工夫，立心为本。"（《读书录》卷十）这种把"心"作为人的根本和把"立心"作为修养的根本的观点，都正是陆学的核心观点。就陈献章本人来说，他虽倾向陆学，但也不否认朱学有救弊作用而与陆学相互补正。如一次他令来学者读《论语》"与点"一章，学子怀疑问："以此教人善矣，但朱子谓专理会'与点'意思恐入于禅？"他即说："彼一时也，此一时也。朱子时，人多流于异学，故以此救之。今人溺于利禄之学深矣，必知此章然后有进步处耳。"（夏尚朴：《浴沂亭记》）总之，朱陆本来相通，于朱学中摸索未得而入陆，于陆门中求解不悟而入朱，宋末以来，不乏其人，这也是陈献章心学产生的学术背景的一个方面。

二　"天地我立，万化我出"的心学世界观

陈献章的"天地我立，万化我出"的心学世界观的最后形成，经历了一个思想发展过程，它有三个环节。

（一）元气塞天地

陈献章二十七岁时，曾受学于服膺朱熹的吴与弼。虽然陈献章声称于吴与弼处所学收获甚微，"未知入处"，然而受其影响亦在所难免。例如他的自然观，即他在解释宇宙万物的形成、变化时，就和程朱理学一样，也一般地称引"气"为宇宙构成的基本因素的观点。他说：

天地间，一气也而已，诎信相感，其变无穷。（卷一《云潭记》）

元气之在天地，犹其在人之身，盛则耳目聪明，四体常春；其在天地，则庶物咸亨，太和细缊。（卷四《祭先师康斋墓文》）

元气塞天地，万古常周流。闽浙今洛阳，吾邦亦鲁邹。（卷五《五日雨霰》）

这表明陈献章认为"元气"是构成万物的基本要素，元气变化是形成古今的原因。这正是宋代理学中，根据《周易》而形成的一般的宇宙生成观念。例如张载即认为"太虚无形，气为本体，其聚其散，变化之客形尔"（《正蒙·太和》）。程颐亦认为万物"种于气"（《程氏遗书》卷十五）。朱熹更说："盈天地之间，所以为造化者，阴阳二气之始终盛衰而已。"（《朱文公文集》卷七十六《傅伯拱字说序》）所以在这里还难以分辨出陈献章"元气塞天地"观点的性质，这还需要看他对"气"之本质是如何理解的，是如同张载那样，把"气"认作是"本体"，是万事万物的最后根源；抑或是如同朱熹那样，把"气"看作是"形而下之器"，是"生物之具"，只有"理"才是"生物之本"。

（二）道为天地之本

陈献章虽然认为"元气塞天地"，认为"气"是构成天地万物的最基本的东西，但他并不是一个唯物主义者，而是一个唯心主义者，因为在"气"与"道"（"理"）的关系上，他认为"道"是根本的，"道为天地之本"。他说：

道至大，天地亦至大，天地与道若可相侔矣，然以天地而视道，则道为天地之本，以道视天地，则天地者太仓之一粟，沧海之一勺耳。（卷一《论前辈言铢视轩冕尘视金玉上》）

神理为天地万物主本，长在不灭。人不知此，虚死浪死，与草木一耳。（卷三《与马贞》）

陈献章将"道"与天地（"气"）相比，认为"道为天地之本"，这和朱熹将"理"与"气"相比，认为"理"是"生物之本"的观点极为相近，如朱熹说："天地之间，有理有气。理也者，形而上之道也，生物之本也；气也者，形而下之器也，生物之具也。"（《朱文公文集》卷五十八《答黄道夫》）陈献章世界观的唯心主义性质，也就开始从这里表现出来。

但在对"道"（"理"）作为超感悟的宇宙根源这种性质的解释上，陈献章和朱熹有所不同。朱熹援引《易传》的"太极"和周敦颐的"无极"来加以解释，他说："圣人谓之太极者，所以指夫天地万物之根也。周子因之又谓之无极者，所以著夫无声无臭之妙也。"（《朱文公文集》卷四十五《答杨子直》）而陈献章则径以老、庄为解，他说：

> 道可状乎？曰：不可。此理之妙，不容言；道至于可言，则已涉乎粗迹矣。（卷一《论前辈言铢视轩冕尘视金玉下》）
>
> 道不可以言状，亦可以物乎？曰：不可。物囿于形，道通于物，有目者不得见。何以言之？曰：天得之为天，地得之为地，人得之为人；状之以天则遗地，状之以地则遗人，物不足状也。（同上）

陈献章以"不可言"来解释"道"之无形体，以"天得之为天，地得之为地，人得之为人"来解释"道"为万物之根源，与老、庄极为相似。因为《老子》阐述"道"（"一"）为万物根源时正是这样说的："天得一以清，地得一以宁，神得一以灵，谷得一以盈，万物得一以生，侯王得一以为天下贞。"（第39章）而《庄子》在描绘"道"之不可闻见时也是如此说的："夫道，有情有信，无为无形，可传而不可受，可得而不可见……"（《大宗师》）。这就预示着陈献章的唯心主义进一步发展，可能不是程朱的方向，而是另外的方向。事实正是这样，陈献章思想进一步发展，就是他提出万物万理具于一心的观点，向着陆九渊的方向走去。

（三）心具万理万物

陈献章虽然认为"道为天地之本"，但他并不像客观唯心主义者朱熹那样，认为"理"是独立于万物之先的某种绝对存在，而是认为有此心方有此理，有此诚方有此物。他说：

君子一心，万理完具，事物虽多，莫非在我。（卷一《论前辈言铢视轩冕尘视金玉中》）

天地之大，万物之富，何以为之也？一诚所为也。盖有此诚，斯有此物；则有此物，必有此诚。则诚在人何所？具于一心耳。心之所有者此诚，而为天地者此诚也。（卷一《无后》）

陈献章的"君子一心万理完具"，"万物之富，一诚所为"这些观点，和陆九渊"心即理"（《象山全集》卷十一《与李宰》）、"万物森然于方寸之间"（《象山全集》卷三十四《语录》）的观点是完全相同的。这样，陈献章从开始认为"元气塞天地"，进而认为"道为天地之本"，继而又认为"道"（"理"）亦为我心之所具有，万理、万物、万事归根到底皆是我心的产物，一步步地走进了主观唯心主义的哲学阵营。

陈献章的心学世界观，在理论形态上与陆九渊心学极为相似。这种心学世界观，陆九渊用"宇宙便是吾心，吾心便是宇宙"（《象山全集》卷二十二《杂说》）两语来概括，陈献章则用"天地我立，万化我出，宇宙在我"三言来表达，他说：

此理干涉至大，无内外，无终始，无一处不行，无一息不运，此则天地我立，万化我出而宇宙在我矣。得此霸柄入手，更有何事，往来古今，四方上下，都一齐穿纽，一齐收拾，随时随处无不是这个充塞，色色信他本来，何用尔脚劳手攘。（卷三《与林郡博》）

即陈献章和陆九渊一样，以"宇宙"为自己思索的背景，极力强调主观扩充，认为万事万物皆是"心"的创造，皆是"心"的充塞，其主观唯心主义的思想色彩是极其明显的。

但比较而言，陈献章和陆九渊对"心"的理解有所不同。陆九渊所理解的"心"，除了它的知觉能力外，还特别强调它的伦理本性，如他说："仁义者，人之本心也。"（《象山全集》卷一《与赵监》）而陈献章所理解的心，则主要是指它的知觉认识能力，如他说："即心观妙，以揆圣人之用。"（卷一《送张进士廷实还京序》）这样，陆九渊的"宇宙吾心、吾心宇宙"命题，除了包含有万事万物皆我"心"的产物这样哲学本体论和认识论的内容外，还主要是指一种道德修养境界，即是指儒家所主张的最高的"天人合一"的道德境界。而陈献章的"天地我立，万化我出，宇宙在我"命题，则主要强调心的知觉作用是决定万事万物的枢纽。他说：

> 其观于天地，日月晦明，山川流峙，四时所以运行，万物所以化生，无非在我之极而思握其枢机，端其御绥，行乎日用事物之中，以与之无穷。（卷一《送张进士廷实还京序》）
>
> 人争一个觉，才觉便我大而物小，物尽而我无尽。（卷三《与时矩》）
>
> 身居万物中，心在万物上。（卷五《随笔》）

这样，陈献章的心学世界观就没有陆九渊心学那样强烈的伦理色彩，而是具有杨简心学那样明显的唯我主义色彩。

陈献章心学不同于陆九渊心学的这个特色，与他受到佛禅思想的较深影响有关。在陈献章的诗文中，多次提到诵读佛经，如："无奈华胥留不得，起凭香几读《愣严》"（卷六《午睡起》），"天涯放逐浑闲事，消得《金刚》一部经"（卷六《邹吏目书至有作兼呈吴县尹》），"闲拈曲江句，胜读《法华经》"（卷七《春兴》），"胸中一部《莲华经》，江云浩浩江冷冷"（卷八《病中寄张廷实》）。他的诗中也不乏禅语，诸如"千休千处明，一了一切妙"（卷五《付民泽》），"虚无里面昭昭应，影响前头步步迷"（卷五《赠周成》），"人世万缘都大梦，天机一点也长生"（卷八《再和示子长》），"得山莫杖，临济莫喝，万化自然，太虚何说，绣罗一方，金针谁掇"（卷八《示湛雨》），不胜枚举。这些都表明陈献章与佛禅有很深的关系。

儒佛之异，就其根本宗旨而言，儒家旨在践履封建的伦理纲常，而佛家则在实现个人的解脱。就"心性"这个问题而言，宋代理学家，无论朱熹或陆九渊都认为"心""性"是指人固有的伦理道德观念或品性，而佛禅则指"心""性"为人的生理知觉能力。宋代理学家一般都从儒家所主张的伦理道德立场，对佛禅进行了尖锐的攻击。陈献章由于受佛禅思想影响较深，故对儒佛这种分歧和对立，也看得比较淡薄，甚至认为"儒与释不同，其无累同也"（卷三《与太虚》），承认"白沙诗语如禅语"（卷八《次韵张东海》）。这样，他在"心性"这个理论问题上，在修养方法上，将心学与禅学有时不加分辨，也就是很自然的事了。

当然，从根本上说，陈献章还是儒家思想家，在他心中儒家的宗旨与佛、老的要求之间的界限还是清楚的，例如他曾在一诗中写道："不著丝毫也可怜，何须息息数周天。禅家更说除生灭，黄老惟自养自然。肯与蜉蝣同幻化，秪应龟鹤羡长年。吾儒自有中和在，谁会求之未发前。"（卷七《夜坐》）即他认为儒家所追求的"中和"，也就是达到完满的、纯粹的、善的伦理道德境界，与佛家的超生死、道家的求长生是不同的。并表示自己最终还是要维护儒家立场的，他说："近苦忧病相持，无以自遣，寻思只有虚寂一路，又恐名教由我坏，佛、老安能为我谋也。付之一叹而已。"（卷三《与容一之》）所以当有人攻击他"流于禅学"时，他就加以分辨，声称这只是迹之近似，而非实有所同，他在答一学官的信中说：

> 承谕有为毁仆者，有曰：自立门户者是流于禅学者。甚者则曰：妄人率人于伪者……仆又安敢与之强辩，姑以迹之近似者为执事陈之：孔子教人文行忠信，后之学孔氏者则曰，一为要，一者无欲也，无欲则静虚而动直，然后圣可学而至矣，所谓"自立门户"者，非此类欤？佛氏教人曰静坐，吾亦曰静坐；曰惺惺，吾亦曰惺惺，调息近于数息，定力有似禅定，所谓"流于禅学者"，非此类欤？（卷二《复赵提学佥宪》）

总之，陈献章力辩自己的修养方法，虽然形迹上和佛、老的"禅定""主静"有某种相似，但根本目的还是为了达到孔子提出的修养目标，为了使"圣可学而至"，所以不是"自立门户"，不是"流于禅学"。应该说陈献章的辩白是符合事实的，整个明代心学都有这样的理论特色：表面上虽带有禅学色彩，但本质上仍是儒家思想。

三 "以自然为宗"的心学宗旨

陈献章的主观唯心主义心学认为"天地我立、万化我出、宇宙在我"，从这个唯我主义世界观立场出发，他提出"以自然为宗"的修养目标或为学宗旨，他说：

> 人与天地同体，四时以行，百物以生。若滞在一处，安能为造化之主耶？古之善为学者，常令此心在无物处，便运用得转耳。学者以自然为宗，不可不著意理会。（卷二《遗言湛民泽》）

陈献章所谓的"自然"，乃是指万事万物朴素的、无着任何外力痕迹的、本然的存在状态。如他以诗为例说："古文字好者，都不见安排之迹，一似信口说出，自然妙也。其间体制非一，然本于自然不安排者便觉好。"（卷二《与张廷实主事》）所以陈献章的"以自然为宗"，实是指一种无异同、得失、生死，即无任何负累的、本然的、绝对自由自在的精神状态，他又称之为"浩然自得"，他说：

> 士从事于学，功深力到，华落实存，乃浩然自得，则不知天地之为大，生死之为变，而况于富贵贫贱，功利得丧、诎信予夺之间哉？（卷一《李文溪文集序》）

可见，陈献章"以自然为宗"或"浩然自得"的修养目标，实际上乃是企图从自然（如生死）和社会（如得失）的束缚中超脱出来。它不是为了某个崇高的目的而置生死得失于度外的那种道德境界，而是指达到泯除生死得失界限认识的那种心理状态。这种心理状态，当然不是践履道德的结果，而只能是充分扩充主观自我的结果，因为主观自我意识的充分扩张，必然由重我轻物，到有我遗物，最后到有心而无物。陈献章正是这样的，他说：

> 重内轻外，难进而易退，蹈义如弗及，畏利若懦夫，卓似有以自

立，不以物喜，不以己悲，盖亦庶几乎？吾所谓浩然而自得者矣。（卷一《李文溪文集序》）

能以四大形骸为外物，荣之、辱之、生之、杀之，物固有之，安能使吾戚戚哉！（卷三《与僧文定》）

灵台洞虚，一尘不染，浮华尽剥，真实乃见，鼓瑟鸣琴，一回一点，气蕴春风之和，心游太古之面，人具七尺之躯，除了此心此理，便无可贵。（《白沙语要》）

"重内轻外""以四大形骸为外物""除了此心此理，便无可贵"，这些就是陈献章"以自然为宗"的实际内容。在这里陈献章心学又一次显示它和陆九渊心学相比，伦理色彩比较淡薄的特色。陆九渊曾说："今所学果为何事？人生天地间，为人当尽人道，学者所以为学，学为人而已，非有为也。"（《象山全集》卷三十五《语录》）又说："须思量天之所以与我者是甚底为？不是要做人否？理会得这个明白，然后方可谓之学问。"（同上）可见，陆九渊心学的理论目标是"做人"，其主要内容是践履儒家所主张的伦理纲常。而陈献章心学"以自然为宗"，则企羡超越物外，遗世独立，他曾述己之志向曰：

优游自足无外慕，嗒乎若忘，在身忘身，在事忘事，在家忘家，在天下忘天下。（卷一《送李世卿还嘉鱼序》）

这与儒家所主张的修身、齐家、治国、平天下的为学目的，当然是相悖的。故招来了他的同窗胡居仁、后学夏尚朴评论"白沙之学近禅"（见《明儒学案》卷二《崇仁学案二》、卷四《崇仁学案四》），也不是无缘故的妄断，而是有某些事实根据的。

四 "静坐中养出端倪"的心学方法

陈献章认为"天地我立，万化我出，宇宙在我"，万事万物皆我心的产物。为学的宗旨或目标，在于"以自然为宗"，即求得无任何负累的"浩然自得"。那么，如何才能达到这个目标？陈献章有个简要回答：

为学当求诸心，必得所谓虚明静一者为之主，徐取古人紧要文学读之，庶能有所契合，不为影响依附，以陷于徇外自欺之弊，此心学法门也。（卷四《书自题大塘书屋诗后》）

（一）以静求"心"

陈献章的心学认为，万物万理具于一心，生于一心，为摆脱万事万物的负累，识得"心"之本体，是绝对必要的。但在陈献章心学里，"心"不仅是指一种可感觉的、具体的生理实体，而且是具有神秘作用的宇宙本体，它无法通过理性的、逻辑的方法来认识，只能通过非逻辑的、内省方法来体悟。他对其弟子李承箕（字世卿）说：

此心通塞往来之机，生生化化之妙，非见闻所及，将以待世卿深思而自得之。（卷一《送李世卿还嘉鱼序》）

陈献章就把这种由"深思而自得之"，即内省体验的以静求"心"的方法，称之为"静坐中养出端倪"，他说：

为学须从静坐中养出端倪，方有商量处。（卷二《与贺克恭黄门》）

惟在静坐，久之然后见吾心之体……作圣之物，其在兹乎！（卷二《复赵提学佥宪》）

何谓"端倪""心之体"？陈献章自己没有作过明确说明。黄宗羲曾试作解释："静中养出端倪，不知果为何物。端倪云者，心可得而拟，口不可得而言，毕竟不离精魂者近是。"（《明儒学案·师说》）似乎也不得要领。实际上，它是指某种本然的、善恶喜怒尚未形成的那种精神状态。陈献章心学在这里更表现出一种模糊神秘的色彩。

（二）以"我"观书

陈献章虽然认为"为学当求诸心"，"静坐"是求"心"的主要方法，但他也不否认需要读书，不否认"学以变化习气，求至乎圣人而后已"（卷一《古蒙州学记》）。但他主张"以我观书"，反对"以书博我"。他说：

> 六经，夫子书也。学者徒诵其言而忘味，六经一糟粕耳，犹未免于玩物丧志……以我而观书，随处得益；以书博我，则释卷而茫然。（卷一《道学传序》）

陈献章的"以我观书"和陆九渊的"六经注我"涵义是一样的，即认为"六经"所阐述的道理，即是我"心"的内容。读经在于明了其精神实质，使我心与六经契合；不是为了博闻强记，增加心的负担。基于这种理解，陈献章和陆九渊一样，不主张多读书，他说：

> 此心自太古，何必生唐虞；此道苟能明，何必多读书。（卷五《赠羊长史寄贺黄门钦》）
> 读书不为章句缚，千卷万卷皆糟粕。（卷八《题梁先生芸阁》）

陈献章还主张学贵自得。他认为，所谓"道理"，是自得于心，不是言语可表达的。他说："道也者，自我得之，自我言之可也；不然，辞愈多而道愈窒，徒以乱人也。"（卷二《复张东伯内翰》）基于这种理解，他也不主张著书，他说：

> 他时得遂投闲计，只对青山不著书。（卷八《留别诸友》）

甚至认为"六经而外，散之于诸子百家，皆剩语也"（《明儒学案》卷五《白沙学案一·李承箕文集》）。故他说"真儒不是郑康成"（卷八《再和示子长》），传注章句皆是"百氏区区赘疣苦，汗牛充栋故可削"（卷八《题梁先生芸阁》）。

陈献章江门心学的思想内容大致就是如此。陈献章的江门心学在宋明理学史上有重要的地位，因为它开始了明代学术局面由初期的朱学统治向中后期的心学风靡的转变，并且它和后起的王守仁姚江心学共同构成了明代心学的主要内容，正如黄宗羲所说： "有明之学，至白沙始入精微，……至阳明而后大。"（《明儒学案》卷五《白沙学案》）

（《中国哲学史研究》1985 年第 2 期）

庄子思想的文学特质

　　明代学者朱得之在《读庄评》中写道："庄子亦周末文胜之习，今观其书，止是词章之列，自与五经辞气不同。然其指点道体、天人异同处，却非秦汉以来诸儒所及，故从事于心性者有取焉。"（《庄子通义》）可见，很久以来，人们就发现和认为《庄子》不仅具有深邃的哲学思想内容，而且从表现形式上看还具有明显的、和儒家经典及诸子文章风格迥然不同的文学特质。清代思想家、诗人龚自珍曾在其诗中表白："名理孕异梦，秀句镌春心。《庄》《骚》两灵鬼，盘踞肝肠深。"（《定庵文集补编·古今体诗·自春徂秋，偶有所触，拉杂书之，漫不诠次，得十五首》）清代文论家刘熙载也指出："诗以出于《骚》者为正，以出于《庄》者为变。少陵纯乎《骚》，太白在《庄》，东坡则出于《庄》者十之八九。"（《艺概》卷二《诗概》）所以《庄子》作为灿烂的中国文学的重要源头应该说是确凿无疑的。那么，藉以外现庄子思想并对后代发生影响的《庄子》文学特质是怎样的呢？

一　思想以寓言的故事情节展现

　　庄子思想的文学特质，首先是由它的深刻的人生哲学思想主要不是通过理论的逻辑论述来阐明的，而常是通过寓言的故事情节的发展而展现的。《庄子》一书有一百多个寓言，可以称得上是一部寓言故事集，司马迁说庄子"著书十余万言，大抵率寓言也"（《史记·老子韩非列传》），诚然。构成庄子寓言的基本格调是对精神自由的想象和达到这种境界的方法或途径的暗喻。

（一）精神自由的想象表现

《庄子》中写道："至人之自行邪……彷徨乎尘垢之外，逍遥乎无事之业。"（《达生》）也就是说，在庄子看来，人生最高的追求就是达到理想人格的这种"逍遥"的境界。在《庄子》中，这一精神境界的基本特征正是借助具体的、形象的寓言故事来表述的。《庄子》写道：

> 夫知效一官，行比一乡，德合一君，而征一国者，其自视也亦若此矣。而宋荣子犹然笑之。且举世而誉之而不加劝，举世而非之而不加沮，定乎内外之分，辩乎荣辱之境，斯已矣。役其于世未数数然也。虽然，犹有未树也。夫列子御风而行，泠然善也，旬有五日而后反。彼于致福者，未数数然也。此虽免乎行，犹有所待者也。若夫乘天地之正，而御六气之辩，以游无穷者，彼且恶乎待哉！（《逍遥游》）

这个寓言故事是说，像宋荣子那样能不为世俗毁誉所动摇，是很崇高的了；象列子那样能乘风而行无所借助于人力，也是很高明的了。但是，对于"逍遥"来说，他们仍有距离。宋荣子还有"荣辱""内外"之分，列子犹要"御风"，也就是说，他们仍有负累，"犹有所待"；而只有达到"御气"而"游无穷"的那种"无所待"的境界，才是真正的"逍遥"。这个寓言故事将庄子所追求的那种玄妙的、难以表述的"逍遥乎无事之业"的精神境界，形象地展示出一种"无待"的境界。

在《庄子》中，庄子所追求的"逍遥"或精神自由所具有的这种抽象的"无待"的性质，也是用具体形象来显现的，而不是用哲学的理论语言来说明的。《庄子》写道：

> 北冥有鱼，其名为鲲。鲲之大，不知其几千里也。化而为鸟，其名为鹏。鹏之背，不知其几千里也；怒而飞，其翼若垂天之云。是鸟也，海运将徙于南冥。南冥者，天池也。（《逍遥游》）
>
> 昔者庄周梦为胡蝶，栩栩然胡蝶也，自喻适志与！不知周也……

（《齐物论》）

藐姑射之山，有神人居焉，肌肤若冰雪，绰约若处子。不食五谷，吸风饮露。乘云气，御飞龙，而游乎四海之外。（《逍遥游》）

这三个具有想象性质的寓言形象地表明，庄子"无待"的精神自由，如同展翅翱翔在广漠天宇中的鲲鹏，如同任意驰骋变幻的梦中之人，如同能腾云驾雾、不饮不食的"神人"，乃是一种无条件的、无限制的绝对自由，而无须任何凭借。在庄子看来，一有凭借，即是"有待"，心境即生负累，就不成其为"逍遥"，不成其为自由。所以如前所述，庄子的这种自由，不是卢梭、康德的那种意志自由，也不同于斯宾诺莎、黑格尔的那种认识必然的理性自由，而是一种心境自在自适的情态自由。这种自由的情境本质，《庄子》中也是用一系列寓言故事来表现的，其中有一个寓言故事说，子桑户、孟子反、子琴张三人为友，子桑户死时，孟子反、子琴张二人在子桑户尸前编曲鼓琴，相和而歌。子贡受孔子之托也去吊丧，见此情景感到不解，回来问孔子他们是些什么人？孔子说：

"彼游方之外者……彼方且与造物者为人，而游乎天地之一气。彼以生为附赘县疣，……夫若然者，又恶知死生先后之所在！假于异物，托于同体，忘其肝胆，遗其耳目，反复终始，不知端倪；芒然彷徨乎尘垢之外，逍遥乎无为之业，彼又恶能愦愦然为世俗之礼，以观众人之耳目哉！"（《大宗师》）

"子贡吊丧"的寓言故事，藉虚拟的子桑户三人生活情态的描述和虚拟的孔子评论，具体形象地表现了庄子所追求的"逍遥"，就是在现实生活中通过对伦理道德的世俗之礼和死生哀乐的自然之情的超脱，而获得的那种恬静、自在的心境。

总之，在庄子的人生哲学中，"逍遥"或精神自由这一艰深的主题、这一高远的追求，是借寓言的故事情节形象地展现出来的。

（二）修养方法的形象说明

庄子人生哲学中的精神修养方法和处世态度，也常常是借助寓言故事中的形象或寓意来暗喻的。前面已经论述，庄子认为"耆欲深者天机浅"（《大宗师》）、"巧者劳而知者忧"（《列御寇》），要保持恬静的心境，达到"逍遥"的境界必须"去知与故"（《刻意》），"因其固然"（《养生主》），"常因自然而不益生"（《德充符》）。一般来说，庄子的这些精神修养的观点，在《庄子》中虽然没有获得直接的理论阐述，却是一个又一个的寓言故事所蕴含的必然结论。例如《庄子》中写道：

> 南海之帝为倏，北海之帝为忽，中央之帝为浑沌。倏与忽时相与遇于浑沌之地，浑沌待之甚善。倏与忽谋报浑沌之德，曰："人皆有七窍以视听食息，此独无有，尝试凿之。"日凿一窍，七日而浑沌死。（《应帝王》）
>
> 黄帝游乎赤水之北，登乎昆仑之丘而南望，还归，遗其玄珠，使知索之而不得，使离朱索之而不得，使吃诟索之而不得。乃使象罔，象罔得之。黄帝曰："异哉！象罔乃可以得之乎？"（《天地》）
>
> 泽雉十步一啄，百步一饮，不蕲畜乎樊中，神虽王，不善也。（《养生主》）
>
> 昔者海鸟止于鲁郊，鲁侯御而觞之于庙，奏九韶以为乐，具大牢以为膳。鸟乃眩视忧悲，不敢食一脔，不敢饮一杯，三日而死。（《至乐》）

浑沌因被凿七窍，心智大开而死；黄帝遗失玄珠，只有蒙昧不明的象罔才能探找得回来。山沟里的野鸡，十步才能找到一粒食，百步才能饮到一滴水，是很艰难的，但却神气旺盛，健康得很；一只被鲁国国君喜爱的鸟，居于庙堂，食有太牢，饲养可谓优善，可是三天就骇惧而死。这四个一正一反的寓言故事，无一不是导引出"常因自然而不益生"的结论，无一不是"去知与故"修养方法的例证。

在庄子那里，最高的、最重要的精神修养方法是"体道"——对某种作为世界总体、根源的"道"的直觉体认。在这个既有认识特质又有实践因素的精神活动中，凝聚着个人的独特的思想经历和生活经验，因而是一种难以用理论语言表述的，无固定逻辑轨迹可循的精神过程。在《庄子》中，正是借助一些寓言故事来形象地说明人类心灵中的这一深邃的、然而是完全真实的精神现象的。对庄子的作为世界总体、根源的"道"的体认，关键在于对"道"的两个从形式上来看似乎是矛盾的性质的理解、体悟。一方面"道"是无处不在，任何事物都是"道"的存在；另一方面，"道"又不可闻见言说，不能指任何事物为"道"。庄子的"道"的这种十分深刻的、具有辩证性质的规定性也是用寓言来显示的。《庄子》写道：

> 东郭子问于庄子曰："所谓道，恶乎在？"庄子曰："无所不在。"东郭子曰："期而后可。"庄子曰："在蝼蚁。"曰："何其下邪？"曰："在稊稗。"曰："何其愈下邪？"曰："在瓦甓。"曰："何其愈甚邪？"曰："在屎溺。"东郭子不应。庄子曰："夫子之问也，固不及质。正获之问于监市履狶也，每下愈况。汝唯莫必，无逃乎物。至道若是，大言亦然……"（《知北游》）

《庄子》这个寓言故事形象地说明，"道"不仅是"神鬼神帝，生天生地"（《大宗师》）那种作为宇宙最后根源的崇高神圣的存在，同时也是充盈在虫蚁、稗粒、瓦石、屎尿中的卑微秽污的存在，"道覆载万物者也"（《天地》），"道"是"无逃乎物"的世界总体。

可见，在庄子人生哲学中，精神修养方法也正是借助寓言故事的情节和形象才得到有力的证明和清晰的说明的。

（三）社会批判思想的寓言展现

事实上，不仅是庄子的人生哲学思想，他的社会批判思想也往往是以寓言的形象或情节来展现的，其显著特色是立足于自然主义，矛头直接指向当时的社会制度和社会意识的主要体现者——君主制和儒家。讥嘲君主、剥剥礼义是庄子社会批判思想的突出的内容，而这一思想内容中两个最尖锐的论断：无君之国最乐（《至乐》），"圣知之法为大盗守"（《胠箧》），《庄子》都是用寓言的形式鲜明地表现出来的。《庄子》中写道：

> 庄子之楚，见空骷髅，髐然有形，撽以马捶，因而问之曰："夫

子贪生失理，而为此乎？将子有亡国之事、斧钺之诛，而为此乎？将子有不善之行，愧遗父母妻子之丑，而为此乎？将子有冻馁之患，而为此乎？将子之春秋故及此乎？"于是语卒，援骷髅，枕而卧。夜半，骷髅见梦曰："子之谈者似辩士。视子所言，皆生人之累也，死则无此矣。子欲闻死之说乎？"庄子曰："然。"骷髅曰："死，无君于上，无臣于下，亦无四时之事，泛然以天地为春秋，虽南面王乐，不能过也。"庄子不信，曰："吾使司命复生子形，为子骨肉肌肤，反子父母妻子闾里知识，子欲之乎？"骷髅深矉蹙頞曰："吾安能弃南面王乐而复为人间之劳乎！"（《至乐》）

这则闲适超脱中透出惨然重负情调的寓言故事，涵盖着十分广阔的内容。它揭示了构成人生困境，形成"生人之累"的政治的、经济的、道德的和人的自然生理本身的多方面的因素。显然，它是把死亡当作是对人生困境的超脱，对"生人之累"的解除。最后，它无疑是认为在一个自由的、无任何负累的"至乐"的生存环境中，"无君于上"是第一个条件，首要的标志。不难看出，在这个形式上是寓言故事，在死人的心愿中，实际上包含着、表现着对人生的现实社会的完全真实的洞察和十分尖锐的批判。

《庄子》中又写道：

儒以《诗》《礼》发冢。大儒胪传曰："东方作矣，事之何若？"小儒曰："未解裙襦，口中有珠。诗固有之曰：'青青之麦，生于陵陂。生不布施，死何含珠为！'""接其鬓，压其顪，儒以金椎控其颐，徐别其颊，无伤口中珠！"（《外物》）

在这个洋溢着诙谐情调的寓言故事中，本来应是十分紧张可怖的盗墓场面，被描写得十分轻松活泼。通过大、小儒富有风趣的对话，巧妙地挪揄了儒家的经典，尖锐地讽刺了儒家的"礼义"，印证着"圣知之法为大盗守"的社会批判。

完全可以说，在《庄子》中的每一个寓言后面都站着一个哲学结论，蕴涵着一种哲学思想。在它那对人生和社会的严肃的理性思考中，总是妙趣横生地闪现着文学的光彩，正如刘熙载所说："庄子寓真于诞，寓实于玄，于此见离言之妙。"（《艺概》卷一《文概》）

还应该特别指出的是，庄子用寓言形式来展现哲学思想，和古代神话中潜存着或表现出某种理性的哲学观念有所不同。黑格尔说："神话是想象的产物。神话的主要内容是想象化的理性的作品，这种理性以本质为对象，但除了凭借感性的表象方式外，尚没有别的机能去把握它。"（《哲学史讲演录》第一卷，第18页）所以，一般说来，以神话表现理性观念或哲学思想还是思想没有达到充分发展时的一种不自觉的、不自由的行为。《庄子》中说"寓言十九，藉外论之。亲父不为其子媒，亲父誉之，不若非其父者也"（《寓言》）。即庄子认为，一种观点如果没有其本身之外的一些客观事例证明，是很难被人相信、接受的。可见，庄子援用、杜撰寓言，不是因为唯有借寓言的形式才能展示某种思想，真正目的在于有力地论证某个清晰的理性观念，一个哲学思想并不是随着一个寓言而产生，而是在一个寓言之外、之前就存在了的，它只是在寓言中又获得了一次形象的显现、证明。

二 概念、范畴、境界的形象表述

庄子思想的文学特质，还表现在庄子思想中的抽象的理论概念、思想范畴、精神境界，常常以具有感性的形象的样式出现。

（一）概念或范畴的拟人化

在《庄子》中，那些已具有抽象理论形态的概念、范畴，常被拟人化、人格化。它们似乎获得了一种生命，从思维世界的逻辑运行轨道上跳到人间舞台上，像人那样活动着。

在《庄子》中，庄子思想中的一个最高的、作为世界总体和根源的理性范畴"道"，就常是以"真君"（"真宰"）、"造物者"（"造化"）、"宗师"等具有形象性、人格性的名词来表述；相应地，也以人类的行为特征来描述"道"的这种根本性质。例如《庄子》写道：

非彼无我，非我无所取。是亦近矣，而特不知其所为使。若有真宰，而特不得其朕。可行已信，而不见其形，有情而无形。百骸、九窍、六藏，赅而存焉，吾谁与为亲？汝皆说之乎？其有私焉？如是皆有为臣妾乎？其臣妾不足以相治乎？其递相为君臣乎？其有真君存乎？如求得其情与不得，无益损乎其真。（《齐物论》）

今之大冶铸金，金踊跃曰"我且必为镆铘'，大冶必以为不祥之金。今一犯人之形，而曰'人耳，人耳'，夫造化者必以为不祥之人。今一以天地为大炉，以造化为大冶，恶乎往而不可哉！（《大宗师》）

显然，这两段文字中出现的具有"人"的性格和行为特征的形象——真君（真宰）、造化（大冶），它们或是一身的主宰、万人的主宰、或万物万世的主宰，实际上都是"道"的拟人化。"道者，万物之所由也"（《渔父》），庄子的作为宇宙最后根源的"道"这一抽象的理性概念或范畴，以一种具有鲜明具体的感性内容的规定，被形象地表述出来。

在《庄子》中，不仅具有本体论意义的、作为世界总体和根源的"道"被拟人化，被以某种感性形象的特征来规定、表述，而且对这种"道"的认识过程——理性直觉的"闻道"过程，也被拟人化、被形象化为一种具有感性特征的过程。《庄子》写道：

女偶曰："吾闻道矣。"……南伯子葵曰："子独恶乎闻之？"曰："闻诸副墨之子，副墨之子闻诸洛诵之孙，洛诵之孙闻之瞻明，瞻明闻之聂许，聂许闻之需役，需役闻之于讴，于讴闻之玄冥，玄冥闻之参寥，参寥闻之疑始。"（《大宗师》）

这俨然是一个九代祖孙相传的"世家"！从"副墨"到"疑始"，其涵义历代注解《庄子》的学者解释多有不同，一般按照成玄英的解释："副，副贰也。墨，翰墨也；翰墨，文字也。理能生教，故谓文字为副贰也……始，本也，道以不本而本，本无所本，疑名为本，亦无的可本，故谓之疑始。"（《庄子注疏》）也就是说，"闻道"的过程，是从对文字表述出来的"道"的理解开始，到对"无可本"，即既是"有情有信"，又是"无为无形"（《大宗师》）的某种世界总体性、根源性的实在的体认为结束。如前所述，这本来是一个连续的、整体的、难以清晰表述的理性直觉过程，庄子却巧妙地、别出心裁地分离出九个阶段，赋予人格的表征，形象地表述为如同是一个九代世家授受的过程。

（二）精神境界的感性显现

在《庄子》中，不仅对庄子思想中的最高范畴"道"、最高认识方法"闻道"予以形象的表述，而且对最高的精神境界——"无待"的、"逍遥"的境界，即绝对的精神自由，也予以感性的显现。

如前所述，庄子认为人生的"逍遥"或自由的获得，在于超脱构成人生困境的生死、时命、情欲等因素对人的精神纷扰、束缚。换言之，在庄子看来，"逍遥"或自由的精神境界就是对精神所感受到的任何一种形式的约束、负累的摆脱。达到这种精神境界，庄子称之为"悬解"：

> 得者时也，失者顺也，安时而处顺，哀乐不能入也，此古之所谓悬解也。（《大宗师》）

"悬解"，即倒悬的解除，这本是一种行为动作或状态，一种感性表象，但在这里表述的却是一种理性观念——从时命之限、哀乐之情的人生困境中解脱出来后的"逍遥"的精神境界。

在《庄子》中，对"无待"的自由精神境界有一个概括的抽象表述："至人无己，神人无功，圣人无名。"（《逍遥游》）同时，也给予了想象的、形象的描绘：

> 至人……乘云气，骑日月，而游乎四海之外。（《齐物论》）
> 神人……乘云气，御飞龙，而游乎四海之外。（《逍遥游》）
> 圣人……游乎尘垢之外。（《齐物论》）

显然，翱翔于苍穹的鹰鹫，飘游于天际的云朵，无疑是最能唤起庄子对逍遥自由的遐想憧憬。所以他总是把理想人格的"无待"的绝对自由，形象地想象为远离人寰而飞游，而他自己所追求的绝对自由的精神境界也同样感性地显现为：

> 予方将与造物者为人，厌则又乘夫莽眇之鸟，以出六极外，而游无何有之乡，以处旷埌之野。（《应帝王》）

亦如前面所述，庄子的这种"无待"的"逍遥"的精神境界，在人生社会实践上表现为超世、遁世、顺世三种处世态度。对于这三种态度，《庄子》中也各赋予具有感性特征的形象，以显现这一境界的不同侧面。《庄子》写道：

> 彼游方之外者……彼方且与造物者为人，而游乎天地之一气……彼又恶能愦愦然为世俗之礼，以观众人之耳目哉！（《大宗师》）
>
> 是自埋于民，自藏于畔，其声销，其志无穷，其口虽言，其心未尝言，方且与世违而心不屑与之俱，是陆沉者也。（《则阳》）
>
> 彼节者有间，而刀刃者无厚；以无厚入有间，恢恢乎其于游刃必有余地矣。（《养生主》）

显然，"游方之外者"就是对世俗事务和道德观念的超越；"陆沉者"意味着隐瞒于人间而不显；而"以无厚入有间"的"游刃"者，则是指随顺世俗以自保。"方外""陆沉""游刃"构成三种表象，感性地显现了超世、遁世、顺世三种人生态度，表达了多少言语、概念也难以描绘净尽的摆脱人生困境后的那种自在、恬静、自适的景况。

形象大于理念。庄子赋予他思想中的理论概念、思想范畴、精神境界以形象化的特征，就使得这些概念、范畴、境界所蕴含的意境变得丰富起来、宽广起来，庄子思想的文学色彩更加鲜明。

三　语言的诗性

庄子思想的文学特质，最后还表现在语言风格上。清人方东树说：

"大约太白诗与庄子文同妙，意接词不接，发想无端，如天上白云卷舒灭现，无有定形。"（《昭昧詹言》卷十二《李太白》）诚然，和其他先秦诸子著作不同，《庄子》不是词意相接的、逻辑严谨的论述性的语言，而是意接词不接或词虽接意已变的、跌宕跳跃的诗性的语言。

（一）意接而词不接

《庄子》的文辞，"吐峥嵘之高论，开浩荡之奇言"（李白《大鹏赋》）。庄子在表述或论述某一思想观点时，常常引喻设譬，杜撰寓言，援用史实（"重言"），所谓"寓言十九，重言十七"（《寓言》），文章波澜起伏，跌宕多姿。这样，在《庄子》中，同一意境下的文章层次、词句内容，往往变幻不定，确如清人宣颖所形容"庄子之文，喻后出喻，喻中设喻，不啻峡云层起，海市幻生"（《南华经解·庄解小言》），每每出现"意接词不接"的诗的语言特征。刘熙载曾举例说："如《逍遥游》忽说鹏，忽说蜩与学鸠、斥鷃，是为断，下乃接之曰'此小大之辩也'，则上文之断处皆续矣。"（《艺概》卷一《文概》）应该说，这类意接词断的语言特色也存在于《庄子》的其他名篇中。这里，试举《达生篇》的一段文字为例。颜渊问仲尼曰："吾尝济乎觞深之渊，津人操舟若神。吾问焉，曰：'操舟可学邪?'曰：'可。善游者数能。若乃夫没人，则未尝见舟而便操之也。'吾问焉而不吾告，敢问何谓也?"仲尼曰："善游者数能，忘水也。若乃夫没人之未尝见舟而便操之也，彼视渊若陵，视舟之覆犹其车却也。覆却万方陈乎前而不得入其舍，恶往而不暇! 以瓦注者巧，以钩注者惮，以黄金注者殙。其巧一也，而有所矜，则重外也。凡外重者内拙。"

在《庄子》中，这段文字的跌宕跳跃是最为显著的，涵盖这段文字的中心思想或意境是最后一句"凡外重者内拙"，即主张"忘境"。但是，在这个统一意境下，明显地有两个表述中的"断裂"，或者说两次文辞的跳跃。第一个"断裂"是发生在操舟者（津人）对颜渊所问"操舟可学邪"的问答之间。操舟者回答了，但是是跳跃地回答了这个问题：会游泳的人，会很快学会驾驭舟船的，游泳技巧极高的、出入水中自如的人，一见舟船就会操纵的。

这就是说，操舟这一神巧是可以学到的、掌握的，它是由娴熟水性中产生的。这无疑是很正确、很深刻的回答。但是，颜渊未能理会这个跳跃，跨过这个"断裂"，没有听懂，以为操舟者不告诉他。第二个"断裂"则是发生在孔子对操舟人的回答的解释和由这个解释跳跃到最后的结论之间。孔子以一种意接词不接的方式，用"瓦注者巧，钩注者惮，黄金注者殙"显然是脱离了原来论题逻辑思路的新事例，倏然地把"善游者"和"津人"的"忘水"的特殊的技巧境界，升华到一种更高的、普遍的哲学境界——"忘境"，即忘却一切外界事物、一无所矜的精神境界。刘熙载评论《庄子》之文说："文之神妙，莫过能飞，庄子言鹏曰'怒而飞'，今观其文，无端而来，无端而去，殆得'飞'之机者。"（《艺概》卷一《文概》）诚然如此。而且，《庄子》的这种语言的诗性跳跃，不单是形象、想象的更迭变幻，而常是伴随着思想意境的飞越提升。

（二）词接而意已变

在《庄子》中，语言的诗性跳跃，还有另外一种表现，就是词虽接而意已变。比较典型的是《山木》里一则寓言故事中的语言。故事说，鲁君心中忧愁，无法排解。市南宜僚告诉他，边远的南越，有个"建德之国"，那里"民愚而朴，少利寡欲"，都十分快乐，可去那里消除郁闷，"与道相辅而行"。接着下面有两段对话。君曰："彼其道远而险，又有江山，我无舟车，奈何？"市南子曰："君无形倨，无留居，以为君车。"君曰："彼其道幽远而无人，吾谁与为邻？吾无粮，我无食，安得而至焉？"市南子曰："少君之费，寡君之欲，虽无粮而乃足……"

鲁君为难于去遥远的"建德之国"，无舟车代步，何日可达？市南宜僚则说，除去高傲之形，依恋之心，换言之，除去物累、心累，就是到达无忧愁境界的"舟车"；鲁君担心去路途荒远的孤僻的南越，口粮无从继给，何可到达？市南宜僚则说，寡欲知足，则无所不足，也就是说，"道的境界"，"不资物成，而但恬淡耳"（成玄英《庄子注疏》）。可见，市南宜僚的回答，虽然是承接鲁君之所问，但是却完全变换了他的意境。

在《庄子》中，词接意变的语言表达方式，在其他名篇也常有出现。例如：

商大宰荡问仁于庄子。庄子曰："虎狼，仁也。"（《天运》）

（赵文）王曰："愿闻三剑。"（庄子）曰："有天子剑，有诸侯剑，有庶人剑。"（《说剑》）

虽然商太宰荡所问的"仁"，是指人与人之间的一种具有社会历史性质的伦理关系、道德感情，而庄子所回答的"仁"已变为人与人间的本质是属于自然本能性质的生理心理的情感。赵文王问的"三剑"乃属铜或铁制的武器，而庄子所铺陈的"三剑"却是指不同的精神境界所具有或显示的不同的力量范围和强度。

总之，正如清代文论家吴仲伦所说，"庄子文章最灵脱，而最妙于宕"（《古文绪论》），《庄子》语言表达的词接意变和意接词断一样，都是"妙于宕"的表现。正是在这词、意跌宕跳跃的间隔中，形成具有诗性特征的、可供想象和思索驰骋的广阔空间。"鱼相忘乎江湖，人相忘乎道术"（《大宗师》），它们是相隔那么远的、根本无法沟通的两个世界，然而它们又是距离那么近的、完全相似的同一情境。《庄子》语言所表现的这种诗性的风格，是先秦其他诸子作品中所没有的，是构成《庄子》或庄子思想的文学特质的主要因素之一。

（《黄淮学刊》1990 年第 2 期，以"崔问石"笔名发表）

人心道心*

人心道心　源出《荀子·解蔽》引《道经》："人心之危，道心之微。"后伪《古文尚书·大禹谟》提出"人心惟危，道心惟微，惟精惟一，允执厥中"十六字，宋代理学家借以标举所谓道统心传。参见"十六字心传"。

心学　①即陆王学派。南宋陆九渊主张"宇宙便是吾心，吾心即是宇宙"（《象山全集·杂说》），明王守仁主张"天下无心外之物"（《传习录下》）。以"心"为宇宙本体，以"发明本心""致良知"为修养方法，故名。黄震《人心道心》"近世喜言心学，直谓心即道，盖陷于禅而不自知"（《黄氏日钞》卷五），即指陆九渊而发。顾炎武《心学》"心学二字，六经孔孟所不道"，乃"内释而外吾儒之学"（《日知录》卷十八），即指王守仁而发。②《书·大禹谟》"十六字"，理学家视为儒门传心之义理精微，故称之为"心学"。王守仁《象山文集序》："圣人之学，心学也。尧、舜、禹之相授受曰：'人心惟危，道心惟微，惟精惟一，允执厥中，此心学之源也。'"（《阳明全书》卷七）

心即理　陆王心学命题。最早为唐代禅师所提出，大照《大乘开心显性顿悟真空论》："心是道，心是理，则是心外无理，理外无心。"南宋张九成《孟子传·离娄下》："心即理，理即心。"陆九渊进而谓"心"与"理""至当归一，精义无二"（《象山全集·与曾宅之》），"人皆有是心，心皆具是理，心即理也"（《象山全集·与李宰》）。明王守仁推衍此说，

---

* 本篇系崔大华为《中国历史大辞典·思想史卷》所编26个词条。

谓"心即理也，天下又有心外之事、心外之理乎"（《传习录上》）。

本心　孟子用语。《孟子·告子上》："此谓失其本心。"唐孔颖达云："本心即义也，所谓贤者但能勿丧亡此本心耳。"陆九渊谓"仁义者，人之本心也"（《象山全集·与叔监》），以仁义为心之本然，并提出"发明本心"的修养方法，即所谓"存心、养心、求放心"（《象山全集·与舒西美》），以发明人心所固有之伦理道德本性。

主敬　①在先秦儒家经典中原指对鬼神、君师之虔诚、谦虚的态度。《礼记·少仪》："宾客主恭，祭祀主敬。"《孟子·公孙丑下》："父子主恩，君臣主敬。"②程朱理学关于道德修养的方法。《河南程氏遗书》卷十八："涵养须用敬，进学在致知。"《朱文公文集·答程允夫》："是知圣门之学，别无要妙，彻头彻尾，只是个敬字而已。"《近思录·为学》又谓："君子主敬以直其内，守义以方其外。"实则要求人们对封建伦常和道德规范保持恭敬不苟的态度，严格恪守，始终不渝。

主静　宋明理学家的道德修养方法，意指保持心境的宁静空寂状态。周敦颐《太极图说》："圣人定之以中正仁义而主静，立人极焉。"认为产生天地万物的太极本无极，无极本静，因而人性亦静，由于后天染上了"欲"，故"无欲"才能"主静"，达到修养的最高标准。此说为理学的重要思想，后与佛、道的寂然无为说合流。

朱陆异同　南宋朱熹理学与陆九渊心学的同异。朱、陆同以孔孟儒家学说为正宗，同以封建纲常名教为"天理"，同以"存天理，灭人欲"为指归。但两派对理学的主要概念或范畴之理解不尽相同。朱熹认为"万物一理"，客观的"天理"是世界本原；为学主张先"道问学""即物穷理"，更注重读经注经。陆九渊声言"宇宙即是吾心"，主观的"心"是天地万物的本原；为学主张先"尊德性""发明本心"，谓"六经皆我注脚"。两派对周敦颐"无极而太极"之说的理解亦异。朱熹释之为"无形而有理"，陆九渊则怀疑其为周敦颐本人之思想。以后，两派的门弟子继续其辩论。参见"鹅湖之会"。

阳儒阴释　指一种学说或思想表面为儒实际是佛的特色。其意有三：①理学阵营中程朱派以此攻击陆王派，朱熹《张无垢中庸解》评张九成："凡张氏所论著，皆阳儒而阴释。"（《朱文公文集》卷七十二）后来《学蔀通辨》之论陆九渊，《日知录》之评王守仁皆如此。②后世学者批判宋明理学之用语。颜元《上陆桴亭先生书》："论宋儒，谓是集汉唐释道之大成者则可，谓是尧舜周孔之正则不可。"（《习斋记余》卷三）③释徒对理学轻蔑之辞，以挫理学家排佛之气焰。景隆《尚直编·序》："宋儒深入禅学，以禅学性理著书立言，欲归功于己，所以反行排佛。"（《空谷集》卷上）

杨简（1141～1226）　南宋慈溪（今属浙江）人，字敬仲，因筑室慈湖（德润湖）上，学者称慈湖先生。乾道进士。入仕初为富阳主簿、乐平知县，后为国子博士、秘书郎。庆元学禁遭斥，以祠官居乡十四年。晚岁出知温州，官终宝谟阁学士。为富阳主簿时，陆九渊归家过境，以断扇论例使其悟"本心"，遂以师礼事之。后作《己易》《绝四记》等文，谓："易者，己也。天地，我之天地。变化，我之变化，非他物也。"又谓："天者，吾性中之象。地者，吾性中之形，……皆之所为也。"（《己易》）将宇宙之存在和变化过程归结为个人主观精神的作用。提出"人心自明，人心自灵"的诉诸直觉之主张，发挥了陆九渊的"心学"。著作有《慈湖诗传》《杨氏易传》及后人纂辑之《慈湖遗书》。

识仁篇　篇名。北宋程颢言论，弟子吕大临记录。见《二程遗书》卷二上。旨在论修养方法。谓学者修养"须先识仁"；"仁"之意境为"浑然与物同体"。识得"仁"，以"敬诚存之"，"存久自明"，便可达到"与物无对""天地之用皆我之用"的"天人合一"境界。其后陆九渊"发明本心"之说，与此相关。

沈焕（1139～1191）　南宋鄞县（今浙江宁波）人，字叔晦，号定川。谥端宪。乾道进士。历任上虞尉、扬州教授、太学录、婺源令、舒州通判等职。入太学之初曾师事陆九龄。其思想倾向与陆九渊心学一致，认为修养在于"先立大本"，为学在于"要而不博"。尝谓"为学未能识肩背，读书万卷终亡羊"（《定川言行编》）。著作已佚。今存宋袁燮所辑《定川言行编》和近人张寿镛编纂《定川遗书》。

即物穷理　宋明理学家之认识方法。朱熹《大学章句》："所谓致知在格物者，言欲致吾之知，在即物而穷其理也。"王守仁《传习录中》："即物穷理是就事事物物上求其所谓定理者也。"然两派之"穷理"方法不同。朱认为"天下之物，莫不有理"，故主张"必使学者即凡天下之物，莫不因其已知而益穷之，以求至乎其极。至于用力之久，而一旦豁然贯通焉"（《大学章句》）。王认为"心即理"，只要"致吾心良知之天理于事事物物，则事事物物皆得其理"（《传习录中》）。前者主由外及内之渐悟，后者主由内及外之顿悟。

陆九渊（1139~1193）　南宋抚州金溪（今属江西）人，字子静，自号存斋。与兄九韶、九龄并称"三陆"。乾道进士。入仕初为靖安、崇安主簿，又入为太学国子正，后升迁将作监丞，奏陈恢复大计，为给事中王信所驳，出为台州崇道观主管，遂还乡居贵溪象山（应天山）讲学，自号象山居士，学者称象山先生。光宗立，知荆门军，卒于任。全祖望谓："三陆子之学，……象山成之。"（《宋元学案》卷五十七）其学主"心即理"说，以"立大""知本"为宗旨，重在"发明本心"。以"心"为宇宙本体，所谓"宇宙便是吾心，吾心便是宇宙"（《象山全集》卷二十二）。自称"六经皆我注脚"。曾与朱熹会于鹅湖，就"道问学"和"尊德性"孰先孰后，"无极"之说为儒为道等问题进行论辩，开创"心学"一派。其学渊源既得自孟子，又受禅宗和道家思想影响。明王守仁阐扬其学，成为陆王学派。著作有《象山全集》。

陈献章（1428~1500）　明新会（今属广东）人，字公甫，号石斋。居白沙里，学者称白沙先生。正统举人。试礼部不第，从吴与弼讲学。后游太学，名震京师，屡辞荐举。其学主静，必教人静坐，以养"善端"。尝谓："为学当求诸心，必得所谓虚明静一者为之主，徐取古人紧要文字读之，庶能有所契合，不为影响依附以陷于徇外自欺之蔽，此心学法门也。"（《白沙集》卷一）认为"此理干涉至大，无内外，无终始，无一处不到，无一息不运。会此则天地我立，万化我出，而宇宙在我矣"（《与林缉熙》）。其论旨多得于陆九渊，为明代心学之先声。著作有《白沙集》。

张九成（1092~1159）　南宋钱塘（今浙江杭州）人，字子韶。绍兴二年（1132）进士第一。入仕为佥判、著作郎、礼部侍郎等。反对和金，忤秦桧，出为江州太平兴国宫祠官。又被诬与禅师宗杲交游，谤讪朝政，遂谪居南安军十四年，自号横浦居士，亦称无垢居士。秦桧死，起知温州，四年后病卒。曾师事杨时，与宗杲相契，受其影响。故其学术思想大端仍属程门理学，然多有援佛入儒之意，如谓"仁即是觉，觉即是仁，因心生觉，因觉有仁"（《横浦心传》卷上）。被朱熹攻击为"阳儒阴释""洪水猛兽"。著有《横浦文集》《横浦心传》《孟子传》等。

定性书　篇名。北宋程颢撰。系答张载之书信。见《明道文集》卷二。认为"定性"乃是个人"无将迎、无内外"，达到主观与万物一体之境界；谓"性之无内外"，故"动亦定，静亦定"，无动与静之区别。指出张载"定性未能不动，犹累于外物"之论，是"以内外为二本"。

持敬　程朱理学关于道德修养的入门法。朱熹认为"持敬用功处""庄整齐肃"，则心便一；而动容貌、整思虑，则自然生敬，能持敬，则欲自寡，"只此便是下手用功处"（《朱文公文集·答程允夫》）。旨在以封建伦理道德来制约人们的思想言行。

素王　①泛指远古的帝王或有德无位者。《庄子·天道》："玄圣素王之道也。"成玄英疏："夫有其道而无其爵者，所谓玄圣素王。"《史记·殷本纪》司马贞索隐："太素上皇，其道质素，故称素王。"②专指孔子。两汉魏晋学者及近代康有为等人持此说。刘向《说苑·贵德》：孔子"于是退作《春秋》，明素王之道，以示后人"。王充《论衡·超奇》："然则孔子之《春秋》，素王之业也。"杜预《左传序》："说者以仲尼自卫反鲁，修《春秋》，立素王。"

格物致知　古代的认识论命题。语见《礼记·大学》："致知在格物，物格而后知至。"东汉郑玄注："格，来也；物，犹事也。其知于善深，则来善物，其知于恶深，则来恶物。……此致或为至。"程朱派多从认识事理角度训解，如程颐训"格"犹"穷"，"物"犹"事"，"言欲致吾之知，在即物而穷其理也"（《补大学格物致知传》），承认接触事物（格物）是获得知识（致知）的方法，但把这仅看作是启发内心直觉达到"一旦豁然贯通"的手段。陆王派多从心性修养角度训解，如陆九渊训"格物"为"减担子"，即格除物欲之意（《象山全集·语录》）。王守仁训"格"为"正"，以"物"为"意之用"，"格物是去其心之不正"（《传习录上》）。清颜元训"格"为"手格猛兽之格，手格杀之格，乃犯手捶打搓之义"，"手格其物而后知至"，"格物"即是"孔门六艺之教"

（《习斋记余》卷六）。

袁燮（1144～1224）　南宋鄞县（今浙江宁波）人，字和叔，号絜斋。淳熙进士。官秩凡十七迁，终为知温州，进直学士。初入太学，时沈焕、杨简、舒璘亦皆在学，以道义相切磋。后见陆九渊"发明本心"之旨，乃师事之。发挥陆学要旨，由"心即理""仁义者，人之本也"，推论出"天人一理""君民一体"，在社会政治伦理方面发挥陆九渊的心学观点。《四库全书总目》谓"其传金溪之学较杨简为笃实"。著有《絜斋集》《絜斋家塾书钞》《絜斋毛诗经筵讲义》《袁正献公遗文钞》。

象山集　书名。南宋陆九渊（自号象山居士）撰。共三十六卷。计文三十卷，诗一卷，拾遗一卷。为其子持之于宋开禧元年（1205）编定。附谥议及行状一卷，乃宋嘉定本吴杰所续。语录两卷，明正德李茂元刻入。年谱一卷，乃其弟子袁燮、傅子云编入，还有杨简、袁燮所撰序文。宋宝祐后附刻于文集之末。语录主要阐述"心即理"的思想，其说与集中论学之书互相发明。有影印明嘉靖间刻本。

舒璘（1136～1199）　南宋奉化（今属浙江）人，字元质，一字元宾，号广平。乾道进士，历任信州教授、平阳县令、宜州通判。青年时游太学，曾向张栻问学。后受业于陆九渊。学宗陆氏"发明本心"之旨，谓"本源既明，是处流出，以是裕身则寡过，以是读书则畜德，以是齐家则和，以是处事则当"（《广平类稿·答袁恭安》）。且亦推崇朱熹，不主张扩大朱、陆分歧。著有《诗学发微》《诗礼讲解》，已佚。今存《广平类稿》。

鹅湖之会　南宋朱学、陆学辩论之会。淳熙二年（1176）初夏，吕祖谦访朱熹后归家，朱熹送至信州（今江西上饶）铅山鹅湖寺。吕即邀请陆九渊及其五兄陆九龄前来相会，意欲调停朱、陆思想分歧。会上，朱、陆二人就治学和修养方法进行了激烈的论辩。朱熹主张"道问学"和"即物而穷其理"，认为学者当博览群书而后归之约；陆九渊主张"尊德性"和先发明本心而不必多做读书穷理工夫。朱以陆为"禅学"，陆以朱为"支离"。双方赋诗讥讽，各自坚持自己的观点。

湛若水（1466～1560）　明增城（今属广东）人，字元明，号甘泉。弘治进士，官至南京国子监祭酒，历吏、礼、兵三部尚书。其学以随处体验天理为宗。初与王守仁极为相契，后各立宗旨：阳明主良知之说，他主"随处体认天理"之说；阳明指方寸言心，他以"体万物而不遗者"言心。一时学者遂分王、湛之学。著有《二礼经传测》、《春秋正传》、《古乐经传》、《格物通》及《甘泉文集》。

慈湖己易　篇名。南宋杨简（号慈湖）撰。见于《慈湖遗书》卷七。因论《易》之内容即为吾心之变现，故名。如以"元亨利贞"为"吾之四德"，六十四卦、三百八十四爻为"吾之变而化之、错而通之者"。推而广之，日月为"吾之照临"，四时为"吾之变通"，万物为"吾之散殊于清浊之两间者"。反映著者之心学思想。

儒教　①指儒家的教育内容和教育方法。司马迁《史记·游侠列传》："鲁人皆以儒教，而朱家用侠闻。"②亦称"孔教"。指儒学为宗教，而与佛教、道教并立，故名。儒家中的今文经学派，从董仲舒起即将儒学宗教化。宋孝宗《原道辨》宣称："以佛治心，以道治身，以儒治世。"元刘谧《儒释道平心论》："儒教在中国，使纲常以正，人伦以明，礼乐刑政四达不悖，天地万物以育，其功于天下大矣。"近代康有为《孔子改制考》有"孔子创教"，视孔子为宗教主之观点，试图仿照西方基督教的宗教仪式，使孔学宗教化，并成为国教，宣称"立孔教为国教"，"庶几人心有归，风俗有向，道德有定，教化有准，然后政治乃可次弟而措施也"（《以孔教为国教配天仪》）。

试论中国传统思想伦理道德特质的形成、价值和缺弱

　　我国当前的社会改革，是在马克思主义理论、现代西方思想、中国传统思想的三重观念背景下展开的。其中，中国传统的思想无疑是基本的、"元色"的背景。它不仅决定了我们对马克思主义的理解和运用，而且也影响着我们对现代西方思想的评断和取舍。所以，对中国传统思想有比较深入的、具体的认识，也就是说，科学地判定它的理论特质或核心，实事求是地指出它的优点和不足及其对我们现代的社会生活和社会进步所具有的积极的和消极的作用，这对于使我们的社会改革能始终前进在人类历史和中国历史发展的必然的逻辑轨道上，是非常必要的和有意义的。这也正是近几年来在全国范围内兴起的文化研究热潮的理论主题之一。

　　许多学者为解决这个问题，已经作了艰苦的、具有创造性的探索，得到了一些有价值的，或可供进一步研究的结论。这些结论由于来自不同的观察角度，往往包含着明显的观点上的分歧。然而，正如著名的数学家、哲学家怀特海所说："理论的冲突不是一种灾难，而是一种幸运……在形式逻辑上矛盾是失败的标志，但在实际知识的发展中，矛盾则是走向胜利的第一步。"① 所以，我们目前在传统文化或传统思想讨论中所出现的分歧，即使是比较尖锐的观点的对立，也没有什么可怕。它是社会变革在思想、文化上的反映，是古老的中国文化处在一个新的更生、增殖和转变的时期的迹象。

---

　　① 怀特海：《科学与近代世界》，商务印书馆1962年版，第177～178页。

基于这样的理解，我也就不揣浅陋，努力从中国传统思想的世界背景和它的自身发展的角度，来谈谈它的理论特质的形成、具有的价值和存在的缺弱。

一

像许多学者所判定的那样，中国传统思想是以儒家的伦理道德思想为核心或主要理论形态的一种文化类型或思想体系。中国传统思想的这个特色，如果放在具有悠久历史而迄今尚存的世界文化——印度文化和希腊—西方文化所呈现的思想特色的背景下来比较观察，则是非常清楚的。但是，这些文化都有其基本的、核心的要素的思想理论形态，都各自经历了很复杂的、并不相同的演变过程，所以这种比较又是十分困难的。幸而，每种文化及其传统思想虽然历经沧桑，但都仍顽强地葆有它最初形成时期的那种特色。这样，我们以这些文化初期的思想理论形态的特征来进行比较，从而显示中国传统思想的特质，还是可行的和可靠的。

如同万物和生命，愈是在简单、原始的状态下，它们的相似点、共同点就愈多一样，不同种族人类的原始思维的差别也是很小的。恩格斯说："历史从哪里开始，思想进程也应当从哪里开始。"① 因此，人类的思想意识的产生可以追溯到很远。但是，在较严格的意义上说，人类最早具有思想色彩和固定形态的意识，应当是宗教观念。这种观念是"最原始时代的人们对于自己本身周围外部自然的极愚昧、极模糊、极原始的现象中产生的"②。原始宗教是人类文化的共同起点。人类文化在这里虽然有形式上的不同，但还没有思想特质上的差异，即都是对一种非人的、超自然界的力量的崇拜、迷信。它的特点，用列维－布留尔对原始思维的研究的术语来说，是一种神秘的、原逻辑的思维。③ 但是，由原始宗教向更高一级的思想意识的发展中，人类不同地区和种族的文化的差异就形成了，并且逐渐明显起来，最终歧化为我们今天所经常说的印度文化的宗教方向、希腊文化的科学方向和中国文化的道德方向。

---

① 《马克思恩格斯选集》第二卷，人民出版社1966年版，第122页。
② 同上书第四卷，第250页。
③ 见列维－布留尔《原始思维》，商务印书馆1981年版，第2、71页。

造成这几种人类文化各自独特方向发展的原因是多种的而不是单一的。它可能是一定的种族的、地理的因素；也可能是某种政治的、历史的契机。这是一个深奥的世界文化之谜，似乎难以用某一个理论原则或逻辑公式来揭示其蕴底，但对它的过程做出现象的、具体的描述还是可以的。

　　从一种宏观的、粗略的角度来看，雅利安人带进印度河流域的《吠陀》和种姓制度，对于生长在这块土地上的古代文化的思想理论继续向宗教方向的深入发展恐怕是最有决定意义的。《吠陀》在印度具有无上的宗教权威。由《吠陀》本集，经梵书、森林书到奥义书的吠陀文学发展过程，实际上可以看成是对《吠陀》的理解、诠释、发挥的过程。《吠陀》吸干了古代印度哲人的全部思维能力和理论智慧。一个最重要的理论成就，就是他们由《吠陀》本集中的自然诸神，在奥义书中创造出作为众神之主的宇宙实在的"大梵"，例如《白净识者奥义书》中写道："吠陀中密义，奥义书秘旨，即是梵道源。"① 并且还把人类自我也在本质上归同于、溶化于这个宇宙实在。《金刚针奥义书》中写道："当观照'大梵'为真智乐'自我'不二者也，当观照'自我'为真智乐'大梵'也。奥义书如是。"② 所以印度学者一般把奥义书的内容概括为："贯穿它们的基本思想是：在有形的变幻的世界下有一个不变的实在（'大梵'），这实在和人类（'自我'）本质下的实在是相同的。"③ 这样，印度古代文化的思想理论形态从原始宗教走出来后，在理论思维的发展上实现的是一种宗教哲学化的飞跃、升华。人就一下子和永远地消失在神秘的、渺茫的永恒宇宙实在（"大梵"）中了。寻找人生的归宿、追求和"大梵"合一的永生，在印度人的精神生活中，是那样的迫切，又是那样的艰难；是那样的幽奥，又是那样的激动人心。④ 在印度历史上的相当长的一段时期

----

① 　徐梵澄译《五十奥义书》，中国社会科学出版社1984年版，第419页。
② 　同上书，第365页。
③ 　辛哈·班纳吉：《印度通史》，商务印书馆1964年版，第44页。
④ 　应该承认，耆那教、佛教在其形成的过程中，提出和发展了某些和吠陀哲学及吠陀宗教相矛盾的观念和仪式。但是，追求解脱永生的人生观则是一致的源自吠陀的。印度学者布洛姆菲尔德说："所有重要的印度思想形式，连非正统的佛教也在内，没有一种不是发源于奥义书的。"（见尼赫鲁《印度的发现》，世界知识出版社1958年版，第104页。）

内，这个宗教的方向，吸引了印度人的主要的理论创造力。特别是在种姓制度下，那些文化水平最高的阶级的人们所拥有的优越智力，就这样越来越强烈起来、巩固起来。但是，这绝不能说印度文化的本质是消极的、厌世的，更不能说印度文化中没有积极的、乐观的内容。在一种异质文化环境中生活的人的眼光中可能是这样的，因为他们对这种宗教文化和生活缺乏认识、理解和体验。然而，从对人类的思想进行客观的、严肃的研究者的立场来看，事实并不是这样。作为学者的尼赫鲁在《印度的发现》一书中对此曾有所辩白，他说："在印度，每一个时期内，当它的文明兴盛时，我们都可以发现享受大自然和人生的欢乐，享受日常生活的乐趣，艺术、音乐、文学、诗歌、舞蹈、绘画和戏剧的发展，甚至还有对性的关系的非常琐碎细致的探讨。假使文化或人生观建筑在出世或厌世的思想之上，居然还能产生这些活泼而多方面的人生的表现，那就是不可想象的了。任何其他根本上是出世思想的文化，总不会延长到几千年的。这实在是很明显的事。……印度思想始终在注重于人生的终极目的而产生的，所以它所教的是超出人生和行动，而不是去回避它们。这种超越的观念贯穿了印度的思想和哲学，也和贯穿了多数其他的哲学一样。"① 印度文化中的这种复杂情况表明，一个悠久古老的文化，它的蕴藉往往都是十分深厚的，甚至是充满矛盾的。所以不能轻率地对它作简单的肯定或否定；这种简单的肯定或否定愈是彻底，距离历史实际就愈会遥远。总的来说，印度文化或思想的宗教特质从一个特殊方面体现着对人生的积极追求。然而，它的主题和目标的深刻性，使它的探索方法和实现方法超越了经验甚至理性之外。这似乎又构成了它的现实性的缺弱，妨碍了它的人生追求的积极的展开。印度思想的内在矛盾也许在于此。

古希腊文化及其思想理论形态则是在一种活跃的、充满世俗气氛的环境中成长起来的。发达的城邦奴隶主民主制和繁荣的航海商业活动，是造成这种社会环境的最主要因素。原始的宗教观念进入这样的氛围，它固有的神性、超验性就被抑制了、淡泊了；而内涵的人性、理性却发展了、增强了。罗素在《西方哲学史》一书中曾经描述了这个过程："希腊文明第

① 贾瓦哈拉尔·尼赫鲁：《印度的发现》，世界知识出版社 1958 年版，第 92~93 页。

一个有名的产儿就是荷马……必须承认，荷马诗歌中的宗教并不很具有宗教气味。神祇们完全是人性的，与人不同的只在于他们不死，并且有超人的威力。在道德上，他们没有什么值得称述的，而且也很难看出他们怎么能够激起人们很多的敬畏。在被人认为是晚出的几节诗里，是用一种伏尔泰式的不敬在处理神祇们的。在荷马诗歌中所能发现的与真正宗教感情有关的，并不是奥林匹克的神祇们，而是连宙斯也要服从的'运命'、'必然'与'定数'，这些冥冥的存在。运命对于整个希腊的思想起了极大的影响，而且这也许就是科学之所以能得出对于自然律的信仰的渊源之一。"[1] 在荷马史诗时代以后的古典希腊时期的宗教观念中，这种理性倾向更加发展和明显了。一方面，神的道德品性，甚至它们的存在，在悲剧作家那里和唯物主义的哲学作品中受到更加深刻的怀疑或否定，正如爱利亚学派的一种论者克塞诺芬尼所不满、抱怨的那样，世人皆和荷马一样，"把人间认为是无耻丑行的一切都加在神灵身上，偷盗、奸淫、彼此欺诈……幻想着神是诞生出来的，穿着衣服，并且有着与他们同样的声音和形貌"。[2] 或者，如马克思风趣地所说的那样，"在埃斯库罗斯的《被锁链锁住的普罗米修斯》里已经悲剧式地受到一次致命伤的希腊之神，还要在琉善的《对话》中喜剧式地重死一次"。[3] 另一方面，一些唯心主义哲学家，则以具有理性因素和本质的观念，如毕达哥拉斯的"数"、柏拉图的"理念"，代替了早期宗教思想中的"运命"。这样，对外界事物的实质或内在秩序、规律的热烈的理性探求，逐渐成了这种文化中思想理论形态的最重要的主题和特色。亚里士多德的《形而上学》开篇第一句就是"求知是人类的本性"。所以，原始宗教观念以后的理论思维的发展，在古代希腊表现出和古代印度具有显著不同的方向和特色，它不是原有的宗教观念的超验的哲学升华，而是世俗的理性在宗教观念中滋生。西方学者一般认为，和理性、必然性结合在一起的古希腊宗教观念，是此后欧洲和亚洲的宗教具有不同特色的根源。例如罗素说："一种宗教与推理的密切

---

① 罗素：《西方哲学史》上卷，商务印书馆 1963 年版，第 32 ~ 34 页。
② 北京大学哲学系外国哲学史教研室编《古希腊罗马哲学》，生活·读书·新知三联书店 1957 年版，第 46 页。
③ 《马克思恩格斯全集》第 1 卷，人民出版社 1956 年版，第 457 页。

交织，一种道德的追求与对于不具时间性的事物之逻辑的崇拜的密切交织，这是从毕达哥拉斯而来的；并使得欧洲的理智化了的神学与亚洲更为直接了当的神秘主义区别开来。"① 不仅如此，许多西方学者还认为，这种神的宗教观念和规律性、必然性的理性观念交织在一起的西方传统思想观念，是近代西方科学发生、发展的重要的信念源泉。例如怀特海说："我认为中世纪思想对科学运动的形成所提供的巨大贡献，是一种坚定不移的信念，它认为每一细微的事物都可以用完全肯定的方式和它的前提联系起来，并且联系的方式也体现了一般原则。没有这个信念，科学家的惊人的工作就完全没有希望了……欧洲思想的这种倾向，和任其自生自灭的其他文化状况比较一下，就可以看出它只有一个来源，即中世纪对神的理性的坚定信念。这种理性被看成是兼具耶和华本身的神力和希腊哲学家的理性。"② 这些论述作为表明古希腊思想在形成西方传统文化中所起的巨大作用，无疑是符合实际情况的；但作为概括整个西方文化的历史发展状况，则只是揭示了西方科学曾从宗教中获得必然性信念这一方面的情况。另一方面，正如我们在后面还要论及的，科学特别是现代自然科学的发展，又严重地动摇、瓦解了这个信念。这是西方思想传统中最深刻的内在矛盾。

中国古代文化的思想理论形态从原始宗教观念的进一步发展，既不同于印度的宗教观念的超验的哲学升华，也不同于古希腊的世俗理性在宗教观念中滋生，而是伦理道德观念的萌生，并进而替代了、"换位"了宗教意识所具有的社会作用和地位。发生这一情况的最重要的因素，不是属于种族的或地理的那种自然性质的原因，而是在一定的社会经济生活基础上产生的一个政治历史的原因：这就是在我国历史上的殷周之际，原来是处于殷的属国地位的、落后弱小的部落周氏族，竟然战胜了、取代了各方面都比它强大得多的宗主国殷氏族的浩大的统治权！殷周之际的这种政治变迁，造成了一种深刻的"反思"契机，即对这个异乎寻常的政权鼎革的原因和教训的探寻。这一理论思维活动使中国古代文化的思想理论

---

① 〔英〕罗素：《西方哲学史》上卷，商务印书馆1963年版，第65页。

② 〔英〕怀特海：《科学与近代世界》，商务印书馆1962年版，第13页。

形态在从殷人宗教观念的进一步发展中，对人的特别是统治者的道德行为和与人的道德实践密切相连的伦理关系的认识和观念被突出了，并最终强化为一种思想理论的特色和方向。让我们比较细致地来描述一下这个过程。

从殷墟卜辞中可以看出，殷人的思想主要是相当发达的宗教观念，其中有图腾崇拜、自然崇拜、上帝崇拜、祖先崇拜。卜辞中也多次出现"礼""德"等字，但在这里，"礼"是指一种用盘盛玉的祭祀，"德"即得失之"得"，还没有明显的伦理道德观念的涵义。另外，《尚书·多士》称"惟殷先人，有册有典"，卜辞中也不止一次出现"乍册"。可见，殷人还有刻于竹木上的册典，会有比记录在、反映在卜辞上更多的文化思想，只是这些典册至今没有被发现，所以也无从考究了。从现有史料看，殷人的思想发展水平尚处在从原始的宗教观念蜕变出来，还没有形成清晰的、确定的发展方向的阶段。

周人以一个属国小邦，战胜了一个"有册有典"，有"殷礼""殷德"的"多士"大国，对于这一巨大胜利所带来的政治统治权和种种利益，西周初期的统治者既感到欣喜，又感到紧张，"惟王受命，无疆惟休，亦无疆惟恤"（《尚书·召诰》）。即是说，取得了统治权，是可喜可贺的事，也是可忧可虑的事。这是相当成熟的政治经验。西周统治者一开始就担心衰亡，担心殷人的命运又降临到自己的身上，"我亦不敢知，其终出于不祥"（《尚书·君奭》）；这种担心使西周统治者非常注意总结殷商灭亡的经验教训。对于殷周之际这种小者胜大者败的政治权力变迁的原因，西周统治者除了用"天命不僭"（《尚书·大诰》）作一般的解释外，还发觉在"天命"这个人力无法左右的神秘力量之外，有某种人自身的因素在起着作用："非天庸释有夏，非天庸释有殷，乃惟尔辟（君），以尔多方，大淫图（鄙弃）天之命。"（《尚书·多方》）这样，西周统治者就在总结、反思夏、商覆灭的历史经验的基础上，在传统的原始宗教观念中产生了第一个道德观念——"敬德"："我不可不监于有夏，亦不可不监于有殷……服天命，惟有历年；不其延，惟不敬厥德，乃早坠厥命。"① 周人

① 《尚书·召诰》。

还形成了其他一些重要的道德概念，如"圣"①"孝"②"友"③；还提出了一些具体的道德修养方法或要求，如"无逸"④"天不畀（助）允（佞）、罔（诬）、固（蔽）、乱（惑）"⑤。这也许是中国古代思想中最早的对"人"的发现，它主要是认为统治者的政治命运，是由他自己的道德表现决定的。作为统治者，道德修养不仅是德化个性品质，更重要的是德化自己的政治作为。殷商灭亡前夕，小民"如蜩如螗，如沸如羹"⑥的情景；牧野之战，"纣卒易乡"⑦的事件，西周统治者是很清楚的，深感"民情大可见"⑧。在这个历史经验的基础上，和"敬德"思想产生的同时，西周统治者还产生了"保民"的思想，提出"先知稼穑之艰难……则知小民之依……保惠庶民"。⑨可见，周人的道德观念是把道德行为和政治行为看作是同一的，而且非常明显，这种道德主要是作为贵族统治者的道德。

殷周之际，周人还从殷人的宗教观念中发展出"礼"的伦理思想。"礼"在卜辞中是指祭祀，《尚书》中的"殷礼"也主要是指祭典仪式。例如《洛诰》"王肇称殷礼，祀于新邑"，意即成周落成典礼，是在洛邑这个地方，按照殷礼的仪式进行的。但周礼的内容却广泛得多。根据后来的记述，它有礼节仪式的程序（见《仪礼》），有国家体制的规定（见《礼记》），以此来维持宗法的伦理秩序"君臣、上下、父子、兄弟，非礼不定"⑩；维持社会生活中的阶级秩序"在礼，家施不及国，民不迁，农不移，工贾不变"⑪。所以，周的统治者认为"礼"的作用是非常广泛而又重要的，"礼，经国家，定社稷，序民人，利后嗣也"⑫，"无礼必

---

① 《尚书·多方》："克念作圣。"
② 《尚书·文侯之命》："追孝于前文人。"
③ 《尚书·康诰》。
④ 《尚书·无逸》。
⑤ 《尚书·多士》。
⑥ 《诗经·大雅·荡》。
⑦ 《荀子·儒效》。
⑧ 《尚书·康诰》。
⑨ 《尚书·无逸》。
⑩ 《礼记·曲礼》。
⑪ 《左传·昭公二十六年》。
⑫ 《左传·隐公十一年》。

亡"①。这样,周的统治者与殷人不同,在意识形态方面发挥最重要作用的不是宗教而是伦理道德,诚如《礼记·表记》所说:"殷人尊神,率民以事神,先鬼而后礼……周人尊礼而尚施,事鬼敬神而远之。"

当然,周人的道德观念也有很浓厚的宗教色彩。宗教虔诚是周人道德修养中的重要内容之一,例如"祇祇""威威"就是指对上天的崇拜、畏惧。但周人的宗教观念和殷人相比,有重要的变化或区别。这种变化或区别,从形式上看,则是祭祀对象的品质由殷人眼中的力,变为周人心中的善。《礼记·表记》认为殷人尊神事鬼的特点是"尊而不亲",可见殷人的宗教观念和祭祀行为,对人世之外的某种力量的恐惧是个重要因素,这正是原始宗教观念的基本特征。但在周人的宗教思想中逐渐补充、增生了道德内容,认为祭祀对象都有某种"善"的品质。鲁国的大夫展禽说:"夫圣王之制祀也,法施于民则祀之,以死事勤则祀之,以劳定国则祀之,能御大灾则祀之,能扞大患则祀之,非是族也,不在祀典……加之以社稷山川之神,皆有功烈于民者也;及前哲令德之人,所以为明质也;及天之三辰,民之所瞻仰也;及地之五行,所以生殖也;及九州山川泽,所以出财用也。非是,不在祀典。"② 这表明殷人主要是出于对超自然的非人力量的恐惧的崇拜的宗教观念,潜移默化中被周人的道德观念,即被认为以宗教形式尊奉的对象,皆对人具有某种善或利的道德价值的理性观念所改造、所代替。这样,在殷周之际,中国古代文化的思想理论形态中的宗教思想和伦理道德思想就慢慢地发生了"换位"。此后,伦理道德思想就逐渐成为中国文化和思想中的主导成分,而宗教思想只是作为伦理道德思想的补充和附庸。

对于巩固殷周之际中国文化的思想理论形态从原始宗教观念走出来后所形成的伦理道德的发展方向,儒家学派的创始人孔丘起了巨大的作用。孔子生活在春秋末期,距离西周初期已有五百年的时间,周初形成和确立的那种道德观念和政治制度已出现颓败之势,如司马迁所说,这是一个"周室既衰、诸侯恣行、礼崩乐坏"③ 的时代。孔子出身于贵族家庭,受

---

① 《左传·昭公二十五年》。
② 《国语·鲁语上》。
③ 《史记·孔子世家》。

到传统的贵族教育，所以他对西周传统的思想和制度是非常向往和拥护的，"周监于二代，郁郁乎文哉，吾从周"①。努力挽回西周传统思想和制度的崩溃趋势，是孔子一生政治活动和学术活动的根本倾向。造成这种崩溃局势的主要原因，在孔子看来，是对于"周礼"的违背。所以他激烈抨击当时的"非礼"行为，而他提出的挽狂澜于既倒的方法就是"复礼"。孔子的"复礼"可以概括为两个方面的内容：一是"正名"。这是就当时各国的政治措施方面来说，即用"礼"的规定来纠正诸侯的僭越行为。例如他的弟子问他："卫君待子而为政，子将奚先？"他答道："必也正名乎！"② 齐景公问政，他也答曰："君君、臣臣、父父、子子。"③二是克己。这是就个人的道德修养方面来说，即用"礼"的要求来约束自己的行为。例如他提出："克己复礼为仁……非礼勿视，非礼勿听，非礼勿言，非礼勿动。"④ 这些都表明孔子对于西周传统的伦理道德观念是完全继承的。但是，不仅如此，孔子对西周传统的伦理道德思想有极其重要的发展。这就是他提出一个新的、内容极为丰富的道德范畴"仁"。《论语》中有孔子对"仁"的多种解释，若归纳言之，则只有两个方面：其一，"孝弟也者，其为仁之本与"⑤，这是说"仁"就是去践履社会关系中的伦理；其二，"能行五者于天下为仁：恭、宽、信、敏、惠"⑥，这是说"仁"就是人的品质修养。并且，孔子还认为，"仁"的实践完全是个人自觉的行为，"为仁由己，而由人乎哉？"⑦ 这样，孔子就用"仁"这个新的概念和思想，把社会伦理和个性道德修养这两个方面紧密地结合起来，把社会伦理的实现和个人道德修养的完成完全地统一起来，深化、提高了西周传统的伦理道德观念和道德实践；同时，剔除了西周传统道德观念的那种贵族色彩，使它士民化，开拓了伦理道德规范的作用范围。

---

① 《论语·八佾》。
② 《论语·子路》。
③ 《论语·颜渊》。
④ 《论语·颜渊》。
⑤ 《论语·学而》。
⑥ 《论语·阳货》。
⑦ 《论语·颜渊》。

孔子对于周人思想中的宗教方面是很淡薄的。他虽然仍保留有传统的"天命"信念，如说"五十而知天命"①，"死生有命，富贵在天"②，但这只是一种模糊的、非人力所能改变的客观必然性的观念，而非人格神的宗教观念。并且，孔子也很少谈论这些，"子不语怪、力、乱、神"③。孔子觉得现实人世的问题更为迫切，《论语·先进》则有亲切隽永的记载："季路问事鬼神。子曰：'未能事人，焉能事鬼。''敢问死?'曰：'未知生，焉知死。'"可见，孔子继承和发展了西周的伦理道德思想，弃置了殷周以来的宗教思想。这样，孔子所创立的儒家学说，就进一步巩固和发展了殷周之际已开始形成的那个异于印度和古希腊的中国文化的思想理论的发展方向：追求现世社会伦理的实现，而否弃宗教的彼岸永生；努力完成个人道德修养，而淡于求索外界事物的必然。孔子也是一个伟大的教育家，拥有众多的弟子，他的学说和风范也就传播开来，绵延下来，构成了中国传统思想的核心和根本精神——在现实生活中自觉地和同步地完成个人的道德修养和践履社会的伦理。

以伦理道德思想为特质的中国传统思想，它的内在矛盾在于：齐家、治国、平天下的社会伦理的实现，一方面激越、鞭策着个人道德的自觉完成、完善；但另一方面又历史地限定、规定着个人道德的存在范围和表现方式，压抑着个性的充分的和新的发展。这些就是我们下面所要论述的问题。

二

《诗》云："何其久也，必有以也。"④ 以宗教超验为特质的印度思想、以科学理性为特质的希腊—西方思想和以伦理道德为特质的中国传统思想，能够绵延流长，共同成为现代世界文明的精神基础和源泉，毫无疑义，是因为它们各自有自己永恒的价值。就中国传统的伦理道德思想的精神实质而言，它要求人有两个自觉：一是人作为"类"的自觉，"人之所

---

① 《论语·为政》。
② 《论语·颜渊》。
③ 《论语·述而》。
④ 《诗经·邶风·旄丘》。

以异于禽兽者几希"①，这就是人类有伦理，人应该践履伦理。这种伦理的本质是道德上的相互的、对等的义务和责任，道德的约束消失，道德行为也就丧失，故孟子曰："君之视臣如手足，则臣之视君如寇仇。"②"闻诛一夫纣矣，未闻弑君也。"③ 二是人作为个体的自觉，"人皆可以为尧舜"④，人皆应磨炼自己的道德，皆可完成自己的道德。充分的道德觉醒而产生的对他人、民族、国家，推而及于万物，"上下与天地同流"⑤ 的真诚的义务责任感，这就是中国传统思想陶冶出的圣洁的心灵。洋溢在《岳阳楼记》《西铭》《正气歌》⑥ 里的正是这样热烈的、带有深刻理性自觉的道德情感；跳动在为鲁迅所称赞的"中国的脊梁"⑦ 的心脏里的也正是这样一颗道德的心。所以，中国传统的伦理道德思想就它的纯粹的、本质的意义说，是符合人性的，能提高人性的。这是中国这个古老国家及其文化得以绵延存在和不断发展的精神基础和源泉。如果鄙弃这种本质，即使不能说是堕落，也绝不意味着"超越"。一个明显的事实是，在"文化大革命"中，那些为制造这场灾难而最殷勤、最起劲的人，不是对中国传统文化和思想最无知的人，就是对这种文化和思想作最邪恶理解的人；在这场浩劫中，那些受到极度蹂躏而并不屈服的人，在那疯狂的日子里，那些抱着冷静的怀疑和怀着深深的忧虑的人，却正是受到中国传统文化和思想的熏陶较深较多的人，具有中国传统精神的人。这是什么精神？这是蕴涵极为丰富的、弥漫在整个中国文化中的、被悠久的历史一代代传递着的中华民族所特有的道德观念、生活情理，是中国人民的信念、良心和善。

　　中国传统思想的伦理道德特质，赋予中国的智慧或思维以某种诸如注重现世伦常和生活实用等特征或特色，但并没有给这种智慧和思维能力的

---

① 《孟子·离娄下》。
② 《诗经·邶风·旄丘》。
③ 《孟子·梁惠王下》。
④ 《孟子·告子下》。
⑤ 《孟子·尽心上》。
⑥ 分别见范仲淹《范文正公文集》卷三、张载《张子全书》卷一、文天祥《文山先生全集》卷十四。
⑦ 见鲁迅《中国人失掉自信力了吗?》，载《且介亭杂文》。

存在和发展带来破坏和创伤。如果暂抛开政治、经济的社会环境和历史的发展阶段等条件不谈，单就文化本身的角度来看，决定一个国家或民族的智慧或理论思维发展的，不是文化特质的类型，而是文化积累的深浅。一种历史悠久因而积累深厚的文化，不管它是什么类型，当它处在有较好的政治、经济的社会环境下的时候，它的智慧和思维的发展总是较好的，较快的，总是能够理解、接近和赶上那个时代的智慧和思维的高峰或前沿的。印度独立以后和新中国成立以后的科学技术的飞跃发展，在印度的或中国的传统文化环境中生活的人们在前资本主义时期所创造的文明成就和现代在理论科学上所表现的思维能力毫不逊色于在希腊—西方文化环境中生活的人们，这些事实都是证明。文化积累和文化创新之间的这种关系应该说还是比较明显的；并且，我们还可以从格式塔心理学所提供的关于学习和理解的理论，得到一种解释。格式塔心理学认为，一旦把问题的各部分沟通，把情境的整体组成，则理解或"顿悟"就会出现。① 任何一种历史悠久、积累深厚的文化，尽管它总是主要表现出或宗教的、伦理的、科学的某一特质或特色，但也总是必然地包含着、显现着由关于自然、社会、人生等众多概念或思维元素而构成的全观的、全境的观念体系或观念背景，所以异质文化中的观念、理论或思想都能较易于被它理解、消化和吸收，从而能不断地增殖创新、绵延发展。正是在这样的意义上完全可以说，中国的传统文化和思想，也是我们今天形成智慧和思想的源泉，失去了它，我们精神世界的宽广背景就会消失，我们对异质文化的辨别、理解和消化能力就会丧失，对自己文化的改造和创新的伟大目标也就不再存在。

不仅如此，中国传统思想所倡导的这种人与群体、人与人之间存在着相互的、对等的义务和责任的伦理道德思想和实践，对于今天和将来的人类的精神进步也提供了有益的借鉴。1973 年美国社会学家贝尔（D. Bell）在他那本著名的《后工业社会的来临》一书中曾经谈到，在一个科学技术高度发达、生活富裕的后工业社会里，却有着一种严重的缺乏：道德。他写道："后工业社会不能提供先验的道德学——除了少数专注于科学之

---

① 格式塔心理学家苛勒（W. Köhler）的著名的黑猩猩学习实验和《人猿的智慧》一书，就是证验和阐明这一问题的。

殿的人们。而反对遵从道德法规的态度使人陷入根本的'我向主义'，结果疏远了与社会的联系以及与他人的分享。这个社会的文化矛盾就是缺乏一个扎下根子的道德信仰体系，这是对这个社会生存的最深刻的挑战。"①贝尔在这里所揭示的道德提高和知识增长之间的矛盾（在贝尔的书中经常被他称为和描述为文化和社会结构的分裂），是在西方文化中产生和发展起来的资本主义制度所固有的，所以一开始就被启蒙思想家发现，此后也一直被资产阶级文学家、思想家不安地描写着、议论着。② 但是，只是到了最近一些年代，随着新的科学技术发展高潮的到来，它就显得更加迫切和尖锐，资本主义制度的道德力量驾驭不住知识和科学技术的迅猛增长。著名的学者、罗马俱乐部的创始人佩切伊（A. Peccei）1981 年在罗马俱乐部的第十一份报告《世界的未来——关于未来问题一百页》中写道："科学强劲的两翅将把我们带入钚、自动化和遗传炼金术的臆造时期，即超人时期。但是我们只是一般的人，对进入这一时期毫无准备。这种飞跃旅行将使我们所有人跌进灾难的深渊而不能自拔。"③ 现代西方文化中道

---

① 丹·贝尔：《后工业社会的来临》，商务印书馆 1984 年版，第 531 页。
② 例如，1749 年卢梭在为第戎科学院撰写的悬赏论文《论科学和艺术的复兴是否有助于敦风化俗》中写道："我们的灵魂正是随着我们的科学和我们的艺术臻于完美而越发腐败的。"（《论科学和艺术》，商务印书馆 1963 年版，第 11 页）

　　1835 年巴尔扎克在短篇小说《改邪归正的梅莫特》中，描写了一个心中只想着金钱和美女的银行出纳员卡斯塔尼埃，用灵魂换取魔鬼梅莫特的无限魔力以后，逐渐感到"全知全能"给他带来的并不是美满，而是空虚。小说中写道："他拥有一切，财富和权力对他已毫无意义，他拥有万无一失的力量，任何女人都唾手可得，便不再想要女人了。他看清了这个世界的原则和构造，对它的成果不再欣赏……随着无限魔力而来的便是虚无。"在此之前，歌德在《浮士德》中也已经设喻了近似这样的主题思想。

　　20 世纪初，威廉·詹姆士在关于实用主义的演讲中，也表述了这种忧虑："有了科学之后，朴素的实在论不存在了……用科学的思想方法，新近使我们实际上控制自然的范围大大地超过了在常识基础上旧时所能控制的范围。范围扩大的速度增加得这样快，没有人能估计出它的限度。人们甚至害怕人的存在可能被人自己的力量所破坏，他的作为一个有机体的固定性格，也许经受不了那种不断增加的惊人的任务，那是他的理智渐渐地使他能够掌握的任务，几乎一种神圣的创造性任务。他可能淹没在他财富里边，正如一个小孩子拧开水龙头而不知道怎么关，结果淹死在澡盆里一样。"（《实用主义》，商务印书馆 1979 年版，第 97 页）
③ 佩切伊：《世界的末年——关于未来问题一百页》，中国对外翻译出版公司 1985 年版，第 66 页。

德因素的匮乏及其与知识增长的失调，当然从根本上来说还是由资本主义的经济、政治制度方面的原因决定的。然而，我们也还可以从文化本身的特性中寻觅到一种解释。我们看到，如果像贝尔在《后工业社会的来临》一书中所说的那样，科学技术（知识）是指数增长①，那么不妨说道德是"零增长"。换言之，知识的发展总是表现为、或可以表述为范围的扩展和信息量的增加，即必然是量的增长；而道德的变化只是在旧有内涵意义下的形态变更，即只能是质的重演和缓慢的变异、提高。知识和道德不可能以同一形式和速度发展变化。但是，道德和知识的关系毕竟是非常密切的、相辅相成的。没有道德的提高，就驾驭不住知识的增长；没有知识的增长，道德就会凝固僵化。至于现代西方的知识增长，非但没有带来明显的道德提高，反而加重了固有的道德危机，则是因为西方传统文化中的道德信念产生和依附于宗教的上帝的神性，缺乏独立的现世的人伦基础。例如，著名的英国哲学家布拉德雷在《伦理学研究》中写道："道德最后完成于与上帝为一的神秘境界中。"② 著名的德国物理学家海森伯也说："宗教是伦理学的基础。"③ 然而，现代科学的每一步发展，都使基于神秘的上帝信仰的这种宗教观念趋于减弱④，从而也使西方文化中源自神性的道德信念趋于瓦解。这样，一方面是知识的增长，一方面是道德的萎缩，西方文化的内在矛盾急剧尖锐起来。因而在今天的西方，一些睿智的、对人类的命运表现了真诚的关心的学者（当然他们的视野里主要的还是西方世界），都在严肃认真的进行广泛的选择，努力地探寻一种更具有永久价值的道德观念和使人类文化的道德内涵得以提高和增强的途径。诚如德国哲学家弗罗姆 1980 年在他的最后一次谈话中所说："今天有许多人都在寻

---

① 见丹·贝尔《后工业社会的来临》第 3 章。

② 布拉德雷：《伦理学研究》，谢幼伟译，商务印书馆 1949 年版。转引自贺麟《现代西方哲学讲演录》，上海人民出版社 1984 年版，第 294 页。

③ 海森伯：《科学真理与宗教真理》，《自然科学哲学问题丛刊》1980 年第 3 期。

④ 罗素在《宗教与科学》一书中写道："神秘感，即对一种和善或敌对的、非人类的力量的感觉，在野蛮人的生活中所起的作用要比在文明人的生活中所起的作用大得多。的确，如果宗教可以被认为就是情感的话，已知人类发展中的每一步都势必使宗教减弱。"（商务印书馆 1982 年版，第 113 页）罗素是一个具有非宗教情绪的科学家，如普朗克、爱因斯坦、海森伯，他们对宗教情感有另外的解释。对多数人来说，罗素的解释比较符合实际。

找一条道路，一条真正使人得到满足、使人得到尊重的道路。他们认识到，为了成功、金钱、竞争、剥削而生活是不幸的根源。"① 于是，现代西方学者很自然地将寻求的目光转向东方。他们在印度文化的人生归宿的追求和"大梵"的实在中有新的发现和理解②，同样，中国传统文化立足于现世的、人性的伦理道德思想也给他们带来莫大的希望。还是佩切伊说："我本人非常敬佩中国人民及其属于世界上最悠久和灿烂的人道文明。中国具有卓越的文明史、发明史、哲学史和平衡与协调史。中国将产生巨大的影响，这倒不是因为它的物质、军事、技术或工业力量的强大，而是它给我们带来了关于目标、时间甚至速度方面的新观点和新视线。"③应该说，佩切伊不是第一个表述这种想法的人。每当西方学者感到自己文化传统中的道德的和人性的因素薄弱的时候，他们总是虽然并不完全准确，然而却是完全由衷地称赞中国文化传统中的伦理道德精神。例如在二十世纪二十年代，从梁启超的《欧游心影录》中就可以看到当时欧洲学者关于这方面的言论；甚至在两个世纪以前，在莱布尼茨和伏尔泰这两位资产阶级早期思想家留下的文字里也就有这样的内容④。

当代中国和西方国家的社会制度不同，科学技术和社会生产力也处在不同的发展阶段，因而各自精神文化生活中的需求、感受的困难和要解决

① 《弗罗姆的最后谈话》，《国外社会科学动态》1980 年第 12 期。

② 例如著名的物理学家奥本海默说："在原子物理学的发现中所表现出来的关于人类认识的一般概念……就其本质而言，并非我们根本不熟悉、前所未闻或者完全是新的。即使在我们自己的文化中，它们也有一定的历史，而在佛教和印度教的思想中更居有中心的地位。我们所要作的发现只是古代智慧的一个例证，一种促进和精细化。"（见《现代物理学与东方神秘主义》，四川人民出版社 1983 年版，第 5 页）

③ 佩切伊：《世界的末年——关于未来问题一百页》，中国对外翻译出版公司 1985 年版，第 130～131 页。

④ 例如，莱布尼茨在致德雷蒙的信中写道："中国是一个大国，它在版图上不次于文明的欧洲，并且在人数上和国家的治理上远胜于文明的欧洲。在中国，在某种意义上，有一个极其令人赞佩的道德，再加上一个哲学学说，或者有一个自然神论，因其古老而受到尊敬。"他还在信中呵斥那些轻蔑中国传统思想的欧洲学者："我们这些后来者，刚刚脱离野蛮状态就想谴责一种古老学说，理由只是因为这种学说似乎首先和我们普通的经院哲学概念不相符合，这真是狂妄至极！"（见莱布尼茨《致德雷蒙先生的信：论中国哲学》，《中国哲学史研究》1981 年 3 期～1982 年 1 期）

伏尔泰曾推誉中国是"全世界最聪明最讲礼貌的一个民族"。（伏尔泰：《哲学通信》，上海人民出版社 1961 年版，第 43 页）

的问题都不尽相同，所以我们对自己传统文化的评价取舍，当然不能以别人的好恶褒贬为标准。同时也因为中国的传统文化的积累异常深厚，我们自己对它的观察和理解都往往会是片面的，更何况生长在异质文化中的人？例如，列维－布留尔把我国春秋时代本质上是伦理性的、表现道德感情的"饭含"葬仪，解释为巫术性的、原始宗教的风俗，把中国的伦理道德从原始宗教中发生发展的历史推迟了整整一个阶段，就是属于明显的误解①。但这似乎也不值得引起我们的愤懑。莱布尼茨、法尔太和佩切伊等世界著名学者对中国传统文化的友好和尊重，自然使我们感到欣慰，但也不能说他们对中国传统文化，特别是对在下面我们要接着论述到的中国传统思想的缺点或弱点，有着和他们同年代的、生活在中国传统文化环境中的颜元、戴震和"五四"时代知识分子同样深切的体验②。然而，毕竟他山之石，可以攻玉；前事不忘，后事之师。生活在西方文化环境中的学者的言论还是可以说明，在今天和未来的人类的精神生活中，道德的选择和道德的提高是相当迫切和至关重要的。作为世界文化的重要组成部分、具有伦理道德特质的中国传统思想，对人类精神进步的这种必须进行的广泛的文化选择和必须实现的道德提高，肯定是有助益的。

三

但是，中国传统的伦理道德思想，也有自己的矛盾和缺陷，因而在近现代一直面临着严重的挑战，陷入很深的困境。

中国传统思想的伦理道德特质形成以后，一直是在宗法的、封建的社会制度下存在和发展，并和封建政权发生了密切的结合。这样，就在它那

---

① 列维－布留尔在《原始思维》中援引格罗特（J. de Groot）《中国的宗教体系》一书中的事例，"中国的风俗是在死者口中放进金、玉、珍珠，可以防止死者尸体腐化，有利于他们转生"，证明这是原始思维的表征（见《原始思维》，商务印书馆1981年版，第15页）。但从儒家的经典记载来看，这种葬仪已摆脱了原始宗教意识，进入了伦理道德的范围。如《左传·文公五年》注疏："《公羊传》曰：'含者何？口实也。孝子不忍虚其亲之口，故以米、贝、珠玉实之，谓之饭含。'《檀弓》曰：'饭用米贝，弗忍虚也。'"

② 莱布尼茨和伏尔泰分别生卒于1646～1716年和1694～1778年，正相当于颜元（1635～1704）和戴震（1723～1777）的享年。佩伊生卒于1908～1984年，这也略相当于"五四"时期青年知识分子坎坷生平的起点和终点。

主张一个人应当践履他的义务责任的伦理道德思想的核心的外围，吸附了、衍生了许多这一历史时期所特有的等级思想观念。相互的、对等的、人格平等的道德义务和责任，实际上蜕变成了单方面的政治上的隶属和宗法上的屈从。所以，对于大多数人和在经常情况下，中国传统文化中的伦理道德思想，不是以它固有的道德的形态和性能，发挥使人自我觉醒、自我完成的作用，而是变换为政治的、宗法的形态和性能，起着奴役和压抑人性的作用。中国传统的伦理道德思想中的强烈的尊卑、隶属、屈从的意识，虽然它产生的潜在因素是为"天有十日，人有十等"① 的奴隶制和封建制的等级观念所固有，但它获得理论论证而终于成熟，汉代却是个最重要的时期。汉代的经学家把君臣、父子、夫妇这三种最基本的人伦关系称为"三纲"，这些人伦关系已不是如孟子所说"父子有亲，君臣有义，夫妇有别，长幼有叙，朋友有信"② 以某种具体的道德规范、道德义务和责任联系起来的关系，而是如《礼纬·含文嘉》所解释的"君为臣纲、父为子纲、夫为妻纲"唯一地以政治的、宗法的尊卑隶属联系起来的关系了。汉代的经学思想家还进一步论证说，这种尊卑隶属的人伦关系是符合"天"意的，因而是合理的、神圣的。如董仲舒说："天为君而覆露之，地为臣而持载之；阳为夫而生之，阴为妇而助之；春为父而生之，夏为子而养之……王道之三纲，可求于天。"③《白虎通义》也说："子顺父，妻顺夫，臣顺君，何法？法地顺天也。"④ 并且，"天不变，道亦不变"⑤，所以人伦中的这种尊卑、隶属、屈从的关系也是永恒不变的。在中国的文化环境中，人伦关系的道德义务和责任的践履，和作为政治的、宗法的隶属的屈从，在形式上可能有某种相似，但在实际本质和个人的精神感受上都是完全不同的。道德践履本质上是一种个性觉醒、人性提高，充盈着充实感、幸福感和崇高感的精神激越的过程；对于权力的屈从则相反，它伴随自我压抑、自我否定而进行，所以必然是一个精神萎缩、痛苦直到麻木

---

① 《左传·昭公七年》。
② 《孟子·滕文公上》。
③ 《春秋繁露·基义》。
④ 《白虎通义·五行》。
⑤ 《汉书·董仲舒传》。

的过程。中国传统的伦理道德所固有的或吸附的尊卑、隶属、屈从的观念意识，经过漫长的封建社会，对在中国文化环境中生长的人们的心理和精神的戕害是非常严重的。一个最深重的心理的、精神的创伤，就是自主感的消失，就是对尊贵者、强权者的恣睢暴戾和卑弱者的痛苦哀怨的尖锐对立所表现的漠视和忍耐。以尊卑、隶属、屈从为内容的封建伦理道德与封建的政治制度、宗法制度相结合而成的"名教"之网，不知吞噬了多少中国的男男女女作为人的那种独立的精神要求，甚至活的生命。鲁迅曾经愤慨地说："所谓中国的文明者，其实不过是安排给阔人享用的人肉的筵宴。"①

如果撇开不看社会历史方面的原因投射在中国传统的伦理道德思想上的黑暗的阴影，那么，在中国传统的伦理道德思想本身也可发现它存在着显然的矛盾和缺弱。这就是中国传统的伦理道德没有把人的自然本性的实现纳入人的道德完成过程之中，而是把它置放在和道德对立的位置上。从孔子开始，儒家就实际上否认了劳动的人们为生存而进行的活动所具有的道德价值。孔子说："君子喻于义，小人喻于利。"② 孟子也说："鸡鸣而起，孳孳为善者，舜之徒也；鸡鸣而起，孳孳为利者，跖之徒也。"③ 然而在根本上，人劳动着就是道德的。同时，中国传统的伦理道德思想忽视知识在道德完成中的作用，甚至也把它置放在和道德对立的位置上。孔子说："弟子入则孝，出则悌，谨而信，泛爱众，而亲仁。行有余力，则以学文。"④ 可见，儒家把伦理践履和道德修养放在首要位置：知识的学习是次要的，它与道德完成似乎是无关的。中国传统的伦理道德思想这种对人的自然本性的实现的道德意义的否认，和对知识在道德完成中的作用的忽视，在它发展的最后阶段——宋明理学中得到了登峰造极的发展。宋明理学中不同派别的理学家有个共同的道德口号："存天理、灭人欲。"例如，朱熹说："圣人千言万语，只是教人明天理、灭人欲。"⑤ 王守仁也

---

① 鲁迅：《坟·灯下漫笔》。
② 《论语·里仁》。
③ 《孟子·尽心上》。
④ 《论语·学而》。
⑤ 《朱子语类》卷十二。

说："学者学圣人，不过是去人欲、存天理。"① 在不太严格的意义上，理学家的"人欲"是指人的各种本然的欲望，是指人的自然本性。"天理"是指封建的伦理道德，是人的伦理社会性；理学家认为它也是人固有的。所以在宋明理学中，人格是分裂的，因为在那里人的伦理本性和自然本性是绝对对立的；有着深刻的内在矛盾，因为它在对人的肯定中又对人作了否定。这种分裂，这种矛盾，是以后清代学者如王夫之、颜元、戴震批评宋明理学的一个主要着眼点。他们中最激烈的当然是戴震。他指责理学无情："虽视人之饥寒号呼、男女哀怨，以至垂死冀生，无非人欲，空指一绝情欲之感者为天理之本然存之于心。"② 指斥理学家"以理杀人"③。其实，他们所见到和批评的已是理学末流或表层，而非理学的本质或深层。从严格的意义上说，理学家所谓的"人欲"，并不是指人的诸如饮食男女的自然本性，在理学中，这叫"人心"，是和"道心"相对而言。朱熹说："人心便是饥而思食，寒而思衣底心；饥而思食后，思量当食与不当食，寒而思衣后，思量当着不当着，这便是道心。"④ 理学家所谓的"人欲"，实际是指那种要求自然本性能充分地、发达地得到满足或实现的愿望、动机和努力。因而，它必然地、经常地得到满足或实现的愿望、动机和努力。因而，它必然地、经常地表现为和旧有的伦理道德规范即"天理"的冲突、矛盾，表现为对它的违背、超越，故深为理学家所畏忌。还是朱熹说："饮食者，天理也；要求美味，人欲也。"⑤ "天理人欲不容并立。"⑥ 由此可见，理学和发展到理学阶段的中国传统思想，它的真正的本质和最大的作用是在于：它保守，它以"理"窒人。残忍的和极端的理论都不能是很有力的和持久的，而保守的和中庸的理论往往是很难征服的。所以理学在作为统治的思想退出历史舞台以后，它的影响还会长期存留在我们的心里。例如在"文化大革命"中，虽然理学因在形态上也属于古代文化而受到"革命"，但那个时期对人们精神上提出的许多要求本

---

① 王守仁：《王文成公全书》卷一。
② 戴震：《孟子字义疏证》卷下《权》。
③ 戴震：《戴东原集》卷九《与某书》。
④ 《朱子语类》卷七十八。
⑤ 《朱子语类》卷十三。
⑥ 朱熹：《四书集注·孟子·滕文公上》。

质却正是理学性质的。黑格尔说："我们对历史的最初的一瞥，便使我们深信人类的行动都发生在他们的需要、他们的热情、他们的兴趣，他们的个性和动能；当然，这类的需要、热情和兴趣，便是一切行动的唯一的源泉——在这种活动的场面上主要有力的因素。"① 近代中国落后的原因固然是多方面的，但存在于每个中国人心中的那种历史主动性的本然的精神源泉——意欲、需要、热情被理学或传统的、封建的伦理道德观念所窒息，不能不说也是一个原因。因此，鲁迅曾经呐喊："我们目下的当务之急是：一要生存，二要温饱，三要发展。苟有阻碍这前途者，无论是古是今，是人是鬼，是《三坟》《五典》，百宋千元，天球河图，金人玉佛，祖传丸散，秘制膏丹，全都踏倒他。"②

宋明理学家对儒家思想以外的学术思想和儒家伦理道德以外的知识文化，都采取排斥、轻蔑的态度。程颢"以记诵博识为玩物丧志"③，王守仁说："知识愈广而人欲愈滋，才力愈多而天理愈蔽。"④ 理学家经常是把知识和道德放在对立的位置上，使他们忧心忡忡、惴惴不安的是知识的增长会带来道德的破坏。陆九渊说："学者须是打叠田地清洁，然后令他奋发植立……田地不净洁，亦读书不得。若读书，则是假寇兵、资盗粮。"⑤ 理学家的担心虽然并不是毫无根据的，但仍然是片面的，并且这种主张的后果也是极其严重的。我们在前面已经论及，知识和道德是相辅相成的。自然，没有道德的提高，是驾驭不住知识的增长的，这可能是目前西方文化中正在发生的事情。但是，没有知识的增长，道德也就会凝固僵死。这正是理学家的主张和理学将近一千年的统治在中国传统文化和思想之树上结下的一个苦果。罗素在批评来自基督教方面的类似于中国理学家的这种毛病时曾说："可能有人要说，是知识给我们带来了毛病，然而医好毛病的却不是无知。唯有更丰富、更明智的知识，才能缔造更幸福的世界。"⑥

---

① 〔德〕黑格尔：《历史哲学》，商务印书馆1963年版，第58~59页。

② 鲁迅：《华盖集·忽然想到六》。

③ 《二程遗书》卷三。

④ 《王文成公全书》卷一。

⑤ 陆九渊：《象山先生文集》卷三十五。

⑥ 罗素：《为什么我不是基督教徒》，商务印书馆1982年版，第179页。

这是完全正确的。① 知识无疑是人类精神进步中最活跃的因素。就像一个生命系统，如果不和外界进行物质交换而不断摄入新的能量，就必然要趋向无序、死寂一样，一个观念系统如果不能增进、吸收新的知识信息，也就必然要逐渐沉寂、枯竭。理学的发展也正是这样。诚然，在理学前期，在理学家对理学的理论主题——儒家所主张的伦理道德的最后根源和完成这种伦理道德的方法、途径——进行论证时，曾经吸收道家和佛家的某些思想以及当时的自然科学知识。但一旦它的理论主题论证完毕，理学家就把封建的伦理道德认定为绝对合理的和永恒的，把道德完成的主要工夫用在对儒家经典的体认和对封建道德的伦理道德规范的践履上，这实际上就是他们主要的、甚至是全部的文化实践。理学就成了一个封闭自足的理念体系，既生长不出、又补充不进新的文化内容和思想内容。其流弊之极，原来植根于丰富的中国古代文化基础上的理学，现在反而抛弃、败坏了中国文化，诚如明代陈第所说："瞑目端拱以谈心性，问之诗赋不知，则曰词章之末；问之史传不知，则曰政事之末；问之璿玑九章不知，则曰度数之末。三末之说兴，天下事朦朦矣。"② 这样，理学就走向衰竭、枯萎。

不幸在于，理学的衰微不仅是儒家思想发展史上一代理论思潮的命运。由于理学是中国传统思想后期最重要的理论内容，并且又在中国封建社会后期处于绝对的思想统治地位；而这种传统的伦理道德思想又是作为构成中国文化整体的基本的、核心的要素，所以理学的衰微必然带来中国传统的伦理道德思想发展中的蜕化，带来近代中国传统文化发展中的停滞。理学衰微的各种特征、痕迹都深深烙在近代中国社会的躯体上。

在这里，应当顺便指出，中国传统的、封建的伦理道德思想到了理学时期，由于吸收不进新的知识因素而趋向枯萎，或者说它的封闭性，是一种根源于封建社会政治经济基本特征的、因而是历史性的文化现象，而不是由于封闭型的"思维结构"造成的恒定的文化类型。应该承认，在不

---

① 此前，德国古典哲学家费希特在批评卢梭的观点时，也说了相近内容的话："自然状态诚然会消除罪恶，但同时也会消除德行和整个理性。这样，人就会变成没有理性的动物，就会出现一个新的动物物种；于是，人类就根本不再存在了。"（《论学者的使命》，商务印书馆 1979 年版，第 48 页）

② 陈第：《松轩讲义·学周篇》，载《一斋集》。

同类型的文化系统中，有不同的知识结构、心理结构。但是所有这些结构都不是在出发点预成的，而是在建构过程中形成和不断发展的。著名的心理学家皮亚杰曾多次表述了这样的观点："结构通过它们本身的构造过程，会产生那在先验论看来是不能不放在出发点或放在先决条件地位上的必然性，事实上，这种必然性却只是最终才能得到的。"① 并且还具体地描述了认知结构的发展过程："新结构——新结构的连续加工制成是在其发生过程和历史过程中被揭示出来的——既不是预先形成于可能性的理念王国之中，也不是预先形成于客体之中，又不是预先形成于主体之中。这似乎表明，新结构的历史—心理发生上的建构是真正组成性的，不能归结为一组初始的条件状态……在有可能解决这个问题的场合下，最终结果就是出现了与建构主义的假设令人惊奇的符合一致的情况：在不同水平的两个结构之间，不能有单向还原，而是有互反的同化，以致高级的东西可以借助于转换而从低级的东西中演化出来，同时高级的东西可以通过整合低级的东西而使低级的东西更为丰富。"② 皮亚杰从个体心理学角度所揭示的人的认识发生、发展的现象和规律，在中国文化整体的发生、发展中也是同样存在的。理学产生以前的中国上古文化史，理学形成时期的儒学思想史和理学退出历史舞台以后的中国现代文化史，都足以说明中国文化是一个开放的、发展的文化系统，它的深厚广博的积累，不仅自然地形成了它对异质文化的宽容态度和消化能力，而且表现了卓越的自我建构功能和成就。虽然在已经过去的历史上的某些时候，因为社会政治的原因，这种态度和能力未能得到表现和发挥，但它并没有丧失。

但是，到了近现代，中国传统的思想毕竟陷入了困境。这是必然的，在长期的封建社会制度下存在和发展起来的中国传统思想，作为它的特质的伦理道德中浸透了这个历史时代特有的尊卑、隶属的等级观念；作为一种伦理道德思想，它对人的伦理道德实践以外的其他生存实践，特别是劳动实践的道德意义和人性不断发展着的需要的满足的道德意义，以及知识在道德完成中的作用，都是非常漠视的；到了后来，甚至是完全否定的。

① 〔瑞士〕皮亚杰：《结构主义》，商务印书馆1984年版，第44页。
② 〔瑞士〕皮亚杰：《发生认识论原理》，商务印书馆1981年版，第104～105页。

所有这些，都是与中国近现代社会的历史运动方向——民主、科学处在完全对立的位置上。所以，中国传统思想的困境，就是由它的那些缺点、弱点而形成的与近现代社会生活之间的脱节，与现代人们的追求之间的隔膜。可以说，近现代中国社会每前进一步，都是对中国传统思想的挑战。

当然，这种挑战并不是对中国传统思想全体的挑战，只是对它的缺弱和黑暗的挑战：是新时代的道德观念对封建时代的道德观念的挑战，而不是对中国传统伦理道德内蕴的合乎人性的人道精神——人与人之间和人与群体之间存在着相互的、对等—平等的道德义务和道德责任的挑战。因为一个明显的事实是：从戊戌变法、辛亥革命到五四运动、社会主义革命，在中国近现代这场艰难曲折而又波澜壮阔的历史运动和社会进步中，那些热诚的引导者和自觉的参加者们，不管他们来自和代表着哪个阶级阵营，服膺和使用着何种理论；也不管他们是驰骋沙场，还是耕耘砚田，他们都强烈地感受着和表现着一种"见危授命"①和"博施济众"②的道德热情和社会责任，而这正是中国传统思想的精神。也正是这种人道的、具有永恒价值的精神，使中国传统的思想能够通过民主和科学的桥梁走出困境，走向世界和未来。

（收入深圳大学国学研究所主编
《中国文化与中国哲学》，生活·读书·新知三联书店，1990）

---

① 《论语·宪问》。
② 《论语·雍也》："子贡曰：'如有博施于民，而能济众，何如？可谓仁乎？'子曰：'何事于仁，必也圣乎！尧舜其犹病诸……'"

庄子思想与两晋佛学的般若思想

　　印度佛学作为一种异质文化的思想观念，经过中国传统思想的理解和消化，成为具有中国思想特色的中国佛学，经历了一个相当困难的过程。在这个过程中，中国传统思想中的庄子思想起了特别重要的作用。这里，我想用两晋佛学是如何理解、消化大乘佛学中的一个根本的思想观念——般若空观的情况来说明这个问题。

　　"般若"意为"智慧"①，是大乘布施、持戒、忍辱、精进、禅定等六种修行方法中（"六波罗蜜"或"六度"）最重要的一种，所谓"诸佛身皆从般若波罗蜜生"（《放光般若经·舍利品》）。般若思想的基本内容是对世界本相的一种超越经验、理性之上的直观——"空"。在印度佛学的发展中，般若思想的空观经历了一个不断丰富的过程。它可简略概括为"一切诸法性皆空"（《放光般若经·信本际品》），也可进一步表述为罗什所译《金刚经》的最后一颂，"一切有为法，如梦幻泡影，如露亦如电，应作如是观"，即"性空幻有"。然而它的最后的、完满的表达，应该是龙树《中论》中的一偈："众因缘生法，我说即是空。亦为是假名，亦是中道义。未曾有一法，不从因缘生。是故一切法，无不是空者。"（《观四谛品第二十四》）这一偈语表明般若空观既是认识、观察世界的方法（"空""假"兼蕴的"中道"观），又是这一观察认识得出的结论（因缘而生的"空"相）。般若的这些观点，是印度大乘佛学最基本的理论

---

　　① 罗什译《大智度论》谓："般若者（罗什注：秦言智慧），一切诸智慧中最为第一，无上无比无等，更无胜者，穷尽到边。"（卷四十三）

观点。

在魏晋玄学思潮的推澜和浸润下，两晋佛学对般若的理解是很分歧的，史有"三家""六家七宗"之称①。"六家七宗"中，思想可以特立且最有影响者，应该说是为僧肇所批评的心无、即色、本无三家。而且不难看出，三家对般若（"空"或"无"）的理解虽然各异，染有庄子思想色彩却是共同的。

心无宗的主要代表是支愍度、竺法温。"心无"的完整论述已经无存，但从他的批评者的转述中还是可以清晰地看出来：

> 心无者，无心于万物，万物未尝无，此得在于神静，失在于物虚。（僧肇《不真空论》）

> 心无者，无尽于万物，万物未尝无。此释意云，经中说诸法空者，欲令心体虚忘②不执，故言无耳。不空外物，即万物之境不空……心空而犹存物者，此计有得有失。（吉藏《中论疏》卷二末）

陈释慧远和日僧安澄对此作了更明确的疏解：

> 竺法温法师《心无论》云，夫有，有形者也；无，无象者也。有象不可言无，无形不可言有。而《经》称"色无"者，但内止③其心，不空外色；但内停其心，心不想外色，则色想废矣。（慧远《肇论疏》）

---

① 最早指出当时对般若空观理解上分歧的是北朝后秦罗什门下年龄最长的弟子僧叡的"六家"说，"格义迂而乖本，六家偏而不即"（僧佑《出三藏记集》卷八《毗摩罗诘堤经义疏序》），但他没有指明"六家"之名。罗什门下另一年轻的弟子僧肇在《不真空论》里概括为"心无""即色""本无"三家。"六家七宗"之名，始于南朝刘宋昙济的《六家七宗论》，此论已佚。梁宝唱《续法论》中曾经引用。唐·元康《肇论疏》（卷上）说："梁朝释宝唱作《续法论》一百六十卷云，宋庄严诗释昙济作《六家七宗论》，论有六家，分成七宗。第一本无宗，第二本无异宗，第三即色宗，第四识含宗，第五幻化宗，第六心无宗，第七缘会宗。本有六家，第一家为二宗，故或七宗也。"
② 《大藏经》本作"妄"。
③ 《续藏经》本作"正"。

晋竺法温……其制《心无论》云，夫有，有形者也；无，无象者也。然则有象不可谓无，无形不可谓有①，是故有为实有，色为真色。《经》所谓"色空"者，但内止其心，不滞外色。外色不存余情之内，非无而何？岂谓廓然无形，而为无色者乎？（安澄《中论疏记》卷第三末）

从这些记述中可以看出，心无宗的观点是认为外界事物是真实存在的，是"有"；佛经上的"法空"，是要求人们保持一种恬淡的不执着、不滞情于外物的虚无的心境，因而是"无"。十分显然，心无宗的"空"观与般若"空"观相距甚大，它的结论不是"诸法皆空"，而是"心空物不空"。另外，就理论性质而言，"心无"实际上是一种收敛内心，摒除外惑的精神修持方法，也不同于空假兼蕴、亦有亦无的"中道"般若认识方法。从大乘佛学的一般理论立场看，心无宗"内止其心，不滞外色"的精神修持，虽然不是般若观，但也还可以视为一种止观，因而也还是可以肯定的，但其"不空外物"则是不能许诺的了。所以僧肇、吉藏一致评断它"有得有失"。应该说，这是十分宽容的评断。在严格的佛门学者看来，"心无"义"此是邪说，应须破之"（慧皎《高僧传》卷五《竺法汰传》），从般若的理论立场上说，这一严厉的判定并不过分。

"心无"义之所以背离般若的根本观点，这是因为它的观念根源深深地扎在庄子思想的土壤里，实际上是一种中国思想。《庄子》中写道："心养，汝徒处无为，而物自化，堕尔形体，吐尔聪明，虚空内心，大同乎涬溟，解心释神，莫然无魂……"（《在宥》）可见，虚空内心，忘怀外物，正是庄子的基本的精神修养方法。《庄子》中还写道，"忘乎物，忘乎天，其名为忘己；忘己之人，是之谓入于天"（《天地》），"圣人未始有天，未始有人，未始有始，未始有物，举世偕行而不替"（《则阳》），也就是说，庄子思想里境界最高的理想人格（"圣人""至人""真人"）都是能够"忘我"，能够"遗物离人而立于独"（《田子方》）。换言之，虽然"万物虽多"（《天地》），"万物职职"（《至乐》），但是

————————

① 《大藏经》本作"无"。

对于圣人，却是"万物无足以铙心者也"（《天道》）。显然，"心无"义的"无心于万物，万物未尝无"的观点，"欲令心体虚忘不执"的旨意，皆渊源于此或吻合于此，所以史称"竺法温悟解入玄"（《高僧传》卷四《竺潜传》）。

即色宗的代表人物是支道林。即色宗的"空"观论点的简要表述是已经佚失的支道林《妙观章》上的几句话："夫色之性也，不自有色。色不自有，虽然而空，故曰色即为空，色复异空。"（《世说新语·文学》注引①）其大意是说，万物呈现的都是或者说只能是现象（"色"），不是自体或本体（"自有"），因而是空（"色即是空"）。而且，这种作为现象的"空"，和作为般若实相本体的"空"是不同的（"色复异空"）。

为什么"色不自有"，也就是说为什么现象不是本体或自体？支道林在这里没有解释。以后的佛家学者在著述中涉及此处时，揣摩支道林的思绪而提出了两种解释。一是唐代元康在《肇论疏》中说："林法师但知言色非自色，因缘而成，而不知色本是空，犹存假有也。"一是元代文才在《肇论新疏》中说："东晋支道林作《即色游玄论》……彼谓青黄等相，非色自能，我名为青黄等，心若不计，青黄等皆空，以释《经》中'色即是空'。"前一种解释是说，支道林认为事物（"色"）是因缘而成，故"不自有"，是空；后一种解释是说，支道林认为事物（如颜色），皆是人的"心计"而成，不是自有，是空。这两种解释从当时与支道林过从甚密、思想甚为契合的追随者郗超的《奉法要》中"有无由乎方寸，而无系乎外物"（《弘明集》卷十三）之论来看，后一种解释比较符合支道林的思想实际。支道林有诗曰"心为两仪蕴，迹为流溺梁"（《广弘明集》卷十五《月光童子赞》），"体神在忘觉，有虑非理尽"（同上书《善宿菩萨赞》），都是把心（"心计"）看作是物（"迹"）生成的根源、负累的根源。支道林主张"大道者，遗心形名外"（同上书《善多菩萨赞》），"忘玄故无心"（《大小品对比要钞·序》），这些观点也和后一种解释吻合。这样，支道林即色论的"空"观概括言之，就是认为万物（"色"）皆是

---

① 安澄《中论疏记》所称引支道林《即色游玄论》与此近似："夫色之性，色不自色，不自，虽色而空。知不自知，虽知而寂也。"

人心所起，不是万物的自性，所以是"空"。

即色论与心无论的"空"观有所不同，它不是通过精神修持而达到的一种能在万物纷纭中保持淡泊"忘物"之心的境界，而是对认识过程的分析得出的一个认识结论：万物皆我心中的现象，不是本来面目。从大乘的一般立场上说来，即色论没有乖离破"法执"的大乘宗旨；但是，从最成熟的、即中观学派（《中论》）的般若立场上看，即色论不但没有破掉"法执"，反而陷入"法执"。所以僧肇——作为最早将印度中观学派传入中国的佛学大师罗什的最出色的弟子批评说："即色者，明色不自色，故虽色而非色也。夫言色者，但当色即色，岂待色色而后为色哉？此直语色不自色，未领色之非色也。"（《不真空论》）

僧肇的批评从中观般若的立场指出即色论的"空"观有两个破绽：第一，在即色论"色不自有"的言下，意念中肯定了、追寻着一种自体、自性，陷入了"法执"，在中观般若看来，非但即色论所说的"色"（现象）是空，即色论所说的"自有"（自性、自体、本体），即"色色"者，也是空。所以即色论没有观出完全的"空"相。这是就最终的结论而言。第二，就得出结论的观察、认识过程而言，即色论只观出"空"（"色不自色"），而没有指出"假"（"色之非色"），缺乏"中道义"。换言之，不存在"色色"的自性或本体，当色即色，色即非色。如果说支道林曾在另外的著述里明确表述他并不认为有"自有"（自性本体），而是皈依"至无"（空的状态），例如他说，"夫般若波罗蜜者……其为经也，至无空豁，廓然无物者也……是故夷三脱于重玄，齐万物于空同，明诸佛之始有，尽群灵之本无，登十住之妙阶，趣无生之径路。何者？赖其至无，故能为用"（《大小品对比要钞序》），这可以推脱掉僧肇对即色义的第一点批评[1]；那么，僧肇对即色义的第二点批评，是他再也推脱不掉的了。支道林把事物或现象解释为"心"的表现，换言之，是用"心计"观"万法"，而不是用"因缘"观"万法"，只能形成"心"与外物（即"色""空"）对立的观念，而形成不了"空"与"假"（幻有）

---

[1] 吉藏就认为即色义有二家：一者关内即色义，谓色无自性，即僧肇所呵斥；二者支道林即色是空，与道安本性空寂之说相同。（《中论疏》卷二末）

并存的观念，也就是说形成不了外物（"法"）兼蕴"空""假"的"中观"。支道林即色论空观之所以呈现这样的特色，是因为他十分熟悉《庄子》、理解《庄子》，如他曾"注《逍遥游》篇，群儒旧学莫不叹伏"（慧皎《高僧传》卷四《支道林传》），自然也深为庄子思想浸染，驾轻就熟地在庄子思想轨道上，用庄子思想的逻辑论述了般若性空这一佛学思想。

支道林即色义的空观，主要是从庄子思想中感受了它那种深刻的、强烈的关于事物在人的认识过程中由于人的主观因素造成的不确定性、相对性的观念。《庄子》中写道，"道行之而成，物谓之而然……无物不然，无物不可"（《齐物论》），"自其异者视之，肝胆楚越也；自其同者视之，万物皆一也"（《德充符》），"以道观之，物无贵贱；以物观之，自贵而相贱；以俗观之，贵贱不在己；以差观之，因其所大而大之，则万物莫不大，因其所小而小之，则万物莫不小……以功观之，因其所有而有之，则万物莫不有，因其所无而无之，则万物莫不无……以趣观之，因其所然而然之，则万物莫不然，因其所非而非之，则万物莫不非"（《秋水》）。在庄子思想认识论的经验层次上，庄子对人的认识的主观相对性和事物的感性表象不确定性的这种淋漓尽致的发挥、揭示，无疑是十分感人的、醉人的，在经验的层次上，综合这样的一些观察会形成一个一般性的理论观念：事物是没有自性的，事物的性状是随主观的观察立场或者说"心"而变化的。支道林说"心为两仪蕴"，可见他的即色义正是浸透着这个观念。当然，支道林把这个观念又推进一步，用来说明、论证一个佛学问题，认为这种在经验层次上的事物感性不确定性，就是"不自有"，就是"色空"，这就跨出了庄子思想的范围而进入了佛学领域。在庄子那里，事物在经验层次上虽然具有感性的不确定性，但并不是"空"，而是认识的相对性；这种相对性，经由"达万物之理"（《知北游》）的确定性——庄子称之为"天理""固然"（《养生主》），最后达到"道通为一"（《齐物论》）的总体性，显示一个完整的认识发展过程和一个实在的宇宙总体存在（"物""理""道"）。

本无宗的代表人物是道安。本无宗的观点《名僧传抄·昙济传》有一段较完整的引述：

昙济……著《七宗论》，第一本无宗曰：如来兴世，以本弘教，故方等深经，皆备明五阴本无。本无之论，由来尚矣。何者？夫冥造之前，廓然而已，至于元气陶化，则群象禀形，形虽资化，权化之本，则出于自然，自然自尔，岂有造之者哉？由此而言，无在元化之前，空为众形之始，故称本无，非谓虚豁之中，能生万有也。夫人之所滞，滞在末①有，宅心本无，则斯累豁矣。夫崇本可以息末者，盖此之谓也。

　　从这段概述里可以看出，本无宗的"空"观主要有两层意思：一是就每一呈现在眼前的具体事物的性状来说，都是五阴聚合，而"五阴本无"，所以是空（"万法性空"），这是大乘经典每每论及的。二是追溯每一具体事物的原始状态，也只能归宿到廓然空无，因为在"元化之前"、众形之先的只能是"无"的状态。这是道安本无宗对"万法性空"进一步的说明、论证。后来，吉藏在叙述本无宗的观点时，也正是指出这样的两点："释道安明本无义，谓无在万化之前，空为众形之始……安公明本无者，一切诸法，本性空寂，故云本无。"（《中论疏》卷二末）概言之，本无宗是以"性空""本无"为其思想特色的。

　　道安本无义的宗观也受到僧肇从中观般若立场上的批评：

　　本无者，情尚于无多，触言以宾无。故非有，有即无；非无，无亦无。寻夫立文之本旨者，直以非有非真有，非无非真无耳。何必非有无此有，非无无彼无？此直好无之谈，岂谓顺通事实，即物之情哉？（《不真空论》）

　　僧肇的批评主要是指出本无宗空观的偏执，一味"尚无"，是一种"好无之谈"。应该说，本无义和即色义一样，也是在两个基本点上偏离了中观。在认识、观察的过程中，本无义"触言以宾无"，执着于一切皆空（无），未能观察出"假有"，没有阐发出"非有非真有，非无非真无"

_____

　　① 《续藏经》本作"未"。

的中观"立文本旨"，也就是说，缺乏兼容空、假的"中道义"。就观察、认识的结局而言，本无宗的最终结论是事物最原始的"无"的状态，在精神上它可以归宿为一切负累皆消融的境界，即"宅心本无，则斯累豁矣"；而不是中观的"空"（空与幻有）的诸法实相，从而在精神上升华为"实相即涅槃，涅槃即世间"的境界，即龙树所说"涅槃际为真，世间际亦真，涅槃与世间，小异不可得，是为毕竟空相"（《大智度论》卷三十八）。

不仅如此，道安的"本无"不只是指一种最初的状态，在他的另外著述里还表现出一种最后本体的性质特征。如他说："般若波罗蜜者，成无上正真道之根也。正者，等也，不二入也。等道有三义焉，法身也，如也，真际也。如者，尔也，本末等尔，无能令不尔也。法身者，一也，常净也，有无均净，未始有名。真际者，无所著也。泊然不动，湛尔玄齐，无为也，无不为也。"（《合放光光赞随略解·序》）这与《根本般若经》所说"以一切法悉无有本，以是之故，求其本末了不可得"（《光赞般若经·假号品第八》）的距离就更为明显。

从僧肇的批评看来，道安虽然是当时最渊博深邃的佛家学者，但他的般若思想仍未能登峰造极。对此，他的弟子僧叡（道安卒后，又师罗什）有个解释："自慧风东扇，法言流咏已来，虽曰讲肆，格义迂而乖本，六家偏而不即，性空之宗，以今验之，最得其实。然炉冶之功微恨不尽，当是无法可寻，非寻之不得也。"（《毗摩罗诘堤经义疏·序》）

僧叡认为道安的般若思想"炉冶之功不尽"，是因为他生前尚没有接触到中观思想。这一解释应该说是正确的。道安卒于东晋太元九年（384年），十六年后，后秦弘治三年（401年）罗什才入关至长安，中观经典得以译传。但是，另一方面还是可以说，道安在没有中观思想的情况下，把般若思想推进了一步；在印度佛学所应有的"诸法性空"之外，又加入具有中国思想特色的"万化本无"，这是中国佛学发展中出现的一种客观需要。道安晚年在长安时曾回忆说，将近二十年来，他每年都要讲解两遍《般若经》，"然每至滞句，首尾隐没，释卷深思，恨不见护公、叉罗①

---

① 竺法护、无叉罗（无罗叉）分别是《光赞般若经》和《放光般若经》的译者。

等"（《摩诃钵罗若波罗蜜经抄·序》）。道安深切感到般若空观的"首尾"，即更加深刻的"空"的根源和归宿的问题，需要有更多的说明、论证。这样，道安作为一个"外涉群书、善为文章"（《高僧传》卷五《道安传》）的具有深厚中国传统文化修养的人，又处在玄学笼罩的学术环境中，从道家特别是庄子思想中感受、吸收那种极为清晰的根源性观念，来解释《般若经》中隐没的"首尾"也是很自然的。《庄子》中写道，"万物出乎无有……而无有一无有"（《庚桑楚》），所以虽然庄子不谈"开始"，认为"未始有始"（《则阳》），但他还是认为万物最初的存在状态是"无"。在庄子思想中，这种"无"也正是"道"的一种表现或存在形式，因为"道无为无形"（《大宗师》），"唯道集虚"（《人间世》）；归心于"无"也就是"返真""体道"①的最高精神境界的表现或途径，即所谓"彼至人者，归精神乎无始，而甘冥乎无何有之乡"（《列御寇》）。十分显然，烙在道安"本无"般若思想上的中国思想痕迹，正是在这种庄子思想影响下形成的"立论以为天地万物皆以无为本"（《晋书·王弼传》）的玄学思想。

从以上所论可以看到，晋代佛学中的心无、即色、本无三家对般若空观的理解是有分歧的，但受到庄子思想的影响却是共同的，而且这种分歧，从某种意义上说正是由于它们受到的和接受的庄子思想影响有所不同的结果。概言之，"心无空"直接导源于庄子"吐尔聪明，伦与物忘"的精神修养说诸法；"即色空"中具有庄子认识论中经验层次上的主观认识的相对性和事物感性表象的不确定性的观念因素；"本无空"和庄子关于世界根源（"道"）的本体论特征（"无"）的思想观点在观念上是相通的。

两晋佛学般若思想，除了上述最有影响的心无、即色、本无三家外，就是从中观般若立场对这三家提出批评的僧肇自己的般若思想。僧肇的般若空观是"不真空"。他在《不真空论》中写道："欲言其有，有非真生；欲言其无，事象既形。象形不即无，非真非实有，然则不真空义，显于兹

---

① 《庄子》写道，"谨守而勿失，是谓反其真"（《秋水》），"夫体道者，天下之君子所系焉"（《知北游》）。

矣。"也就是说，万物既不是因"心无"而空，或"即色"是空，或"本无"是空，而是亦有亦无，或非有不无的"不真"之空。僧肇的般若空观（不真空）在三个基本点上完全符合中观思想：首先，在对事物（"法"）的观察、认识方法上，他运用的是因缘"中道义"。僧肇说："有若真有，有自常有，岂待缘而后有哉？譬彼真无，无自常无，岂待缘而后无也？若有不能自有，待缘而后有，故知有非真有。有非真有，虽有不可谓之有矣。不无者，夫无则湛然不动，可谓之无，万物若无，则不应起，起则非死，以明缘起，故不无也。"（《不真空论》）简言之，因为是缘起，故非真有；因为是缘起，故不无。其次，在认识的最终结论上，得出的是"空"相："圣人之于物也，即万物之自虚。"（《不真空论》）最后，能由中观认识升华到"涅槃与世间，无有少分别"（《中论·观涅槃品》）境界："道远乎哉？触事而真；圣远乎哉？体之即神。"（《不真空论》）可见，僧肇对中观思想有深刻的、准确的理解，所以罗什曾称赞他是"秦人解空第一者"（元康《肇论疏》引《名僧传》）。但是，从僧肇的全部著作中也可以看出，僧肇作为一个"历观经史，备尽坟籍……每以庄老为心要"的在中国传统的文化环境中成长的中国佛教学者，他的般若思想也有中国思想的痕迹，而且最为明显的也是庄子思想痕迹。

僧肇般若思想中的庄子思想痕迹，或者说受其影响主要有两点表现：第一，在他具体论证"非有不无"的"中道义"时，除运用印度佛学传统的从事物构成角度来观察的"诸阴因缘"说外，还援用了中国思想、特别是庄子思想中的从认识角度来观察"名实"说，《不真空论》写道："以名求物，物无当名之实；以物求名，名无得物之功。物无当名之实，非物也；名无得物之功，非名也。是以名不当实，实不当名，名实无当，万物安在？……故知万物非真，假号久矣。"通常，我们总是用一个名来指称一个物（实），应该说这一指称尽管有约定俗成的社会客观性，但就其本质来说也具有人的主观随意性。僧肇就是据此而认为"名"和"实"并不相符，或者说物并没有和其"名"相符的"实"；并进而认为我们认识中的物（即用"名"称谓的"实"）也是主观假相（"非真"）。《庄子》中写道，"道行之而成，物谓之而然"（《齐物论》），"名者实之宾也"（《逍遥游》），可见庄子也认为事物的名称是人赋予它的，如同路是人走出来的一样，没有必然的、固定相符的内容。可以推断，庄子观察到名、实之间的或然性关系，以及某种否定"名"的倾向，都对僧肇有所感染。但是，庄子并没有因此否认"实"，他曾反问说："固有无其实而得其名者乎？"（《大宗师》）如前所述，在认识的感性的、经验的层次上，庄子认为事物的性状（如大小、同异、贵贱等）有不确定性，有"名相反而实相顺"（《庚桑楚》）的名实不相符的情况，但事实的存在却是真实的。僧肇则由"名实无当"，名号是假，更跨进一步，认为万物亦非真。

第二，在般若思想总的观念背景上，僧肇在印度佛学固有的"诸法缘起"观念上，又增添了庄子思想的"齐物"观念。僧肇在他的著述里多次表述了"齐物"的观点，如说"天地一旨，万物一观，邪正虽殊，其性不二"，"大士美恶齐旨，道俗一观"（《维摩经注·弟子品第三》），"即真则有无齐观，齐观则彼此莫二，所以天地与我同根，万籁与我一体"（《涅槃无名论》）。显然，这些与《庄子》所论"天地一指，万物一马"，"是非之涂恶能知其辩"（《齐物论》），"万物一齐"，"是非不可为分"（《秋水》）等，在观念上是相通相承的。不同在于，庄子的"齐物"表现的是一种"圣人和之以是非，而休乎天钧"（《齐物论》）的相对主义的认知态度，和一种"天下也者，万物之所一也；得其所一而同焉，则四支百体将为尘垢，而死生终始将为昼夜，而莫之能滑，而况得丧祸福之所介乎"（《田子方》），即一视万物万境，不为生死利害之所动的精神境界。僧肇的"齐物"则是"内引真智，外证法空"（《维摩经注·文殊师利问疾品第五》），即由齐是非而证得兼容空（无）、假（幻有）的世界"空"的本来面目（中观般若的"实相"），"万品虽殊，未有不如，如者将齐是非，一愚智，以成无记无碍义也"（《维摩经注·菩萨品第四》），进而达到与这种"空"相为一体的个人的一切思虑皆熄灭的，即所谓"彼此寂灭，物我冥一"（《涅槃无名论》）的"涅槃"境界。可见，僧肇的般若思想，乃至心无、即色、本无各家的般若思想，一方面尽管因吸收庄子思想而对印度佛学显示中国佛学的新特色；但另一方面，它或它们作为佛家思想仍和庄子思想之间具有明显的差别和界限。

以上，我们粗略地考察了两晋佛学如何借助《庄子》中的理论概念、思想观念来理解、消化印度佛学中的一个思辨艰难程度最大的思想观念——作为对世界的根本观察的般若空观。完全可以说，没有庄子思想，就没有中国佛学的般若思想，这从一个具体的方面显示了庄子思想是形成中国佛学的重要的观念背景或渊源。

（收入陈鼓应主编《道家文化研究》第二辑，

上海古籍出版社 1992 年版）

对一个时代课题的思考

——评介《儒学·理学·实学·新学》

如何认识、评价中国传统的思想、文化？这是中国近代历史的帷幕一揭开之际就提出的一个时代课题。可以说，几代中国哲学或中国思想史的学者已对这一时代课题做出了甚为不同的思考和回答。张岂之同志最近将他30多年来的部分思想史学术论文集结成《儒学·理学·实学·新学》（以下简称《儒学》）一书出版，也是在一种广阔的历史背景下对这一时代课题的思考和回答。

清晰而完整的历史感是岂之同志《儒学》一书给人的一个十分深刻的印象。这本书虽然是一部论文集，但是无论在形式上和内容上，它都是具有逻辑性和内在结构的、以儒学为主要论述内容的中国思想史。在这本书中，作者选取了论述从孔子、先秦儒学到孙中山、"五四"精神的20篇论文，分别归属于"儒学篇""理学篇""实学篇""新学篇"。显然，这与我认为是以儒学为主体的中国传统思想的历史发展是大体吻合的。作者对标志儒学理论形态转变的主要理论观念和代表人物的选择和论述，也是为今天多数学者的历史观察所认同的。例如，岂之同志认为儒学摄入了某些重要的佛学思想，就是汉唐经学被改造为理学的观念标志，而"二程是真正的开山祖"（第109页），明代罗钦顺"理只是气之理""人心道心为一"和蕺山学派"道不离器""人欲即天理"的理气观、心性论正是"理学向实学过渡的理论环节"（第144页），而明末清初的三大儒——王夫之、黄宗羲、顾炎武则表现出了实学思潮的全部特征，作者于此做了堪称本书最为详尽、深入的论述。中国传统思想在近代所发生的观念变迁，作者是用一个"哲学主题"、四个"主要内容"来加以概括的："进化观是近代哲学的核心问题。从维新派的进化观到革命派的进化观，构成了近代哲学的主题"，"中国近代哲学史的主要内容，有以下几个方面：第一，进化观，第二，从自然人性论到天赋人权论，第三，精神决定论，第四，自然科学的唯物论及其不彻底性"（第270页）。作者对严复、孙中山都是在这一时代观念背景下展开论述的。完全可以说，《儒学》一书虽然没有展现中国传统思想的全部内容——显然这不是这本书的任务——但却显示了中国传统思想的完整的历史发展轮廓和论述了它的主要内容。在这个具有重点的历史描述的基础上，作者做出对中国传统思想总体的评估，也就是对一个时代课题的思考和回答。

"时代课题"是《儒学》一书中最为突出的一个理论观念或理论目标。作者写道："'五四'时期，先进的思想家提出用理性主义来批评审查中国旧的学术、中国的传统文化，这一时代课题的提出，具有重大的历史意义。"（第358页）在这里，"时代课题"从学术的、理论的思想运动的意义上，可以理解为在最高的理论层次上对中国传统文化或思想的历史状况、价值和现代意义做出总体的评价、分析，这应该被看作《儒学》一书精神之所在。这种评估，在《儒学》一书中可以划分为两类，一是对中国传统思想的总体做出的，一是对我认为可作为中国传统思想主体的儒学作出的。

在"时代课题"中，中国传统思想或古代文化的具有永久价值的精华，无疑是学者们追索的主要对象，因为这是我们中华民族未来的生长点。但是应该说，真正认识这个对象也并不是十分容易的。在一个像我们这样有悠久历史的民族里，心理、思想、精神结构里凝结的观念因素肯定是十分复杂的、有矛盾的，作出某种特定价值取向的剥离往往是很困难的。作者也感受到了这一点。然而他还是跨越了这种困难和障碍，从某种极高的、极宽的理论角度概括这种"精华"。作者指出："关于中国传统思想文化的精华，学者们从不同的角度加以理论分析，也是很宝贵的学术见解。不过，我觉得要用一两句话来概括中国思想文化的精华，似乎有些困难。我的浅见是：人学，自然之学，有对之学，以及会通之学，构成了中国思想文化精神的若干方面。"（第2页）所谓"人学"，岂之同志主要是指儒家思想，是"关于人的价值、人的理想、人的完善、人的道德、人际关系以及人与自然关系等等关于人的学说"（第5页），而"自然之学"则主要是指道家思想的"力求探讨世界的本原和本质"（第3页），强调顺应自然而行事（第5页），及其所提出的一系列哲学问题。在作者看来，所谓"有对之学"是指一种思维方法，即"中国古代思想文化中的辩证思维"（第6页），"会通之学"是指"中国文化善于吸收外来文化"，中国思想善于"综合相互矛盾的各家学说"（第8页）。显然，作者从中国传统思想文化中采摘"精华"的方法比较独特，他不是如多数学者那样，从中国传统思想中寻取某个具有较大影响的、直接表征着某种优秀历史传统的思想观念甚至是概念命题作为"精华"，而是在对中国传统思想做整体的洞察的基础上，提炼出其中具有积极意义的、基本的思想学说、生活态度、思维方式并视之为"精华"，这些是中华民族的智慧、道德和许多优秀传统成长的精神基础。比较而言，岂之同志的概括虽然显得宽泛一些，但却是涵盖得比较周延，比较符合历史实际，因为一个民族的某种优秀传统或习惯，一定是由多种文化的、精神的因素历史地铸造成的一种独特的行为方式、生活方式，一定不是任何某个观念、命题所能体现、涵盖得了的。

《儒学》一书还明确地表述了中国传统文化的力量或者说它的凝聚力、向心力产生的根源的观点。作者在回答为什么中华民族经历了几千年的兴衰变化，特别是在近代又经历了那么重大的灾难折磨而始终稳固屹立，保持着自己的伟大尊严时说："除了政治、经济、社会、历史、地理等因素外，中国传统文化也是一个不可忽视的伟大力量。特别是中国传统文化中的'人格'与'国格'观念，作为一种凝聚力和向心力，它是我们的'民族之魂'。"（第313页）对于什么是"人格""国格"及其作为一种民族精神的形成过程，作者有简要的解释："早期儒家对'人格'作过丰富的理论塑造。随着封建国家政权的建立，人格观念进一步演化而形成'国格'观念。'国格'观念不是简单的'夷夏之辨'，而是一种崇高的爱国主义思想。"（第313页）可以看出，儒家所提倡的人对自己作为人的存在的充分的道德自觉和对国家民族的伦理责任感、义务感，实际上就是作者所说的"人格""国格"的主要内涵，所以中国传统文化的伟大力量首先是一种伟大的道德力量。岂之同志还认为这种道德力量具有重要的现代意义："传统的'人格'与'国格'观念是中华民族文化心理素质的结晶，在此基础上可以铸造出具有时代意义的崭新的民族之魂，这就是在新的历史条件下中华民族不可缺少的群体意识。"（第347页）近些年来，我国学者对"中华民族凝聚力"有热烈的探讨，对"凝聚力"的构成要素或文化内涵有不同的界定，岂之同志的观点是很富有特色的，值得重视的。

《儒学》从中国传统思想的总体上还观察到"中国传统思想文化的核心就是关于人的完善、人的义务（缺乏权利观念）思想"（第66页），观察到中国思想的非宗教特色就是在于"它所强调的'气禀论''慎独论'，与西方基督教的'原罪'说大不相同，它强调人的自我觉醒，无须依靠神等外力去唤醒自己的理性"（第150页），等等。这些无疑是正确的。

在《儒学》一书中，作者十分谨慎，他对中国古代思想文化的主干究竟是儒学还是道家学说未做肯定回答，但他把儒学作为中国传统思想的重要组成部分来看待则是无疑的。《儒学》一书完整而又有重点地论述了儒学的历史发展，在这个学术的历史背景上，除了凸现了上面已经提到的那些对中国传统思想总体的在较高理论层次上的观察外，对儒学本身也做出了深入的、总体的理论概括。从总体上，岂之同志把儒学的思想内容概括为"人学"，"作为中国传统文化中的儒学思想体系可以说它是系统化的关于人学的思想体系"（第38页）。这种关于人的思想体系，一方面如前面已提及的包括了"关于人的价值、人的理想、人的完善、人的道德、人际关系以及人与自然关系"等全部人的现实的问题，另一方面也"囊括了个人和整个社会"的所有人的问题（第38页）。在这个意义上，作者认为儒学的人学内容具有某种永久的价值，"我们今天需要它，明天也需要它，中国需要它，世界也需要它"（第18页）。可见，作者认为儒学在本质上是在召唤着人们走向完善的这个理论角度作出这种肯定的。从总体上，岂之同志把儒学的理论性质判定为"理性主义"，其表现为"与传统思想的天命论相异"（第41页），表现为"鼓励人们探究'天人之际'关系，认为这才是最高学问"（第42页）。我以为，对儒学的这种宏观的概括也还是准确的。但我的理解，作者这里似乎是在狭义的、或者说是在较特定的"理智"的意义上使用"理性"一词的，因为他把"理性"视为与儒家的道德修养、与孔子的"天命"观有区别的甚至是对立的一种精神活动。实际上，从宽泛的意义上看，儒家的道德实践、孔子的"天命"观中是充盈着理性自觉的，也是理性主义的。对于作为儒家思想最丰富的、或者说是核心部分的道德思想，作者的分析也是很独到的，他是用"文野之分的理论"和"文质统一的思想"这两个方面来笼络儒家或者说传统道德学说的全体："文野之分的理论说明我国传统道德学说的产生和演变，这是从历史的角度来看的。至于传统道德学说中的文质统一思想便深入探讨了道德规范的内容和形式的相互关系问题。"（第23～24页）这样的概括是十分周延而又符合历史实际的。

在轮廓完整、具有实证内容的中国传统思想的历史背景上，凸现属于"时代课题"的那些理论观点，是《儒学》一书主要的学术内容。但是不仅如此，《儒学》一书中还有归属于"治学篇"下的九篇文章。在这里，岂之同志抒发了他对思想史的性质和研究方法的看法，深情地回忆了他受教于当代两位著名的学者侯外庐先生和汤用彤先生门下的生活片段。应该说，这些对于《儒学》这本思想史的学术论文集并不是多余的，而是有内在联系和实际意义的组成部分：不仅使这本论文集在严肃的学术探讨之外又增添了许多生活情趣，一定程度上实现了作者"有些文章想写得活泼些，力求能带点研究生活的气息"的愿望（第461页），而且还显示了作者之所以对中国传统思想做如此这般的论述和对"时代课题"做如此这般回答的观念背景或理论根源。在现代中国，侯先生是一位成熟的马克思主义史学家，汤先生则是一位少有的熟悉贯通印度哲学、欧洲哲学、中国哲学并能深入理解辨析三种文明的学者。在这样的业师熏陶下，在这样的学术土壤上，形成的、成长的具有范型意义的观察分析中国传统思想或其他任何学术问题的理论结构或立场，自然会是以马克思主义为指导而又具有宽广的世界哲学观念背景。我以为，这是我们时代的一种优秀的学术风格。岂之同志《儒学》一书表现的正是这样的理论立场，这样的学术风格。

[《西北大学学报》（哲学社会科学版）1992 年第 3 期]

宋代理学及其回应

宋代理学的规模十分宏大，学术内涵十分丰富，但是，当把儒家学说的本质特征或思想特色看作是一种伦理道德哲学时，就可以把理学约解为、归纳出两个理论主题：第一，论证传统儒家所主张的仁义礼智等道德规范的最终根源；第二，阐述、践履、完成这些道德规范的方法、途径。

宋代理学在对上述两个理论主题的论证中，发展了实际上也是变异了先秦的原始儒学。第一，就整体理论结构上看，在孔子思想中有三个最重要的范畴：天命、礼、仁。可以简略地界定说，"仁"是个人的道德修养，"礼"是社会伦理纲常规范，"命"是超越于个人和社会之上的某种外在的客观必然性。从孔子所说"不知命无以为君子"（《论语·尧曰》），"君子三年不为礼，礼必坏"（《阳货》），"君子无终食之间违仁"（《里仁》）可以看出，这三个范畴的内涵是相通的，都是"君子"所要实践的。但也很显然，这是三个属于不同层面的，在理论内涵和实践内容上都是有区别的范畴。在宋代理学中，先秦儒学的这种理论结构发生了变化。宋代理学家为论证儒家所提倡的伦理道德的永恒性、至上性，把先秦原始儒家三个层面上的理论观念、道德实践归约于一个共同的根源："理"或"心"。朱熹在《四书集注》中引程颐的话说："心也，性也，天也，一理也。自理而言谓之天，自禀受而言谓之性，自存诸人而言谓之心。"（《孟子集注》卷七）朱熹也十分赞赏他的弟子叶贺孙就此而做的进一步的解释："天则就其自然者言之，命则就其流行而赋于物者言之，性则就其全体而万物所得以为生者言之，理则就其事事物物各有其则者言之。到得合而言之，则天即理也，命即性也，性即理也。"（《朱子语类》卷五）陆九渊的一个著名的命题就是"心即理也"（《象山全集》卷十一《与李宰之二》）。可见，在宋代理学中，天、命、性、心等概念或范畴，是从不同理论观察角度，对作为宇宙万事万物，包括人伦道德的根源或本体的"理"的一种表述。与先秦儒学相比，宋代理学的这种解释，使"天命""天道"的外在于人的客观超越性削弱了，而这一观念的形而上学性质增加了。孔子儒学"天命"观念中的殷周原始宗教的人格神的痕迹在宋代理学中完全消失了。这表明宋代理学的理性程度是更高的。宋代理学认为"理"或"心"是伦理道德的根源，所以践履伦理道德的修养就是"穷理""明心"。理学的这种理论结构与先秦儒学显然是不同的，原始儒学有外在的超越（"天命"）、社会（"礼"）、个人（"仁"）三个道德的理论层面，而宋代理学将它归纳为道德根源和修养方法两个理论层面。这是宋代理学对于先秦原始儒学的一个重要的发展或者说变异。第二，在个人层面的修养方面，宋代理学与先秦儒家也有所不同。孔子在界说"仁"时，说"克己复礼为仁"（《颜渊》），"能行恭宽信敏惠五者于天下为仁"（《阳货》），显然，孔子所说的"仁"的主要内涵是指道德品性的培养和伦理纲常的践履。但孔子在评价管子时认为，管仲帮助齐桓公不用兵车而九合诸侯，也是"仁"的表现（见《宪问》）；在回答子贡"博施于民而能济众可谓仁乎"之问时认为，这不仅是"仁"，而且有高于"仁"的道德价值（见《雍也》）。可见，在先秦原始儒家那里，"仁"还有事功的功利内容。宋代理学则把个人修养主要地甚至唯一地转向心的修养。理学家认为"圣人千言万语，只是教人存天理、灭人欲"（《朱子语类》卷十二），认为天理人欲之辨"不必求之于古今王霸之迹，但反之于吾心义利邪正之间"（《朱文公文集》卷三十六《答陈同甫》），认为"仁者浑然与物同体"（《二程遗书》二上）。理学家提出的修养方法概言之为持敬与主静。"持敬"是指对道德伦理规范保持一种虔诚的态度，"主静"是指保持心境的本然不动状态。宋代理学的这种内向的修养方法，理性自觉显得很突出，功利的道德价值却被忽视了。

宋代理学的这些发展了的、变异了的儒学思想，一方面显示它与先秦儒学的承接关系，另一方面也引起在它以后的儒学思潮的回应。对宋代理学或者说宋明理学做出具有自己独特的理论风格和学术内容的回应的儒学思潮有两次：一是明末清初的实学思潮，一是现代的、当代的新儒学思潮。明末清初的实学思潮是由明朝灭亡而激发起来的对当时处于统治地位的宋明理学的批判思潮。实学的批判锋芒主要指向理学以心性修养为途径来实现儒家伦理道德目标的理论观点和实践行为。理学心性修养的立论基础是将理与气、道与器、天理与人欲分立，并且在这种分立中以理、道为本、为主。实学思潮则认为"气外无虚托孤立之理"（王夫之《读四书大全说》卷十），"离器而道毁"（王夫之《周易外传》卷二），"天理必寓于人欲以见"（《读四书大全说》卷八）。理学的心性修养漠视、鄙视功利行为的道德价值，实学思潮则认为"全不谋利计功，是空寂，是腐儒"（《习斋言行录》卷下），"义中之利，君子所贵也"（颜元《四书正误》卷一）。可见，实学思潮对理学所做出的是一种否定性的回应。此外，在学术风格上，实学思潮把宋代理学以来的着重于对儒家经典中的天道性命的义理辨析，转移到注力于名物制度训释的经学轨道上来，认为"古之所谓理学，经学也；今之所谓理学，禅学也。不取之五经，而但资之语录，此之谓不知本矣"（《亭林文集》卷三《与施愚山书》）。现在看来，明末清初的实学思潮对宋代理学的回应可以说结了两个果实：一是实学思潮中孕育、产生出来的具有新的学术内容和宏大规模的哲学、史学、经学著述，本身就构成了中华民族思想文化中的一个新的学术积累，新的学术矿藏；二是实学思潮"鄙俗学而求六经"（《亭林文集》卷四《与周籀书书》）的召唤，导引了清代朴学的兴起。包括儒家经典的训诂、考辨、辑佚和诠释等全部内容的经学，在清代朴学这里达到了空前的、后人难有逾越的发展。

现代或当代新儒学是中国传统文化受到西方文化严峻挑战这种更广泛、更深刻的社会危机所激发起来的文化反思。这一反思当然可以追溯到清末民初，但这些年来，港台和旅居海外的从事中国文化研究的一些华人学者，在他们所处的那种社会环境和观念背景下，由这一挑战所感受到的忧患和痛苦是更为深切的。现代新儒学思潮中的学者，他们反思中国传统的儒家文化时所立足的学术领域和运思的理论方法都不尽相同，但有两点思考却是共同的、基本的：第一，对传统儒学做出现代的诠释，并试图探寻出其中具有长久或永恒性质的观念因素，所谓"人性之常，自然之常"，以确立中华文化的安心立命之处；第二，发掘传统儒学与现代生活的衔接点，以实现传统的儒家文化向现代化的转轨。现代新儒学在对第一个问题的探索中，认为儒家对"仁"的道德境界的追求，对性命天道作为宇宙根源的形而上学的论证，都具有永恒的价值，体现了人在各个人生层面上的理性自觉，是构成儒家文化永久生命力的因素，现代新儒家称之为"道德的形而上学"，"内在的超越"。这些观点表明现代新儒学与宋明理学相契甚深，与明末清初时不同，宋明理学在这里得到的是一种肯定性回应。现代新儒学对于第二个问题的思考，即所谓"内圣开出新外王"，主要是在传统儒家"仁"的精神和"正德、利用、厚生"思想中，寻觅、推演与被视为现代化标志的"民主""科学"之间的观念联系。现代新儒学在这两个问题上的思考所表现出的理论追求、学术目标应该说是真诚的、崇高的，但是他们的努力会有怎样的收获，会在多大的程度上促进儒家文化的进一步发展和现代化目标的实现，现在尚难以判定。然而毕竟有一点现在就可以肯定，现代新儒学在现代哲学观念背景下对儒学，特别是宋明理学的诠释，丰富和提高了儒学的学术内涵和理论思维水平，启动了儒学思想观念现代化的进程，仍在发展中的现代新儒学本身肯定会成为整个思想发展史上有自己独特面貌和内容的一章。

在对宋代理学及其引起的两次回应做了这番简略的回顾后，可以认为，理学、实学、现代新儒学都是儒家学者对各自时代的社会危机、精神危机所产生的需要的一种响应，都体现了儒家学者"为天地立心，为生民立命"（张载《语录》中）的那种抱负。从学术的立场上，对他们都应做肯定的评价。

（中国台湾《孔孟月刊》第 32 卷第 2 期，1993 年 10 月）

我国当前腐败现象的存在根源和治理对策

改革开放以来，腐败现象的滋生蔓延已成为困扰我国现代化建设的一个突出问题。还在 1982 年，党的十二大就提出过在今后五年内实现党风和社会风气根本好转的任务。十余年过去了，尽管党和政府为反腐败做出了不懈的努力，但是，腐败现象滋生蔓延的势头并没有得到有效的遏制。严峻的现实表明，治理腐败是我国现代化进程中一项迫切而又艰巨的任务。这就要求我们对我国当前社会生活中的腐败现象的存在原因和治理对策做进一步的认识和研究。

一

从历史上看，在人类的阶级社会中，腐败现象是从没有间断过的社会现象，剥削阶级的统治政权在腐败中衰弱和灭亡也是屡见不鲜的。在当今世界，不同社会制度和发展水平的国家，都存在着由不同原因引起的和表现形态各异的腐败现象。但是，从近代政治的一般意义上讲，腐败的基本含义是权力腐败，即滥用公共权力为私人谋取利益；权力瘫软（"官僚病"）也是腐败的表现。

我国当前社会中的腐败现象是严重的，主要表现是：第一，权力腐败行为程度深、范围广。从揭露出来的大量事实来看，贪污、贿赂等经济犯罪数额越来越大，重大恶性案件成倍增加，并且有由个人行为向有组织行为发展的趋势。据最高人民检察院公布的数字，1993 年 1～7 月，检察机关共受理贪污、贿赂罪案 27923 件，立案侦查 13441 件，其中，百万元以上贪污、贿赂、挪用公款案件 95 件，比 1992 年同期上升一倍以上。集体贪污最高的达 2.7 亿元，个人索贿受贿最多的达 700 多万元。走私情况也很严重。参与走私的，主要的已不是个人和小团伙，而是包括一些政府机关、执法部门的下属公司在内的企事业单位，走私大案的案值高达百万、千万以至上亿元，甚至还出现了在执法人员保护下走私的恶性案件。挥霍浪费公款也达到了前所未有的程度。据报载，1992 年全国各级政府部门用于招待、送礼等花费达 803 亿元。北方某省半年期间就有多个公费出国旅游团，人数多达 1771 人。从范围上看，卷进贪污、贿赂、走私等经济犯罪的党政机关干部增多，范围扩大。据已公布的数字，1993 年头 7 个月，就查处犯有贪污、贿赂罪的党政机关干部 1942 人，有 177 名县处级以上干部因贪污、贿赂被立案侦查，其中包括厅局级干部 5 人，副部级干部 1 人。实际上卷进经济犯罪的党政机关干部人数恐怕要远大于此。问题的严重性还在于，贪污、贿赂等腐败行为已不限于党政机关和经济管理部门，而且发展到司法部门和行政执法部门。

第二，腐败现象由权力范围向社会蔓延，正在形成具有病态性质的生活方式。首先是拜金主义猖獗。为了攫取金钱，不择手段，假冒伪劣产品到处泛滥，欺诈盗窃每每发生。随着拜金主义而来的，种种曾被铲除的旧时代的丑恶现象，诸如封建迷信、嫖娼吸毒又萌发丛生起来，斗富赌博、攀比消费、糜烂之风甚嚣尘上。其次是行业垄断、"拉关系、走后门"等不正之风愈演愈烈。以行业之便谋取私利，垄断性、勒索性的乱收费、"有偿服务"风靡全国；利用各种关系网来接近和利用权力，获取私人的利益的"走后门"，成了社会生活中的司空见惯的、无处不有的风气。最后，整个社会道德水平也处在下降的趋势之中。社会中甚至不乏这样的人：下水去救一个溺水的儿童，先要讨价还价问"给多少钱？"路遇恶人作案，竟然袖手旁观，听见"救命"呼喊，可以无动于衷，正义感、社会责任感沦丧到了可怕的程度，这是社会腐败最深层的表现。

我国当前社会中严重存在的腐败现象，给我国的现代化建设和社会进步带来了极大的危害。

一是严重的腐败现象正在酝酿、聚积社会不安定因素。滥用权力、以权谋私、权钱交易、贪赃枉法、官僚主义等权力腐败行为，给人民的利益带来极大的损害，败坏了党和政府的声誉，使群众对党和社会主义事业产生不信任感和离心倾向，引起了人民的强烈不满，腐败现象孕育着造成破坏社会稳定的那种社会心理因素和利益冲突因素。

二是腐败行为正在吞噬着我国劳动人民辛勤创造出来的财富。由权力腐败而产生的贪污浪费，挥霍掉的是人民的血汗。社会腐败带来的社会责任感、义务感的衰退和拜金主义的价值追求，使得一些从事经济活动的个人和单位普遍地、千方百计地偷税漏税，加之某些税收机关和人员失职渎职，致使国家的大量税收流失。据统计，我国各类经济组织与个人，对国家税收非法截留的比例为：国有经济占 50%，乡镇企业占 60%，个体私营经济占 80~90%，每年总共被截留而漏失的税款至少达 1000 亿元，相当于国家在 12 年内欠下的全部内债。国有资产也处在严重的流失中，正是种种腐败行为为各类"翻牌公司"和各种将公有资产向私人非法转移的手段得逞提供了方便的通道。

第三，腐败行为阻碍和破坏了我国改革的进程。作为腐败行为最主要表现的以权谋私、权钱交易，具有很大的贪婪性和冒险性。权力一旦和金钱结合起来，所释放出来的破坏能量是很大的。各类腐败分子都善于利用改革过程中各种政策、法规不健全和管理上的漏洞，造成社会、经济、法律秩序的混乱，严重阻碍社会主义市场经济体制的建立和现代化的进程。前一阶段由于金融系统主要环节上的腐败行为，违章拆借了二千多亿元资金，造成金融秩序混乱，极大地干扰了整个国民经济的正常运行，就是一个很好的证明。

可以认为，正在蔓延的腐败现象是我国当前社会的沉病与重负，腐败现象若得不到遏制、消除，我国现代化事业将难以轻快地起飞。

二

我国当前社会生活中的腐败现象，是一个很复杂的社会现象，它的产生与我国当前的社会环境，与我国的历史文化传统都是有关系的。

我国当前社会的腐败现象主要的、核心的部分还是权力腐败，社会腐败是权力腐败蔓延的恶果。因此，在一定意义可以说，在我国现在的条件下，权力发生腐败，也就是我国社会生活中腐败滋生蔓延的一个重要根源。政治学的权力理论认为（阶级社会的历史经验也证实）：权力在不受限制或社会控制薄弱，而行使权力者自身又缺乏道德约束力的情况下，就会走向腐败。我们是社会主义国家，根据宪法规定，"国家的一切权力属于人民"，中国共产党是我们国家的执政党，党的章程也明确规定"积极支持人民当家作主"，"党必须在宪法和法律的范围内活动"，所以我们的国家制度在本质上是不会、也不允许有滥用权力、以权谋私的权力腐败行为。但是，我国当前的社会生活中毕竟是真实地、在一定范围内还相当严重地存在着权力腐败。这是因为：第一，我们的一切权力属于人民，但在其实现形式上还不可能达到马克思主义经典作家所设想的"通过人民自己实现人民管理制"（《马克思恩格斯全集》第 17 卷，第 366 页）、"普遍吸收所有的劳动者管理国家"（《列宁全集》第 27 卷，第 123 页）那种民主高度发展的理想境地，主要还是通过各级党政机关来行使国家的领导权和社会管理权。由于我国长期的封建社会制度遗留下的极权专制、家长制等思想影响，由于几十年来革命战争环境和计划经济时代所形成的高度统一、集中体制的权力运行方式，这种权力被极大地强化起来。应该说，这种缺少制约机制的权力，在特定的历史时期里有其存在的必要性、合理性，但在今天的社会环境中，就暴露了许多弊端，潜藏着滋生腐败的可能了。正如邓小平同志所说："权力过分集中，妨碍社会主义民主制度和党的民主集中制的实行，妨碍社会主义建设的发展，妨碍集体智慧的发挥，容易造成个人专断，破坏集体领导，也是在新的条件下产生官僚主义的一个重要原因。"（《邓小平文选》，第 281 页）我们现在正在进行的政治体制改革，正是要用法律制度来规范权力，革除这样的弊端，建设有中国特色的社会主义民主政治。但是，这种改革才刚刚开始，在完备而有效的行政管理体制确立以前，旧的政治体制下的权力，在其权限、职能、运行方式等都缺乏规范的情况下，仍然可能被滥用，并以之来谋取私利。第二，在一个缺乏法律制约的权力中，主要的调节制衡因素是道德，也就是说，权力的运行是否符合人民的利益和要求，决定于权力行使者的政治信念与道德水平。我们国家党政机关的干部大多数都是好的，是廉洁奉公的。但是，由于我们是生活在一个和平的、安定的、有许多私人利益和要求的环境中，艰苦战争时期中的那种离开人民就不能存在，因而总是处处想着群众的工作态度、道德热情，今天已经淡漠下来，许多人在道德上的严格自我要求实际上也衰退下来。在改革开放的形势下，随着西方先进的科学技术和管理方法的引进，西方资本主义国家的生活方式也在影响着我们。这样，在行使权力的各级党政干部中．就有相当数量的一些人，在权力无制约而道德自律又薄弱的情况下，为追求资产阶级的腐朽生活方式，产生了诸如贪污受贿、权钱交易、挥霍人民财富等腐败行为。当然，正如列宁所说："依靠信念、忠诚其他优秀的精神品质，这在政治上是完全不严肃的。"（《列宁选集》第四卷，第635页）邓小平同志1992年南方谈话中也说："对于干部和共产党员来说，廉政建设要作为大事来抓，还是要靠法制，搞法制靠得住些。"虽然一般说来，权力运行中的道德因素的调节制衡是次要的，但是，论及我国当前腐败现象的存在，党员和干部的社会主义政治信念淡漠、道德约束力衰退，毕竟是一个具体的、实际的原因，它对我国目前尚缺乏制约机制的权力在运行中所发生的偏离、越轨，起了决定性的作用。

我国当前社会生活中的以权谋私、权钱交易腐败现象，这与正在进行的经济体制改革所造成的一种特殊的经济环境有密切关系。我国的经济体制改革是以由计划经济转轨走向社会主义的市场经济为目标的。在这一过程中，产生了两个可以视为是腐败行为得以滋生蔓延的经济条件：第一，由于社会主义的市场经济体制尚未建成，长期以来计划经济体制所形成的行政权力仍会在不时地干预市场经济活动，在不同范围内造成不同形式和不同程度上的不平等的竞争环境，而这种不平等的竞争环境能够孵化出、游离出巨额的级差利润。例如，据经济学家估算，1981～1988年，由于实行价格双轨制，商品价差、外汇汇率差和信贷利率差等差价的总规模，竟达到占国民生产总值20%～25%的惊人高度，如果以1987年一年的经济数据估算，国家控价和市场调价之间的级差金额可达2000亿元以上。这样巨大的经济利益，有力地诱引了那些拥有或接近权力而又丧失社会主义政治信念和道德观念薄弱的人，买卖"批文""额度"，从中换取高额收入，挖取国家财富，以满足个人私欲，大小"官倒"一时间很快就繁殖起来。改革进程中形成的这一特殊的经济条件，成了滋生行贿受贿等以权谋私、权钱交易的腐败行为的肥沃土壤。第二，由于新的市场经济体制尚在发育阶段，法律制度很不健全，特别是经济立法滞后，市场主体的经济行为没有规范约束，经济运行无法可依，利益归属没有明确的划定，各类市场都在不同程度上存在着无序失控状态。例如，作为现代市场经济条件下的重要主体的公司，1992 年全国登记注册的已达 48 万多家，但我国还没有一部公司法。至 1992 年 6 月，全国已有 7 万多个集贸市场和 16000 多个各类专业批发市场和生产资料市场，千百万人趋之若鹜地涌入了证券股票市场，涌入了房地产市场，可是规范市场管理、市场运行、市场融资等方面的经济立法还是空白。以行政权力为基础的计划经济的法规已经失效，以企业行为自主为基础的市场经济法规又未确立，这样，在一个缺乏法律秩序、社会控制薄弱的经济环境中，以权钱交易为开端，继之以用各种可能利用的条件形成不正当竞争手段，最后用没有任何条件的欺诈蒙骗，千方百计攫取金钱的腐败之风也就蔓延开来。

在我国当前社会生活中的腐败现象中，除了权力与金钱这两个最主要的因素外，还有一个构成因素，这就是"关系"，或者准确地说，是"关系网"。从社会学的角度看，关系网是（诸如亲属、故旧等）初级群体中以感情为基础的人际关系因渗入利益因素而产生的一种异化的、扭曲的现象。我国是一个有久远的伦理传统的国家，"五服""九族"皆为宗亲，朋友也是"五伦"之一，以血缘感情为基础的亲属初级群体性人际关系和以朋友、同事的友谊感情为基础的故旧初级群体性人际关系，一直是很发达的，并且在一般的社会环境下，都是正常的、健康的。但是近些年来，由于商品意识和金钱观念的广泛渗透，这种初级群体性的人际关系中，也渗入了利益因素而演变成为一种作为权力补充物的关系网，在社会资源（如商品、原料、荣誉、机会、工资、待遇等）的分配中发挥作用。明显而经常的表现是，当社会成员为获取某种紧缺的社会资源时，为了争得优势，就设法避开正式组织及其种种规范的限制，通过关系网为媒介，使这种紧缺资源优先到达自己手中。显然，关系网是一种不公平的竞争手段，特别是当它和一个丧失道德约束力的权力接近或结合时，就更是如此。在如今的社会生活中，"不拉关系办不成事"，这是社会不正之风的一个重要表现。关系网破坏着法制运行和组织规范，是腐败行为的载体或工具，是生长我国当前社会生活中腐败现象的又一温床。

总之，我国当前社会生活中腐败现象的发生、蔓延，是由处在体制转变过程中的我国政治、经济、社会历史等多方面原因造成的。腐败在我国体制转变过程中出现，尽管这是已经发生了的，但是并不能说这是必然要发生的，它还是由我们的许多主观因素造成的；同样，我们也不能企望腐败会随着新体制建成而自动消失，它还是需要我们用持久不懈的努力才能遏制、减少，直至最后消除掉。

三

我国当前社会生活中的腐败现象，主要是由旧的经济、政治体制向新的体制转变过程中产生的法律制度缺弱和道德缺弱造成的。消除这一现象，必须靠综合治理，采取有效的措施加以解决。

（一）深化改革，铲除滋生腐败现象的土壤

如前所述，腐败现象滋生的一个基本的经济条件，是政府或政府官员利用手中的权力，干预市场经济活动，造成不平等的竞争环境，产生了巨额级差利润，官倒、贿赂等腐败行为都由此而生。所以，遏制、消除腐败现象在于深化改革，加快社会主义市场经济体制的建成。当前，为铲除滋生腐败的经济条件，最为迫切的是：（1）转变政府职能，改革政企不分的体制，改变国营企业作为政府附属物的状况，使企业真正成为自主经营、自负盈亏、自我发展、自我约束的法人和市场的主体。随着市场机制的完善，政府管理经济的职能要转到统筹规划、掌握政策、信息引导、组织协调、提供服务、检查监督、强化审计等宏观管理上来。（2）加快经济立法，使社会主义市场经济的经济主体、经济运行机制等皆有规范，有法可依，创造一个良好的、公平竞争的市场秩序。（3）严禁党政干部经商、办企业。党政干部经商或变相经商、办企业，实际上是利用手中的权力与民争利，这样就会强化不平等的竞争环境，破坏市场秩序，不仅妨碍改革的顺利进行，而且破坏政府与人民的关系，败坏政府的声誉。

（二）以法治"腐"，重在执法

党的十四大报告中指出："廉政建设要靠教育，更要靠法制。"在我

国由计划经济向市场经济的过渡中，由于法制不全，给腐败分子以可乘之机。但这还不是问题的要害，要害的问题是有法不依，执法不严，以罚代刑，权大于法。在我国，党和政府一向是重视运用法律手段解决腐败问题的。新中国成立初期，中央人民政府制定的《中华人民共和国惩治贪污条例》，是我国政府公布的第一个具有法律性质的惩贪条例。十一届三中全会以来，党和国家制定的有关惩治腐败现象的规定或法律至少有 20 多种。但是，一些腐败分子依然置若罔闻，我行我素，得不到应有的制裁。一些腐败现象不仅未有收敛，反而更加猖獗。许多重要的党纪国法没有得到切实的执行。主要是因为一些执法人员办关系案、人情案，"不给好处不办事，给了好处乱办事"，执法犯法，徇私枉法，自觉不自觉地成了腐败分子逍遥法外的庇护领地。一事失严，百端效尤，腐败现象的继续泛滥便不可避免。要有效地遏制腐败现象的蔓延，必须维护政策法规的严肃性和权威性，坚决执行党和政府关于反贪倡廉的一系列法规和政策，克服执法人员的偏宽偏弱现象。以法治"腐"，重在效果。"言之慷慨，行之稀松"，本身就是一种腐败的作风。可以肯定地说，如果党和国家制定的这些法规能真正切实执行，腐败现象的蔓延一定能在很大程度上和范围内被遏制。

（三）重视道德约制，加强对权力的制约和监督

我国当前社会生活中的腐败现象，最核心的部分还是滥用权力、以权谋私、权钱交易、权力瘫弱等权力腐败现象，所以，遏制、消除腐败必须重视和加强对权力的制度制约和道德制约。党的十四大报告中明确提出，要"建立有效防范以权谋私和行业不正之风的约束机制"。这就是说，要加强对权力的制度约束。这种约束的机制，按其发挥作用的特点，可分为内约机制和外约机制两种形式。内约机制是着眼于权力本身的制度建设，即通过提供具有可操作性的管理体制，合理配置权力，规范权力的运行，从而达到遏制或减少腐败行为发生的目的。外约机制主要是通过政府和执政党以外的民主党派、无党派人士和人民群众对政府领导行为的监督和制约。遏制和消除腐败是一项非常艰巨的社会工程，必须动员全社会的力量才能完成。根据历史的经验和我国社会现在已经达到的发展水平，这种动

员当然不能再是将全体人民都卷入的一场政治运动，而只能是努力使全体人民都能遵守法律、运用法律。

道德约制，是一种内约机制和外约机制的结合。它主要是依靠道德和正义的力量，根据政府官员的行为和实际利益，通过正确的道德判断和道德监督，达到制约政府官员滥用权力的目的。道德约制的手段主要有：一是通过利益分析，对政府官员有无腐败可能做出判断，促使政府官员养成廉洁的习惯；二是通过社会舆论包括新闻媒介的作用，对腐败行为形成强大的舆论压力，从而减少腐败现象的发生；三是培养政府官员的廉洁意识，自觉形成腐败可耻、廉洁光荣的道德意识。然而，要实现道德约制，必须给道德以应有的权力和地位。应该制定道德法典，设立道德法庭和专门的道德约制机构，具体实施对政府行为的道德监督和控制。

（四）从严治党，严于"正己"

中国共产党是我们国家的执政党，政府的腐败和社会腐败的现象，从一定意义上可以说，正是党内存在着的腐败现象、党风不正的回应和后果。在全国的各级干部中，党员占绝大多数，所以反对腐败，关键在于从严治党。党把自己管严了，党的建设搞好了，腐败问题也就容易从根本上解决。江泽民同志在党的十四大报告中提出严正的要求："在改革开放的整个过程中都要反腐败，把端正党风和加强廉政建设作为一件大事，下决心抓出成效，取信于民。廉洁奉公，勤政于民，要从各级领导干部做起。党员领导干部首先是高中级干部，要严于律己，以身作则，教育好子女，并且带头同腐败现象做斗争。"这是非常正确的。常言道，"正人先正己"，只要党的领导本身"正"，全体党员"正"，绝不把党的原则、权力当作商品去交换，遏制和消除目前虽然还在蔓延的腐败现象，是完全有希望的。

（《中州学刊》1993 年第 6 期，以"良朔"笔名发表）

关于老子故里的问题

　　老子是我国春秋时代的伟大的思想家，因为年代的久远和缺乏明确的文献记载的《老子》这本书和老子这个人都有一些不太清楚的问题。老子的故里在哪里就是一个有争议的问题。

　　一、老子这个人在先秦典籍里最早出现是在《庄子》中。《庄子》中对老子的学说和活动都有许多记述，甚至还记载了老子的死，说"老聃死，秦失吊之"（《养生主》），据此可推断老聃可能死于秦地，但《庄子》却没有明确记述老子的出生地。《庄子》中记述说孔子和杨朱（阳子居）都曾去沛地拜访过老聃（见《天运》《寓言》），由此可以推断老子曾在沛地居住和活动。但沛地是否就是老子的故里乡梓？有这种可能，但不能完全确定。沛在春秋时属宋国，有学者如清代姚鼐，因此说老子是"宋国沛人"（见《老子章义·序》）。这一说法有先秦文献作根据，是无法推翻的，但也有更进一步的、更多的论据的证实。

　　二、自汉代以后，多数学者的看法是认为老子的故里在苦县，即今河南鹿邑。这一说法最早的文献根据是《史记》。今本《史记·老子韩非列传》有云，"老子者，楚苦县厉乡曲仁里人也"。根据《史记·陈杞世家》和《后汉书·郡国志》记述，苦县原属陈国，陈国在春秋时亡于楚；苦县在春秋时又名为相。所以在《史记》以后的典籍里，如唐代陆德明《经典释文》又称老子为"陈国苦县人，一云陈国相人"。汉代以来，老子是楚（或陈）之苦县人（或相人）的说法，虽无先秦的文献根据，但在司马迁那个时代，有如此明确的记述，必有某种确凿的根据和来历。这一说法也是我们今天推翻不了的，同时也是我们不能进一步证实的。并且，在汉代以后，这一说法实际上已为世人和多数历史学者所接受。现在已经佚失的，但在《史记》《后汉书》注解中被征引的魏晋时代的历史地理《括地志》《北征记》中，现存的唐、宋时代的历史地理《元和郡县志》《太平寰宇志》中，都是以苦县为老子故里。

苦县在历史上有相、谷阳、仙源、真源、卫真等不同名称，元代以后，卫真（苦县）并入鹿邑（隋以前曾有鸣鹿、武平之称），所以，今天也可以说老子是鹿邑人，老子故里在鹿邑。

三、1992 年第二期《阜阳师院学报》上刊载了杨光先生《老子生地考辨》一篇长文，论证老子故里不是今天的鹿邑，而是今天的涡阳。这是关于老子故里的一种新说。这篇文章为这个论点提出的历史地理的论据主要有三个：（1）东汉边韶《老子铭》称老子故里相县"在赖乡之东，涡水处其阳"，《水经注》亦称"涡水迳相县故城南"，"谷水又东迳赖乡城南"，据此，老子故里（相县、赖乡）当在涡水的北岸，而今天的鹿邑是在涡水之南，涡阳却正位处涡水之北。（2）东汉桓帝永兴元年谯令长沙王阜立碑说"老子生于曲涡间"，曹丕《临涡赋》有咏"荫高树兮临曲涡"，所以，"曲涡"就是曹操故里，也就是曹操《让县自明本志令》所说"于谯东五十里筑精舍"处。宋真宗《御制朝谒太清宫颂并序》中有"诣殊庭于谯左"，可见，老子故里的太清宫即在谯左（亳州东），谯令所立之碑，宋真宗所制之文，都是说老子故里在亳州东，而鹿邑却是在亳州西。（3）《大明一统志》对凤阳府古迹天静宫的记述说："天静宫在亳州东一百二十里，老子所生之地，后人建宫以尊奉之。"杨文的这三个论据如果能够坚强地挺立得住，那么，传统的老子故里为鹿邑的说法就会被推翻。但实际上，杨文的三个论据都是不够坚强，经不起推敲的。第一，《鹿邑县志》有明确记载，涡水原在鹿邑城南流过，年久淤塞，元代初年由亳州守张柔主持疏浚，改道由鹿邑城北向东流去。涡河在鹿邑地段改道的史实，击倒了杨文的第一个论据。第二，山之逶迤谓之山曲，水之蜿蜒谓之河曲。"曲涡"是言涡水弯曲流经之处，"荫高树兮临曲涡"是铺叙徜徉在涡水之弯，涡水之岸，绝不是专指为"谯东五十里处"。此类描述在古诗文中多见，如《穆天子传》"天子东游于黄泽，宿于曲洛"，崔骃《临洛观赋》"滨曲洛而立观，营高壤而作庐"，这里的"曲洛"皆是言漫游于洛水之滨，而不能理解为确指洛水某地。亳州在汉时称谯县，属沛郡。三国时始建为谯郡，六朝时改为亳州，隋唐五代因之。宋代时，亳州（谯郡）属淮南东路。宋真宗谒太清宫的颂文称亳州为"谯左"，这是据古而言，就京都（开封）而言，诗意指"东部谯郡（亳州）"，而不是"亳州之东"的意思。可见，杨文的第二个论据也不坚强，因为它是建立在对"曲涡""谯左"并不准确的理解的基础上的。第三，《大明一统志》记述古迹多据当时传闻，缺乏考证，疏误甚多，如记老子庙在蒙城县西北，庄子冢在凤阳府开元寺后等，此皆以庄子为蒙城人。从历史地理的文献记载可以看到，蒙城在唐代天宝以前称山桑，庄子实是宋之蒙人，在今河南商丘境内。《大明一统志》对老子故里的记述，完全不顾及，不考校唐代的《元和郡县志》、五代的《旧唐书·地理志》和宋初的《太平寰宇志》等先前典籍对老子故里在亳州之西四十五里的真源（苦县）的明确记载，实在是一种疏陋而不足据的表现。

总之，杨文的三个主要论据都是很脆弱的，可以被推倒的，老子故里在今涡阳的立论难以成立。当然，这并不意味着涡阳的天静宫不能尊奉老子。老子思想是中华民族的共同精神遗产，老子的传闻和遗迹也很多，在鹿邑以外的地方，中华民族的子孙，甚至外国的人们，都可以分享老子的精神遗产，对老子表示尊崇。然而，关于老子故里在鹿邑之说，还难以发现任何新的证据来推翻，从而代替《史记》中所明确记述的那个传统的观点。

[收入中国鹿邑老子学会编《老子故里话老子》
（第二集），1993]

侯外庐学术思想的理论特色与时代精神

在即将过去的二十世纪，对我们国家哲学社会科学理论面貌和学术内容的形成起了巨大作用的、标志着这一时期学术特色的最卓越的学者中，我的导师侯外庐先生就是一位。二十世纪三十年代以来，侯先生独自撰作的具有典范意义的学术著作有《中国古代社会史论》《中国封建社会史论》《中国古代思想学说史》《中国近世思想学说史》等。此外，侯先生还主持了，即在他的学术思想主导下集体完成了规模宏大的《中国思想通史》和《宋明理学史》。由于这两部学术内涵丰富、思想风格一贯的著作发生了广泛的社会影响，国内外许多学者不约而同地把参加这两部著作研究和撰写的学术集体，称为"侯外庐学派"，这也许是二十世纪中国大陆学术界出现的罕见的学术现象。

十分显然，作为学者的侯外庐先生是一位历史学家，他主要从事耕耘的学术领域是中国社会史和中国思想史。无疑地，这是构成中国传统文化、传统思想核心部分的那个学术领域。与这个时期辛勤地劳作在这块学术园地里的具有代表性的海内外其他学者相比，侯先生的学术思想特色，即他的理论和方法，我以为最显著的有两点。

第一，浓厚的马克思主义理论色彩和哲学理性精神。侯外庐先生有深厚的马克思主义的政治经济学和哲学的修养，这使他获得了一种独特的理论眼光，在中国社会史的研究中，能从很高的理论角度、很宽的学术视野中提出问题，主要结论都能追溯到马克思主义的理论渊源，例如，侯先生在中国社会史论中的两个最著名的观点——亚细亚生产方式是一种早熟的、保留氏族制的奴隶制和中国封建土地制是一种私有制缺乏的国有制，尽管不能为多数学者所赞同，但这是他把中国的历史问题推到世界历史的背景下来考察，运用历史理论以外的法学、政治经济学理论来进行分析才产生出来的，有它的特殊的理论价值。也就是说，侯先生是在和"古典的古代"，即古希腊、罗马的奴隶制历史作比较的背景下，依据恩格斯把古代历史进程分解为由氏族制经私有制到国家三个阶段的马克思主义观点，得出"亚细亚的古代"是另一种类型奴隶制的结论的；而形成侯先生中国封建土地国有制观点的一个重要的理论因素，是侯先生十分清晰而正确地区分了土地所有权、占有权和使用权的法律界限，而这一理论因素无疑地是来自侯先生的法学理论修养，来自他对马克思《黑格尔法哲学批判》中的思想和马克思主义经典作家对"亚洲式土地所有制形式"的论断的理解。由侯先生这两个观点所带动起来的关于亚细亚生产方式和中国封建土地制度的讨论，推进了中国史学理论的发展。

在中国思想史领域，侯先生认为"人类历史的思想发展依存于经济发展"①，"研究中国思想史，当要以中国社会史为基础"②，也就是说，侯先生认为，一种文化精神现象总是以一种社会经济为其根源的。显然，这是典型的历史唯物主义观点。这一历史唯物主义原则在侯先生的对中国历代思潮和思想家的分析中，十分清晰地显现为具有社会背景分析、阶级根源分析、哲学性质分析三个层面的理论结构。侯先生说："每一时代的理论思潮，归根到底乃是历史的产生，在其社会根源上，在其认识根源上，不能不制约于当代阶级斗争发展的规模，当代生产斗争和自然科学水平。"③ 所以在他的思想史著作中，每一种思潮、每一个思想家的后面，都映衬着一个由当时政治、经济状况组成的广阔的社会背景，这是侯先生思想史分析所展示的第一个层面。

---

① 《中国封建社会前期的不同哲学流派及其发展》，载《侯外庐史学论文选集》上，人民出版社 1988 年版，第 364 页。
② 《中国古代思想学说史·自序》，重庆文风书店 1944 年版。
③ 《中国封建社会前期的不同哲学流派及其发展》，载《侯外庐史学论文选集》上，人民出版社 1988 年版，第 364 页。

判定一种思想所表达的阶级意图、体现的阶级利益，是侯先生对历史上思想精神现象作本质的分析时所追寻的一个重要的理论目标。他说："科学地揭示过去哲学思想的阶级实质以及哲学思想的理论斗争和阶级斗争之间的联系，是历史主义地评价某一哲学思想及其历史作用必不可缺少的准则。"① 侯先生没有认为他对中国历史上出现的主要思潮、思想家所作的阶级性质的判定都是确凿无误的，但他认为这种阶级分析原则却是不可动摇的。

确定一种思想的哲学性质是侯先生对历史上的思想精神现象分析的更深入的层次。作为一个马克思主义者，侯先生采用了以唯物论与唯心论、辩证法与形而上学的对立的哲学特征作为确定一种思想、一个命题的哲学性质的最基本理论尺度，他说："哲学史是唯物主义和唯心主义的斗争史，唯物主义发生和发展的历史；这方面的斗争又和辩证法与形而上学的斗争交织着。"② 在侯先生那里，运用这一理论尺度不是简单化、公式化地剪裁历史上的思想现象，而是对这种思想现象作出更加深刻的、理性的认识。

他在一九五五年致孙长江的信中，针对当时哲学界笼罩着日丹诺夫哲学史模式的教条主义，指出："现在苏联学者和中国学者都有一个倾向，在中国历史人物中硬找唯物论者，而且夸大其词笼统地批判其唯物精神。"又说："没有一个唯心论不在他的体系中漏一点唯物的成分，百分之百的唯心论是没有的。"③ 可见他不希望把哲学上的两条不同的认识路线的矛盾简单化、绝对化。他在晚年更加强调了思想家们的政治观点与哲学观点往往不会一致，有些政治上的先进人物在哲学上采取了唯心主义路线，故而"不能一概而机械地说凡是唯心主义和形而上学都是反动阶级的世界观"④。

应该承认，侯先生在分析、论述中国历史上思想现象所形成的这一理论构架，是马克思主义在这个学术领域内的具体运用，具有某种规范的性质，在一个时期内，它实际上也是我们认识、分析中国历史上其他文化精

---

① 《中国哲学史中的唯物主义传统》，载《侯外庐史学论文选集》上，第 422～441 页。
② 《中国哲学史中的唯物主义传统》，载《侯外庐史学论文选集》上，第 422～441 页。
③ 上引见《侯外庐论学书札》（附孙长江给本刊的信），《中国哲学》第 11 辑，人民出版社 1982 年版，第 267～268 页。
④ 《侯外庐史学论文选集·自序》。

神现象的理论思维模式。正是在这个意义上可以说，侯先生的中国思想史的学术研究及理论结论，从一个方面成为一代思潮和时代精神的标志和特征。总之，鲜明的马克思主义理论色彩、马克思主义的哲学理性精神是侯先生学术思想的最基本的特色。

第二，科学实证的态度。侯先生的中国社会史、思想史著作中基本的、主要的观点不仅有马克思主义的理论渊源，同时也有翔实的中国历史事实和文献的论证。例如他援用来支撑他的亚细亚生产方式是一种奴隶制观点的，就有大量的甲骨文、金文和先秦典籍材料，他论证封建土地国有制的论据，是来自历代《食货志》《文献通考》的《田赋考》以及《治平类纂》的《田赋》等历史文献。侯先生表示他要"谨守着考据辨伪的一套法宝"（《中国古代社会史论·自序》），在他的中国思想史著作中，诸如对《春秋繁露》之"繁露"一词的考证，对郭象《庄子注》真伪的辨析，都正是这种方法的表现。重证据、重考据，每一个观点、论点都为一片汪洋丰富的文献材料簇拥着，是侯先生著作中所呈现的一个十分突出的景象，这是一种具有科学实证态度的学术特色。

侯先生用马克思主义的理论、科学实证的态度对中国社会史从宏观上的阐述和对中国历代思潮、思想家的具体的、深入的分析，是十分成功的，是二十世纪中国最重要的学术成果之一，我作为侯先生的学生，为此而感到自豪。但是，这些年来，我们国家的社会进步和学术思想发展，也使我感到侯先生和他那一代的马克思主义者遗留给我们的精神遗产中有某种不足，他的中国社会史、思想史研究所传递给我们的文化感受、精神感受中有某种空缺。从文化的角度看，二十世纪的中国是新旧文化、中西文化冲突最剧烈、转变最显著的时代，像中国这样一个有数千年连绵不断的历史传统的国家在这种冲突和转变过程中，没有很多痛苦的彷徨和深刻的反思，没有困难的选择和充满失败的实验是不可能的，根本上是由于这种冲突而引起的精神上的困惑在几代人身上持续发生着。这种文化的、精神的感受，在侯先生青年时代的生活经历中是有过的，但是，当他接受了马克思主义以后，这种感受就消失了。马克思主义是具有很强的科学性和内在逻辑的理论武器，在文化冲突的转变过程中产生的精神困惑似乎都能在马克思主义中得到一种解释而被消解掉。应该说，马克思主义给予的解释往往是根本的解释，运用到具体问题上，当然就只能是原则的解释了。另外，也有某些文化的、精神的现象可能是被马克思主义经典作家忽视而没有给予解释的。这些都使得侯先生在他的中国思想史著述中对二十世纪的中国由于新旧、中西文化冲突和文化转变而引起的历史的、文化的反思，回答得虽然十分肯定，但却是比较简单。如前所述，侯先生一般地也是把哲学史归结为唯物主义和唯心主义斗争的历史，认为"哲学史上唯物主义和唯心主义两条路线斗争以及与此相交错的辩证法和形而上学的斗争所积累起来的理论思维的经验和教训，可以作为我们的借鉴，可以用以提高我们的理论思维能力"。① 这当然是正确的，理性程度的提高无疑是一个民族成长的标志。但是，构成中国文化的生活方式的精神要素，诸如各种人生经验、对自然的独特观察、伦理道德精神等，要比这复杂丰富得多。此外，中国思想中似乎也还存在着决定中国文化基本特质、特征的那种比较稳定的、持久的因素。所有这些，都应在中国思想史研究中给予定位的说明。我个人感到，在侯先生的学术著作、学术思想中得到这种理论的、文化的感受比较少，或者没有。如果说，侯先生的学术思想、著作中确有这种不足的话，那么，这或许可以用爱因斯坦所指出的一个事实来解释："是理论决定我们能够观察到的东西。"（《爱因斯坦文集》第一卷，第210页）马克思主义是科学的、有力的，但也有它没有观察到的文化现象。我以为，中国社会史、思想史研究需要在像侯先生这样一代马克思主义学者为我们奠定的基础上，不断吸收和运用现代的更广泛领域内的科学理论，才能把它推向前进。侯先生是位坚定的马克思主义者，但不是教条主义者，而是有开拓精神的学者，他生前经常热情地鼓励年青一代学者要勇于追踪科学运动，善于捕捉学术领域内的新的生长点，所以我想，如果我们今天确实能把史学研究向前推进，侯先生九泉有灵，一定也会十分欣慰的。

（《中国哲学》第十七辑，岳麓书社 1996 年版）

---

① 《中国哲学史中的唯物主义传统》，载《侯外庐史学论文选集》上，第 422～441 页。

外庐先生和汉生先生的学术友谊

我的导师侯外庐先生生于 1903 年，卒于 1987 年。他的生命历程几乎跨越着一个完整的 20 世纪，这是中国社会发生巨大变革的一个世纪。外庐先生作为一位积极参加推动这场社会变革的共产主义者、共产党人，和这个世纪的许多引领潮流的政治风云人物，如李大钊、周恩来等，都有过或深或浅的交往和友谊；外庐先生作为《资本论》的第一位中译者、一位马克思主义史学家，和那个时代的学术界领袖人物，特别是运用马克思主义观点、方法来诠释中国历史、中国传统思想文化的学者，如郭沫若、翦伯赞、范文澜、吕振羽、杜国庠、赵纪彬等，则有更多的交往、更深的友谊。这些友情使外庐先生坎坷的政治经历和不懈的学术追求显得更加光彩生动。在这里，我想叙述一下外庐先生和我的另一位导师邱汉生先生40 年的学术友谊。这种友谊虽然很平凡，但却是他们生命中有价值的组成部分。

外庐先生和汉生先生相识大约是在 1947 年春天。1946 年 7 月胡适从美国回来，10 月出任北京大学校长。他在开学典礼的讲演中，引用了南宋学者吕祖谦的"善未易明，理未易察"的话，其用意是在告诫学生，善恶是非的界限是不容易分辨的，不要涉入社会政治斗争中去。当时，内战已经爆发，国民党与共产党的对峙明显剧烈，人民的与反人民的、光明的与黑暗的界限应该说是清晰的。胡适的演讲有意模糊这种界限，不赞成学生去做进一步的政治选择。在当时的历史情境下，这是归属国民党的一种政治立场，所以受到进步舆论界的谴责。那时，外庐先生正在上海和杜国庠先生共同主编《文汇报》的副刊《新思潮》。在这块阵地上，经常有抨击时弊的文章发表。胡适的"善未易明，理未易察"之论，也是被批评的对象之一。汉生先生这时写了篇题为《思辨篇》的短文，反驳胡适之论，指出蝗虫与蜜蜂、花朵与荆棘，本来是不相同的两种东西，一看便知，不存在不易明、不易知的问题，只要不是存心欺蔽，原是很清楚的。两位主编十分青睐这篇文章，并且约见了汉生先生，了解了他在复旦大学、大夏大学教授中国通史的工作情况。这样，外庐先生和汉生先生就相识了。随后，经杜国庠先生和蔡尚思先生的推荐，外庐先生决定将汉生先生吸收进自己的《中国思想通史》的写作集体。从此开始，外庐先生和汉生先生在共同构筑《中国思想通史》的宏富学术体系的过程中，也同时构筑了他们终生不渝的学术友谊。

《中国思想通史》的研究、撰作集体，最初是在 1946 年春天的重庆形成的。当时，抗日战争取得了胜利，学者们欢欣鼓舞，都努力在各自的学术领域内著书立说，要为建设民主和平的新国家贡献力量和智慧。外庐先生和杜国庠、陈家康、赵纪彬三位先生商定，要写出一部用辩证唯物主义和历史唯物主义为指导的中国思想通史，深度和广度要比收入当时商务印书馆《大学丛书》的诸家哲学史有所超越。因为党务、政务的繁忙，陈家康先生以后就没有时间参加《中国思想通史》撰作的活动，实际上是退出了这个集体。《中国思想通史》第一卷，即中国古代思想卷或先秦思想卷，是在 1947 年初由外庐先生、杜国庠先生、赵纪彬先生三人完成的。因为三位先生在先秦思想研究方面都已有非常好的基础，都各有著作了，所以三位先生在由重庆回到上海后，仅用了不到半年的时间就完稿了。1947 年 6 月《中国思想通史》第一卷与范文澜先生的《中国通史简编》、翦伯赞先生的《中国史纲》同由新知出版社出版，三本马克思主义史学著作同时问世，引起了当时学术界的极大注意。汉生先生此时与外庐先生刚刚相识，他虽未参加第一卷的撰作，但他给外庐先生一个可贵的帮助。1947 年，外庐先生患了一场副伤寒，第一卷的清样到手时，他身体还很虚弱，无法工作，因此，他请汉生先生帮他校读了第一卷的全部清样。这是外庐先生和汉生先生合作和友谊的开始。

《中国思想通史》的第二、三卷，即两汉思想卷与魏晋思想卷，是在 1947 年夏到 1949 年夏的两年时间内由外庐先生、杜国庠先生、赵纪彬先生和汉生先生四人完成的。汉生先生对第二、三卷的贡献，除了他撰写了汉末清议、嵇康、葛洪等此前未被中国哲学史、思想史论述的内容，显示着《中国思想通史》开拓创新的学术品格外，还有两件事是外庐先生在他的回忆录《韧的追求》中记下来，不能忘却的。首先，《中国思想通史》第二、三卷的撰作时间，正值内战全面展开期间，在上海的进步人士和共产党人处境都非常艰难，至1948年冬季末，外庐先生、赵纪彬先生、杜国庠先生不得不先后离开上海，转移去了香港、青岛，两卷共80万字的手稿就交由汉生先生保管，并要托人转送香港。当时，汉生先生的处境也很危险，他因是上海大学教授联谊会的成员（地下党的外围组织），所以已被复旦大学、大夏大学解聘，经党组织决定，住在一个学生家里，过着隐蔽的生活，在上海坚持斗争。汉生先生小心地保护手稿，在上海解放前夕，终于将书稿安全转送到香港。其次，在1950年《中国思想通史》第二、三卷由三联书店出版时，全部清样都是由汉生先生校读的。

　　《中国思想通史》第四卷，即隋唐宋明思想卷，是在新中国成立后的1957～1959年撰作的，1960年出版。这一卷的篇幅也十分可观，有90万字，作者队伍也较前扩大。当时已是知名学者的白寿彝先生、杨荣国先生、杨向奎先生加入了这个写作集体。还有署名"诸青"的外庐先生的五位助手，他们那时还是年轻学人，今天已是学界领袖或著名学者了。但以个人工作量计，汉生先生承担的任务最多，担负了李觏、王安石、陆象山、泰州学派、何心隐、李贽六章的研究、撰作。汉生先生为《中国思想通史》第四卷付出了巨大的辛劳。他中年患目疾，当他结束第四卷工作时，便几乎失明了。外庐先生对汉生在自己困难时给予的帮助，在构筑中国思想通史学术体系中的卓越表现，深为感激。他在自己的回忆录中写道："汉生为人笃厚，治学严谨，是与我相知相交终生不渝的挚友。"（《韧的追求》）

　　有140万字宏大规模的《宋明理学史》，也是汉生先生和外庐先生学术友谊的产物。这部著作的创作意图在《中国思想通史》第四卷完成时，就已酝酿确定，而它的撰作和出版是在1980～1987年间。而自1970年前后，外庐先生已患病卧床，不能工作，但他仍时时关注着这一学术工程的进展。这部著作是在汉生先生和张岂之先生的主持下完成的，内容框架、章次目录是汉生先生在"文化大革命"时期，经过多年的研读、深思而拟定的。但汉生先生始终认为，《宋明理学史》是在外庐先生的支持和指导下完成的，他多次提示《宋明理学史》的撰作者们要把保持《中国思想通史》的学术传统和特色作为一个主要的学术目标。《宋明理学史》下卷出版时，外庐先生已经过世，此时，汉生先生感到首先应该告慰的是外庐先生，感到最为欣慰的是无负于外庐先生的期望。这些都表现了汉生先生对外庐先生的尊敬和友情。汉生先生是一位真正的谦谦君子，他是这样记忆着他和外庐先生的友谊："外庐先生与我相交40多年，平生风谊在师友之间。在学术上、道义上，我得到他的启迪和帮助是十分巨大的。"（《沉痛悼念侯外庐先生》）

外庐先生和汉生先生的学术友谊，不仅在构筑《中国思想通史》的学术体系中表现出来，而且汉生先生帮助外庐先生培养学生、培养侯门弟子也是这种学术友谊的表现。早在1957年，外庐先生任中国科学院历史研究所副所长时，就推荐汉生先生由郭沫若院长聘为历史所副研究员，协助自己指导研究生。1978年中国社会科学院研究生院招收"文化大革命"后第一届研究生，外庐先生也招了三名学生，柯兆利、姜广辉和我幸运地被录取。这时，外庐先生因脑血栓引起语言障碍，说话不清楚，行走也很困难，于是又请汉生先生帮助他指导我们。我们同窗三人每月都要到外庐先生和汉生先生那里，向他们请安、问学。汉生先生教诲我们，作为外庐先生的学生，应该知道外庐先生在中国社会史研究中的关于亚细亚生产方式、中国封建社会土地国家所有制、明代资本主义萌芽等重要的理论创见，尽管学界对此有不同的看法，但外庐先生的立论自有他的广阔的经济学、法律学和历史的根据；应该知道外庐先生《中国思想通史》学术体系的成功得力于两个方面：一是科学的方法论，这是他从研习、翻译《资本论》中磨炼出来的锐利理论武器；二是深入探寻史料，立论有据，不自由其说。从汉生先生那里，我们对外庐先生的学术思想有了较清晰的认识。我原来是一位中学教师，正是在外庐先生和汉生先生的共同引导下，才有幸跨入中国思想史的学术园地。虽然我在学术上并无多大作为，离两位导师的期望甚远，但我的学术生命毕竟是由外庐先生和汉生先生两位导师偕手施予、润泽的，这是我一生中最珍视的收获。

汉生先生在 1992 年也谢世了，享年 81 岁。汉生先生与外庐先生寿既相近，德也相同，都是有坚定共产主义信念的马克思主义史学家，都是仁者。外庐先生和汉生先生以及其他几位先生共同构筑的《中国思想通史》学术体系，形成的中国现代学术舞台上的一个思想史流派，在我看来，这可以视为一个时代或一个时期的学术特征或标志。尽管在"文化大革命"以后的 30 年来，中国历史学的理论、方法已经发生了并且在继续发生着变迁，但我相信，后代的学者在审视 20 世纪中国社会史、思想史学术领域内最凸显的理论特色时，他们仍会判定，这应是运用马克思主义历史唯物主义的理论和方法对中国历史和文化传统所做出的诠释。因为在这种诠释中，努力在历史现象和思想史现象背后探索出某种根源、规律的理论宗旨和理论创造，在此前是没有的，在此后也是独特的。而且，他们还会判定，这一学术思潮的典型代表，应是以外庐先生为核心的学术集体及其著作，因为只有在这里，在社会史研究中引入纯正的马克思主义政治经济学和在此种社会史理论观念基础上的思想史分析，才显现得最为充分。如果是这样，我的两位导师——外庐先生和汉生先生的 40 年学术友谊，虽然很平凡，但也有了某种非凡的、久远的价值了。

2002 年 9 月 25 日

[收入张岂之主编《中国思想史论集》（第二辑）纪念侯外庐先生

百年诞辰专辑，广西师范大学出版社 2003 年版]

中国大陆的老子研究

自从 20 世纪初"诸子学"兴起以来，老子研究无疑是这一学术思潮中十分突出的、重要的组成部分。回顾起来，老子研究在二十世纪内可以说是经历了三个阶段，或者说是有三个高潮。第一个高潮是在二三十年代，围绕《老子》其书的写作或形成的年代而展开的争论和研究。一九一九年胡适在他的《中国哲学史大纲》里把老子放在孔子之前，作为中国哲学史上第一个哲学家来论述，实际上也就是认为《老子》一书是中国历史上第一个由个人独立创造的思想体系。传说孔子曾问礼于老子，从而把《老子》判定为春秋时代的作品，本是一种传统的看法，《史记·老子传》中记载得很明确，先秦诸子著作如《庄子》《吕氏春秋》中，乃至作为汉代以后儒家经典之一的《礼记》中，都有或详或略的记述。对于这一点，历史上自北魏以来，也曾有少数学者表示怀疑或否认，但多数学者在这里还是未生疑窦的。胡适本是一个勇于疑古的学者，但在这个问题上他却很坚定地固守着旧垒。当然在另一方面，胡适这一做法，也有破尊孔的政治学术传统的用意。在中国现代学术界，第一个对老先孔后这一传统观点提出怀疑的是梁启超。一九二二年，他在讨论胡适《中国哲学史大纲》的一篇文章里，对此提出了六点质疑，并最后认定《老子》一书作于战国之末，老子其人是《史记》中所说的生于孔子之后一百年的太史儋。一九三〇年，冯友兰的《中国哲学史》出版，书中从《老子》一书体裁特色的这个独特的角度又提出三项判据，判定《老子》其书是在《论语》《孟子》之后的战国时的作品，老子其人则可能是在孔子之前。对梁启超提出的六点质疑，当时有位学者张煦逐点进行了反驳，胡适自己则在九年以后（1930 年），在给冯友兰的一封信中，反驳了冯友兰《中国哲学史》中提出的三项论据，又兼驳了梁启超的六点质疑。当时，围绕《老子》一书年代问题的争论，断断续续大约持续了十年之久。《古史辨》第四辑收入的十五篇文章，代表了这次争论中的双方的观点。现在看来，引起这场争论的学术观点上的分歧，实际上可以归纳为两个问题：第一，是属于对历史文献材料的解释的问题。维护《史记》旧说、主张《老子》出于春秋时代的学者，主要援依《庄子》一书中有多次孔子问学于老子的记述，并且认为《论语》中出现的"以德报怨""无为而治"之语，正是来源于《老子》。主张《老子》晚出于战国时的学者正好相反，认为《庄子》一书"寓言十九"，其中关于老子和孔子的记载都具有寓言性质，是不真实的，不足据的；《老子》一书多引前人粹语格言，"以德报怨""无为而治"就是援引自《论语》。第二，是有关对判定先秦学术思想发展的若干原则的确认的问题。《老子》晚出战国说的学者提出的一个最重要的判据原则，是认为孔子以前（或战国以前）无私家著述。与此相连，他们认为先秦理论文章的文体，有一个由问答体向非问答体的演变过程。此外，他们还提出一个关于语言风格、思想观念，时代特征的判据原则，即一种学说的理论语言、概念命题等，应当与其时代背景相适应。准此，他们认为《老子》不能早于《论语》，《老子》中的"仁义"（第18章）、"万乘之主"（第26章）、"偏将军"（第31章）等，都是战国时才出现的词语。维护《史记》旧说的学者，不承认这些判据原则，认为这些原则本身缺乏根据，《老子》中显然是战国时的词语，他们认为是后人窜入的伪文。老子其人其书的争论，它的意义似乎是在于问题的提出而不是问题的解决。当时，对《史记》旧说表示怀疑的那些学者，对春秋战国时代学术思想发展的历史感和由此产生的洞察是十分深刻的，但是现有的文献材料还是不足以支持他们把这些问题论述清楚，令人信服。因为这些材料本身的历史的和思想的内涵具有某种不确定的模糊性，可以形成不同的理解和结论。张岱年先生就是一个代表。三十年代，他撰文论证了孔子在老子之前，《老子》一书应出在战国时。到了七十年代，他又著文对《论语》中的两段话作了新的解释，重新判定《老子》一书为在孔子之前的老聃所作。应该说，老子其人其书的年代问题的争论还没有、也很难有真正的解决，就文献材料而作的考证和诠释来说，似乎仍然停留在三十年代的水平上，若干考古新发现所提供的证据，也还不能使这一问题获得突破性的进展。老子思想研究的第二次争论或高潮，是在五六十年代围绕老子思想的哲学性质，即老子思想是唯物主义的或是唯心主义的而展开的。这次争论的阵线也很分明，当时，冯友兰、任继愈、汤一介等几位北京大学教授认为老子思想是唯物主义的，而关锋、林聿时等认为是唯心主义的。这次争论也持续了几年的时间，发表了数十篇文章，主要的十六篇文章被结集在《老子哲学讨论集》一书中。今天看来，很显然，如果说第一次争论的分歧根源在于对有关老子的先秦文献材料的不同解释，那么，这第二次争论的分歧点，就在对于老子思想中"道"之范畴的不同解释。《老子》一书中"道"字出现了七十多次，这些"道"字有不同理论层次上的不同涵义。引起这次争论的对《老子》理解、诠释上的原因，就是对老子思想中在最高理论层次上作为万物最高、最后根源的"道"的哲学性质训释、界定不同：一派学者将"道"训释为"元气"，一派学者将"道"的内涵界定为"超验的虚无"。从历史上看，前一派的训释倾向于汉代黄老道家的观点，后一派的界定近同于魏晋玄学的理解。在当时的争论中，认为老子哲学思想的性质是唯物主义的学者提出的论据主要是：第一，从哲学基本问题的角度上看，老子的"道"是混沌未分的"元气"，只是就其无形无状来说是"无"，就其能生化出万物来说，仍是"有"，因而具有实在性、物质性，所以是唯物主义的。第二，就天道观上说，《老子》把"道"视为万物最后根源，这就否定了西周以来的以"天""帝"为最高根源的人格神的宗教观念，所以是唯物主义的。认为老子哲学思想是唯心主义的学者则反驳说，老子的"道"是无形体的"虚无"，是超验的、超时空的绝对，是一种"绝对精神"，因而是唯心主义的；老子的天道观确是否定了人格神的，但不能把唯心主义和有神论画等号，判定一个思想体系的哲学性质不能离开哲学基本问题，只要老子哲学认为意识是第一性的，就仍是唯心主义的。这次争论中，如何诠释《老子》第1章、第21章、第25章、第42章中对"道"的描述，成为双方争论的焦点。显著的特点是，争论的双方都是在马克思主义哲学理论的框架内，对《老子》作出与自己学术见解和结论一致的训释。例如，《老子·四十四章》"道生一，一生二，二生三，三生万物"，主张老子思想是唯物主义的一派学者解释说，这是由混沌的元气，生出阴阳二气，生出万物的过程，是朴素唯物主义的宇宙生成论；主张老子思想是唯心主义的学者则认为，这是"无中生有"的唯心主义观点。《老子·二十一章》说"道之为物，惟恍惟惚。惚兮恍兮，其中有象；恍兮惚兮，其中有物"，第25章说"有物混成，先天地生"，主张老子哲学是唯物主义的学者认为，这些话是《老子》对"道"的物质性的明确说明；主张老子哲学是唯心主义的学者则认为这不是《老子》对"道"的物质性、实体性的界定，而是对物从"道"中生出的过程的形容、描述。这场关于老子思想的哲学性质的争论具有很浓厚的思辨的色彩，当然也涉及了老子思想的其他方面，诸如老子思想的阶级性质和历史地位等。总的来说，老子思想在马克思主义哲学观念背景下经历的这次现代意义的诠释，既有其深刻性，也有其局限性。

最近十几年，老子思想研究在"文化热""道家热"中达到了一个新的高潮，出现了前所未有的景象。主要是：研究老子思想的论著空前增多，研究老子或道家思想的学术机构、学术刊物纷纷出现；探讨老子思想的学术会议也不断地举行。粗略统计，自一九八二年以来，至少有十部以上的研究老子的专著问世，各类报刊上论述老子的论著更是难以计数，一九八五年以来，湖南、安徽、陕西和河南都一次或数次举行老子思想的学术研讨会。如果从学术理论的角度来观察，近十几年来老子思想研究有三个显著特色：第一，与五六十年代第二次高潮相比，理论立场与观念背景发生了变化，即在考察、论述老子思想时，从比较严格的马克思主义的哲学党性原则立场转换到比较宽泛的哲学理性的立场上来。近些年来研究老子思想的论著，多着重于老子思想根本宗旨的阐发，判定老子思想展现的是一种自然主义的精神境界，既充满现实智慧，又追求返璞归真的那种生活态度。对老子思想中的最重要的思想范畴"道"，不再去作"唯物"或"唯心"的哲学定性，而是对其作结构性的分析，指出它在不同的理论层面上具有不同的涵义。第二，学术视野变得开阔。学者们不再仅是概念分析式地就《老子》本身来辨析和阐发老子思想了，而是在和儒家思想的对比中，在整个中国传统哲学背景下考察、分析老子思想。例如，学者们比较了《老子》中"贵柔"的辩证法与《易传》"自强不息"的辩证法的差异，比较了老子（或道家）向往自然而儒家追求伦理道德实现的这种人生哲学上的不同，判定老子（或道家）思想与儒家思想有某种互补的关系，儒家和道家共同构筑了中国传统哲学中周延的哲学境界和人生境界。有的学者还认为，在中国传统哲学中，老子或道家的哲学理论内涵最丰富，思维水平最高，在传统哲学的演变发展中，是最活跃的观念因素，因此判定道家思想是中国传统哲学的主干。同时，学者们也不再把老子思想作为一种孤立的哲学思想体系来进行研究，而是把它作为一个在中国历史上的文学艺术、宗教和科学的发育生长中发挥了巨大作用的理论源泉加以考察。学者们的研究指出，《老子》"道法自然"（第25章）构成了中国古代文学艺术中一个重要方面的美学追求和主题内容。《老子》的"守静笃"（第16章）、"专气致柔"（第10章）、"少私寡欲"（第19章）、"深根固蒂"的"长生久视之道"（第59章），正是传统的养生、气功乃至医学的理论和实践的起源。东汉时老子被道教尊奉为教主，《老子》是道教圣典，老子思想对道教的影响是很明显的，但学者们的研究并未囿限于此，而是指出作为道家的老子思想与道教的宗教观念之间，是有区别的，有一个演变过程的。这些都表明，近几十年来对老子思想的研究是在比较广阔的学术背景下展开的。第三，近些年来老子研究还有一个前所未有的特色，就是学者们不再仅仅把老子思想作为一个古老的历史文化遗产作学理上的考辨、分析，而是努力探索它仍活着的、可为今天所用的理论因素，将其融入现代的现实生活中。一个最主要的、被普遍接受的看法是，老子的自然主义可以被视为对于管理现代社会、和缓当前人类的生态危机，建设未来人类的社会生活具有广泛指导意义的观念。在现代某些世界著名的科学家的理论视野里，甚至从《老子》中得到启发，认为老子"道"含有、无的观念，"道"生万物的图式，也吻合现代天文学描述宇宙生成（无中生有）和量子力学描述微观世界（真空不空）的模式。总之，从老子思想中发掘出现代意义是当前老子思想研究中的一个热点。

从以上的回顾可以看出，二十世纪以来老子思想研究所经历的三个阶段或三次高潮，分别是以历史考辨、哲学辨析和文化学阐释为学术特征的。这一经历一方面反映出老子研究还是决定于、制约于社会生活的变化和需要，另一方面也表现老子研究像任何一种学术研究一样，总是要在自己的领域内，独立地向深入的、广泛的方向发展。老子思想中处处显现了对自然和社会的深刻洞察，具有丰富的哲学智慧；老子或道家思想还具有极高的精神境界，在中国传统文化内，创造出一种伦理道德之外的、宗教（对某种超越的信仰）之外的和物质欲望之外的人生追求和精神世界，这样或那样地有助于人的精神成长和成熟。正因为如此，老子研究今后还会在更高的学术水平上继续发展。

（中国台湾《哲学与文化》月刊第 324 卷第 11 期，1997 年 11 月）

关于庄子的两个问题

一　庄子思想评价问题

从不同角度对庄子思想作出评价的观点有很多，我这里仅仅是从大的宏观方面来谈一下。庄子思想在中国文化发展中具有何等重要的地位，也就是如何在中国传统文化、中国古代哲学的发展中对庄子思想作出定位。我的看法，简单说，就是认为庄子思想是中国传统文化形成和发展中的一个最积极、最活跃的观念因素。对此，我想可以从哲学、文学艺术、消化吸收异质文化这样三个方面作出说明。

第一是在哲学方面，庄子思想是以自然的观念为其理论的基础，追求逍遥自由的精神境界。儒家思想不是这样，儒家学说以仁义道德为其主要内容，以道德实践来实现人生价值。庄子思想和儒家思想是有差别的，有时甚至是对立的，但就构成完整的人生境界而言，又是互补的。所以，中国文化传统思想在其发展过程中能形成一个非常周延的、完整的哲学境界、人性境界，庄学思想起到了主要作用，这是中华文化的一个重要特色，对异质文化的宗教的侵蚀，具有抵御、藩篱的作用。东汉以来，佛教在我们国家传了那么长时间，唐代、明代以后，基督教等外国宗教又传到我们国家，但是我们中国文化总体上还是保持着非宗教色彩。

第二是在文学艺术层面上，《庄子》这本书是哲学著作，也是文学著作，文学特质非常清晰。《庄子》有很多寓言、故事等文学素材，有崇尚自然、自由的精神追求，这些就使得中国文学艺术从《庄子》中获得了非常丰富的灵感源泉和美感源泉。所以，汉赋、唐诗、宋词以及很多书画当中都能看到受庄子思想影响的印痕。没有庄子思想，就不会出现我们今天所见到的中国文化这样的面貌。

第三是庄子思想为我们消化、吸收异质文化提供了观念的、思想的桥梁。庄子思想中的概念、观念、命题等都非常丰富，有助于和异质文化沟通、交流。主要表现在魏晋时期、南北朝时期，佛教渐趋兴盛，有许多全新的思想，特别是般若思想，"涅槃"等核心思想观念，都是中国没有的，怎么理解？就是通过庄子思想把它翻译过来。在唐代，佛教完成了从印度佛教向中国佛教的转变，这个消化过程中，也是以庄子思想提供的观念因素为最多。宋明理学是中国传统儒家哲学的最高峰，为什么是最高峰呢？因为它消化掉了在此以前儒家思想未能消化的佛学。到了近现代，外国思想传进来了，很多地方也是援藉庄子思想来沟通的，譬如进化论思想，进化论思想在国外到现在为止，仍受到宗教观念的排斥，但到中国来却很容易就被接受了，《庄子》里面就描述了物种演化的现象，胡适曾援引来解释进化论。这些都说明庄子思想是我们消化汲取异质文化的观念的桥梁、思想的通道。

从上述三个方面可以看出，庄子思想在中国文化形成发展中是一个最积极、最活跃的观念因素。如果没有庄子思想，就不会有现在这个中国文化，就没有现在的中国哲学。没有在庄子思想影响下形成的中国传统哲学、传统文学艺术，今天在强势的西方文化面前，我们是站不住脚的。现在，我们在文化上站得住，我们有自己的文学艺术，有自己的哲学，并且其中都活跃着庄子思想的因素，可见庄子思想在我们中国文化形成和发展中是何等重要！这是我要说的第一个问题。

二　庄子故里问题

主要是谈两点建议。

第一点建议：是刚才朱绍侯先生提出来的，我们要有一个包容的态度。因为对庄子故里有很多不同的说法，这些不同的说法是由于某种历史的原因、因素形成的，而这种历史因素现在并没有完全消失掉。庄子故里最早是司马迁在《史记》中记载的，说他是蒙人，但是战国时哪国的蒙人，没有说。其后，刘向说是宋国蒙人。汉代学者都说是宋之蒙人。唐代学者说是梁国蒙人，在唐代，这是宋国的异称，还是一样的说法。所以，汉、唐学者都认为庄子是战国时宋国蒙地人。到了宋代就开始变化了，说庄子是战国时楚国蒙人。宋代的这个变化由两个原因造成，其一是唐代以后的郡、州、县的行政建制中出现了一个蒙城，在唐以前，此蒙城称为山桑，地处战国时的宋国之南，应是楚地。北宋时的著名学者，像王安石、苏轼在他们的诗文里，都以这个蒙城为庄子故里，苏轼的《庄子祠堂记》、王安石的诗《蒙城清燕堂》，说到的庄子是蒙城人，都是指这个楚地蒙城，不是宋之蒙地。南宋时，对后世影响很大的一位学者朱熹，也认为庄子是楚人。他的判断主要是从文学的角度作出的。《庄子》具有鲜明的文学色彩，他认为这些东西完全是由楚人才能做出来的。这样，逐渐就形成与汉唐不同的，以蒙城这地方为庄子故里的观点。到了现代，王国维、闻一多等学者也是以《庄子》显示的是南方文学色彩，认为庄子是楚国人。我的看法是，庄子是宋人，不是楚人，但是他与楚文化有一种非常深隐的亲缘关系。为什么我说他是宋人，不是楚人？因为我认为汉代离战国时代更近，并且汉代学者比宋代学者治学严谨，汉代学者的判断会更加准确一些，这是第一个原因。第二个原因，《庄子》中有很多的宋国的风情、宋国的故事，说明庄子和宋国的关系比较密切，比较近。像《秋水篇》对黄河秋汛景象的真切描写，《外物篇》有庄子家贫，贷粟于监河侯的故事的记述，都可以推断庄子的一生可能是生活在邻近黄河的地区的佐证。所以，我认为庄子是宋人。对于蒙地到底在宋国什么地方，我在《庄学研究》里不敢肯定，比较谨慎，只是推测地说是在现在商丘（战国时宋国的中心地带）西北部，在脚注里说现在民权（商丘西）那里的宋河乡有庄子墓，并说其来历尚待考察。当时我不知道东明（也是商丘西北）还有更多的东西。如果有机会我的《庄学研究》再版的话，我一定要加注东明这个地方还有更多的庄子遗迹。庄子虽是宋人，但他与楚文化却有很深的亲缘关系，这里有两点理据。其一是深入庄子思想中，你可以感受到庄子的精神与中原儒家人物是不一样的，庄子主要追求个人精神自由，跟儒家的精神危机不一样。儒家是在礼乐发生崩溃的时候，仁义道德不能实现的时候，感到非常的痛苦。庄子的精神危机非常深刻，但这种深刻不是仁义道德危机，不是伦理性质的，而是个人精神自由不能实现的痛苦。

这一点和中原儒家人物不太一致，跟楚文化中的屈原的精神危机性质比较一致。其二，《庄子》中为什么有楚方言，那就是一个值得探究的问题。另外，《庄子》中的神话系统属于南方的昆仑系统，与《山海经》同，不同于北方蓬莱神话系统。有这两点理据，就可说明庄子其人其书和楚文化有很深的关系。在这种情况下，我在《庄学研究》中提出一个推测性的解释，即庄子可能是在楚国吴起变法时被迫向北迁的贵族的后裔，他如果不是贵族后裔，《庄子》就不可能有那么深刻的没落感。总之，一直以来，论及庄子故里，庄子是宋人和楚人两说，都是有其消除不了的历史原因的。所以我们应该采取包容的态度。

第二点建议：是对于生活在庄子故里的人，既要感到是一种光荣，也要感到有一种责任。庄子这样一位对中国文化有贡献的人物，是我们这里的先贤，生平曾在我们这一带活动，想到这一点，无疑是会使我们感到欣慰、光荣的。但也有一种责任，我们要思量怎样把庄子文化保存好、发展好。我觉得我们东明县委、县政府还有菏泽市、山东省都很重视怎样建设一种新的庄子文化。现在我们这里有很多诸如庄子墓、漆园碑等庄子遗迹，还有庄氏家族聚居，这些都是庄子文化的基础，但是还是不够的，我们要建设更多的东西。我想到要提出一点，就是东明能否建起一个在全国都是比较好的庄子研究资料中心，把古今以来的庄子注、近现代所有的庄子思想研究资料汇聚起来，这样过三五年，我们再开一个这样的会，请专家来看看，庄子研究有什么进展，我觉得这样庄子文化在我们这里就有了一个新的载体。如果有一天，学者们都在说东明的庄子资料馆是全国最全的、最好的，我以为这就是东明作为庄子故里获得的最好的口碑和最有力的承认了。

（本文是作者在 2007 年 7 月 14～16 日
"全国庄子故里及生平思想座谈会"上的发言稿，
载于中共菏泽市委党校内刊《求实论丛》2007 年第 4 期）

儒家思想特质的形成：两次观念蜕变

人类现存的几种主要的文化形态或思想传统，其显现的不同特色之根源，都可以追溯到它们成型时期由某种特殊的、甚至是唯一的生存环境、历史契机等所形成的独特的观念生长空间和精神因素。就以孔子为创始人、成型在战国时期的儒家学说而论，它的伦理的和道德的理论特质，或者说，它的生命和精神，是在殷周之际开始的宗教观念蜕变和春秋时代开始的西周宗法观念蜕变中被铸就的。

一　宗教观念的突破

王国维在他1917年撰作的《殷周制度论》一文中曾指出："中国政治与文化之变革，莫剧于殷周之际。"（《观堂集林》卷十）他主要是从典章制度的层面判定，殷周之际的制度变迁，即周人所确立的立子立嫡、庙数、同姓不婚三项新制度及其内蕴的道德理念，是"周之所以定天下"的根本所在。如果从观念的层面观察，我们会发现，殷周之际发生的观念变迁，即社会精神之主体或重心，由宗教观念向道德观念的转移，更是影响并决定了此后整个中国文化形态的形成和走向的意义重大的变迁。

（一）殷人的宗教观念

宗教的观念是人类精神成长历程中最早出现的、共有的观念形态。然而，宗教的现象在人类不同文明类型和文明阶段的表现，却是十分不同和复杂的。从人类学、社会学和哲学的不同理论角度对宗教的定义和历史描述也很多。本论题实际上只能涉及这个广阔深邃的人类精神领域和学术领域的很小部分，但是，作为论述的前提设定，我仍需要对宗教之特质及其历史进程这两个基本问题作出简单的界定：第一，宗教是人对某种在人类与自然之上的超越性实体（或实在）表达的情感，和由此而形成的心理状态或精神境界；宗教情感表达方式是通过祭祀或其他特定的仪式来完成的；共同的宗教心理和宗教祭祀行为能凝聚人群精神，构筑人际结构，宗教因此具有整合社会、模塑生活方式的功能。第二，宗教历史发展的最粗线条划界，可以分为原始（古代）宗教和成熟（现代）宗教。主要差别在于其表达的宗教情感之性质及其深刻性和复杂性：原始宗教表达的主要是人类对某种超越性存在的异己的、对立的恐惧的感情和心理状态，成熟宗教则是对超越性存在增加了融入的、皈依的神圣的感情；原始宗教以祭祀为特征，成熟宗教以有独特内涵的信仰为标志——所谓祭祀，是可以最终作出将人与超越性存在连接起来的解释的那种动作行为；所谓信仰，就是超出一切理解和证明，超越性本体的存在和全部意义就能直接呈现的心智状态。我这里对宗教的两项基本的界定，虽然并不周延、严谨，但我相信，这与人类学家、社会学家、哲学家给予宗教的一般定义和历史上主要的宗教现象还是吻合的。从殷墟甲骨卜辞的记事中可以看出，殷人思想观念的主要成分是对某种超人的异己力量——天神（帝、天）、人鬼（先王、先公）的依赖、恐惧而产生的崇拜；殷人无事不卜，无日不祭，用以求问神帝和祖先对自己作为的态度，求得神帝祖先对自己的保佑。[①] 显然，这正是属于原始宗教性质的观念和行为。卜辞中先王庙号皆无道德性内涵[②]，甚至卜辞中的"德"字也尚无"心"符，是指一种动作、状态，

---

① 例如卜辞有：帝令雨足年，帝令雨弗其足年？（罗振玉《殷虚书契前编》）贞卯，帝弗其降祸（商承祚《殷契佚存》）；伐吾方帝受我佑（郭沫若《卜辞通纂》）；己卯卜，𠂤，贞王乍邑帝若，我从之唐（董作宾《殷虚文字乙编》）。

② 陈梦家在考释了从上甲到帝辛三十七个殷王庙号后总结说："卜辞中的庙号……乃是致祭的次序；而此次序是依了世次、长幼、即位先后、死亡先后，顺着天干排下去的。"（《殷虚卜辞综述》，中华书局1988年版，第405页）

无精神性内容①，所以可以认为，在殷人的精神生活乃至全部的社会生活中，崇拜帝神和祖先的宗教意识起着主导的、决定性的作用；在这种厚密的宗教意识覆盖下，人对属于自己的力量的感受和觉醒是很困难和微弱的，殷人因此难以产生作为人之自身的力量和价值的那种道德品行的意识。但是另一方面，殷人的那种相当发达的崇拜帝神、祖先的祭祀宗教，也没有进一步向对某种绝对的、超越性存在之虔诚信仰的皈依宗教发展，一个巨大的政治变迁——殷被周灭亡，阻止与破坏了这一古代宗教思想和宗教实践发展的一般进程；一种十分独特的社会精神因素——西周贵族的理性觉醒，使中国古代思想发展主潮由宗教性质的路线转折到了道德性质的方向上。

（二）周人的道德觉醒：胜利者的忧思

从先秦典籍的记载中可以看出，殷是一个"邦畿千里"的宗主大国，周只是一个"方百里"的从属小国②。周人以一个属国小邦，居然战胜并取代了一个"有典有册""多士"的大国③！对于这一巨大胜利所带来的政治统治权和其他种种利益，以周公（姬旦）、召公（姬奭）为代表的西周初期的贵族统治者既感到无限欣喜，又感到十分忧虑：

> 我受命无疆惟休，亦大惟艰。（《尚书·周书·君奭》）

---

① 卜辞中"德"字出现若干次（中国科学院考古研究所编《甲骨文编》卷二、卷二十四共录入十九次），无"心"符。对此，学者有不同训释。罗振玉说："德，得也，故卜辞中皆借为得失字，视而有所得也。"（《增订殷虚书契考释》中）孙诒让解释为："直，正见也。"（《契文举例》下）商承祚说："行而正之义。"（《殷契佚存考释》）叶玉森认为："即'循'字，同'巡'。"（《殷虚书契前编集释》卷四）可见卜辞中的"德"字，学者多解释为一种动作、状态，而无精神内容。

② 《诗经·商颂·玄鸟》说："古递命武汤，正域彼四方……邦畿千里，维民所止。"《孟子·公孙丑上》说："以德行仁者王，王不待大，汤以七十里，文王以百里。"此殷大而周小。《古本竹书纪年》谓："武乙即位，居殷，三十四年，周王季历来朝。"《易·未济》谓："震用伐鬼方，三年，有赏于大国。"《左传·襄公四年》谓："文王率殷之叛国以事纣。"《论语·泰伯》记孔子曰："三分天下有其二，以服事殷，周之德，可谓至德也已矣。"此殷为宗主，周为隶属。

③ 《尚书·周书》中多次称殷为"大邦殷"（《召诰》《顾命》），而称己为"小邦周"（《大诰》），说"惟殷先人，有册有典"（《多士》），表现了对殷的尊崇。

惟王受命，无疆惟休，亦无疆惟恤。（《尚书·周书·召诰》）

应该说，西周贵族的忧患意识表现着一种历史觉醒，蕴涵着相当成熟的政治经验。西周统治者在胜利到来的时刻就开始警惕衰亡，担心殷人的命运又降临到自己身上，"我亦不敢知曰，其终出不详"（《周书·君奭》）。这种担心和忧虑，使西周统治者极为严肃认真地去思考、总结殷商灭亡的经验教训。西周统治者除了沿袭用"天命不僭"（《周书·大诰》）——天命不会有差错——这种宿命的宗教性质的解释外，还发觉在"天命"这个人无法左右的超越性力量之外，还有某种人自身的因素在社会政治变迁过程中起着作用：

> 非天庸释有夏，非天庸释有殷，乃惟尔辟（君），以尔多方，大淫图（鄙）天之命。（《尚书·周书·多方》）
> 故天降丧于殷，罔爱于殷，天非虐，惟民自速辜。（《尚书·周书·酒诰》）
> 咨女殷商，匪上帝不时，殷不用旧。（《诗经·大雅·荡》）

西周统治者认为，殷的灭亡，并不是被"天"或"帝"所抛弃，而是它的统治者自己放逸无度，不循旧章，违背了"天命"或"上帝"，是咎由自取。这样，西周统治者就在总结、吸取夏、商覆灭的经验教训的历史意识中，在原始宗教观念"帝""天"的异己力量笼罩下，产生出一种具有新的理论性质的观念——属于人自身之力量和价值的道德的观念："敬德"。

> 我不可不监于有夏，亦不可不监于有殷……服天命，惟有历年；不其延，惟不敬厥命。（《尚书·周书·召诰》）
> 皇天既付中国民越（与）厥疆于先王，肆王惟德用，和怿（悦）先后迷民，用怿（绎）先王受命。（《尚书·周书·梓材》）

这就是西周贵族最重要的历史和精神的觉醒：只有"敬德"，才能长久维系家国——对疆土和民众拥有权力的命运。"德"字在西周金文中，增加了"心"符，表明具有精神性的涵义。从《周书》和周《诗》中看，这种精神性内涵主要有二：一是指个人内在品行修养方面的，如"无逸"（《无逸》），"天不畀允、罔、固、乱"（《多士》），"元恶大憝，矧惟不孝不友"（《康诰》），勤俭、诚恳、明智、孝、友等，都是德性的内容；一是对人的外在行为的规范，如"敬慎威仪，以近有德"（《大雅·民劳》），"抑抑威仪，维德之隅"（《大雅·抑》），这里的"德"显然包含着礼仪、典章、制度的意蕴。《左传》界定"德"时说："夫德，俭而有度，登降有数，文物以纪之，声明以发之，以临照百官，百官于是乎戒惧，而不敢易纪律。"（桓公二年）从《左传》的界定来看，周人之"德"，就其外在的行为表现而论，就是典章制度，就是"礼"。"礼"在卜辞中，根据王国维的考释，是"象二玉在器之形，古者行礼以玉"（《观堂集林》卷六《释礼》），是指祭奠或奉献的仪式行为。周人之"礼"的内容却深刻广泛得多，《鄘风·相鼠》咏曰："相鼠有体，人而无礼；人而无礼，胡不遄死。"周礼是指人的全部行为的规范，其社会的作用或功能也有巨大的扩张，按照《左传》的概括即"礼，经国家，定社稷，序民人，利后嗣也"（隐公十一年），"无礼必亡"（昭公二十五年）。应该说，汉唐以来的学者都是这样从"心"与"行"这两个方面来诠释"德"的①。周人的"德"的观念，周延地涵盖了个人在社会生活中具有正面价值的各个方面；"德"的践履实际上就是全部社会生活中的价值的实现。它逐渐改变与替代了殷人那样的宗教活动笼罩一切的精神和生活的样态。"德"作为一种人的而不是"帝"或"天"的品行，周人十分自然地把"德"的典范投射、凝聚在自己先王先公的身上。这样，在西周贵族的社会生活中，在其维护政治统治的实践中，对自己祖先的德性的思慕、效法，比起

---

① 如汉代郑玄注《周礼·地官·师氏》"以三德教国子"说："德行内外之称，在心为德，施之为行。"唐代孔颖达疏《左传·桓公二年》"将昭德塞违"说："德者，得也，谓内得于心，而外得于物，在心为德，施之为行。德是行之未发者也，而德在于心不可闻见，故圣王设法以外物表之。"今人郭沫若在《先秦天道观之进展》一文中说："德字照字面上看来是从值（古直字）从心，意思是把心思放端正，便是《大学》上所说的'欲修其身者先正其心'。但从《周书》和《周彝》看来，德字不仅包括主观方面的修养，同时也包括客观方面的规划——后人所谓'礼'。"

对"帝"或"天"的崇拜、祭祀，就更为其信赖，更为其倚重。《周彝》、《周书》和《周诗》中都留下了周人的这种精神观念和生活实践的转变痕迹：

> 余小子嗣朕皇考、肇帅型先文祖（按：文王），共明德，秉威仪，用绸缪奠保我邦我家。（《叔向父簋》）
>
> 天不可信，我道惟宁王（按：文王）德延，天不庸释于文王受命。（《尚书·周书·君奭》）
>
> 上天之载，无声无臭，仪刑文王，万邦作孚。（《诗经·大雅·文王》）

周人在这里表现出对超越性的"天""帝"的疏远怀疑和对自己祖先的亲近怀念，显示了周人效法先王德性的自觉超过了祭祀天帝所抱的期望，周人以道德观念"换位"了殷人宗教观念在社会生活中的地位和作用。

西周贵族在殷周之际的政治变迁的历史经验中获得了"敬德"的道德精神觉醒，认为统治者的政治命运是由他自己的道德表现决定的。作为统治者，这种道德表现不仅是德化个性质量，更重要的是德化自己的政治行为。殷灭亡前夕，民众不满怨恨之状，"如蜩如螗，如沸如羹"（《大雅·荡》）的情景；牧野之战，"纣卒易乡"（《荀子·儒效》）的事件，西周统治者是很清楚的，深深感悟到"民情大可见"（《周书·康诰》），"人无于水监，当于民监"（《周书·酒诰》）。也是在殷之灭亡的历史经验基础上，和"敬德"的道德观念产生的同时，西周统治者还产生了"保民"的政治观念：

> 先知稼穑之艰难……则知小民之依……保惠庶民。（《尚书·周书·无逸》）
>
> 古先哲王，用康保民……若保赤子，惟民其康。（《尚书·周书·康诰》）
>
> 民亦劳止，汔可小康……式遏寇虐，无俾民忧。（《诗经·大雅·民劳》）

周人的"保民"观念充盈着伦理的道德感情，不是严格意义上的政治理念，而是"敬德"的道德观念的衍生或延伸。所以殷周之际的观念变迁，就这样突出地表现为道德观念对宗教观念的置换，道德观念对政治理念的浸润。

当然，不能因此就说周人的道德思想观念已经摆脱了宗教的藩篱，相反，西周统治者始终认为殷周之际的政治变迁，即自己统治地位的获得是出于"帝"（"帝命"）或"天"（"天命"）。例如周公曾有明确的表述，"已！予惟小子，不敢替上帝命。天休于宁王（按：文王）兴我小邦周。宁王惟卜用，克绥受兹命"（《周书·大诰》），"天乃大命文王殪戎殷，诞受厥命越厥邦厥民"（《周书·康诰》）。宗教虔诚也是周人道德修养中的重要内容之一。武王伐纣，檄文中列举殷纣王的三条罪状之一就是"昏弃厥肆祀"（《周书·牧誓》），即不祭上帝、祖先。鼎革之后，周公也一再训诫"监于殷丧大否，肆念我天威"，"我亦不敢宁于上帝命，弗永远念天威"（《周书·君奭》），要求子孙永远保持对"天"或"上帝"的虔诚礼拜。但是，周人的宗教观念和殷人相比，也是有变化或区别的。有一点比较显著，就是周人较多地用"天"（天命）而不是殷人唯一地用"帝"来称谓超越性的最高主宰。《周书》《诗经》《易经》乃至《周彝》都显示周人的"天"的观念除了是指超验性的、作为人间祸福的主宰的"天"或"天命"，还是指广袤的、表现为种种自然现象的"天"，如"天大雷电以风……天乃雨，反风"（《周书·金縢》），"宛彼鸣鸠，翰飞戾天"（《小雅·小宛》），"翰音登于天，贞凶"（《易·中孚·上九》），周人将一种自然性的"天"升华为超验的超越性存在，等同或代替殷人的"帝"，淡化殷人宗教思想中最高主宰"帝"的人格特征①，实际上也是削弱了它的宗教性质。周人在殷周之际政治变迁的历史经验中，从原始宗教观念中蜕变出的道德观念，还有与此相连而引起的周人宗教观念本身

---

① 汉代郑玄曾训释"天"与"帝"曰："据其在上之体谓之天，天为体称；因其生育之功谓之帝，帝为德称也。"（《礼记正义》卷二十五《郊特牲》孔颖达疏引）今人王国维也说："'天'本谓人颠顶，'帝'者，蒂也。"（《观堂集林》卷六《释天》）根据古今学者的解释，原其字义，"帝"是花蒂，喻生命根源之实体，寓有人格性；"天"是上空，指生命存在之空间，不具有人格性。

弱化的变异，形成了不同殷人的社会生活特色，《礼记·表记》概括为"殷人尊神，率民以事神，先鬼而后礼；周人尊礼而尚施，事鬼敬神而远之"。

（三）道德走向的确立与巩固：孔子儒学

殷周之际由氏族国家的原始宗教观念到氏族贵族道德意识觉醒的观念变迁，在春秋时代诸侯各国的社会生活中，因充实了更多的理性精神而得到了新的发展。从《左传》和《国语》的记载中可以看到，其主要之点有二：第一，春秋时代，频繁发生的大国争霸、小国图存斗争的每场结局，都凸显出民众的力量和道德的力量的重要，人们对宗教行为与道德行为、神与民之间在国家政治实践和人的精神生活中的地位之评断和选择因此也更为明确。例如虞国贤臣宫之奇针对虞君自持"吾享祀丰絜，神必据我"所作的"鬼神非人实亲，惟德是依；黍稷非馨，明德惟馨"之论（《左传·僖公五年》），随国贤者季梁批评随侯"民馁而君逞欲，祝史矫举以祭"的行为所发的"民，神之主也，是以圣王先成民而后致力于神"之论（《左传·桓公六年》），都是明确地将道德行为和民众置放在重于高于宗教行为和神的位置上。第二，春秋时代，人们对怪异的自然现象有了可作"阴阳之事"的理论解释，也有"吉凶由人"的对人自身力量的信心①，不断增强的理性精神，使人们对祭祀对象和祭祀行为获得了新的理解。鲁国大夫展禽在批评鲁国祭祀一只偶然飞来的海鸟一事时，提出了一个完整的祭祀原则：

> 夫圣王之制祀也，法施于民则祀之，以死勤事则祀之，以劳定国则祀之，能御大灾则祀之，能捍大患则祀之，非是族也，不在祀典……加之以社稷山川之神，皆有功烈于民者也；及前哲令德之人，所以为明质；及天之三辰，民所以瞻仰也；及地之五行，所以生殖

---

① 《左传》记述：鲁僖公十六年（宋襄公七年），宋国有陨石落地、"六鹢退飞"之事发生。宋襄公问来行聘的周内史叔兴："是何祥也？吉凶焉在？"叔兴搪塞了宋君之问，事后对人说："君失问。是阴阳之事，非吉凶所生也。吉凶由人……"（僖公十六年）

也；及九州名山川泽，所以出财用也，非是不在祀典。(《国语》卷四《鲁语上》)

原始宗教的祭祀对象一般都是某种超越性的、异己的存在和力量，祭祀的目的是求得这种异己力量的庇护。殷的"帝"和西周的"天"都有这种宗教观念的因素。春秋时代展禽在此所界定的祭祀原则，赋予了祭祀对象某种属于人的非异己的善的品质，完全消解了祭祀对象的异己性；祭祀行为也转化为追思、报恩的道德行为。这样，殷周之际由西周贵族实现的从原始宗教观念中蜕变出的道德观念，在春秋时代士的阶层这里完成了又一次重要的道德观念跃变，中国古代思想从宗教思想轨道上分离开来的道德走向更进一步确立了。孔子儒学就是在这样的观念背景下或精神土壤里产生。孔子儒学的出现使中国古代思想的道德走向巩固了下来，儒学本身的道德特质也因此形成和凸显。

孔子诞生、生长在春秋末期的鲁国，这是周公的封地，受到周礼的思想浸润最深，保存周礼文化传统也比较完整①。孔子虽然是殷遗民的后裔，但生长在这样的文化环境中，也还是很自然地被熏陶和表现出对周礼的景仰和认同，如他说："周之德可谓至德也已矣。"(《论语·泰伯》)"周监于二代，郁郁乎文哉，吾从周。"(《论语·八佾》)儒学确立时期，在孔子本人及其七十后学和孟子、荀子及其后学的言论中，儒学能最终确定、巩固中国古代思想异于宗教的道德走向，主要之点在于将春秋时代显现的理性精神，进一步贯入对祭祀对象和祭祀行为之性质的阐释，最终论定了这样两个问题：第一，祭祀对象的非宗教性。如前面所简单界定的那样，不同宗教的祭祀或信仰对象，如上帝或不同之神，一般都是超越于人和自然之上某种有意志的存在，简言之，都同时具有超越性（超验的主

---

① 《左传》中多有可反映出这种情况的记述，其中最为明显者如：其一，齐桓公曾欲攻取鲁国，齐大夫仲孙湫阻止说："不可。犹秉周礼。周礼所以本也……鲁不弃周礼，未可动也。"(闵公元年) 其二，吴公子季札聘于鲁，要求观周乐，鲁乐工为他遍奏周乐，季札评价曰："观止矣，若有他乐，吾不敢请已。"(襄公二十九年) 其三，晋卿韩宣子（韩起）聘于鲁，要求观书，在鲁史官处见到了《易象》《鲁春秋》等，评价曰："周礼尽在鲁矣。吾乃今知周公之德与周之所以王也。"(昭公二年)

宰）和实体性（人格的特质）的品质。中国古代的思想观念，到了春秋时代，虽然已从殷商卜辞所反映原始宗教的丛林中走出来，但作为祭祀或信仰对象的天（天命）、神（鬼神），仍然保留着兼有超越性和实体性的基本特征。例如"天"虽然较之"帝"增加了自然性的内涵，但仍有意志的品质①，"神"则更显然是超越性的人格存在②。进入儒学的思想领域内，"天"与"神"的宗教性特质就被渐次消解了。"天"（"天命"）之观念在儒家思想中发生的蜕去宗教性品性的变化是：其一，从孔子所说"天何言哉，四时行焉，百物生焉，天何言哉"（《论语·阳货》）及"天生德于予，桓魋其如予何"（《述而》）可以看出，"天"是包括人在内的万物产生和生存的根源，天既是一种自然性同时又是一种超越性的存在，是某种整体状态，是某种实在，但不是实体。其二，从孔子七十后学所说"天命之谓性"（《礼记·中庸》），"大凡生于天地之间皆曰命"（《祭法》），可以认为儒家是以"性"与"命"两个概念对"天"之内涵作出分析和界定的。"性"是天赋予一事物（人与物）的独有品质，是固然；"命"是事物（人）之生存状态中的非人力可改变的过程和结局，是必然。孔子说："道之将行也与，命也；道之将废也与，命也，公伯寮其如命何！"（《论语·宪问》）孟子说："莫之致而至者命也。"（《孟子·万章上》）儒家认为决定人的生命之生存状态的是蕴含在人自身之中的性、命所具有的客观必然性因素，不是外于人的最高主宰的意志。其三，从孔子所说"不知命，无以为君子"（《论语·尧曰》），自己是"五十而知天命"（《论语·为政》），孟子所说"尽其心者知其性也，知其性则知天矣"（《孟子·尽心上》），《易传》所说"穷理尽性以至于命"（《易传·说卦》），可以看出，天（天命、命）虽然是某种超越性的、非人格的必然性实在，但可以被人的"尽心"的理智认知，被人的"尽性"的实践实现，不再是如宗教之虔诚信仰所皈依的离异于人的对象。总之，在儒家

---

① 《左传》记述春秋时刘康公"天夺之魄"（宣公十五年）、晋乐师师旷"天之爱民甚矣"之语（襄公二十四年），都寓有天有意志之意蕴。

② 《左传》记述春秋时周大夫内史过有"国之将兴，神明降之，监其德也；将亡，神又降之，观其恶也"之语（庄公三十二年），最可见神之具有超越性、实体性的品性。

思想中，天（天命）观念之具有人格特质的实体性被完全消解，超越性也发生了变异，不再是超验的人格性主宰，而是无人格的必然性，天失去了作为宗教性祭祀对象的品性。"神"（鬼神）之观念在儒家思想中发生的宗教性品性蜕变是超越性的丧失。《礼记·祭义》曾藉孔子、宰我的问答完整界说了鬼神之涵义：

> 宰我曰："吾闻鬼神之名，不知其所谓。"子曰："气也者，神之盛也；魄也者，鬼之盛也。合鬼与神，教之至也。众生必死，死必归土，此之谓鬼。骨肉毙于下，阴为野土。其气发扬于上，为昭明，焄蒿凄怆，此百物之精也，神之着也。因为之精，制为之极，明命鬼神，以为黔首则，百众以畏，万民以服……"

显然，在儒家看来，"鬼神"是人死后的一种存在状态。"神"虽然为"百物之精"，有特别的"昭明"①，但作为"气"的一种形态，与人有本质上皆是实体性的类同，不具有完全异于人的超越性质；对鬼神的祭祀，不是对超越性对象的信仰，而是对某种生活原则的践履。这是何种性质的生活原则？先秦儒者有明确的论定：

> 夫祭有十伦焉：见事鬼神之道焉，见君臣之义焉，见父子之伦焉，见贵贱之等焉，见亲疏之杀焉，见爵赏之施焉，见夫妇之别焉，见政事之均焉，见长幼之序焉，见上下之际焉。此之谓十伦。（《礼记·祭统》）
>
> 礼有三本，天地者，生之本也；先祖者，类之本也；君师者，治之本也。故礼，上事天，下事地，尊先祖，而隆君师，是礼之三本也……礼者，人道之极也。（《荀子·礼论》）

显然，这是一种伦理性的生活原则。也就是说，在儒家思想和生活

---

① 孟子所说"圣而不可知之之谓神"（《孟子·尽心下》），荀子所说"不见其事而见其功"（《荀子·天论》），都可以视为是对这种"昭明"的解说。孟、荀之论是儒家从实质（"气"）以外的性能的角度对"神"的定义。

中，对天地鬼神之祭祀，是人生需要践履的与君臣、父子、夫妇、长幼等性质相同的全幅的十种伦理关系和规范的一种，或者说，是三种基本的"人道"之一。这样，在儒学这里，天、神观念失去了完整的宗教性内涵；天神祭祀的宗教性特质则更完全被消解，而充实进伦理性实质。第二，祭祀行为的非宗教性。宗教的祭祀或崇拜仪式是指将人与信仰的超越性实体（实在）存在连接起来的那种行为程序，儒学中既然已不存在宗教性的祭祀对象，儒家生活中的祭祀行为是何种性质、有何种价值呢？儒家对祭祀行为的性质有甚为明确的论述：

> 夫祭者，非物自外至者也，自中出，生于心也，心怵而奉之以礼。是故唯贤者能尽祭之义。（《礼记·祭统》）
>
> 唯祭祀之礼，主人自尽焉尔，岂知神之所飨，亦以主人有齐敬之心也。（《礼记·檀弓下》）
>
> 祭者，志意思慕之情也，忠信爱敬之至矣，礼节文貌之盛矣……其在君子以为人道也，其在百姓以为鬼事也。（《荀子·礼论》）

可见在儒学中，祭祀只是人对处在伦理序列源头处的被视为是人生、人世之本根的天地、祖先、君师的思慕、敬爱之情。至于祭祀对象能否感知人所奉献的尊崇，则不去推求，也不重要，所以儒家有"祭祀不祈"的原则（《礼记·礼器》）；重要的是能尽其敬之情，所以儒家又有"外则尽物，内则尽志，此祭之心也……诚信之谓尽，尽之谓竟敬，敬尽然后可以事神明，此祭之道也"之论（《礼记·祭统》）。从儒家对"明器"的解释来看①，儒家基本上否认祭祀对象有这种感知。所以儒家的祭祀行为完全不具有如宗教祭祀行为或其他修炼方式之沟通神我、触发神我一体之

---

① 《礼记·檀弓上》有记述，孔子曰："之死而致死之，不仁而不可为也；之死而致生之，不知而不可为。是故竹不成用，瓦不成味，木不成斫，琴瑟张而不平，竽笙备而不和，有钟磬而无簨虡，其曰明器，神明之也。"此可见儒家以"之死而致生之"，即以死者为有知觉的，是不智的、缺乏理性的表现。儒家主张殉葬给死者的器皿——明器，不求精巧，但具其形而不成其用，就是因为死者是无知觉的，而生者应有仁心。

灵感的意蕴或精神内容①，而只是一种心怀诚敬、慎终追远、培厚德性的道德实践行为②。儒学的祭祀行为因此也有与宗教祭祀或仪式不同的社会的或精神的价值。如果说宗教的祭祀或仪式在于沟通神我，使信仰者在精神上有终极的归宿，皈依超越性的最高存在，其价值目标主要指向精神层面，那么儒家的祭祀行为的功能主要凸显在社会层面上。《礼记·祭统》中有三个层次分明的论断：

> 凡治人之道，莫急于礼；礼有五经，莫重于祭③；
> 君子之教也，必由其本，顺之至也，故曰祭者，教之本也已；
> 祭者，所以追养继孝也。

儒家认为，祭祀作为典章制度之首，作为滋生道德精神的源头，作为表现孝的道德感情和行为，从不同生活层面上建构社会的政治秩序和伦理秩序。所以，与宗教的祭祀不同，儒学的祭祀不是引人进入神灵的神秘世界，而是走向世俗的道德生活。

儒学在其确立时期，论定了祭祀对象和祭祀行为的伦理道德内涵，从而也彰显了祭祀对象和祭祀行为的非宗教性质。"国之大事，在祀与戎。"（《左传·成公十三年》）祭祀处于当时社会生活中的最高位置，祭祀的这种是道德的而非宗教的观念性质，在很大程度上决定了，或者说也就是那个时代的精神观念的性质。中国古代思想从殷周之际的宗教观念中蜕变、长成道德观念的过程，至此就全部完成。从世界文化背景下观察，中国文化思想从原始宗教观念这个人类意识起点上进一步发展时，没有沿着继续深化宗教的方向，而是选择了道德的走向，这也正是中国文化的特色；而

---

① 美国著名的心理学家、实用主义者威廉·詹姆士以印度教徒、佛教徒、回教徒、基督教徒的宗教经验为证，将这种神我一体皈依感的意识状态称为"神秘主义"，并分析出它有超言说性（不可言说的情感状态）、知悟性（理智不可测的直观悟彻）、暂现性（神我契合的心态不能维持长久）、被动性（觉得意志暂停，被某种高级权力所把握）四个特性。（《宗教经验之种种》，商务印书馆2002年版，第376～417页）

② 曾子曰："慎终追远，民德归厚矣。"（《论语·学而》）

③ 郑玄注曰："礼有五经，谓吉礼、凶礼、宾礼、军礼、嘉礼也。莫重于祭，谓以吉礼为首也。"（《礼记正义》卷四十九《祭统第二十五》）

这一特色形成的源头，则是比较清晰地显现在承担这一走向选择的主体——西周贵族的历史境遇和精神状态中。这个阶级不同于推动了古代印度宗教由祭祀宗教向信仰宗教转变的、善作形上玄思、探究出高远宗教目标的婆罗门祭司，也不具有犹太教、基督教创造者们在苦难的、奴隶的处境下所感受到的需要神的庇护和皈依上帝的意识。这是一个富有理性和历史意识的阶级，在殷周之际政治权力变迁中获胜的历史经验中，看到人自身的力量，看到道德的力量；于是在神和人之间，宗教和道德之间，作出了道德和人的选择。这一选择的理性精神，在主导着春秋时代社会生活的大夫与士的阶层中得到进一步的扩张。先秦儒家也正是在巩固、充实这一选择所蕴含的新的精神走向的过程中，形成了自己的理论品质或特色。并且，随着儒家思想在中国文化中主体地位的确立，儒家从原始宗教观念发展出来的和相对于典型宗教观念的道德觉醒，也成为中国文化的特色。

二　宗法观念的蜕变

儒家精神的形成不仅渊源自殷周之际西周贵族的道德觉醒，而且也根连着西周宗法观念的蜕变。

（一）宗法观念的主要内容

王国维曾简要确切地解说西周宗法制度之发生：西周始实行传子之制。"由传子之制而嫡庶之制生焉……周人嫡庶之制，本为天子诸侯继统法而设，复以此制通之大夫以下，则不为君统而为宗统，于是宗法生焉。"（《观堂集林》卷十《殷周制度论》）根据王氏之论，可以说在嫡庶原则基础上形成的君统和宗统构成了西周宗法制度的核心。西周宗法制度首先是天子、诸侯（国君）权力传递的嫡庶原则，所谓"立嫡以长不以贤，立子以贵不以长"（《公羊传·隐公元年》），天子之位、君侯之位都当由嫡长子继承，此成君统；其次，诸侯庶子的宗族内部，也以嫡庶原则确定血缘的伦理关系序列，所谓"别子为祖，继别为宗（大宗），继祢者为小宗，有百世不迁之宗（大宗），有五世则迁之小宗"（《礼记·大传》），诸侯庶子为"别子"，其后嗣嫡系为"大宗"，庶系为"小宗"，此成宗统。

西周宗法制度（君统和宗统）①，不仅是西周实行封建制——分配政治权力、疆土民众的政治原则②，也是制定庙制、丧服等周礼的伦理基础③。

在宗法制度下，每个氏族成员都被嵌定在君统或宗统的政治性伦理关系的某个不同的位置上，被编织进大宗或小宗的血缘性伦理性关系网络中，形成了独特的伦理差序和伦理认同的观念意识。第一，差序——尊卑和亲疏的观念。在宗法制度下，君统与宗统间，实际上就是君与臣间的关系，"君有合族之道，族人不得以其戚戚君"（《礼记·大传》），"诸侯不敢祖天子，大夫不敢祖诸侯"（《礼记·郊特牲》），君统高于、尊于宗统；在宗统内的大宗与小宗之间，庶子小宗甘处卑位而尊崇嫡子（宗子）大宗，所谓"自卑别于尊"（《仪礼·丧服》），"虽富贵，不敢以富贵加于父兄宗族"（《礼记·内则》）。显然，宗法制度下兼有政治的和伦理的双重内涵的尊卑关系是无处不在的，尊卑现象是很普遍的，尊卑观念自然也是很强烈的。根据"小宗五世而迁"的宗法原则和"亲亲以三为五，以五为九，上杀、下杀、旁杀而亲毕"④的丧服制度（《礼记·丧服小记》），五世而后，也不再祭同一高祖，五服之外也，就不再有亲情⑤，兼有血缘的自然感情和宗法的伦理界限之双重因素的亲疏关系和观念，也在

---

① 是王国维首先从西周宗法制度中分解出"君统"和"宗统"，现代或有学者将"君统"与"宗统"作进一步的、明确区别的界定，如金景芳说："宗统与君统是两个不同的范畴，宗统行使的是族权，决定于血缘身份；与宗统相反，君统行使的是政权，决定于政治身份。"（《论宗法制度》，《东北人民大学人文科学学报》1956年第2期）我这里考虑到，君统与宗统有相同的继统原则，君统的权力中有伦理的因素，宗统的伦理身份中也有权力的成分，并且，"君有合族之道"（《礼记·大传》），君统也是最高的宗统，所以是将君统和宗统作为宗法制度之一体来考察论列的。

② 《左传》记述，周公封管、蔡等十六国给文王之子，封邢、晋等四国给武王之子，封凡、蒋等六国给己之庶子，依据的原则就是"大上以德抚民，其次亲亲，以相及也，故封建亲戚以蕃屏周"（僖公二十四年）。周公"分鲁公以殷民六族……分康叔以怀姓九宗"，也是为"选建明德，以蕃屏周"（定公四年）。

③ 王国维论定：周初宗法已不可考，但有可见于七十子后学所述者，故他以《礼记·丧服小记》《大传》等篇"大宗""小宗"之论为西周宗法制度的主要内容（见《殷周制度论》）。据此，《礼记·王制》《礼器》《祭法》等篇所述天子七庙、诸侯五庙、大夫三庙、士一庙之设，《仪礼·丧服》所论斩衰、齐衰、大功、小功、缌麻之五服，亦可视为西周宗法制度的庙制和丧服之制。以下论及西周宗法制度亦每以《礼记》相关论述为据。

④ 郑玄注曰："己上亲父，下亲子，三也。以父亲祖，以子亲孙，五也。以祖亲高祖，以孙亲玄孙，九也。杀，谓亲益疏者，服则轻。"（《礼记正义》卷三十二《丧服小记第十五》）

⑤ 《礼记·大传》谓："四世而缌，服之穷也；五世袒免，杀同姓也；六世，亲属竭矣。"

宗族、家族、氏族成员间产生①。在宗法制度下，这种具有宗法权力和血缘伦理内涵的尊卑、亲疏关系和观念成为社会生活的基础，所谓"亲亲、尊尊、长长、男女有别，人道之大者也"（《礼记·丧服小记》）。这种关系若受到破坏，就被视为是极其严重的，如桓王时周大夫辛白所说"并后、匹嫡、两政、耦国，乱之本也"（《左传·桓公十八年》），就被认为是大逆不道，如桓王时卫大夫石碏所说："贱妨贵，少陵长，远间亲，新间旧，小加大，淫破义，所谓六逆也。"（《左传·隐公三年》）合理化这种在君统与宗统间、在大宗与小宗间、在君统与宗统内有区别、有差等的关系，就是"礼"之规范的产生，仁、义道德内涵的确定，如《礼记》所说："仁者人也，亲亲为大，义者宜也，尊贤为大；亲亲之杀，尊贤之等，礼所生也。"（《中庸》）第二，认同义务责任的观念。在宗法制度下，在君统的意义上，"王者为天下之大宗"②，天下有共同的大宗；在大宗、小宗不同的宗统层次上，宗族有共同的祖先、姓氏，氏族有五服的亲属关系参加共同的祭祀③，拥有共同根源的财产——封国（诸侯）、采邑（卿大夫）、禄田（士）④，宗族或氏族成为一种有具体的精神内容和实体形态的、在成员个体之上的共同体存在。宗族或氏族成员在感到自己从这个共

---

① 《左传》记述，周襄王将以狄伐郑，周大夫富辰劝阻，引《小雅·常棣》诗句"兄弟阋于墙，外御其侮"（僖公二十四年）。鲁成公欲联楚叛晋，鲁大夫季文子劝阻引《史佚之志》"非我族类，其心必异"之语（成公四年）。此外，《左传》中还有"民不祀非类"（僖公十年），"鬼神非其族类，不歆其祀"（僖公三十一年）的记述，凡此皆见周人亲疏之观念。

② "王者，天下之大宗"，《诗》毛传对《大雅·板》"大宗维翰"的解释，意谓周王为天下最大最高之宗。此外，《逸周书·太子晋》"师旷对曰：'王子，汝将为天下宗乎！'"《战国策·秦策》"司马错曰：'周，天下之宗室也'。"《荀子·正论》"圣王之子也，有天下之后也，势籍之所在也，天下之宗室也。"有政治权力的涵义，但主要是宗法伦理的涵义。

③ 《左传·桓公六年》记述随臣季梁有曰"亲其九族，以致其禋祀"，襄公十二年记述一次丧礼曰："秋，吴子寿梦卒，临于周庙，礼也。凡诸侯之丧，异姓临于外，同姓于宗庙，周宗于祖庙，同族于祢庙。是故鲁为诸姬，临于周庙；为凡、蒋、茅、胙、祭，临于周公之庙。"此可见共同祭祀之制。

④ 《左传》记述晋大夫师服语："吾闻国家之立也，本大而末小，是以能固。故天子建国，卿置侧室，大夫有二宗，士有隶子弟，庶人、工商、各有分亲，皆有等衰。"（桓公二年）《国语》记述晋文公时晋国之阶层状况是："公食贡，大夫食邑，士食田，庶人食力，工商食官，皂隶食职，官宰食加。"（《国语》卷十《晋语四》）此可视为春秋时士以上阶层之权力、财产之等级与来源。

同体中获得生命和权益时，也就滋生了对它认同的道德感情。例如从《周彝》铭文中可以看到，周的贵族后裔在接受国王封赏时，每每都表述出这种道德感情，"余小子嗣朕皇考，肇帅型先文祖（按：文王），共明德，秉威仪，用绸缪奠保我邦我家"（《叔向父簋》）；"番生不敢弗帅型皇祖考丕丕元德，用绸缪大命，屏王位"（《番生簋》）。这种认同的道德感情，就是对自己的宗法形态的宗族氏族或政体形态的家、国应承担义务和责任的自觉——继承它的精神传统、维护它的存在，直至献出生命。例如《左传》记述晋大夫荀息接受晋献公托孤之命时说："臣竭其股肱之力，加之以忠贞，其济，君之灵也；不济，则以死继之。"（僖公九年）后来，《礼记》将其概括为"国君死社稷，大夫死众，士死制"（《曲礼下》）。在宗法制度下的社会生活中，每个成员都处在伦理序列的不同位置上，只有在这个共同体的伦理网络里，才能定位自己作为一个社会角色的存在；只有在对这个伦理共同体的认同中，才能实现个人价值的存在。

周代的宗法制度，还有一个重要的历史情况，这就是先秦著述中所记述的"无田禄者，不设祭器"（《礼记·曲礼下》），"待年而食者，不得立宗庙"（《大戴礼记·哀公问》），"持手而食者，不得立宗庙"（《荀子·礼论》）。即是说，宗法制度在当时还只有在占有封国、采邑、禄田的贵族，或者说士以上阶层的氏族中实行，不包括"持手而食者"——没有封禄的"食力"的庶人和"食官"的工商。所以，由此产生的宗法伦理性的尊卑亲疏观念和道德的义务责任感，以及在宗法人伦关系中的"礼"的实践、德行的完成，都是贵族的、士以上阶层的意识和行为。毫无疑义的，这是古代世界普遍存在的人类在政治上、经济上和精神上不平等的一种表现。但是，西周宗法制度的运行实际上是把士以下阶层排除在外的情况，或者说，宗法制度作为区分士以上和士以下阶层的社会生活界限，与古希腊奴隶主民主制社会将奴隶和奴隶主（自由民）区别开来的不可逾越的人格界限不同①，与古印度将"一生"族与"再生"族区别开

---

① 亚里士多德曾典型地表达了这一观点："奴隶是一宗有生命的财产，优先于其他无生命工具的有生命的工具。""人类确实原来存在着自然奴隶或自然自由人的区别，前者为奴，后者为主，各随其天赋的本分而成为统治和从属，这就有益而合乎正义。"（亚里士多德：《政治学》，商务印书馆1965年版，第11、16页）

来的不可逾越的人性（种姓）界限也不同①，这是一种因经济生活条件不同，而造成的伦理生活实现程度的差别。《礼记·王制》曰，"天子七庙，诸侯五庙，大夫三庙，士一庙，庶人祭于寝"，"大夫士宗庙之祭，有田则祭，无田则荐。庶人春荐韭，夏荐麦，秋荐黍，冬荐稻"。可见，庶人无宗庙（宗族）之建和有异于有田者的祭祀之礼，根源于庶人阶层没有可传继的采邑、禄田。郑玄注解《礼记·曲礼》"礼不下庶人"说"为遽于事，且不能备物"（《礼记正义》卷一《曲礼上》），就是切合实情的一种解释。《诗经》曰："天生烝民，有物有则，民之秉彝，好是懿德。"（《大雅·烝民》）《尚书》曰："王司敬民，罔非天胤。"（《商书·高宗肜日》②）可见，中国古代思想从西周以来就开始形成了一个伟大的宽容性的观念基础：人（民）皆天之所生，在自然（"天"）的意义上，人在人性和人格上是没有区别的。西周宗法制度设置在士以上阶层间的差等和在士以上与以下阶层间的界限，因此也存在着被跨越的可能，西周宗法观念因此也潜存着蜕变的空间。正是先秦儒学在其确立过程中实现了这种界限的跨越和观念的蜕变。在孔子生活的春秋时代，即被史学家称为"礼崩乐坏"的时代③，宗法制度的阶级、阶层的等差界限已被超越④，而与这种社会变迁相应的宗法观念的蜕变，则是在先秦儒学的确立过程中实现。

---

① 印度早期吠陀（《梨俱吠陀》）的《原人歌》认为，社会各阶级产生于"原人"身体的不同部分：口是婆罗门，两臂作成刹帝力，腿变成吠舍，脚生出首陀罗。公元前600～公元前200年间，婆罗门教在其《经书》中进一步解释说：婆罗门、刹帝力和吠舍有信仰宗教和死后升天的权利，能参加宗教上重生的再生礼，故称"再生"族；首陀罗没有信仰宗教的权利，不能在宗教中重生，是宗教所不救的贱民，故称"一生"族。五世纪中国僧人法显游历印度，曾描述当时贱民种姓的处境："名为恶人，与人别居，若入城市，则击木以自异，人则识而避之，不相搪突。"（《佛国记·摩头罗国》）

② 《高宗肜日》在《尚书》中属《商书》，现代学者考证多判定为东周时代的作品。（参见顾颉刚《论今文尚书著作时代》，载《古史辨》第一册下编；张西堂《尚书引论》，陕西人民出版社1958年版，第193页）

③ 司马迁有谓："孔子之时，周室微而礼乐废。"（《史记》卷四十七《孔子世家》）

④ 《左传》记述的一位公侯和一位卿大夫的慨叹可以为证："郑伯（按：郑庄公寤生）曰：'……王室而既卑矣，周之子孙日失其序！'"（隐公十一年）叔向（按：晋大夫羊舌肸）曰："……虽吾公室，今亦季世也……栾、却、胥、原、孤、续、庆、伯降在皂隶，政在家门，民无所依……公室之卑，其何日之有！"（昭公三年）

（二）宗法观念在儒学中的蜕变

西周宗法观念的蜕变在孔孟儒学中的表现，或者说孔孟儒学对周代宗法观念的改造，主要有三点：第一，伦理生活范围——"礼"的实践范围，由贵族或士以上阶层向士以下的阶层扩展。《左传》中有一段楚人溢美晋国的描述，可以视为对宗法社会生活秩序的概括："晋君类能而使之，举不失选，官不易方，其卿让于善，其大夫不失守，其士竞于教，其庶人力于农穑，商、工、皂、隶不知迁业。"（襄公九年）《国语》开篇有一段周穆王卿士关于治理百姓的谏言，可以视为对庶人生活范围的设定："先王之于民也，懋正其德而厚其性，阜其财求而利其器用，明利害之乡，以文修之，使务利而避害，怀德而畏威。"（《周语上》）《左传》《国语》之记述表明，在宗法制度下，有善有教的道德伦理生活，只是受到封禄、占有禄田的贵族或士以上的阶层才能享有的生活方式，庶民阶级的生活自觉被限定在只知选择利害、德威范围内。孔孟儒学突破了这个藩篱界限。孔子说："民之于仁也，甚于水火。"（《论语·卫灵公》）孟子说："人之有道也，饱食、暖衣、逸居而无教，则近于禽兽。圣人有忧之，使契为司徒，教以人伦—父子有亲，君臣有义，夫妇有别，长幼有叙，朋友有信。"（《孟子·滕文公上》）可见，在孔孟儒学看来，道德的、伦理的生活，也是被周人贵族宗法观念排除在外的民众庶人的生活所应有的品质和应该实现的要求。孔子还说："道之以政，齐之以刑，民免而无耻；道之以德，齐之以礼，有耻且格。"（《论语·为政》）所以即使是从治理民众的角度权衡，伦理的、道德的治理方式，也较法律的刑威的手段具有人道的价值和更好的效果。孔子"有教无类"的育才原则①、南郭惠子"夫

---

① 《论语·卫灵公》记有孔子语："有教无类。"汉代经学家马融诠曰："言人所在见教，无有种类。"（何晏《论语集解》引）宋代理学家朱熹注曰："人性皆善而其类有善恶之殊者，气习之染也。故君子有教，则人皆可以复于善，而不当复论其类之恶矣。"（《论语集注》）经学训"类"为"种类"，释明字义，未诠语义。理学解"类"为人性善与恶之"分类"。然人性有善恶之观念，孔子时尚未形成，故理学之解亦非确解。《吕氏春秋·劝学》有谓："故师之教也，不争轻重尊卑贫富而争于道，其人苟可，其事无不可。"此可谓最得其解。

子之门何其杂"的观感①，都表明孔子的教育实践正是不分尊卑贫富地以传授文献知识和指导具体实践的"四教"不同方法②，把当时的文化成就——诗书礼乐努力推向士以下的庶民阶层。孔孟儒学对伦理道德生活涵盖社会群体范围扩展，实际上也就是将建构伦理道德生活的基点，从周人宗法观念下大宗和小宗关系为主要内涵的宗族，转换为以父母、夫妇、兄弟为主要内容的家庭；孟子所说"天下之本在国，国之本在家，家之本在身③"（《孟子·离娄上》），并在家庭关系内来界定儒学最基本的道德观念——"仁之实，事亲是也；义之实，从兄是也"④（同上），《大学》论定以家庭为基础可以实现完整的道德实践——"君子不出家而成教于国：孝者所以事君也，弟者所以事长也，慈者所以使众也"，都清晰地显示了这种转换。第二，宗法观念中的权位——等级性族权、政权中的尊卑关系被淡化，伦常秩序性被凸显。宗法制度以权力为内涵的尊卑等级观念是很鲜明的。所谓"礼不下庶人，刑不上大夫"（《礼记·曲礼上》），显现了贵族与庶民在政治地位和人格上的不平等⑤；"名位不同，礼亦异数"

---

① 《荀子·法行》有记述"南郭惠子问于子贡曰：'夫子之门何其杂也?'"《吕氏春秋·遇合》称孔子"委赞为弟子者三千人，达徒七十人"，《史记·孔子世家》亦称"孔子以诗、书、礼、乐教，弟子盖三千焉，身通六艺者七十有二人"。《史记·仲尼弟子列传》实收七十七人，清朱彝尊《孔子弟子考》录九十八人。孔子弟子遍及当时诸侯各国，以鲁国最多，仅孟懿子、南宫敬叔、司马牛三人为大夫门第子弟，其他皆出身鄙贱贫寒人家。

② 《论语·述而》："子以四教：文、行、忠、信。"

③ "家"在《孟子》中有两义：一是特称有采邑之封的大夫，即郑玄所谓"家谓食采地者之臣也"（《周礼注·大司马》），如孟子所说"万乘之国，弑其君者必千乘之家"之"家"（《孟子·梁惠王上》）；一是泛称以夫妻为核心所组成的涵有父母、夫妇、兄弟人伦关系的最基本的社会生活单位，如孟子所说"数口之家可以无饥矣"之"家"（同上）。《孟子》此处"家之本在身"是就全体社会成员言。"家"当取泛称之涵义，故朱熹注解此句曰："《大学》所谓'自天子至于庶人，一是皆以修身为本'，为是故也。"（《大学章句》）

④ 对仁与义，或亲亲与尊尊的界定有不同的角度。《礼记·丧服四制》谓"恩者仁也，理者义也……门内之治恩掩义，门外之治义断恩"，《谷梁传》谓"不以亲亲害尊尊，此《春秋》之大义也"（文公二年）。此以家族内关系为"亲亲"，家族间或君统宗统间关系有"尊尊"，都是在宗法制观念基础上作出的论断。孟子这里在家庭关系内界定亲亲、尊尊，已跨出宗法观念的范围，显示了某种变化。

⑤ 汉儒郑玄谓："礼不下庶人者，为遽于事，且不能备物。刑不上大夫者，不与贤者以犯法，其犯法则在八议轻重，不在刑书。"（《礼记正义》卷一）宋儒吕大临谓："庶人愚且贱者也，不可以待君子之事责之，大夫贤且贵者，不可以待（转下页注）

（《左传·庄公十八年》），表明士以上的贵族阶级中，在社会生活的方方面面也有为"礼"所规定的等级差别。从孔子斥责季氏八佾舞于庭①，讥讽三家以《雍》彻②，非议晋侯召王③，认为"唯器与名，不可以假人"④，以及孟子所说"位卑而言高，罪也"（《孟子·万章下》），可以判定孔孟儒学对源自宗法观念的、为"礼"所规范的尊卑等差制度是持维护的态度的。但是，于其间也注入了新异的观念内容：其一，孔子说："三军可夺帅也，匹夫不可夺志也。"（《论语·子罕》）"我欲仁，斯仁至矣。"（《述而》）孟子更明确说："圣人与我同类。"（《孟子·告子上》）"人皆可以为尧舜。"（《告子下》）可见，孔孟儒学认为，所有的人都可以通过道德实践，实现理想人格（仁人、圣人）；在孔孟儒学中，所有人在人格上是平等的。其二，孔子说："君使臣以礼，臣事君以忠。"（《论语·八佾》）孟子更进一步说："欲为君，尽君道；欲为臣，尽臣道。二者皆法尧舜而已矣。不以舜之所以事尧事君，不敬其君者也；不以尧之所以治民治民，贼其民者也。"（《孟子·离娄上》）可见在孔孟儒学中，周人宗法政治的权位等级关系，被诠释为或可界定为一种伦理秩序关系。权位等级关系是单向的在下者对在上者、卑者对尊者的臣服，如《左传》所谓"天有十日，人有十等，下所以事上，上所以共神，故王臣公，公臣大夫，大夫臣士，士臣皂……"（昭公七年）伦理的秩序则是一种双向的、各自承担不同的、但是相互的义务责任，如《大学》所谓"为人君

（接上页注⑤）小人之法辱之。故古之制礼，皆自士始，庶人则略而已，大夫有罪，非不刑也，八议所不赦，则刑于隐者。"（《礼记传》卷一）可见汉学（经学）宋学（理学）训解此二句，或略有不同，但皆诠释出庶人（小人）与大夫（君子、贤人）有人格、政治地位上的差别之义。

① 《论语·八佾》记载："孔子谓季氏：'八佾舞于庭，是可忍也，孰不可忍也？'"

② 《论语·八佾》记载："三家者以《雍》彻。子曰：'相维辟公，天子穆穆，奚取于三家之堂？'"

③ 《左传·僖公二十八年》记载："晋侯召王，仲尼曰：'以臣召君，不可以为训……'"

④ 《左传·成公二年》记载："新筑人仲叔于奚救孙桓子（按：卫大夫孙良夫）……卫人赏之以邑，辞，请曲县、繁缨以朝。许之。仲尼闻之曰：'惜也，不如多与之邑。唯器以名，不可以假人，君之所司也……'"又，《左传·昭公二十九年》记载："晋着范宣子所写《刑书》焉，仲尼曰：'晋其亡乎！……贵贱无序，何以为国？……'"

止于仁，为人臣止于敬，为人子止于孝，为人父止于慈，与国人交止于信"；如果没有履行或尽到这种义务责任，此种伦理关系实际上也就不再存在，如孟子说："君视臣如手足，则臣视君如腹心；君之视臣如犬马，则臣视君如国人；君之视臣如土芥，则臣视君如寇仇。"（《孟子·离娄下》）当然，在孔孟儒学的伦理秩序中也有尊卑观念，孔子说："君子有三畏：畏天命，畏大人，畏圣人之言。"（《论语·季氏》）孟子解说得更为清楚："天下有达尊者三：爵一，齿一，德一。朝廷莫如爵，乡党莫如齿，辅世长民莫如德。"（《孟子·公孙丑下》）即孔孟儒学认为在这种伦理秩序中，有权位的"大人"①，有贤德的"圣人"，有年齿的长者，都是应受尊崇、应处尊位的。显然，在孔孟儒学这里，尊卑观念已转化并内化为对自我在伦理秩序中所处位置的道德自觉。所谓"卑让，德之基也"（《左传·文公元年》），卑微感是这种伦理秩序中先人后己、尊贵事长的道德感情和行为。孔孟儒学这种尊卑观念和同时代在古代希腊人格不平等的奴隶制和人性亦贵贱不同的古代印度种姓制中出现的那种尊卑观念不同，它映现的不是在法律上或宗教教义上已被凝固的、永远不可改易的奴隶或贱民的屈辱卑贱的生存处境，而是人性相同、人格平等的个体，在其自然生命、道德精神和社会角色成长变换的由始到终、由低到高过程中，即亦可为大人，亦可为圣人，终可为长者过程中的不同的人伦位置。第三，较之西周宗法观念，在孔孟儒学中由于道德伦理生活的扩展和尊卑观念的变化，作为涵盖这一切的"礼"之观念本身，也有重要的蜕变。在宗法观念下，对于"礼"，经常是在它具有规范贵贱、亲疏等社会生活中各类差别的社会功能的意义上被理解和被界定的，所谓"礼者所以定亲疏，决嫌疑，别同异，明是非也"（《礼记·曲礼上》）。在此种观念下，"礼"具有明显的工具性、强制性。所谓"礼者，君之大柄也"（《礼运》），"礼，所以整民也"（《左传·庄公二十三年》）；"礼"的形式的方面，"昭文章，明贵贱，辨等列，顺少长，习威仪也"（《左传·隐公五年》），也被认为是主要的，甚至是全部的内容。孔孟儒学将"礼"的生

---

① 孔孟言论中，"大人"有两义：多指有位者，如孟子曰："说大人则藐之。"（《孟子·尽心下》）或指有德者，如孟子曰："惟大人为能格君心之非。"（《离娄上》）孔子此处"大人"与"圣人"对举，当是指有位者。

活扩展到全体社会成员中，认为"礼"是每个人皆内在具有的道德感情的宣示，是这种感情的人文形态的表现，这就是《礼记》中所说的"墟墓之间，未施哀于民而民哀，社稷宗庙之中，未施于民敬而民敬"（《礼记·檀弓下》），"礼者，因人之情而为之节文"（《坊记》）。所以孔孟儒学强调"礼"的实践必须有道德的内容，如孔子所说："人而不仁，如礼何？人而不仁，如乐何？"（《论语·八佾》）；强调"礼"的实践不是履行强制性的等级规范，而是每个人都应有的生活需要和自觉，也如孔子所说，"民之所由生，礼为大，非礼无以节时天地之神也，非礼无以辨君臣上下长幼之位也，非礼无以别男女父子兄弟之亲，婚姻疏数之交也"（《礼记·哀公问》），"不知礼，无以立也"（《论语·尧曰》）。可以说，孔孟儒学是以此一新的"礼"观念——人之道德感情的人文形态，完成了对西周宗法观念的改造，因为这一观念既为儒家将道德伦理生活由氏族贵族推向庶民阶级提供了人性的前提，也为宗法性伦理生活转换为道德性伦理生活展示出合理的逻辑过程。

儒学确立时期，西周宗法观念在儒学观念催化下发生的蜕变，使原来以君统、宗统为核心的氏族贵族的伦理生活方式界限被突破、被跨越，转换成为包括庶民在内的以家庭为基础的全体社会成员的伦理生活方式，阐释和追求普遍的伦理自觉也成为儒家精神和理论的特质。从世界文化背景下观察，正是这种伦理精神——人格平等的理念，以家庭伦理模塑、建构全部社会关系的观念，使儒家文化在古代世界舞台上，相对奴隶制或绝对君权、绝对神权的政治制度，具有较多、较充分的人道精神的优势，并且成为以儒家思想为主体的中国文化之特色的一个主要方面。但是另一方面，在儒家观念的伦理生活方式里，个人总是只能以某一伦理角色出现，没有可以超越伦理关系网络和规范的公共空间和个人存在，不能发育出诸如近代西方世界在自然人性理念基础上兴起的个人权利、自由、平等的观念，和在此基础上形成的广阔社会公共生活空间，儒学也因此在近现代中国的社会转变、发展中遭遇挑战和陷入困境。

（收入方勇主编《诸子学刊》第四辑，

上海古籍出版社 2010 年版）

儒学文化传统的现代价值

　　"儒学文化"或"儒家传统"可以界定为儒家思想观念及其建构的儒家生活方式。儒家思想的核心部分是其"仁、义、礼、智、信"五种德性，"父子有亲、君臣有义、夫妇有别、长幼有序、朋友有信"的五种人伦关系，以及"父慈子孝、兄良弟悌、夫义妇听、长惠幼顺、君仁臣忠"的十种伦理道德规范。这是一个很丰富的观念系统，是儒学文化理念的、精神的内容。但作为儒家文化更重要的部分应该是由这种伦理道德思想在漫长的历史时期里逐渐模塑、建构的儒家生活方式，这是儒家思想由一观念形态变成社会集体意识、社会心理，变成生活行为的过程。其主要表现为儒家伦理道德思想所要求的人应该践履对家庭、国家的伦理义务责任，升华为人生意义、生活价值、精神家园；儒学的"人禽之辨""义利之辨""公私之辨"，成为人们行为的是非善恶判别标准；儒家思想还广泛地渗透社会生活的诸如政治、法律的制度层面和诸如建筑、服饰等物质生活层面。

　　儒家文化的这些基本的内容，站在我们今天的历史位置上审视，一方面，它是建立在农业社会生产力基础上的农业文明，时过境迁，其中有它的已经死去的和缺弱的部分；另一方面，也有仍然活着的、能超越具体历史情境的成熟的、理性的因素，可以转化为、榫接上现代社会发展的思想观念、生活实践。简言之，儒学文化或儒家传统仍然具有现代价值。这种价值在我们国家现代社会生活的不同方面显现出来，可以从不同的理论角度上作出观察。无疑的，儒学文化或儒家传统在中国现代化进程中所发挥的功能及其回应现代性社会问题的能力，应是这种价值的最重要、最鲜明的表现。在这里，我只是对此提出一点粗略的、不成熟的看法。

一　发力于我国现代化进程

在社会学、经济学、政治学的不同学术领域内，对"现代化"有不同的理解和界定。社会学一般认为，现代化是从传统的农业社会向现代的工业社会的转变过程，世界范围内的现代化进程有内源性和外源性之分。我和我国多数学者一样认为，从社会学的理论角度判定，中国的现代化是1840年鸦片战争失败后启动的外源性的现代化。儒学文化在我国这样的现代化进程中表现出的功能，我以为主要有以下三个方面。

第一，提供动力因素。中国现代化是属于外源性的后来者的现代化，是在西方列强即先行进入现代化国家的政治、经济、军事压迫下困难地进行的，必须有一种巨大的、不竭的、能灌注社会各层面中去的动力，才能带动、支持这个进程，这个动力就是"中华民族的复兴"。构成这个动力的主要因素——对国家的伦理认同、社会责任意识、勤勉的品质，都是从个人对家庭、国家之伦理共同体承担有义务责任的儒学伦理道德思想和生活中发育出来的。

第二，提供秩序因素。现代化进程是一复杂的、较长时间的社会转型过程。一个健康、稳定的社会秩序是保证这一进程顺利进行的必要条件。在中国现代化进程中，儒学文化传统的"大一统"政治理念，"义利之辨"的道德观念，对作为社会秩序之核心的国家权力、权威重心的形成，以及转型期社会生活中行为失范之危机的消解，具有明显的助益作用。

第三，提供适应能力。现代化理论认为，现代化的社会转型在有不同文化传统的国家、社会里，会带来不同程度、不同形态的冲突、震荡和破坏，而一个政治体制较复杂的、文化底蕴较丰厚的传统，会有较强的适应转变的能力。儒学文化传统就具有这样的品质：从价值层面看，儒家传统的社会，注重人际间的伦理关系之义务责任，而现代化工业社会则是注重个人权利的社会，但权利和义务有内在的犀通；从制度层面看，儒家社会的政治体制、管理系统已十分发达，且具有明显的理性的和法理的内涵，这也正是现代化社会制度的内涵。

据以上所述也许可以认为，中国现代化道路所呈现的独特性，与儒学文化传统因素的发力有很大关系；甚至可以说，中国特色社会主义道路的形成，也与儒学文化传统的存在有关。

二 回应现代性问题

"现代性"的义涵，在哲学和社会学的不同学术领域或理论立场上也有不同的理解和界说。在社会学的现代化理论里，"现代性"是指现代化进程——由传统农业社会到现代工业社会、后工业社会所塑造的那个特定的历史时代的社会特征。这一界定将现代性理解为由完善的市场经济、自由主义的政治制度和个人主义精神、高度发达的工具理性等因素构筑的现代资本主义。在较宽泛的意义上，剔除其中的意识形态因素，现代性也就是现代文明。"现代性问题"在这里主要是指现代化所带来的具有消极后果的社会问题及由此而引发的社会运动。儒学文化传统也有思想资源对现代性问题做出积极的回应，显示自己的理论立场和实践态度。

首先，对可视为现代性的一个核心社会问题——人生意义失落的精神危机的回应。西方学者研判，在现代化已完成的且有基督宗教信仰传统的西方发达国家，较普遍存在的人生或生活意义失落的精神危机，是由理性"祛魅"带来的宗教信仰衰退乃至丧失，以及自我中心的个人主义扩张这两个根由产生。显然，这些都与现代化带来的后果有关。从儒学的立场看，引发西方现代性的人生意义丧失的两个根由在儒家生活中并不存在。因为这两个根由实际上可以诠释为人与宗教的那种外在的超越性根源的分离，和人与其社会责任的分离。而儒家的超越性根源是内在的，是"尽心""知性""知天"，依靠发掘人自身的精神源泉，通过道德实践实现对终极"天命""天道"的体认，感受到人生意义，不存在被理性"祛魅"或与超越根源分离而发生的危机。在这里，儒学的精神危机是发生在对儒家之道德理想和实践丧失充分的理性自觉时，如在历史上魏晋名士那里所出现的情况；现时代，在强有力的西方文化影响下，这种情况也一直在发生着。儒家的伦理认同总是把个人对家庭、国家伦理共同体应尽的义务责任放在人生的首要位置，人生意义就存在于这种实践中，所以也不存在与责任的分离。但在这里，儒家也有精神危机的发生，那就是这种伦理自觉被权力扭曲而变成被迫屈从之时。在儒家生活里，平凡的家庭伦理生活中的希望和责任，追求生命崇高的努力，经历苦难，都具有价值，都能产生意义感。

其次，对现时代的、现代性的三个重要的、活跃的社会思潮、社会运动——人与自然之关系的生态伦理和生态运动、人类不同文化间伦理共识的全球伦理、人类男女两性间关系的女性主义思潮和运动的回应。人类应该对自然负有责任，应该保护赖以生存的生态环境，是现代人类很难得地获得的一个最广泛的共识。19世纪三四十年代以来，西方有环境伦理学（生态伦理学）兴起，对此作理论阐释。回顾以伦理道德观念为核心的儒家思想历史，人对自然的责任之观念，在先秦儒学那里就已在作为一种道德理念、一种规范制度、一种生活中的自觉三个层次上展现出来；宋代儒学中更得到"与万物同体""万物各得其所""民胞物与"三种哲学的诠释。所以，在人与自然关系间，儒学所做出的尊重、善待自然、与自然和谐相处的选择，和现代生态伦理思潮是完全一致的。相较由19世纪实证科学之一的生物学之重要成就发展而来的西方生态中心主义的环境伦理思想而言，儒家伦理对人与自然关系的道德选择，有更深厚的道德意识、更纯粹的道德良知，是现代环境伦理所不会、也不能逾越的。"全球伦理"是指在不同文化传统和生活方式之间存在的最低限度、最基本的伦理道德共识和规范。1993年世界宗教议会明确提出，这次宗教议会提出的"全球伦理"，内容是"一个基本要求"和"四项不可取消的原则"，是根据基督宗教的基本教义和1948年的联合国《世界人权宣言》，已全面涉入政治、法律领域。儒家道德思想中"己所不欲，勿施于人"、"人禽之辨"与"义利之辨"、"民胞物与"三个基本原则，是从个人行为、个人道德行为、个人与他人间及与自然间道德行为三个层次上提出的道德要求，可以视为儒家文化传统基础的、并且能构成某种周延的道德界限，与其他文化传统中基本道德观念也有相互契合、融通的相容之处。女性主义是19世纪后半叶开始出现的以消除男女不平等为目标的思想和运动。女性主义内部在理论和实践上都存在分歧。女性主义中一种富有远见的观点认为，女性主义思想和运动追求的最终目标应该是男女两性的合作、和谐。以儒学的视角观察，在三个不同维度上男女两性关系性质的显现有所不同：在自然观的维度上，男女两性关系被确定在"阴阳"的自然终极结构上，是互补、和谐而不是对立的；在伦理观的维度上，作为伦理角色的男女两性，无论父女、夫妇、母子之间都是相互承担等值的义务责任的关系，是高于平等的；但在权力（男权）观的维度上，女性屈从于男性，历史上一直存在男女不平等。但儒家对奴役女性的男权行为（"色荒"）还是谴责的，主张以道德制约男权。所以对于女性主义争取男女平等的斗争，走向男女和谐的努力，儒学是有理论资源、道德动力表示欢迎和支持的。

儒学对现代性人生意义丧失的精神危机和三个重要的现代性社会思潮和运动的回应，表现的都是宽容地接受和从容自立地汇入的文化姿态。无疑的，这也正是儒学具有生命力的表现。

三 新的生长

儒学文化或儒家传统中仍然活着的、成熟的和理性的因素，在推助我国现代化的进程中，在回应世界范围内的现代性社会思潮和社会运动时，都发挥了积极的作用；历史上儒学存在于以农耕生产力为主要生产力的农业文明中，社会结构的特征是以"礼"建构的具有等级性的社会阶层结构和以主干家庭为主导的社会家庭形态，这是一个以伦理义务为本位的社会。现代化的社会转型改变了这一切。当代中国更多呈现的是一种工业文明，与此相适应，核心家庭成为主体的家庭形态，这是一个公民一律平等、法治为主的公民社会。在此新情势下，儒家思想的现代转化也就是其在法治社会的伦理秩序中、公民社会的个人道德中的新的生长。

2001年国家公布的《公民道德建设实施纲要》充分地表现了这种新的生长。该纲要提出的20个字的"公民基本道德规范"——爱国守法、明礼诚信、团结友善、勤奋自强、敬业奉献，是对我们国家所有公民应该遵循、履行的道德规范的总概括，既是道德责任的要求，也是美德的期盼；还提出"社会公德""职业道德""家庭美德"，即对公民在社会交往和公共生活中、职业活动中、家庭生活中三个基本社会生活领域内的行为规范；还提出"依法治国和以德治国紧密结合"的基本社会控制模式。从儒学的道德理论立场来观察，该纲要的"基本道德规范"和"三德"规范所表现出的新的道德自觉，就是将其道德规范的理念、精神之根深植于儒学传统的"仁、义、礼、智、信"的德性土壤之中，而努力向儒家伦理观念和生活限域之外的更广阔的社会公共生活空间生长；由"礼治"向"法治与德治紧密结合"的转变，客观上反映了、适应着中国社会由传统向现代的转型。以助人为乐、见义勇为、诚实守信、敬业奉献、孝老爱亲五项德行标准评选出的 2007 年 53 位全国道德模范，更是这种新的道德生长具体的、典范的代表。2008 年汶川地震抗震救灾中全体国民所彰显的大爱无私，应该说有多重精神内涵，但在儒学的视角里，则可以诠释为仁爱精神、对国家的伦理认同、社会责任意识等儒学文化传统在新的社会情境下的一次集体展现。

正如宋人诗中所吟的那样，"不识庐山真面目，只缘身在此山中"，现代化、全球化的潮流使现代中国的面貌已经发生了巨大变化。处身在这种变化中，有时我们会不知如何对自己变迁、发展中的文化作认同、作定位；但在异质文化背景映衬下或理论视角里却能清晰地观察到，变化着的现代中国依然呈现的是儒学文化特色。发掘、诠释儒学文化的现代价值，对于形成这种文化自觉是十分有意义的，甚至是必要的。

（本文是作者在 2010 年元旦河南省儒学文化促进会
第一届一次学术研讨会上的发言稿，发表在
《中州儒学文化》2010 年创刊号）

佳羽集 *

我梦见，我拔下自己身上的羽毛，编织成桥，搭向天空。

对于幻想永远维持统治地位的阶级和个人，历史永远是可怕的敌人。历史总是记述着、证明着新的变旧、旧的变死、死中生新。

对于任何一种学术思潮、哲学思想，都不应轻易否定，而应该了解它、领悟它、超越它。否定是学术道路上的一座断桥。这是我的态度。

法国马里恩说我们的时代看来是一个启示的时代……正在遭受苦难，苦难的尽头将出现一个新时代。

当你听说当前的时代是一个伟大的时代、折转的时代、全新的时代，爱和善，或自由、平等、博爱最后胜利的时代，人类理想最后要实现的时代，你要知道，这是在惑众。当你听说当前的时代是空前苦难的时代、最黑暗的时代，你要清楚，这是欺骗。你要警惕先知和政客缚住你的手，碍住你的眼，牵着你的鼻子。根本没有这样的时代，如同自然，不是仅有温暖的春天，或仅有严寒的冬天，而是有四季；不是今年才有春天冬天，而是去年、前年也有。也许，明年后年还会有。

自然在不断变化，人类在不断进步，但绝不会一切都好，没有矛盾烦

---

* 这是作者记录自己片断思考的随笔，写于 1970～1973 年。

恼，这既不合自然的规律，也不是人类追求的真正目标。

作为一个时代，是指人类社会中某个历史时期所具有的独特的社会面貌。它是由一个历史时期或一个社会独特的经济内容、政治制度、精神状态等构成的。然而一个社会或一个历史时期的政治、经济、思想的形成，都是和它的前一个社会或历史时期相联系的……

此时，我当认为，历史上每个时代和国家都会出现的舍己为人的种种德行和"完人"是人性善良一面的表现。但是它并不能使一个政权丑恶的面貌变好，国家暴力性质复善，反被它们拿去点缀、装饰它们的"进步""美妙"。

雅克说，他常常梦到，总是在天色傍晚将黑的时候，才开始走自己的旅程，才去做某件事情。或在尚未达到目的地，尚未做完某件事的时候，日已西下，暮色苍茫。路还长，事正多，可是一天已经过去了。他就不免有些慌张……

他说："我知道，这是梦，但这兆示着我命运的悲苦艰难。但我感到慰藉的是，这不是我个人的命运，而是每个时代都有的那种清醒认识现实和探索未来的人的命运。他们的重复是穷途末路，但这激发他们的智慧发光。"

成就伟大事业的人，都要有勇于牺牲一切现世安逸享受的精神和决心，都要被世俗目为"狂人"，的确！

历史上，启蒙学者或革命思想家的命运都是艰苦的。

他们生活在这样的社会背景下。一方面，社会的根本缺点和没落前途已经显现；另一方面，社会的政治统治又是极端严密的。他们受到国家机器的迫害，受到社会舆论的孤立。旧的社会生活形态没有尽净，新的社会制度的曙光没有出现，这给他们的理论的成熟带来了困难。

往往，他们的路还没有走完，就寂寞而终。

但是，后人在发掘他们的丘垄的时候会发现他们的尸骨虽变成泥土，精神却化为利剑。

革命季节的雨露阳光使他们复活，起来加入战斗的行列，语言就是子弹，思想就是旗帜。

我每次做一个内容同样的梦：我走进一个很大很大的图书馆，那里有很多很多的书，可以自由阅读。我怀着无限欣喜的心情，正要翻阅这些书的时候，忽然就醒了……

我知道，这只是幻梦，现实中是没有的。然而这个卑微的愿望是多么强烈地一次又一次地吸引我呵！

农村的变化。

由于农业的社会主义改造，他们逐渐失去了个体占有土地的能力和手段，因而，私有生产资料的愿望和兴趣也淡漠起来。他们不再想积蓄买田地，而是积蓄盖房屋，增置生活资料。由于农业生产的收入，他们大都没有多少积蓄。

一般的农民。

大批城乡知识青年拥进了工厂。

我国工人阶级身上的新血液，使他具有了新的气质。新的生活环境和社会地位，使他滋生了新的感情和要求。那些能忆苦思甜的老一辈人逐渐少起来，带着一种优越感的、兴趣和欲望广泛的新一代人成长起来。

权力能使一个人或集团可以把社会中的优越的物质的、精神的条件垄断起来，用以巩固、保持自己的地位。但它不能把人的自然禀赋也垄断起来。

已经握有权力的人或集团，不断趋向保守后退，最后被权力腐蚀。没有权力的人或集团总是及时进步，最后夺取政权。这当然不是短时间内就能实现的，而是要经过相当长的时代和世纪，经过多次斗争的积累、反复的较量才能实现的。

这种权力的变迁，不单是掌握权力的人或集团的变换，一般说来，总是有机伴随着生产力水平的提高、人的思想意识的变化，对自然和社会的规律有更进一步的认识，社会风俗习惯更趋于文明道德，更加解放，所以这些都使权力的变换显出新的一代风貌，划出一个新的时代。所以，这种权力变化虽不是所有的人都"自由平等"的社会时代的到来，然而也不是历史的重复，而是人类的进步。

颠倒了关系，没有源泉。

人类的路的确是众多的普通人走出来的，不是那些怀着多种目的的设计家用笔划出来的。

一种真正的、有深远影响的社会运动、思想潮流，都是社会生活的产物，都是大多数人民群众的愿望、情绪和利益的反映。在某种意义上说，在大多数人的方面来说，是自发的。没有见到用权力提倡的运动和金钱铸造的思潮能长久立足的。

历史上和世界上每个民族和国家出现过和存在着的信仰和制度，都有使自身得到稳定和使社会得到发展的能力，都处在永恒的演变过程中，都是具体条件的产物。宣称一种制度和信念是唯一完美的，并把它强加于另一民族和别的国家，都是要失败的。

一个社会里，所有的人于现在都有工作，得以温饱，于将来都有实现理想的进步阶梯，都有一样的机会和地位，都有一样的自由平等……空想家大概都是这样想的。这种弱者或心地善良的人的想法在于没有看到人类本身的特点和人类社会的本质。

人类本身在其自然禀赋上是不等的。性格的差别、资才的不同，固然是在以后的社会、家庭、教育环境下形成的，但是，我们每每看到长在同一家庭和受到同样教育的人，个性和能力决不是同样的，而是总有强弱高低之分。世界上没有相同的事物，人类在秉赋上是不等的。这决定性影响了一个人在社会活动中的能力的不同、方式的不同、获得的机会不同、谋得的地位不同。

这就构成人类社会不平等的自然基础。

在人类的社会活动中，正因为这个特点是基始的东西，所以就比较隐蔽，比较遥远，比较原始，为很多人看不见。又因为这种基始的东西，容易被那些拥护人对人的压迫、剥削的现象作辩词作盾牌，反对和仇恨人对人压迫、剥削现象的人，激烈地必然要对这些人的观点加以断然的否定、抨击，为了理论上的矛盾，他们也不承认这个基始的东西。但是，这种崇高的感情并不能改变铁的事实。

人类社会，是由从事不同生产劳动，不同职业活动的人群构成。能力的不同，使他们逐渐地在这些活动中形成了不同的地位。那些有能力的、作用大的人或集团，在这些生产劳动和职业活动中总要获得优越的地位，总要获得支配、领导这些活动的权力。这个权力又反过来从各方面巩固已经取得的地位。这种权力（驾驭社会的政治的、经济的力量）是人类社会生活得以维持和不可避免的因素。而没有这种权力的人或集团，永远不可能和拥有这种权力的人或集团有同样的机会、地位、平等、自由。

我们在历史上看到，经济生活的困苦是劳动群众造反的起点和基本原因，而思想上的危机——旧的占统治地位的思想的崩溃，对新的、还受着迫害的信念的追求，则总是进步知识分子反抗的起点和基本原因。并且，还是劳动群众的经济困苦和反抗斗争滋生了进步知识分子的思想危机，锻造了他们的反抗意识。

当这两种对旧制度的反抗还是彼此孤立进行的时候，旧的社会制度还不会崩溃。旧的社会制度在它们的冲击下，会做适当的反应、适当的改良、缓慢的进步。当这两种反抗结合起来的时候，旧的社会制度就必然要崩溃了，社会巨大跃进的时刻就来到了。

现代国家机器为了消除经济上的反抗因素，有的用提高生产力的办法，有的用控制生产资料的办法。它们的优劣一般是无法进行比较的，因为它们不是可以由一个统治阶级或集团以及个人随意选择的，而是由一个国家的历史传统、社会现状各方面情况所决定了的。而且，它们之间也绝不是相互排斥的，而是相互渗透的、结合的。

为了消除思想上的反抗因素，有时用"自由放任"的政策，各种思想在交流和表现时抵磨掉自己的棱角。

在一种社会制度和国家统治尚为巩固的时候，这是非常有效的而且效果持久的。有时用思想垄断的办法，在一个社会制度和国家政权刚刚建立、尚待巩固的时候，这是必要的，但是长久实行下去，效果并不理想，而且会带来严重后果。对任何一个异己的思想都抱着敌视和拒绝态度，绝不会维持思想的稳定，相反，任何一个异己的思想观点的出现，都会招来一次思想动荡。

腐朽的制度、政权或社会力量，总是害怕新思想，害怕一切异己的东西。而一个新的、进步的制度，对于不同的思想、潮流，各种目的的探求，都能够容忍、融化的，因为这些不会给它带来威胁、危险，相反，会促使它繁荣、兴旺。

这在历史上是屡见不鲜、屡试不爽的。

休谟说："人类在一切时代和一切地方都是非常相同的。"

我感到，任何一个谦逊的、深于思索的哲人，都倾向于不可知论。世界如此广大，我们知道的多么少！

中国的八亿人口，是一个无所不有的伟大源泉，它滋生着一切：已经看到的，可以想到的，和更多不能预料的。

凡是美的、善的，都只有在我们这样的国家和社会主义土壤上才能长出，丑的、恶的，都必然在别的国家和资本主义制度下滋生；见闻到我周围有丑的、恶的事实，我就认为，那是资本主义影响的结果；别国制度下美的和善的东西，我从未听闻过，无法想象，也不相信。

在一个农民占多数的国家里，知识分子的革命运动总是活跃得多，多彩得多。

这种阶级的分化、集团政权的迭变，是这个社会中自然的、根深蒂固的现象。

这好像是开了一个窗户，虽然不大，但从这里望去，仍可发现外面的大地、世界，要比屋内宽广得多、丰富得多。

日本民族是智慧的，更确切地说，是善于学习的。它总是向世界上的先进文明接近、靠拢，在古代，它向中国唐朝汲取精神养料，在近代，它又向西方学习科学技术、社会思想，使自己立于世界历史发展的先进行列。

比较而言，日本从别的民族那里得到的思想的物质的财富多，而向世界贡献的少。日本遭到过毁灭，这是它损害别的民族而必然要受到和应该受到的惩罚。

瑟诺博斯《法国史》说到英国、荷兰的宗教信仰自由："它们的经验指出，宗教的统一对于社会秩序的维持并不是必要的；人们看到这些持异见的教徒过着一种无可指摘的生活，就不得不承认，一个诚实的人可以在任何宗教里追求永福。"

这是非常真实的历史经验。无论佛教、伊斯兰教或基督教，它们谁都不更高明，谁都不更低劣，它们都曾为善，也都曾为恶。

甚至任何一种意识形态、社会制度也都如此。它们治下的臣民都有欢乐，都有痛苦，它们都是应运而生、随时而亡。有存在的价值，有灭亡的必然。

第二次世界大战后，国际共产主义运动逐渐衰落，在和世界资本主义、帝国主义的斗争中，处于守势，其基本原因是：①缺乏理论指导，没有统一的政治纲领；②缺乏实际的榜样；③资本主义生产关系进行了自我调整，生产力在继续发展中，而且资本主义数百年来创造的文化和物质上的财富使它还有能力经得起现世政治、经济风暴的冲击，而不致像共产主义运动中某些理论家所乐观预言的那样很快覆灭。

雕朽集*（哲理短文 87 篇）

《读书》杂志 1980 年第 4 期（2 篇）

1. 困惑的问题

在春秋早期，一个大雪纷飞的日子，齐景公披着轻裘，抱着暖炉，坐在屋檐下，产生了一个困惑的问题：下了三天的雪，为何并不寒冷？

晋代末年，一个灾荒的年头，晋惠帝在花园里钓虾蟆玩，听说老百姓都饿死了，他感到不解："何不食肉糜？"

两个困惑的问题回答了另一个困惑的问题：为何历代统治者总是要倒？——感受不到人间饥寒温饱。

2. 胆小与器小

《荀子》中有个胆小的人，叫涓蜀梁，他把自己的影子当作鬼，结果吓死了。《异苑》中有只骄傲的山鸡，陶醉于自己美丽的羽毛，在曹操宫殿里的镜子面前对影自舞，至死方休。这就是胆略小和器量小的结局：小

---

* 写于 1975～1978 年，作者自述其写作目的有三："①孔丘说：朽木不可雕也。今反其意，作"雕朽"集。大都是议论古朽的历史往事。这也许是无谓之举，就象在战场上总是把子弹射向已经倒下的目标一样。②列宁：认识那些在大变革时代形成其思想和意志的人物面貌，就能提高我们自己。③让思索和判断力荒芜，就是对生命的最大的浪费。"共 87 篇，其中 1～20 篇以"问石"笔名发表在《读书》杂志，其余 67 篇是首次发表。另外，第 4 篇的标题：制造灾难的人和忍受灾难的人（悲惨世界里的带头人），前面的标题是他底稿里的标题，括号里的标题是发表时的标题；第 54 篇的标题：鲁迅和甘地（两个伟人的临死），以及第 64 篇的标题：正确的公式代入错误的事实（夸大了的真理），这两篇括号里的标题是他从底稿誊写打算投稿时修改的。这三篇文章我们保留了两个标题。

胆的人害怕异己，甚至被自己的成绩吓倒；小器的人容不了异己，就要被自己的成绩醉倒。

《读书》杂志 1980 年第 5 期（7 篇）

3. 剥削者的生平

十九世纪巴尔扎克的作品中有许多贪婪的资产阶级形象。例如在《欧也妮·葛朗台》中描写的商人葛朗台就是。他一生像是老虎、巨蟒吞食物一样贪婪地攫取金宝。临死时神甫把镀金的十字架送到他嘴边，给他亲吻基督的圣像，他却作了一个骇人的姿势，想把十字架抓在手里，这一下最后的努力送了他的性命。

十八世纪的中国作家吴敬梓塑造了一个绝妙的地主阶级悭恪形象——《儒林外传》中的严监生。临死时，因为油灯点了两根灯草，便伸着指头，迟迟不肯瞑目，直到家人捻灭一根，才愿吐出最后一口气。

这正是一切剥削者的生平和剥削阶级的历史命运，他要攫取一切才死心，而正是这种努力断送了他的性命。

巴尔扎克《人间喜剧》写尽了资产阶级世俗情态，所以恩格斯说："从这里甚至在经济细节方面我学得的东西比当时所有的专门的历史学家、经济学家和统计学家那里所学得的还多。"曹雪芹的有三百个人物的《红楼梦》是中国封建社会的"百科全书"。不同民族有相同的创造，在社会发展和精神成长上往往有惊人的相似，因为他们有着共同的发展方向，起点和路线不同，终点却是一个。

4. 制造灾难的人和忍受灾难的人（悲惨世界里的带头人）

雨果《悲惨世界》里有两个重要人物，一个是元老院的一位元老，他酒后吐真言："我不让那些无稽之谈牵着我的鼻子走。可是，对于那些下等人……却应当有一种东西，我们不妨给以各种传说、幻想、灵魂、天堂、永生、星宿，让他们大嚼特嚼，让他们拿去涂在他们的干面包上。两手空空的人总算也还捧着一位慈悲的上帝……"

还有一位是主教："多少人在努力发掘黄金，他却努力发掘慈悲心肠。普天下的悲苦便是他的矿……他脚下有东西供他培根收获，头上有东西供他探讨思索，地下的是几朵花，天上的是万点星……"

他们不是《悲惨世界》里的主人公，却是"悲惨世界"里永不可少的两个带头人，一个制造灾难，一个忍受灾难。

5. 骄傲和恐惧

1870 年 7 月普法战争爆发前，无论在士气和装备上法国都是低劣于普鲁士的，而骄傲却使法国将领得出相反的判断。

列别夫元帅：我们已经准备好，非常之好，假使战争拖长甚至一年，我们也将一点不感觉缺乏，连夏鞋套上的最后一颗扣子也不缺乏。

国防部长：没有普鲁士的军队，我是否认这一点的。

战争只进行四十天，拿破仑三世就挑出投降的白旗。

克雷洛夫有则寓言。

小老鼠：最好的消息，狮子把猫逮住了。

大老鼠：别高兴，如果这两个打起来，狮子一定送命。

看来，恐惧和骄傲一样地使人失去正确估价自己和正确判断敌人的能力。

6. 有毒的刺

孔丘的学生樊迟向他请教如何种粮、种菜，老夫子根本就不会，答不上来，反而骂樊是"小人"。柏拉图的朋友阿尔赫顿研究机械的学问，用木头制成一只能飞的鸽子。只会躺在"理想国"里梦想当哲学王的柏拉图不知自愧，反而指责"这不配是哲学家做的事"。

这就是恩格斯所说的垂死的奴隶制留下的有毒的刺——鄙视生产劳动。

陶渊明诗："人生归有道，衣食固其端。孰是都不营，而以求自安。"对社会生产劳动失去兴趣和关心的阶级，就是要死亡在即的阶级。不能再组织生产劳动的国家，就是命在旦夕的国家。

7. 读书的多少和知识的多少

杜甫著名的诗句"读书破万卷，下笔如有神"是主张多读书，获得作诗的自由。清人郑板桥的主张却相反："读书数万卷，胸中无适主。便如暴富儿，颇为用钱苦。"认为读书多了，思想受束缚，作了别人的奴隶。其实他们都是对的，这是两种读书功夫不同的人。"破万卷"有反复揣摩、领悟彻解的功夫，故能独立行走，登峰造极。"数万卷"仅是泛观博览，思的功夫欠缺，故摆脱不了依傍，只好爬行。

知识丰富点好，还是少一点好，也有不同的主张。古代阿拉伯名言"人最美的装饰是知识"，知识总是美的、善的、建设性的。在《克里姆·萨姆金》中哲学家陶米林却说出相反的话："一般说来，凡是具有过多世故经验的人，都是否认道德的。"他们也都是对的，知识既能为善，也能作恶。知识致力于人类前进的两个目标——永远消灭社会经济、政治原因形成的人类不平等和逐步改造自然原因形成的人类不平等，那就是善的、美的；如果用来维护、加剧这种不平等，那就是丑的、恶的。读书而能思考，越多越好，"学愈博而思愈远"（王夫之），知识能为人类进步服务，越多越好，"知识就是力量"。

8. 哲学家的缺点和政治家的缺点

以今视古，哲学家的缺点是荒谬，政治家的缺点是愚蠢。古罗马的哲学家、政治家西塞罗就说过："任何荒谬绝伦的东西，都可以在哲学家的书里找出来。"同样，在每个政治家那里，也都可以找到不该做而做了、该做而没有做的愚蠢来。这本不足为怪，人都是在一定的历史条件下活动，难免时代和阶级的局限。今日的荒谬可能昔日视为敢想，今日的蠢事可能是昔日的敢为。然而今之视古，犹后之视今，陆象山说的一句话比较中肯："论古之是非得失易，言今之施设措置难。"所以，一般哲学家总以为自己不荒谬，说出来的全是真理；政治家总以为自己不愚蠢，做的全是应该做的事。这倒是他们真正的缺点。

9. 获得魔力以后

《改邪归正的梅莫特》是 1835 年巴尔扎克创作的一篇小说。它借魔鬼梅莫特用无限魔力来换取一个伪造票据、带情妇私奔的银行出纳员卡斯塔尼埃的灵魂的故事，批判资本主义社会的享乐主义、金钱至上的可鄙思想，揭露了资产阶级交易所买空卖空的丑恶行径。马克思称赞这是一篇"充满了绝妙的讽刺"的杰作。

心中只装有金钱和女人的卡斯塔尼埃把灵魂出卖给魔鬼获得无限魔力以后，逐渐感到"全知全能"给他带来的并不是美满而是虚无。小说中写道："他拥有一切，财富和权力对他已毫无意义，他拥有万无一失的力量，任何女人都唾手可得，便不再想要女人了。他看清了这个世界的原则和构造，对它的成果不再欣赏。他不追求未知，因为他无所不知——随着无限的魔力而来的便是虚无。"巴尔扎克塑造的艺术形象和故事情节映现了一个真实的人类精神处境和深刻的道德思想：没有德行就驾驭不住巨大的智能。人类的进步愈来愈清楚地显示了一个危险和失调：德行积累落后于知识增长。现代科学使人类获得了巨大的力量，也许，他能用一滴水炸平一座山，驾一片瓦穿行一个星系；他能把人的智能灌进机器，把物种遗传因子重新排列，造人造种；过去和现在埋藏着将来的信息，预测事变的"突变理论"，还要做到未卜先知，也许还要探索一条"路径"，把逝去的岁月追捕回来，……人类知识的云梯不断地搭向"全知全能"的顶峰，但是，人类的社会制度、道德面貌并没有与此相适应的进步，似乎驾驭不住这种知识进步带来的力量。美国生物学家、《人类中心主义》的作者默迪说："科学知识给我们能力去创造奇迹的事情，也去做荒谬可笑的事情；我们现有的知识使我们能够'移山'，但我们仍然不知道这样做是否符合我们的最高利益。"首先提出"突变理论"的那位法国数学家也很迷惘，不知道自己的理论创造有什么用途，不知道自己的这颗结在现代数学之树上的果实是苦是甜。许多西方学者都觉得自己是生长在人类知识危机极其尖锐的时代，叹息"知识增加悲哀"。

在巴尔扎克的小说里，卡斯塔尼埃感到只有信仰和祈祷才能制服他驾驭不住的魔力，终于他也"改邪归正"了，把魔力卖掉，换取另一个人的灵魂，皈依了宗教。

但知识带来的力量，人类是不会放弃的，是宗教也制御不了的，因为它毕竟不是邪恶的魔力。然而人类确有必要更加关注制度的完善，激励道德的演进和德行的积累，以便真正能够驾驭迅速增长的知识的力量，否则，人类在获得无限力量以后，接踵而来的可能不是幸福，而是灾难。

《读书》杂志1980年第6期（4篇）

10. 奴隶的梦

在《战争与和平》里，托尔斯泰借当了俘虏被囚禁起来的彼埃尔的口说："世界上没有一种环境人在里面是幸福和自由的，同样也没有一种环境人在里面是不幸福和不自由的。"托尔斯泰的话也许有些道理：奴隶可以随意赶走停在鼻子上的苍蝇，而拿破仑想征服世界却不逞；享乐一世的也总有烦恼，潦倒终身的难道没有片刻的顺心？奴隶们吞下托尔斯泰的药丸，一定可以安静入睡，并做出美梦。

美梦，中国的奴隶做过。《列子·周穆王》上写道：尹氏家有个老奴，终日辛劳，疲惫不堪，每到夜晚精神荒散，就梦为国君，恣意所欲，其乐无比，醒后又能继续不倦地劳累。他心满意足地说："人生百年，昼夜各分，吾昼为仆虏，苦则苦矣，夜为人君，其乐无比，何所怨哉？"这当然是魏晋时期腐朽糜烂的门阀贵族编造的故事。

信托尔斯泰的话的十足的奴隶和做役夫的梦的浑噩奴隶总是不多的吧！他们都太蔑视人的智力了，囚室的内外，昼夜的不同，愚蠢的奴隶们大概也是分辨得了的吧？但这是一个教训，悲莫大于心死，统治者对于被剥削者的最大阴谋就是要他人活心死。还是处于革命时期的普列汉诺夫曾说："在被压迫的人中间发展自觉，是最大的进步因素。"这是非常正确的。

11. 无知和成见

十三世纪意大利威尼斯商人马可·波罗旅行到东方，还在元代的中国做了二十多年的官。他回去后在书中叙述了他旅途的奇异见闻。有人控告他撒谎。撒谎是基督教的大罪，死后是不能升天堂的，于是神甫也来规劝："你至少得在临死之前忏悔，否认了你在自己著作里所写的谎言吧。"马可·波罗说："我所知道的，连一半都没有讲出来哩！"

果戈理《死魂灵》最初写成时，沙皇的书籍出版检查官曾下令禁止出版，因为"书名是荒谬的"，他断然指示道："灵魂是不死的。"

听说自己不知道的事，就控之"撒谎"，这是无知；见到和自己信念不合的思想，便圈以"荒谬"，这是成见。像某个哲学家所说，成见比无知距离真理更远。

12. 奇特的时代

十六世纪后半期，法国发生了长期的封建内战——胡格诺宗教战争。法国作家梅里美在《查理第九时代轶事》中写道："我们生存的这个时代是很奇特的。战士们谈和平，牧师们鼓动战争。"十七世纪后半期，中国处于明末清初，这也是一个"奇特"的时代。著名的学者都鼓吹经世致用，景仰帝王的业绩，鄙弃书生作为。清初三儒，颜李学派，莫不如此。颜元说："古今旋乾转坤，开务成物，由黄帝五霸，以至秦汉唐宋明，皆非书生也。"（《言行录》）李塨说："以读书著书为儒者，七百年来之大梦也。"（《年谱》卷五）皇帝们却倡导"明心见性"，热衷"御纂""钦定"四书五经。数番康熙纂《易》定《书》，乾隆纂《诗》定《礼》，忙得不亦乐乎。虽然出自脚下的文臣手笔，并非是自己的真学识，但也确乎煞有其事。法国的那个"奇特时代"的事情，还有以前时代的许多事情都说明欧洲的基督教并非只爱和平和带来天堂福音，它也要暴力撒向人间灾难；中国这个"奇特时代"的事情和以前的时代的许多事情都说明困难于维持在中国的统治的人，最需要孔孟程朱。

13. 疯子建言

法国空想社会主义者圣西门认为"哲学家的主要任务就是搜求对当时最合适的社会制度，促使被统治者和统治者加以采纳"，所以他每天都要给著名的学者、政治家发出信件，寄送手稿，希望他们注意他所发现的真理。但学者中只有主张地质突变的居维叶洞觉他的社会改良的计划，给他回了信。他还向拿破仑呼吁，劝他放弃称霸欧洲的计划，和自己一道来建设一个以道德、科学、工业为基础的，发展人的爱、智和本性的社会。那时，拿破仑登陆不列颠的计划破产，于是就颁布大陆封锁令，企图从经济上打击英国。法国舰队在特拉发加海角被英国舰队击败，英国、美国采取对策，从海上封锁大陆，法国的工商业反受其害。圣西门就在寄给拿破仑一本手稿的附信中说："如果陛下同意放弃自己的侵略计划，那么陛下就会迫使英国人恢复航海自由。如果陛下希望更增加已经获得的大量桂冠，那么陛下就会使法国破产，终于同自己的臣民的意愿发生直接的和完全的矛盾。"拿破仑收到信后断言，写这封信的人一定是个疯子！拿破仑的判断正确，圣西门的确像个疯子，只有疯子才会把幻想当现实，努力做着不可能的事，才会要求皇帝把皇冠摘下来戴在自己的头上，结果把绞索套在自己头上。

中国也有个这样的"疯子"。那是在幼小的汉昭帝刚刚坐上皇帝位的时候，大概是由于地壳的抖动和气候的变化，一块大石头自己站起来，一棵枯柳树又生枝发芽。儒生眭孟根据《春秋》的"微言大义"，以为石立柳生，当有匹夫为天子，就建议"求索贤人，禅以帝位"。辅政的大将军霍光以"妖言惑众"的罪名把他杀掉了。霍光做得也对，如果实施这个书呆子的迂腐的建议，招来的将是一场内战的祸害。眭孟也是死得其所，毕竟是他创造了中国历史上谏言大胆的记录。

鲁迅先生在《准风月谈·帮闲法发隐》一文中援引了丹麦作家吉开迦尔的一个忧郁的笑话："戏场里失了火，丑角站在戏台前来通知看客。大家以为这是丑角的笑话，喝彩。丑角又通知说是火灾，但大家越加哄笑、喝彩。我想，人世是要完结在当作笑话的开心的人们的大笑之中吧！"疯子建言很像这丑角报灾，火灾的笑话使人轻松愉快，真的火灾就要使人惊恐慌张了。疯子不吉祥的狂言并不可怕，可怕的是他成功地言中。圣西门写信后的几年光景，拿破仑帝国果然崩溃，它的短暂的十年的存在，消耗了七百万人的生命，其中有一百万法国人。西汉最后被新莽替代，也正是匹夫崛起，皇帝禅位。

这些也许偶然的巧合结局却实在可以帮助人们记取历史不只一次提供的教训：不要把违背了习俗和个人利益的思想视为悖谬，初生的真理往往很像狂言。俗见也会战胜萌芽的真理，但这不过是一个神父反对达尔文所取得的那种胜利，他说："达尔文说把鸡抛到水中，它便会露出足蹼来，而我则断言，鸡简简单单会淹死。"

《读书》杂志 1980 年第 7 期（4 篇）

14. 一个婆罗门的故事

印度史诗《摩诃婆罗多》中有一个这样的故事：婆罗门侨尸迦坐在

树底下背诵《吠陀》，树上一只颧鸟拉了屎，掉下来玷污了他的头。他抬头望了那颧鸟一眼，眼中的怒火杀死了颧鸟。婆罗门很痛苦，他想，如果愿望自己会实现，如果每一个轻率或愤怒时的愿望都会产生效果，那将是多么可怕啊！那将有多少事要令人悔恨啊！幸亏愿望要靠外在条件来完成的，这样才使我们减少了不少罪行和不幸。

这个善良的婆罗门是多少糊涂啊！竟没有看到穷人想得到温饱的愿望和独裁者要统治天下的邪欲是何等不同！就像安徒生童话中卖火柴的小女孩擦亮最后几根火柴，想照见面包的卑微梦想和希特勒把德国最后几个士兵都用去征服世界的狂妄野心。愿望不是天上的神异种子，一落地就能结果实，这使充满邪恶念头的人有点不甘心。愿望也不就是现实，进步的人们因此要作出牺牲。有幸的是，人类社会向着这样的方向推进：实现正当的愿望，扑灭邪恶的欲火。

15. 国家的厄会与好运

旧时的中国传说，岁值丙午、丁未是国家的"厄会"，即要倒霉的年头。五行丙属火，色赤，十二属未为羊，故称为"红羊劫"。宋代柴望作《丙丁龟鉴》，煞有介事地考证秦庄襄王至晋天福十二年的一千二百五十三年中，二十一个"红羊"皆有"事变"发生。唐代殷尧藩的诗中也曾提出警告："太平从此销兵甲，记取红羊换劫时。"这当然是荒诞的迷信。人世的纷纭与地球绕太阳转动并没有必然的牵连，灾变兵燹无年不有，驾崩国灭不一定就值丙午、丁未，况且，一国的凶危，却正是它敌国的良机。

古希腊的哲学家亚里士多德说，最好的政治社会是由中等阶级的公民组成的，所以一个国家里面，如果公民具有一份适当而充足的财产，这个国家就有很好的运气。

这虽不是宿命论的迷信，却是乌托邦的空想。恐怕任何最好的社会都要由最多的穷人组成。就像亚里士多德认为是"最好的社会"并在那里落户讲学的奴隶民主制雅典，就有 36 万奴隶，而自由公民只有 9 万，其中第三、四等级的穷人还居多。亚里士多德虽是古代西方霸王亚历山大的老师，但中产阶级的公民并不听从他的训导，并不满足只有一份适当的财产，他们总是要增殖财产或丧失财产，总是要吞并别人或被别人吞并，总是要自己享有好运而不愿顾及国家是否能有好运。不平等正是通过财产和权力体现的，因此，既有权力存在，又要求财产适中和权力均等，就像祈求天气沛雨而又无云，只能是一场空。

什么是国家的好运与厄运？能把致利人数最多的目标和政策贯彻到底，就有好运；根本没有这样的政策或打算，厄运就要降临。

16. 说梦

奥地利的心理学家弗洛伊德说，某些历史人物的伟大事业的推动力都是从梦中得来。可惜这个惊人的发现没有例证。

在中国古代，却有在梦中完成"伟大事业"的人物，那就是唐代《南柯记》中的淳于棼和《枕中记》中的卢生，他们在梦中分别做了二十年的太守和十年的宰相。但这都是传奇中的虚拟人物，不是真实。

在梦中虽做不出大事业，却有作出小诗的："夜凉吹笛千山月，路暗迷人百种花。棋罢不知人换世，酒阑无奈客思家。"这就是欧阳修的《梦中作》。虽说是梦中作，恐怕还是平时醒的时候，读了书，认得字，才能写得出来。

固然，梦中常有奇境，也许还有顿悟，为醒时所不能构思、设想，但是，人类奇迹的创造和思想的进步，并不是在梦中，而是在现实生产劳动和社会斗争中实现的。否则，就是佛教说得对了："人生如梦。"

17. 也是发掘报告

1891 年以来，从一个不完整的头骨，一块下颌骨的破片，几枚牙齿，古生物学家先后发现了爪哇猿人、中国猿人、海德堡人、尼安德特人，把从猿到人漫长的进化过程中一个个环节联结起来，而历史考古学家则能在巴比伦黏土板的楔形线条中，读出一个神六天创造世界的故事，在龟壳的裂纹和兽骨上的虫形细线中看到中国殷商时期的战争、生产、社会生活和宫闱琐事，人类从原始社会进入阶级社会的过程也就清晰和确凿了。这些科学家们卓越的劳动、慧眼和推断是令人敬佩的！

沈括《梦溪笔谈》有一则记事："毗陵郡士人家有一女，姓李氏，年方十六，颇能诗，甚有佳句。有《拾得破钱》诗云：'半轮残月掩尘埃，依稀犹有开元字。想得清光未破时，买尽人间不平事。'"这也是篇发掘报告，"买尽人间不平事"，它用七个字描述了阶级社会从产生到消亡的历史过程中一个最活跃的、从不示弱的力量——金钱。这个无名女流不是科学家或学者，但她的卓越见识和才华也使人敬佩！

《读书》杂志 1980 年第 12 期（3 篇）

18. 顶峰

达尔文的《物种起源》是 1859 年出版的，大约在此二十年前，他就开始了对这一进化论经典著作的准备和思索。此后，他这样回忆说："当我第一次掌握了'物种起源'的中心思想时，我记得那时我的反应是：我们真是愚蠢到了极点，怎么没有想到这点！我猜想当哥伦布使鸡蛋竖立起来的时候，在座的人也会说出同样的话。"（《达尔文生平及书信选集》第一卷，第 562 页）

是的，顶峰也许会是平坦的，但通向顶峰的路往往是坎坷曲折的。幸运登上顶峰的人是时代为他准备了攀登的拐杖。没有英国资本主义发展带给达尔文环球考察自然旅行的机会，没有胚胎学、比较解剖学和历史地质学提供的资料和启示，《物种起源》也是不会诞生的。同样，十五世纪末哥伦布能先后四次航行到南美，为欧洲资本主义的原始积累找到了一条路，这也是资本主义发生、发展那个时代的产物。

虽然如此，登上顶峰的人的勇敢和贡献还是应该受到尊重，所以人们编了这样的故事：在一冷饮宴会上，哥伦布请那些对他的首航成功并不佩服的人把鸡蛋竖立起来，当谁也不知如何把鸡蛋竖立起来的时候，哥伦布把鸡蛋的一端碰破，使它竖立起来了，那些人恍然大悟。哥伦布说，看别人做成的事，觉得容易，别人未做之前，你能把它做出来却不容易！

19. 蔑视辩证法不能不受惩罚

公元前六世纪的古希腊哲学家克塞诺芬尼说，假如马和狮子也能画塑神像，它们就会各自照着自己的模样，马画塑出马形的神，狮子画塑出狮形的神了。在孟德斯鸠的《波斯人信札》中，这位十八世纪法国启蒙思想家说得更妙，如果三角形也要创个神，一定给它们的神三条边。

所以，神的品性正是人的品性，神的能力也正是人的认识所能达到的界限。不是上帝、神创造了人，而是人创造了上帝和神。古代的思想家就作出了这个对人类思想解放有重大意义的发现。

不幸的是，现代一些最著名的科学家，当他们走到当代科学认识的界限的边缘而不能再迈步的时候，竟忘记了这个古老的发现，他们不是向辩证法求援，而是向宗教、上帝求援。

量子论和相对论使旧的物质和时空观念破灭了，物理学家爱丁顿就宣布："现代科学的论证可以推论出这样的结论：对于有理性的科学家，宗教是可以接受的。"（《物理世界的性质》）爱因斯坦也认为："没有对我们世界内在和谐的信仰，就不能有任何科学。"（《物理学的演进》）

"内在和谐"正是宗教认为上帝、神创造世界的基本论据，而实际上它是人的认识中的一种形而上学状态的反映。

可以把一百年前恩格斯批判一些陷入降神术的自然科学家的一句话赠给这些陷入宗教信仰的科学家："蔑视辩证法是不能不受惩罚的。"（《神灵世界中的自然科学》）

20. 尊重学者的辛勤

春夏是蜜蜂繁忙的劳动的季节，它们需要飞行 45 万公里（也就是差不多等于绕地球赤道飞行十一圈）在一百万朵花上采集，然后才能酿出一公斤的蜜。最卓越的人类智慧成果也是长期思索、艰苦劳动的结晶。哥白尼研究三十年，到死前才公开《论天体运动》，万有引力定律费去牛顿十七年的思索，绝不是苹果落地的那一刹那才想出来的。从参加贝格尔舰的环球搜集材料的旅行到《物种起源》出版，达尔文进化论的发育成长也用去二十八个年头。包含唯物史观和剩余价值学说这两个马克思主义发现的《资本论》，从十九世纪四十、五十年代马克思开始研究，到 1894 年恩格斯整理全部出版，既是马克思的毕生心血，也耗去恩格斯的巨大精力。

人们赞赏蜂蜜的香甜，歌颂战士的勇敢，也应崇敬学者的辛勤，像古代阿拉伯名言说的那样："学者的墨水应像殉难者的血一样受到尊重。"

21. 纪念碑

一个球的体积与面积正好是包围这个球的圆柱的体积与面积的 1/3。公元前 3 世纪的希腊科学家阿基米德发现了这个几何关系。人们就在阿基米德的墓碑上刻着一个装在圆柱里的球体，以纪念他的发现。100 年前英国数学家尚克斯利用无穷级数把 π 的数值算到小数点后 707 位。这项工作消磨了他的一生的时光。在他死后，人们在他的墓碑上刻上 π 的 707 位数值，以纪念他的功绩。但他们的不朽，并不是因为碑石不烂，而是因为他们的劳动成果渗入了人类生活，成为人类成长的营养。

《晋书》上记载："杜预好为后世名，常言高岸为谷，深谷为陵，刻石为二碑，纪其勋绩，一沉万山之下，一立岘山之上。"（卷 34《杜预传》）杜预有平吴的功业和"武库"的盛誉，但这两块谀词泛滥的灾区，却证了他的智昏和思想的卑陋。

"劝君莫用镌顽石，路上行人口似碑"（《五灯会元》）。真正的纪念碑不是建在死者的墓前，而是建在生者的心上。像列宁所说的《国际歌》的作者鲍狄埃那样，在贫困中死去，但是，"他在自己的身后留下了一个非人工所能建造的真正的纪念碑"（《欧仁·鲍狄埃》）。恩格斯没有坟墓，他的骨灰被巨浪吞没，可是他和马克思一起，真正活在千百万人的心中。这是为人类进步而牺牲、受难、付出勤劳的人才能得到的报偿。

22. 不结果实的花

在托马斯·莫尔的乌托邦里也有等级，有奴隶在繁重地劳动，有城乡差别。他想不到有填平这沟壑的办法，只好在上面架了一座"木桥"——让老百姓轮流在城市和农村居住。

实现人类的理想，绝不是在农民和工人、城市和乡村之间来来去去串亲戚，而是要付出战斗的鲜血、艰苦的劳动，还有道德的生成。

空想社会思想给人类架造的通向未来的"桥"，其实都是这样无法通行的：他们主张以法律手段废除财产私有，实现按劳分配或按需分配，而正是财产所有制决定法律条文；他们主张用教育改造和宗教疏导人的私有观念及其他不良品性，而正是人的面貌改造教育面貌；主张用选举和轮流制保持一个简单的、不蜕化的管理机构，而正是管理机构规定它所需要的程序。马克思主义预见这个理想的实现是在人类社会达到共产主义阶段的时候，那时，分工已经消失，劳动成为生活的第一要义，财富的一切源泉都充分涌流的社会才能在自己的旗帜上写上：各尽所能，按需分配。马克思和恩格斯对实现人类的理想有坚定的信心，理所当然地对生产力发展在前的欧美国家有更大的期望。可笑的是英国医生贝图的"预见"。他认为只有当人种达到最高身材的时候，它才会达到自己精力和道德力量的最高阶段。他又证明由于居住城市和某职业的原因，英美国家的居民身材逐渐变矮。这样，英美人民是没有指望到达人类的最高阶段了。

田野里没有不结果实的花，但在人类思想的园地里，唯心主义、空想社会主义却是不结果的花。

23. 中了魔邪的绅士

萨勒日的《瘸腿魔鬼》1707 年出版。据说，出版后马上销售一空，为了争购剩下的一册书，两位绅士竟然相持不下，拔剑决斗。这两位绅士肯定中了魔邪，按他们的天性，他们会为争一个女人、夺一块石头而厮杀，但决不会为抢一本揭露唾骂他们的一本书拼掉性命。

24. "砚田无恶岁"

明代唐庚有句诗"砚田无恶岁"。文化艺术这块土地和大自然的田地不同，以为免遭旱涝病虫的灾害，就可以稳产高产了。这是得意文人的自我陶醉。其实砚田的丰收并不多，而受灾倒是经常的，绝不比稻田麦地少。植物生长需要水分、阳光。砚田里开花结果需要的是自由思想。自然无私地供给阳光热量，信风信雨，自然的灾害是对懒惰的惩罚。对于辛勤的人，有播种就有收获。但是历史上哪有无私的统治阶级，他们给臣下会有各种赏赐，但绝不会把自由思想赏给在思索的人。"砚田"里从未间断神圣教条的冻害和异端制裁的摧残。"砚田"里只会偶尔长出秀颖，有出类拔萃、大面积丰收是没有的。

欧阳修说"历代盛衰，文章与时高下"（《新唐书·艺文志·序》），当然一般来说，文化在和平时代兴旺，战乱年头荒芜。但往往正会在这动乱变迁的时代，砚田才能长出秀颖、拔萃。

国家不幸诗家幸，赋到沧桑句便工（赵翼《题遗山诗》）。将来，自由的阳光普照的时候，在自然能持久无灾害以后，才会"砚田无恶岁"。

25. "解脱"二法

用大自然的宁静、宽广和永恒无限来融化尘世的喧嚣烦恼，这是列夫·托尔斯泰提供的获得解脱的方法。在《战争与和平》中，当安得列·保尔康斯基（贵族纨绔公子）受伤躺在战场上的时候，他体验到："是的，除了这个无边无际的天空，一切都是空虚，一切都是欺骗……"这时候，他觉得，同他所看见和理解的崇高、公正而仁慈的天空比较起来，拿破仑所关心的一切利益是这样的毫无价值，他觉得抱有这种卑微的虚荣和胜利的喜悦的英雄是这样的渺小……

甘地用最大的谦逊来获得解脱，他说："我必须把我自己降为零。一个人若不能自动地在同类甘居末位，就不能解脱。"（《甘地自传》）

但是，在寒冷的俄罗斯天空下发抖的乞丐的心里并不会感到恬静，处于末位等于零的印度首陀罗也没有超凡入圣。托尔斯泰和甘地无疑是人类历史上的杰出人物，他们的理论或许能使过腻了人世生活而又不愿死的富人"解脱"，但愿大自然的宁静能熄灭他们兴旺的邪火，但绝不能使没有真正过过人世生活，而又绝不甘心的穷人得到解放。

26. 人的解放

列夫·托尔斯泰在《战争与和平》中写道："如果认为人的生活可以用理性来加以支配的话——那就根本取消了生活的可能性。"又说："人一方面在有意识地为自己而生活，但另一方面在做着达到全人类历史目标的无意识的工具。"过去人类的生活或许可以这样描述。然而这正是人类真正解放的两个标志：人的生活都能用理性来加以指导；人不仅有意识为自己而生活，而且自觉地为实现全人类的历史目标而工作。屈从于情欲和生活的盲目，永远是蒙昧和落后的特征。

中国古人也有发现：知识能匡欲者，鲜矣。（《马融传注》）

27. 信仰

高尔基在《回忆录》里记录托尔斯泰曾这样说："……凡是学会了思索的人，是不容易有信仰的。"然而，特别是在巨大的社会变动时期的历史人物表明，正是思索得深刻，才有坚定的信仰。

拉法格在回忆马克思时写道："马克思虽然深切地同情工人阶级的痛苦，但引导他信仰共产主义观点的并不是任何感情上的原因，而是研究历史和政治经济学的结果。他确信，每一个不为资产阶级利益影响，不为阶级偏见所蒙蔽的公正人士，必然会得出同样的结论。"所以，保有植根于理性的信仰，才是真正坚定的信仰。

托尔斯泰掉进了形而上学的陷阱，他把"信仰"理解为某种最后完成的、完善的、不变的永恒信念。人的思想、思索时时在变化、运动，它必然要求越过一个个已经形成的思想体系或某种信念。所以，认为上帝是永恒真理的宗教总是非常仇视人类的思想活动。3世纪的拉丁教会著作家塔他连说："思想是罪恶。"

列夫·托尔斯泰的地主阶级立场、生活享受的极度满足，使他很早就产生了这样的精神危机，厌倦于生活和思索的运动不息，而追求宁静和永恒。

信仰，就形式上来看，都是对生活目的、目标的合理性、神圣性的理解和认识。但在不同时代，不同人们那里确存非常不同的内容。有信仰的人那种坚定和力量是很令人羡慕的。但获得信仰所需经过的艰苦的生活和思索的磨炼，并不是每个人都愿去尝试的，或有幸去尝试的。

28. 真正的可怕

拿破仑说："工人没有工作……他就会暴动。我害怕这种因缺乏面包而发生的暴动，我不大怕与20万人的军队作战。"拿破仑意识到对于和人民对立的统治者来说，真正可怕的是人民的贫穷而不是敌人的大炮。拿破仑被推下历史舞台，囚在孤岛，因为他无法给人民带来富裕。他自己也承认："人们为什么感谢我呢？我上台时他们是贫困的，离开时他们也是贫困的。"

29. 上帝的光荣和宗教的耻辱

人类的认识在广度和深度上不断发展，古希腊的最有智慧的亚里士多德认识的动物只有 450 种，而现在已有 1000 万种了。古代中国、古代埃及和古代巴比伦知道有日食、月食，公元前 6 世纪迦勒底人沙罗并能推算每隔 18 年 11 天 8 小时重复一次，这在当时已是了不得的成就了，虽然还不能准确预言日月食发生的地点和食的性质。原子论和元气论是古代人们对物质最小结构的猜想，而现代物理学家已在实验室里看到或捉到 200 多种基本粒子，并在这里酝酿着新的突破。如果真如宗教所说，人是上帝创造的，那么，人类智慧的这种蓬勃发展，正是上帝的光荣。

但是，几乎所有的宗教对人类科学的兴旺、智慧的发达都是冷漠的、敌视的。5 世纪的时候，罗马教皇对一个主张数学中使用"0"的学者施以拶刑，在 17 世纪烧死坚持认为地球是绕太阳转的科学家。宗教还偷食人类的智果，用现代的科学发现理论来论证它的教条。现代的神学家计算出世界初创时质量等于 2.14×10^{55} 克。人是在纪元前 5004 年 10 月 23 日早晨 9 时被上帝用泥土捏成的。

把耶稣钉死在十字架上的异教徒被基督教认为是最大的罪恶和耻辱，那么，把发展的人类的智慧绑在自己的圣经教条上，就理所当然地应是宗教的罪恶和耻辱。

30. 真理的敌人

真理是对事物规律的正确认识，这种认识在人类的实践中都被证实而不是被否定，再奇异的智慧和先进的工具也不能画出第 18 种平面对称图和造出永动机，这种认识也可能在人类无数世代的发展中被修正丰富但不会被推翻。现代生物学可从 140 多个方面提供人是从动物进化来的证据，大非拉马克、达尔文之所能比了。

科学认识的这种唯物主义的真理观念是现代资产阶级哲学攻击的主要对象。精通物理学和数学的实证论者认为，只有具体事物，不存在事物的共同规律。马赫说："在自然界中并没有折射定律，只有多种不同的折射情况，折射定律是我为了在精神上摹写这一事实而设计出来的简明规划。"他们挖去了真理的客观内容。实用主义者认为真理是工具，有用。

杜威说："真理即功效的意义。真理的价值并不在于它们自身，而在于它们的功效，功效是显示在它们所造成的结果之中。"他们歪曲了真理的判断标准，谎言如果取得成功，也就是真理，科学定律运用失败就成了谬误。

实证主义和实用主义都自负它们给哲学带来了新的生命。罗素说："新逻辑给哲学造成的进步，正好比伽利略给物理学造成的进步。它使哲学终于能够看到哪些种类的问题是可以解决的，哪些种类的问题由于超出人的能力以外必须放弃。"凡是人类思维能够产生的问题，人类都是有能力解决的，人类绝不会放弃自己数千年的知识积累，再从实证主义发明的逻辑语言的第一个字母学起。至于实用主义吹嘘"我们的哲学改造应当使人们免于在贫乏的片面的经验与虚伪的理性之间进行挑选，使人们放下精神负担"，也绝不会使进步的人类有丝毫的动摇。数千年的德行积累和知识积累，使得人类不能心情坦然地在谎言与真理之间划上等号。

31. 人间的烦恼

元代戏文《小孙屠》上有两句诗："野花不种年年有，烦恼无根日日生。"杂草野花的种子数量很大，旧时的统计，一亩麦地里成熟的麦子只有 200 万～300 万粒，而野草的种子竟有 2 亿～3 亿个。杂草野花的种子发芽力很强，金雀花经 100 年仍能发芽。所以野花不种年年有，并非无种自生。

烦恼也并非无根，它是在存在剥削压迫的私有制社会制度里长出的财产、权力、思想和习惯结的果。人间的烦恼也像杂草野花多种多样。陶渊明的诗"人生归存道，衣食固其端"，地无立锥，屋无片瓦的贫苦人得不到温饱当然是人间最大的烦恼了。这烦恼凝成正义的愤怒，燃起革命的烈火，一直在历史上延烧。汉武帝的《秋风辞》唱道："欢乐极兮哀情多，少壮几时兮奈老何？"叹乐极生悲，人生易老，好时光不能长享，这当然是穷富极贵的人才有的心思。统治阶级的烦恼，结成贪婪和野心，加速了他们的丧生。

人们劳动，深翻细耕，才能除去杂草野种，战斗，挖掉私有制度，才能锄掉人间烦恼。人类的这种努力，虽然至今收效甚微，但这种人道的目标无疑是正确的。一个成熟的社会，应该像一个精神、智慧成熟的人一样，是不会有烦恼的，不会有那么多烦恼的。

人类的这个人道的目标竟受到慈悲的宗教的责备！1891年教皇利奥十三世为反对兴起的共产主义运动发表谕旨说："不管人类怎样尝试，从来没有一种力量和计策能够把人类生活中的邪恶和烦恼排除出去，如果有心妄想标新立异，主张受苦人要摆脱痛苦与烦恼，平安无事，长远享福，这是欺骗……。"如果说这是欺骗，那么宗教是更大的欺骗。因为这个人道的目标尽管很远，但毕竟比上帝和天堂离人类要近。有个正确的比喻：宗教像是一盏灯，社会愈是暗，它就愈显得光明，社会愈光明，它就愈显得黯淡。一个充满烦恼的社会是很适宜宗教繁殖的，所以，人类消灭烦恼的努力总要引起宗教的恐惧和不满。

32. 一个古老格言的命运

公元前3世纪，希腊物理学家和数学家阿基米德发现了杠杆原理（杠杆原理使人类陡增了巨大力量），他说："给我一个支点，我可以把地球举起来。"但智慧的阿基米德忘记了空间、时间的条件了。以阿基米德一介之躯，即使能在遥远的太空找到一个支点，哪怕把地球举起一厘米，也需要30亿年！

17世纪初，对数的计算方法被英国数学家纳玻尔发现了，极大简便了繁复的天文计算，所以物理学家伽利略说："给我空间、时间及对数，我可以创造一个宇宙。"现代物理学和天文学的确正在给人类开创新的宇宙——微观宇宙和宏观宇宙，但这个未知世界的大门只有对数这把"斧子"还是劈不开的，伽利略有点"掉以轻心"了吧！

1895年，当时俄国社会民主主义组织的散漫状态同俄国工人阶级面临的任务很不相称。列宁非常焦急，他说："在这样一个历史关头，可以把一个著名格言改个样子说'给我一个革命家的组织，我们就能把俄国翻转过来。'"（《怎么办》）

列宁的话改变了这个古老格言的空想命运。正是列宁缔造的坚强的革命家组织——布尔什维克党，领导了十月革命的胜利，把俄国翻过来了，并且震撼了世界，开创了资本主义灭亡、共产主义胜利的新纪元。

看来，由于原来的一个革命家的组织（指苏联共产党——编者注）已经死去，俄国又要翻转过去了。

33. 工具

《论语》上说："工欲善其事，必先利其器。"

100年前，美国数学家尚克斯用15年时间，算出 π 的707位小数值。1949年科学家用电子计算机算出 π 的2048位小数值，只用了24小时。数学上的四色定理，它的复杂的证明过程，人一生的时间也写不完，1976年美国数学家们用高速电子计算机，一个半月就证明完毕。古代星象观察家用自己的眼睛仰望天空，周天只能望到6794颗星，而现代天文学家用天文望远镜就可以看到10亿颗以上的星。

人类进步和强大的标志之一，就是不断发现新的生产工具，并用以把自己武装起来。

34. 文人的歧途

中国的封建社会里，文人的歧途常有二：一是对知识的浪费，二是用知识作孽。

桓谭《新论》里记有扬雄写《甘泉赋》用思太苦而病倒的事："成帝诏作《甘泉赋》，卒暴，遂倦卧，梦五脏出地，以手收内之，及觉，气病一年。"他不过是用自己的健康和才华为帝王编织一幅并不发光彩的装饰点缀品。

周兴嗣在撰写宣扬孔孟之道的小册子《千字文》时也是经历了呕心沥血。《尚书故实》记载，他奉梁武帝之命"一夕编缀而成，鬓发皆白"。有位医生搜集近150年来的医学文献，发现26个一夜头发变白的例子，证明这是因为恐惧、忧虑、精神过度疲劳引起的毛发血管挛缩，色素细胞受到伤害。周兴嗣实际上就是用自己的健康和才学替统治阶级铸造一具儒家的精神枷锁。

把健康和知识掷给统治阶级的享乐，是浪费；用健康和知识帮助统治阶级对人民的奴役，便是作孽。这都是文人常走的歧途。

35. 贫困

《韩非子·解老》有个比喻："譬之若水，溺者饮之则死，渴者饮之则生。"社会生活中也有同一事物在不同情况下产生不同结果的情形，例如贫困。

革命家虽很少一生能摆脱贫困命运的，但也没有革命家被贫困屈服的。马克思一生受着资产阶级政府的政治迫害，在经济上也极度贫困。1895 年 1 月，他的《政治经济学批判》完稿，但他没有钱邮寄，他写信给恩格斯要邮费："我想没有谁曾经著作'钱'的问题，而他自己这样缺乏它了。"但发动一支大军并指挥它去改造世界的伟大事业，鼓舞着他不知疲倦地战斗了一生。威武不能屈，贫贱不能移。贫困像砥石一样磨砺着革命者的品节。

然而对于没有理想和目标、缺乏精神力量的人，贫困却是陷阱，一旦落入，就要覆没。正像果戈里在《死魂灵》中所写的破落的地主阶级庸人们：处身在卑微的社会环境中，精神在接连不断的烦恼中就会颓唐萎缩，忘记了他还可以自由自在地飞，永远爬伏在地上，连抬起头望一望太阳也不想了。

对于一个尚未觉醒的民族或国家，贫困也是灾难。低下的生活水平，使人们眼界狭小，欲望停滞，这些都是一个民族进步的精神障碍。一位外国学者在谈到英国殖民主义统治下的印度时说："印度的悲剧，与其是贫穷，还不如说是忍受贫穷的精神状态，它需要的与其说是机器，还不如说是推动力。"

1970 年，一位非洲朋友访问中国后写道："我在这样一个美好的国家所见到的一切，使我终生难忘，因为这是我一生中最荣幸地亲眼见到人类历史上最成功的变革已经实现。"中国的巨变说明，对于一个觉醒了的民族或国家，正相反，贫穷却是一种促进，穷则思变，画最新最美的图画。

36. 勇敢的辩护

斯坦莱·鲍尔温说："独裁制度像一株巨大的山毛榉树——非常好看，但树底下什么都不生长。"独裁总是妨碍所有人成长，从来没有人愿意和敢于为之辩护。

列宁不然，他说："无可争辩的历史经验证明：在革命运动中，个人独裁成为革命阶级专政的表现者、代表者和执行者是屡见不鲜的事。"（《苏维埃政权的当前任务》）他看到并且运用"独裁"帮助了人类的成长，所以他敢于这样说。

名声很坏的"暴力"也是如此。一个从未使用过一次暴力、也不拥有暴力的思想家是这样歌颂暴力的："暴力是每一个孕育着新社会的旧社会的催生婆。"（《资本论》第一卷第二十四章）而一个不乏暴力并且多次使用暴力的政治家却这样厌恶暴力，他说："无论过去和现在，暴力的重要性都是不能忽视的，然而暴力无疑是不好的，并且还带来层出不穷的坏事。"（《尼赫鲁自传》）伟大的思想家站在广阔的历史角度，看到暴力推动社会前进的巨大作用，而政治家盘算着自己的狭隘利益，对别人施以暴力，却反对别人报以暴力。

《吕氏春秋》上说"桂枝之下无杂木"，虽无茂茵，却有芳香。人类历史上的独裁和暴力也是这样，虽留有伤痕，却治愈沉疴——这当然只能是指进步的、革命的暴力或独裁，而决不是指蹂躏人民的暴力或独裁。

37. 事与愿违

宋代的社会改革家王安石，深感隋唐以来用帖经、诗赋取士的科举制度积弊很深，文人背诵经义，不解其义，讲究声病，不懂世务，培养不出当时封建统治所需要的治国经世人才。他为相之后，在实行经济、政治改革的同时，也对科举制度进行改革。以墨义策论取士，并亲自注释《诗》《书》《周礼》三经，颁行天下，企图以新学一新天下面貌，但事情走向反面，新学实行后，文人举子又专诵王氏章句，仍不解经义，不体世务，连会作诗文的也不多了。据陈后山《谈丛》记，连王安石自己也深为后悔："本欲变学究为秀才，不谓变秀才为学究也。"

任何事物中都有一种自我否定的因素，正是这种因素的发展促使事物走向反面和更新。王安石变法只是一种小修补，新法新学中腐朽的旧东西本来剔除得不够，又遭到反对破坏，当然也就烂得更快。

"渐老偏谙世上情，已知吾事独独行。"（《偶成》）晚年的王安石退隐蒋山，但心情仍然不能平静。当然不是后悔自己种的是良心，却收获的苦果，而是深恨旧势力太重，自己的事业未成。"可怜世上风波恶，最使仁贤不敢行。""三不畏"的改革家的锐气终也被岁月和经历磨损了。

38. 事业未竟的人

明末清初的思想家、学者顾炎武一生是在民族矛盾和阶级矛盾都异常尖锐中度过的。早年，在给朋友的信中相互勉励："今日者拯斯人于涂炭，为万世开太平，此吾辈之任也。"（《病起与蓟门当事书》）怀着体国经野之心，登山临水，为求济世安民之略而"足迹半天下，所至交其贤豪长者，考其山川风俗、疾苦利病，如指诸掌"（《日知录·潘耒序》）。考古论今，"历览廿一史，十三朝实录，天下图经，前辈文编说部以至公移邸抄之类，有关民生之利害者随录之"（《亭林先生神道表》）。终日辛勤，要做一番英雄的事业。

到了晚年，竟也疲倦起来，以世故诲人，邀劝别人一起躺下休息。他在给他的学生潘耒的信中告诫："处此之世，惟退惟拙，可以免患。吾行年已迈，阅世颇深，谨以此二字为赠。"清王朝到"康乾盛世"，老战士的眼中火光已经熄灭。其实，人间从未断过斗争的烽火，战场上的硝烟刚刚飘散，田野里的火种就又已播下。当然这只是后人眼中才有的景色。

一个革命未能成功、事业未能成就的人，如果早年一次次的失败未能使他屈服，晚年的精神疲倦却是痛苦难熬：生命虽未终止，但达到目的的力量已经没有，理想变成烟散。巴枯宁也是个代表。他的手段曾使欧洲资产阶级恐惧，但他的无政府主义理论最终还是走向绝路。到了晚年，他在一篇答辩文章中声明：我已经没有力量来运转西塞菲斯的巨石，以反抗到处胜利的反动势力。我现在退出斗争。从今以后，我不搅扰任何人，让任何人也不要搅扰我。

（西塞菲斯，科林斯王，被罚谪下界，作转巨石上山之劳役。巨石上山立即滚下，如此永无休止。）

39. 生活的枝叶

西班牙有句谚语："人两岁学会说话，学会不说话却要到六十岁。"人在早年就能学会一些知识、技能，但对人生的深刻体验，需要有相当的经历。例如，婴孩就知道珍惜他手中的最后一块糖，但是真正感到生活值得珍爱的，恐怕只有老人。

居里夫人曾经说："人越老越觉得，能够享受目前的生活，是一种极贵重的天赋。"居里夫人是放射性元素的最早研究者，她提炼出镭，发现了钋。她一生的两次收获极大丰富了当时的科学宝库。她告诫她的孩子们要珍爱生活："不要等日子过去了才找出它们的可爱之点，也不要把所有特别合意的希望放在未来。"放下手中的工作，回味往日的甜，幻想来日的美，这就是对生活的浪费。

鲁迅的生活就是用全部心血才智来锻磨。鲁迅先生一生写下了600万字著译，从他的笔管里射向旧势力、旧思想、旧道德的是炮弹、利箭。鲁迅先生的生活就是向黑暗势力战斗。只是鲁迅先生在病中却感到，写作、战斗当然是生活，但看一下熟悉的墙壁、书堆也是"生活的一片枝叶，吃饭睡觉的生活琐事也是生活"，并且要人们珍重，断言"删夷枝叶的人，决定得不到花果"。但是，革命家和战士们，总是都像鲁迅那样，为了使别人得到花果，而忘记修琢自己的枝叶。有人说马克思"对于处理家务事真是太马虎，而对于发动一支大军和指挥它去改造世界，他却是无比的天才"（弗·梅林《马克思传》）。

他们都是为了人类的解放和恶势力忘我战斗中消耗掉自己的健康和生活的。他们自己没有收获花果，但在别人得到的花果中，有着他们劳动的汗水和心血。这是一种真正难得的珍贵的幸福。所以马克思说"《资本论》在德国工人阶级广大范围内迅速得到理解，是对我的劳动最好的报酬"（《资本论》第一卷德文第二版《跋》）。

40. 意识形态之墙

法国作家施赖贝尔不久前在《美国的挑战》一书中说，西方向东方提供的发展援助"将冲垮意识形态和政治壁垒"，"生活现实将推倒再也没有什么意义的意识形态之墙"。

30年前，第二次世界大战正在进行的时候，丘吉尔就说过这话。他在莫斯科草拟了一封给斯大林的信，其中写道："我们有这样的感觉，如果从长远着想，大处着眼，我们制度的差异势必日益缩小，而我们所共有的旨在促使人民大众的生活日益丰富而又幸福的伟大共同基础则逐年发展。也许只要有五十年的和平，今天可能为世界造成巨大分歧的不幸，就将变成属于学术讨论的问题了。"

他们的话如果是表达善意的愿望，也是带有错觉的判断。意识形态的墙堡比埃及的金字塔和中国的长城还要古老。从部落的图腾、氏族的神，到民族的宗教、党的主义，旧墙既倒，新墙又筑。既有成见和迷信的顽石，也有理性和信仰的成分。就像人类的肤色差异，既永远不会消失，也不会永远是人类交往的障碍。但是，50 年改善人民生活的共同目标的指引，西方对东方的"援助"，就像千万年来同一个太阳照耀和西方的云彩飘浮在东方的天空一样，都不足以保证这一天的到来。只有不同意识形态的人们能创造出同等的力量，显示出同等的优越的时候，才是这一天的到来。意识形态之墙在这以前作为弥补这种不均衡、防范外来损害的最重要、最后的堤防是绝不会倒塌的。

41. 美国的兴起

每种社会制度都创造了自己的丰碑。西方历史上，如果说奴隶制的极致在雅典，封建制度的壮观是罗马帝国，那么，资本主义制度的杰作要算美国了。1776 年美国是初生婴儿，100 年后，就成了世界巨人，创造的生产力比过去一切世代所创造的全部生产力还要多。

美国交了什么好运，能迅速兴起？

美国的一位经济学家罗斯托在《美国在世界舞台上》说，美国的幸运有两个方面："在技术方面，美国享有人口与自然资源之间的平衡，这使得美国甚至在工业时代以前就享有相当高度的福利。在文化方面，美国实际上是在已经向现代化过渡的英国的基础上建立起来的，无须像一些比较古老的社会那样，要在很大程度上摆脱传统社会的重压：生产力低而费劳动的农业，封建的土地所有制，在严格的社会等级制基础上建立起来的特权阶级社会组织，不能适应现代经济活动的一套伦理准则，以及同这类社会分不开的在世界许多地区一贯阻止现代化进程的、强大的地方政治势力。"

沾上了天时地利，一个国家很快兴起，一个城市急剧兴旺，在历史上，这是有的。但天时地利总是离不开人和。美国得天独厚的"幸运"，其实并非上帝赐予，而是美国人民用革命开创的。

自从1492年海风把哥伦布吹到南美后，美洲就带上了沉重的殖民主义和奴隶制的枷锁，前进的步伐是艰难迟缓的。美国能独开大步，正是由于独立战争和南北战争这两次革命砸碎了枷锁。美国应该在自己的历史扉页上写上："革命是历史的火车头！"

现在，我们只能在历史博物馆和历史学家的记述中看到古雅典和罗马帝国了，它们都已消逝。诺克斯堡金库（1936年美国建的黄金库）的黄金会渐渐少起来，社会病会渐渐多起来，美国也会从顶峰向下跌落。这不是对美国的诅咒，这是万物之性。

42. 非洲、亚洲和欧洲

黑人学者杜波依斯曾在《非洲》一书中深情地为它论争历史地位：第一，根据达尔文和英国东方学家史密斯的研究，非洲是人类的摇篮、类人猿的发源地；第二，我们的文明中没有一点欧洲的东西，科学是在非洲基础上建立起来的，宗教是在亚洲基础上建立起来的。欧洲称霸世界的是机器的威力，而不是深厚的人类感情，不是创造的天才，不是正义的道德观念。

当沉睡的非洲还被踩在欧洲殖民主义者的脚下的时候，这当然是催醒的钟鼓。但从历史的眼光看，这种辩护是混乱了人类的善恶阵线。历史上不是写着，欧洲有奴隶们创造的璀璨的希腊文化？"值得我们瞻仰的并非是用暴力来奴隶我们的人，而是用真理来管辖我们心灵的人。"在牛顿的葬礼的行列里发表这个人道的宣言的伏尔泰不是欧洲人吗？亚洲也有过对别人的奴役，伊斯兰的剑砍倒过欧洲许多国家的军旗，蒙古的战马也曾踏碎了欧洲的土地，阿拉伯商人手中的每一支象牙和每一枚钱币也都浸满鲜血，而矗立在尼罗河畔的金字塔正诉说着人类历史上最早的非洲统治者的残暴。

权力的统治阶级总是制造残暴和需要迷信，而劳动的被压迫阶级中总是生长反抗和发展科学，这并没有古今、洲域和人种的差别。这不是历史的一条明显的线吗？

因此，约翰·根室《非洲内幕》说欧洲殖民主义给非洲带来文明是违背历史的，非洲人民早已创造了自己的固有文明。侵略者的光荣将被钉在历史的耻辱柱上，被奴役者的耻辱将受到尊敬和同情，这就是人类历史的变迁、人类道德的进步。

43. 闭门造字

文字的形成和应用与社会生活是分不开的。商代是牧畜社会，卜辞中用牲字之数在三四百个。伊本西戴的《词典类编》中，骆驼一类占 176 页之多，而于船只一类的字仅占 7 页。这当然是阿拉伯沙漠生活的反映。

离开社会生活，"闭门造字"如水中驾车、陆地行舟，不是沉没，就是行而不远。《吴志》卷十二引晋朝《会稽典录》说孙亮时山阴（会稽）有个叫朱育的，"依体象类"造了 1000 多个字。秦代篆字就革了象形古字的命，汉时草书、正书、行书又已出世，他还在学仓颉画鸟形兽迹。这种"返祖现象"一落地，也就断了气。

武则天当皇帝那年，宗秦客造了 12 个字，都是光明吉祥的，献给她，她挑了那最好的"日月永照"（曌）为自己的名字，希望永远不烂，不准别人用。这不是文字，而是私用物品。武则天一死，李唐复辟，这十二个字也和武则天一起被葬入了坟墓。

备考

禁字：宋徽宗政和年间，禁中外不许以龙、天、君、玉、帝、圣、皇等字为名字。（《十驾斋养新录》卷七）

秦统一文字，《仓颉篇》（李斯作）3300 字，西汉扬雄《训纂篇》5300 字，东汉许慎《说文解字》9300 多字，《康熙字典》4 万多字。

荀子说，古时造字的人很多，唯仓颉的传下来了。

44. 两个建议的遭遇

1939 年 1 月，两个德国物理学家写了一篇文章，指出可以用中子使铀原子分裂。8 月，爱因斯坦写信给美国总统罗斯福，建议进行原子分裂和原子弹研究制造。在各国科学家的共同努力下，6 年后试制成功了两个。接着，当时仅有的两枚原子弹就在日本的广岛和长崎上空爆炸了，烟云下一片焦土和数十万具尸体。

1710 年，有个名叫蓬·特·圣－伊兰尔的人，向法国科学院提出一篇《论蜘蛛网》的文章，建议用蜘蛛网缫丝。200 年过去了，却没有哪一个国家的政府或工业家准备利用这项自然资源。

如果这位古怪的法国人能够发现蛛丝有某种奇异物质，能做成威力无比的战争武器，那么，他和他的文章的命运就不是如石沉大海而是云上九霄了，蜘蛛也恐怕成了最尊贵的动物。如果爱因斯坦的建议是用原子分裂来点灯做饭，罗斯福也肯定不会那么重视它了。这也很自然，国家对暴力的成长总是最敏感和热心的。

在人类历史上，如果像美国哲学家爱默生所说的那样，"自由是很慢的果实"，那么，暴力却是长得最快的果实。因为，暴力可以维护权力，自由却常给权力添麻烦。

45. 儒法

在中国历史上，秦汉之后，最敢高举法家严厉的鞭子的大概要算明神宗的宰相张居正了。他说："盗者必获，获而必诛，则人自不敢矣。"这当然是法家"以战去战，以刑去刑"的传统老手段。他还说"使吾为刽子手，吾亦不离法场而证菩提"，"屠儿在涅槃会上，放下屠刀，立便成佛"，这是明代社会上传颂的话头。张居正的惊人之论，好像是对佛家劝善的挑战，实际是对穷人反抗的挑战，而绝不是向儒家"仁义"的挑战。

在中国历史上儒法在思想上有过对立，而在政治上则是天然的同盟。张居正写给同僚福建巡抚耿楚侗的信可以为证："孔子论政，开口便说'足食足兵'；舜令十二牧曰'食哉维时'；周公立政，'其克诘尔戎兵'，何尝不欲国之富且强哉？后世学术不明，高谈无实，剽窃仁义，谓之'王道'，才涉富强，便云'霸道'。不知王霸之辩、义利之间在心不在迹，奚必仁义之为王、富强之为霸也？"张居正清楚，儒法在空洞的理论争辩时，有时争得面红耳赤，在政治实践上则是志同道合，都是要使老百姓不敢抬头。法家主张用屠刀，儒家主要用绳索，刀子一定就比绳子好吗？张居正问得是有道理的。汉代贾谊的比喻说得更明白，"仁义恩厚，人主之芒刃；权势法制，人主之斧斤"——都是用来屠牛的。

46. 静止的乌托邦

一般人都会认为，乌托邦社会的特点是道德、公平在幻想中的实现。其实不然，无论在《乌托邦》、《新乐土》或《太阳城》里，我们都可以看到等级、阶级和差别的存在。

英国历史学家汤因比在《历史研究》中指出乌托邦的理想国都是"静态的假定"。这确是乌托邦社会的真正特点。

空想社会思想家构筑的一个个理想国、乌托邦，都是一个个孤立静止的国家和社会，没有斗争的风浪，既没有产生的历史，也没有发展的将来。在这样没有斗争的社会里，就像在没有空气的环境里一样，人类是不能生长的。所以，"桃花源"甚美，却无人问津；"理想国"众多，从没有一个真正的居民，美洲虽有欧文的"新村"，但很快就凋败，村民也都离散，连欧文自己也只好回到他的旧籍资本主义的英国去了。

47. 一个奇怪的轻信

秦的传国玺上刻着李斯的篆书"受命于天，既寿永昌"，汉的封爵誓文上写着"使黄河如带，泰山若厉，国以永存，爰及苗裔"。权力不败，是中国历史上每个统治者都做过的梦，但每代统治者最后还是被权力腐蚀烂掉的。所以汉代的刘子政就说"自古及今未有不亡之国"。

中国的皇帝们还相信吃了道士的仙丹妙药就可以长生不老，实践儒家的"修齐治平"就可以国泰民安，虽然从来没有一个不死的皇帝和一个安宁的朝代。这是一个多么奇怪的轻信！这倒很像恩格斯嘲笑的那个说一切以永恒真理制造者是骗子，自己却发现了永恒真理的杜林："这一切已经出现过一百次、一千次，奇怪的只是怎么还会有人如此轻信，竟在不是涉及别人而是涉及自己的时候还相信这一点。"

治疗这种奇怪的轻信当然只有辩证法："因为它在对现存事物的肯定理解中同时也包含对现存事物否定的理解，即对现存事物的必然灭亡理解……"但是，正如古希腊的哲学家德谟克里特所说："能使愚蠢人学会一点东西的，并不是言辞，而是厄运。"历来使帝王统治者放弃这个奇怪轻信和幻梦苏醒的，也不是劝慰的言辞或哲学的启迪，而是死亡或革命的惩罚。

48. 俄国知识分子

1825年俄国十二月党的起义失败了，五个领袖被判绞刑。执刑时，绞架倒了，三个人跌落下来，起义的领导者谢尔盖·穆拉维约夫也在其中。他沉痛地喊："可怜的俄罗斯，他们连好好地绞死我们都办不到！"（《自由先驱》）

1835年当果戈里把《死魂灵》开头几章读给普希金听，朗诵结束时，普希金用伤感的声调说："天呀！我们俄罗斯是多么悲惨啊！"这是在俄罗斯农奴制的苦难土壤上和危机季节里长出的一批革命民主主义知识分子。他们有吃苦精神，对祖国和人民怀有深厚感情。高尔基曾在《回忆录》中说，俄国知识分子是拖拉俄国历史这辆载重大车的唯一驮马。这也许有点过分，但在俄国革命的酝酿过程中，知识分子是起了酵母的作用的。

知识分子这盏灯，只有被人民的苦难火炬点燃，才能发光。现在的苏联土壤长不出这样的人了，并非那里没有苦难，而是他们失去了认识苦难的能力：敏感的日本记者这样描写苏联人的精神状况："大多数国民是苏维埃政权下出生成长起来的，他们不了解外国，也没有呼吸过自由的空气，由于长期的政治生活经验，感到对政治问题装作漠不关心的样子，保持沉默，是对自己有利的。"

49. 黑格尔的悲剧

黑格尔曾把哲学比作某种黄昏时才飞翔的鸟。总是发生得过迟，并且只能意识到已经发生的东西。"哲学不能是黎明时期的创造力，而只是时代末期的体系化和观察者。"也许这是黑格尔这样的人所能发生的唯一的深刻的悲哀吧？斯多葛派认为，有智慧的人，没有强烈的嗜好，他的宁静的心灵是不会被扰乱的。

黑格尔的真正悲剧是他要创立一个发生在万物之先的思想。论证他的普鲁士君主国是国家历史发展的顶峰，他的思想体系是哲学的最后完成。他的巨大的智慧，竟然得出这样渺小的结论！这是一个难忘的教训，哲学家如果自视高明和屈从私利，那就要给自己留下耻辱。

雕朽集（哲理短文87篇）

法国文学史、哲学史家海姆说，黑格尔把每一个为他所战胜的意见都挂在自己凯旋的马车后面。黑格尔也被挂在别人凯旋的马车后面，因为他编了虚伪的东西，露出破绽，又被后起之秀的枪刺挑中了。

50. 敌人

对于一个国家或制度，敌人当然是指那种威胁自己生存和发展的力量，但敌人也有刺激自己生长发展的作用。

《左传》上范文子说"外宁必有内忧"，这表明中国古代就有人发现了这个政治经验。唐代柳宗元写《敌戒》，把这个经验表述得更明白了："敌存而惧，敌去而舞，废备自盈，只益为瘉，敌存灭祸，敌去召过。"

对于一个行进中的革命运动也是如此。1848 年法国二月革命在推翻七月王朝、成立临时政府、产生法国历史上第二个共和国后，就不再前进了。当时，席卷欧洲的革命浪潮，使共和国没有遇到敌人的抵抗，加速革命进程的激发力量消失了，革命也就停顿下来了。马克思说："共和国不论在国内国外都没有碰到什么抵抗，这种情况使它解除了武装。它的任务已不是要用革命手段改造世界，而只是要它自己去适应资产阶级社会的条件。"（《法兰西阶级斗争》）

正是在这个意义上，恩格斯把 1878 年颁布"非常法"镇压德国社会民主党的"铁血宰相"俾斯麦称为"朋友"。他说："我所以把俾斯麦称为朋友，是因为从来还没有人像他那样给德国社会主义运动帮了那么大的忙……他正在完成自己的工作，迫使德国无产阶级走上革命的道路。"俾斯麦的"非常法"没有把德国社会主义运动压下去，而是净化了、提高了德国社会主义运动。

所以，革命家和老练的政治家的纲领策略里总要有敌人的形象。

51. 劳孔的忧虑

荷马史诗《伊利亚特》的结尾有著名的木马计的故事：希腊人攻不下特洛伊城，就在战场上留下个肚子里装有士兵的木马，特洛伊人不识是计，要把木马运进城。唯有劳孔感到忧虑，他说："我害怕达奈伊茨人（希腊人）甚至他们的礼物。"力图说服同胞不要把希腊人留下的木马运进城来。可惜他的忧虑没有受到重视。木马还是被运进城里。结果，木马肚里的希腊士兵打开城门，特洛伊陷落。

古时的中国没有木马肚子里面藏阴谋的事，却有石牛屁股后头有诡计的事。那是《蜀记》中记载的：秦惠公想攻打蜀国，但不知路，就刻了五只石牛，屁股后头放一堆金子。蜀人见了竟以为石牛能粪出金宝。蜀君派大力士把石牛拖入蜀国。路趟出来了，秦国大军跟随而来，灭掉了蜀国。蜀国当时也有表示忧虑、反对拖牛入蜀的人吗？恐怕也是有的。

劳孔的忧虑永远是正确的，也是必要的。因为不管是过去、现在和将来，敌人的礼物总是藏着老阴谋——找一个突破口，探一条进袭的路。

52. 哲学家的魔术

希腊神话中的通报神黑梅斯有根拐杖，任何坏的东西，只要他的拐杖一指就变好。公元 1 世纪时罗马斯多葛派哲学家爱比克太德说："你给我什么东西，我都要把它变成善。"可惜这位奴隶哲学家没有这样的神杖，也没有别的魔术本领，只是说教"忍耐""节制"，所以既阻止不住和改变不了奴隶主的作恶，而且自己也作了恶——教人做顺从的奴隶。

20 世纪了，奴隶制和封建制的枷锁已被砸碎，反对资本统治的斗争还在激烈进行。美国语义学派哲学家切斯站出来说，"'资本'只是一个记号，它从来没有产生过任何东西，从不要求什么，从不需要什么"，"不需要斗争，只要学好语义学"（《词的暴虐》）。这位现代唯心主义哲学家像使用了黑梅斯的神杖一指，或者更像魔术师一样，吹了口气，资本这个从头到脚"每个毛孔都流着血和肮脏的东西"就圣洁起来！资本原始积累时期野蛮暴行——对农民的土地掠夺和殖民掠夺，无产阶级的贫困，无数次经济衰退和经济危机，无数次的殖民战争和两次瓜分世界的帝国主义战争……三四百年来这些磨难人类的资本主义制度产生的罪恶就被被除了！

然而，我们毕竟不是生活在神话世界和活动在杂技舞台上，而是生活在人间世界。在这个充满人类的各种矛盾和斗争的社会舞台上，切斯的表演表明，哲学替给人类带来苦难的事物进行辩护是多么可耻！也使人想起一位美国进步学者 Dun Ham 的一个正确警告："不关心人类的人，将从他

们心中丧失所有的理解力，从他们的眼中丧失所有的远见。"（《人反对神话》，见康福斯《保卫哲学》）

53. 没有尽到义务和职责的康德

德国的古典哲学家康德说："哲学家的最大义务就是要做个彻底的人，但正是这点通常却见得最少。"不错，他自己就是例证，他就是一个没有尽到这"最大义务"的哲学家。他的不可认识的"物自体"像是不可越逾的界石，既堵死他走向彻底唯物主义的路的开头，又挡住他跨向彻底唯心主义的最后一步。

康德关于他自己曾说过："谁也不能强迫我说与我所想的相反的话，可是，我不敢说出我想的一切。"可见，康德虽然撑着"批判"的旗子，心里却也怀有恐惧。

车尔尼雪夫斯基提出过一个著名的约定："思想家的第一职责是，不在任何结果之前退缩，他必须为真理而牺牲自己所最喜欢的意见。"康德也是没有尽到这"第一职责"的思想家。

54. 鲁迅和甘地（两个伟人的临死）

1936 年鲁迅先生病故不久前在《死》中写道："在发热时，又曾想到欧洲人临死时，往往有一种仪式是请别人宽恕，自己也宽恕别人。我的怨敌可谓多矣，倘有新式的人问起我来，怎么回答呢？我想了一想，决定是：让他们怨恨去，我也一个都不宽恕！"

1948 年 2 月 30 日，甘地在外出祈祷途中，被人刺死。他中枪倒地后，还拿手放在前额上——这是印度人表示宽恕仇人的意思。印度这位民族解放运动的领袖一生曾坐狱 3 次，绝食 15 次，遇刺 4 次。

鲁迅是彻底的革命家，主张决不和敌人休战，这于己是有血的教训，于人是珍贵的经验。甘地像是宗教家，认为宽容可以制敌，这是他锻造并一生使用的特殊武器，但若赠人，却是腊枪。

但是，像中国人对鲁迅的感情一样，印度人对甘地的感情也是应该受到尊重的。他们的生平和经验，对不同的人们，都是营养、药石。

55. 唯心主义的存在状态

《红楼梦》写四个家族的衰落，表现封建制度的将死未死，但如鲁迅先生所说，经学家却看见《易》，道学家看见淫，流言家看见宫闱秘事。真是"仁者见仁，智者见智"了。

地震是地壳的一种运动，大小每天都有几十次。18 世纪美国马萨诸塞州发生地震，波士顿的神学家说这是避雷针冒渎神明而引起的。1934年印度北比哈尔发生地震，甘地发表一项声明，说地震是对歧视贱民的罪孽的惩罚。地震产生巨大的能量，炮火专家说它等于 50 亿门大炮齐轰。进化论者达尔文说它一分钟内完成了几百年的自然变迁，神学家要用它来吓退科学，甘地要用它来扫灭印度传之数千年的种姓制度。"人是万物的尺度"，这个古老的唯心主义命题，经常有年轻的唯心主义论据来证明。

当然，经学家、道学家、流言家的论断并不正确，否则，便是"吾心即世界"的胜利了；神学家和甘地的武器也不成功，否则，便是"天人感应"的成功了。

这就是唯心主义在历史上存在的状态：常有唯心主义的泛滥，却没有一次唯心主义的胜利。

56. 宗教的两个比喻

18 世纪法国资产阶级启蒙思想家狄德罗说，宗教给人类带来的好处就像拐杖，"谁不需要拐杖，他可以走得更好"。狄德罗反对宗教，但不敢否定宗教。但这个比喻还是正确地说明了宗教总是在人类的幼弱或苦难时期产生的。健康的人类和健康的社会是不需要宗教的。

马克思否定宗教。还在他完成从革命民主主义者到共产主义者思想转变的初期，他就指出"宗教是人民的鸦片"。这个比喻准确地说明了宗教毒害人类精神的主要社会作用。

科学的发展增强了人类对宗教的解毒能力，今天，和哲学唯心主义比较起来，宗教的毒性已不再是人类精神的主要威胁了。但宗教的消失还在遥远的将来，因为只有哲学、科学、道德和艺术的高度繁荣，才能攻下或弥补宗教占据的广阔、深邃的精神地带。

57. 杞忧种种

19 世纪英国物理学家汤姆逊克尔文（当指威廉·汤姆逊，他受封为开文尔勋爵——编者注）忧虑工业发达，污染空气，人口增多，要把氧气吸光，500 年后人类就趋于灭亡。这同中国古代的杞人怕天塌下来，愁得吃不下饭、睡不着觉差不多。

日本的一位大学教授因此提出警告，由于人类相互战争的愚蠢行径和对生态系统的野蛮破坏，由于进化的规律，沟鼠将成为下一期地球的统治者，昆虫也可能夺得政权！

汉代的仲长统忧虑人世的动乱不安，周之春秋，战国的秦政，汉朝王莽，"五百年大难三起，中间之乱尚不数焉，变而弥猜，下而加酷，推此以往，可极于尽矣。嗟乎，不知来世圣人救此之道将何用也，又不知天若穷此之数，欲何至邪"（《后汉书·仲长统传》）。

多少个 500 年过去，人类不是在无数次的浩劫中活了过来，世界的天空和前景比 1000 多年前不是月朗得多吗？人类总是能自己解救自己的，如果人类真是要"进化"到灭亡成为化石，那么，那时化石也会活起来。

人类生产力的发展、文明的进步竟也有人感到忧虑。19 世纪中期，印度传入了西方科学文明，古的封建主义印度在瓦解，新的资本主义印度在长成。1909 年甘地这座钟楼发出了这样的声音："印度的得救在于抛弃他五十年所学得的东西。""铁路、电报、医院、律师都必须丢开。"印度人虽然是很尊敬他们的圣雄甘地的，但也没有听他的话去扒铁路、拆工厂。

可见，人类的毁灭不会是天崩地陷和二氧化碳的泛滥，倒可能是听了圣贤们的话，害怕斗争，不愿斗争，停止成长。但这也不会发生，厮杀难以避免，成长也是阻止不了的。

58. 讥笑别人优点的人

法国革命家布朗基讽刺各种社会主义学派关于未来社会的争论：他们站在河岸上激烈地争论着对岸到底是田还是裸麦田，他们固执地要解决这个问题，但又不去克服他们面前的障碍。布朗基感慨地说："唉，先渡过去，然后我们就可以知道。"布朗基就是这样的，革命意志坚强，理论上却很薄弱。他两次被判死刑，半生在监狱中度过，可是他一次也没有谈到未来。"未来不属于我们。"他说。

在 1905 年的俄国革命中，布尔什维克和孟什维克关于民主革命和策略问题进行了激烈的争论。一个敢于斗争敢于胜利，要建立"无产阶级和农民的革命民主专政"，一个害怕斗争害怕胜利，要把斗争的重担"从无产阶级肩上转移到资产阶级肩上"。考茨基在一旁讥笑他们说，还没有把狗熊打死，就争着分熊皮。考茨基虽然博学，却不斗争，能背诵《资本论》，却从不实践《资本论》。

讥笑别人优点的人，正是自己没有这种优点。

59. 战场上演把戏和舞台上演战争

《庄子·徐无鬼》注（"注"指郭象《庄子·徐无鬼注》——编者注）里记了个在刀光剑影激烈拼杀的战场上演出的一场把戏："宜僚善弄丸铃，常八个在空中，一个在手。楚与宋战，宜僚披胸受刃，于军前弄丸。一军停战，遂胜之。"

战场上能如此获胜，很像舞台上的战争，七八人百万雄师，三二岁走遍天下，用纸裹的刀枪杀得敌人片甲不留那样，确是感人兴味和令人神往。

《庄子》谲奇异端，可以不信的。兴亡理乱的经典《资治通鉴》也有这样的获胜，那是在为李唐打天下的时候，"柴绍与吐谷浑战，为其所围，虏乘高射之，矢如雨下，绍遣人弹胡琵琶，二女子对舞。虏怪之，相与聚观。绍察其无备，潜遣精骑，出虏阵后，击之，虏众大溃"云云。这也是司马光治国治军兴亡理乱的一个方子。

当然，战争并不是那样有趣，也不是这样获胜的。"凭君莫话封侯事，一将功成万骨朽"，制造灾难的战争自不必说。就是清除罪恶的战争，也并不总是胜利，没有失败。马克思说："如果斗争只有在有极顺利的成功机会条件下才着手进行，那么创造世界的历史未免太容易了。"

60. 乱世的丰产

秦末土崩，赵高指鹿为马；隋末狼烟四起，佞臣说天下太平。奴隶制崩溃的时候，儒家造"大同世界"，帝制的末日，康有为出《大同书》。乱世总要带来田园荒芜，但有谣言和空话丰收。所谓拨乱反正，当然不是舆论家、阴谋家的这谣言和空话，而是乱世的人们自己用刀枪锄犁争来脚下有路、腹中有食。

61. 不变的或未变的世态

汉代有"古今如一丘之貉"的话头，唐代有"风云古今同"的诗句，都是仕途阻塞的文人借古骂今的。其实存在总是运动变化，人物风尚古今总有不同，但还不是像赫拉克利特说的那样"不能两次涉过同一条河流"，昨天和今天的面貌迥异，历史不会重演，但也常有相似。鲁迅先生发现："曾阔气的要复古，正阔气的要保持现状，未曾阔气的要革新。"（《而已集·小杂感》）这竟至像是不变的世态。

但社会理想家们认定，将来阔人是不会存在的，也不会再产生的。那么，这就只是未变的世态，也并非永远不变。但愿这是一定的，不会像杜甫看到山水图中的瀛洲方丈所感叹的那样："人间长见画，老去恨空闻。"（《观山水图》）

62. 有理和有权

佛家故事集《传灯录》说："古灵大师一日在窗下看经，蜂子投窗纸求出。师曰：'世界如许广阔，不肯出，钻他故纸'。"古灵和尚自己正是在钻故纸、求寂灭。但人为灵长，低下的虫豸是不会反驳的。

孔子的学生宰予大白天睡觉（或画不太正派的图画），老夫子骂他"朽木不可雕也"。其实孔二先生自己倒是老朽的，他的"克己复礼"是要开倒车，他的衣食住行都向没落奴隶主看齐。宰予年轻，是有作为的，但师道尊严，宰予是不敢反驳的。

君子责备小人的罪过不是，往往正是他自己的罪过不是，但君子有权，小人虽有理，也是无法进行争辩的。

63. 狡诈的人和愚笨的人

1938 年 9 月 22 日，英法在出卖捷克给德国的《慕尼黑协定》上签字。第二天，张伯伦又同希特勒签订《英德宣言》，上面写着"两国人民永远不再兵戎相见"。张伯伦回到伦敦，向欢迎的人群挥动写着宣言的纸条，说："这是我们时代的和平。"而希特勒从来就不打算遵守任何条约的，他说："如果我们胜利了，人们就不会过问此事。"一年后，第二次世界大战爆发了，"一个时代的和平"就结束了。

大约狡诈的人都不讲信用，愚笨的人却容易迷信，结果愚人受到耻笑，而狡人受到恶报。希特勒就没有胜利，五年后，他的"千年帝国"就覆灭了。

64. 正确的公式代入错误的事实（夸大了的真理）

18 世纪的法国哲学家爱尔维修曾经说："一切事物都是互相联系的，一座在北面被砍伐了的森林，改变了这个国家的风、种子和技术，道德和政府。"爱尔维修的"相互联系"缺乏条件，所以走到了自己的反面——形而上学的宿命论。

北宋的文学家苏轼《赠吴彦伟》这篇文章里有个寓言故事：一个从小就瞎眼没有见过太阳的人，问别人太阳是什么样子？一个人告诉他太阳像圆的铜盘那样。他就拿起铜盘敲了几下，听到"当当"的声音。以后，听到打钟的声音，他就以为像是太阳。另一个人告诉他太阳的光亮像蜡烛一样，他就摸了摸蜡烛的形状，以后摸到吹火筒也竟以为像是太阳。这里，作者对一个有天然缺陷的人太缺乏同情了，对他的嘲笑未免太过份了，好在这是个寓言，但也说明把只有相似而没有内在本质联系的事物强扭到一块会是怎样的荒谬！

事物都是相互联系、相互影响的，这是正确的辩证法的命题。它产生于事实，但上面代入这个公式里的事实并不能生成正确的结论，因为它夸大了真理。夸大了的真理，便离开实际，便走向荒谬！

65. 莫测的和分明的

1972 年 1 月 25 日尼克松提出解决越南问题的八点新方案。一位记者问当时的法国总统蓬皮杜："这将成为实现和平的方案吗？"蓬皮杜说，"我认为不会。一个公开的方案，从来也不是实现和平的方案。"事实正是这样，美国在越南问题上用了种种阴谋诡计，有发表的美国秘密材料为证。鲁迅先生说："声罪致讨的明文，那力量往往远不如交头接耳的密语，因为一是分明，一是莫测的。"（《南腔北调集·捣鬼心传》）

但是，在人类历史上，政客们"莫测的"阴谋最多只能制造个小局面，且不说经常是要破亡，而广大群众的"分明的"革命虽有失败，最终却能创造一个新天地、新世界。

66. 毁灭人类的意见

古代印度伟大的思想家、文学家、学者们对人类的思想宝库贡献出很多珍贵的东西，但也非常坚持那一条实际上是毁灭人类的破坏性意见：扑灭情欲，达到纯洁。古代印度史诗《摩诃婆罗多》上有一个故事：迅行王借来小儿子的青春，更多地享受幸福，最后他觉悟："情欲是不能用纵欲来扑灭的，就像火不能用油来扑灭一样。任何东西都满足不了人的欲望，人只能从超爱憎的状态中得到心境平和，这就是达到梵的境界。"

现代印度的圣雄甘地也是这样坚持的，他在《自传》中说："一个人要达到完全的纯洁，就必须绝对摆脱思想、言论和行动的感情，超越于爱憎、迫拒的逆流之上。"

诅咒人类情欲的就是上面的两种人：一是牺牲别人的青春，践踏别人的幸福来穷奢极欲，终因欲壑难填而痛苦的统治者；二是教人泯灭情欲、忍受牺牲、忍受践踏的宗教家。

可见，诅咒情欲和放纵情欲都是不道德的行为。

没有情欲的人类和没有知识的人类都是不能存在的。诅咒情欲就是诅咒人类进步。正如恩格斯所说："自从阶级对立产生以来，正是人的恶劣的情欲——贪欲和权势欲成了历史发展的杠杆。"（《终结》）（《终结》是指恩格斯的《路德维希·费尔巴哈与德国古典哲学的终结》——编者注）这个杠杆会把人类继续推向新的高度，直到使每个人的情欲都正当合理，都能实现，不损伤别人，不破坏社会。

67. 同室操戈

唯心主义的荒谬最主要表现为与事实的背逆，有时它的内部自相矛盾，相互争吵也能显示。法国孟德斯鸠认为"热带气候差不多总是使住在这里的民族变为奴隶，而寒冷地带民族的坚强总是能保持自由的地位"[《法意》（即《论法的精神》——编者注）]。英国历史学家波克尔的《英国文明史》的结论正相反：北方气候严酷，使人不能持久锻炼，故北方民族弱软。他们拾起例证各向对方打击，结果也砸到自己的头上，最后共同推倒他们共同的哲学基础——地理史观。孔丘说"一言兴邦，一言丧邦"，甚至像胡适所说"吐一口痰也许毁一村一族，起一个念头引起几十年血战"，都是少数人决定历史发展的观点。而托尔斯泰却认为"大人物只是给事件题上名称的标签，而这些名称也像标签那样与事件本身极少关系"（《战争与和平》），根本否定个人在历史上的作用。但绝不是说人民创造历史，他的本意是每个人都有自己的一部历史。用海涅的话来解释最为清楚："每一个人就是一个宇宙，它随着他出生，又随着他死去；每一块墓碑下就埋葬着一整部世界史。"（转引自赫尔岑《喜鹊赋》第52页）他们的争吵表明历史既不是大人物的历史，也不会是每个人的历史，历史是劳动人民的历史。因为大人物进行历史活动的政治、经济前提和小人物"世界"的物质条件，都是全体劳动人民创造的。

对宿命论最有力的一次批判揭露，不是某个唯物主义思想家，而是一群算命人的吵架："孝武帝时，聚会占家问之，某日可娶妇乎？五行家曰可，堪舆家曰不可，建除家曰不吉，丛辰家曰大凶，历家曰小凶，天人家曰小吉，太一家曰大吉。辩讼不决。"（《史记·日者列传》褚先生补言）列宁的论述是正确的："当一个唯心主义者批判另一个唯心主义者的唯心基础时，常常是有利于唯物主义者的。"（《哲学笔记》第288～289页）当然，唯物主义主要还是靠发展壮大自己来战胜唯心主义的。

68. 统治阶级的思想家

董仲舒为维护封建地主阶级统治的不倒，贡献了两点：一是天人感应的神学目的论，"王道之三纲，可求于天"（《春秋繁露·基义》），论证这是一个不能反抗的世界；二是维持上下相安的政治策略，"使富者足以示贵而不至于骄，贫者足以养生而不至于忧，以此为度而调均之，是以财不匮而上下相安，故易治也"（《春秋繁露·度制》），建立一个没有反抗者的世界。第一点被唯物主义家识破，不能终久骗人。第二点为统治者自己所破，所谓"不期骄而骄至"，一支选择队伍被他们自己制造出来，上下相安始终是不能实现的。

董仲舒读书、思索，"三年不窥园"，但他绝不是书呆子，他的政治策略是属于统治阶级最老练的领袖的做法：总是力求增加小私有者的人数，以便为自己建立一支反对穷人造反的军队。董仲舒最具有统治阶级思想家的特色：咀嚼古代文字，排出当代统治者需要的思想。

69. 启示

在华盛顿近郊兰雷的丛林里，坐落着美国中央情报局，它的大楼入口处铭刻着《新约》第 8 章的经文："你们必须晓得真理，真理给你们自由。"站在这个入口处的知情人晓得：这里没有真理和自由，有的是无边无际的阴谋、陷害。

第二次世界大战时，在德国纳粹集中营的墙壁上写着："各人自己想想吧，为什么来到这里？"这条威胁性标语却启示囚犯们想：如何从这黑暗的牢笼里冲出去？

$1+1=2$ 是算术中最容易的一道题，却是数论中最难的一道题。这两条平凡的"启示"此时此地却完成了道德上最难的一件事：一件同时引起两个相反目的又带来两个相反结果的事。既掩饰恶人作恶，又鼓励善人行善。

70. 服从上帝和财神

资产阶级思想家在资本主义的旗帜上写有很多美丽的东西：理性、自由、平等、博爱。但资产阶级政治家表示他们服从的是上帝和财神。

巴黎公社的刽子手梯也尔在一次政府会议中说："我想加强僧侣的影响，因为我考虑到他们将传播那种教导人们被上帝创造出来是为了受苦的健康哲学。"（拉法格《唯心史观与唯物史观》）

1963 年，美国总统约翰逊在一次资本家的集会上说："我已经邀请财政部长、商务部长、农业部长、劳工部长和国务部长到这里来，听候你们的差遣。"

71. 文人的眼和军人的眼

《资治通鉴》上载，魏帝拓跋珪问博士李先曰："天下何物最善，可以益人神智？"答曰："莫若书籍。"但对于这位创业主，不是书籍而是无休止的夺取权力和土地的战争，才最开心怀。

伏尔泰认为世上最有力量的是书籍，他说："书籍之力足以统治世界。"而拿破仑的眼中只有敌人，他说："我只看一个东西：敌人，并力图消灭他们。"

《尸子》上说："屠者割肉，则知牛长少，弓人劈筋，则知牛长少，雕人裁骨，则知牛长少，各有辨焉。"文人惯于舞笔弄墨，在书中找世界，军人热衷跃马扬刀，在战争上争天下，生活的不同，他们的眼也就各有了不同。

72. 浮云却是坚牢物

旧时代，人们趋逐势利，人情是很淡泊的。宋代范成大诗曰："天无寒暑无时令，人不炎凉不世情。"汉代初年有个主父偃，他提出的"推恩削藩"的策略，巧妙而又彻底地解决了汉初最严重的政治问题——诸侯割据。他因此得到汉武帝封侯的嘉赏，阔了起来，父母兄弟高兴自不必说，贺喜帮忙的宾客就有数千。在此之前，他是很寒酸的，用他自己的话说，简直到了"亲不以为子，昆弟不收，宾客弃我"的地步。以后被怀恨的赵王告发他受贿，被杀头，竟连一个收尸的人都没有了。唐代诗人卢仝有诗"万世金石交，一饷如浮云"，人情像浮云那样轻薄、变幻。

宋代王安石做宰相搞变法时，那声势当然也是显赫的，他废除隋唐以来的以诗赋、明经取士的办法，代以策论取士。不要举子作诗，默写经典，而要写论文。亲自撰写了《三经义》（《诗》《书》《周礼》），作为举子们论文立论的依据，"一时学者，莫不传习，有司纯用以取士"（《宋史·王安石传》）。王氏"新学"风靡天下，不到 17 年的光景，王安石失势，这时，正如张载所看到的，"今日江湖从学者，人人讳道是门生"。又是十年光景，王安石死去，埋在蒋山脚下，这时，除了漂浮在蒋山上空的浮云，像是对他的怀念和祭奠，世人则是"亲戚或余悲，他人亦已歌"，很快就将他遗忘了。也还是张载观察到的，"江水悠悠去不还，长悲事业典刑间。浮云却是坚牢物，千古依栖在蒋山"，人情脆薄于浮云。

人与人间的情谊幻如浮云，薄于浮云，这是旧时代残酷和丑恶的一个侧面，是人压迫人、剥削人的制度蒸发出来的东西。

（杜甫：天上浮云如白衣，斯须变幻为苍狗）

73. 关于禹的杜撰

《孟子·离娄下》："禹思天下有溺者，由己溺之也；稷思天下有饥者，由己饥之也。"禹和稷是中国古代传说中善于治水和种地的首领，如此而已。孟轲对他们的思想了解得这样清楚，实在无异于疑古学者考证出禹是条虫，都是杜撰。在阶级社会里，有写出这种思想的人，并没有做出这种行为的人；有做出这种行为的人，却没有做出这种行为的统治者。私有阶级的学者的自诩言辞和私有阶级统治者的距离，那是很大的。就像草履虫，从理论上讲，它在一年中繁殖的后代将达到 75×10^{108} 个，地球到太阳的空间都装不下，实际上谁也不忧愁草履虫会把人类挤得无立足之地。

在史书上周的成康、汉的文景、唐的贞观、清的康熙，都是好皇帝，其实那时候历史的每一页都写有他们的罪恶。

74. 向魔鬼求助

信仰基督教的西方人，遇到难关不能过越、事业难于成就时，就祈祷"上帝保佑"，没有呼唤魔鬼帮忙的。伏尔泰却不，他说："假如你在任何艺术上希望有所成功，那么必须有个魔鬼在你身上。"伏尔泰是自然神论者，他的神、上帝是自然的、理性的，他的"魔鬼"在这里是指一种永不知疲倦的顽强力量。

如果像基督教所说，人真是全能的上帝创造的，那么，不得不责备上帝是太悭吝了，它没有把不知疲倦这种品质给予人类，或者也只是给予少数人，使得人们只好去向魔鬼求助。不信教的人虽享受不到神鬼的助佑，却可以免遭神鬼的奴役。难关和险峰也能渡过和攀登，不是凭天然的资质，而是自己的奋斗。秘诀就是永远向着目标，不知疲倦。高尔基说："天才是99%的劳动加1%的才能。"而情况却是99%的人对劳动容易感到疲倦，1％的人才能不知疲倦地劳动，所以在迄今已有几十亿人活动过的人类历史上，攀上各个领域内顶峰的人是极少数。每个人能同等长成的因素和条件，也许是人类进步、完善的最远目标。

75. 印度和中国的相似

中国古代帝王们出门时是车马鼓乐，但印度月护王的依仗队里还有虎狮象豹；帝王的保镖当然是武艺高强的彪形大汉，但唐昭宗的跟班有个瘦猴，穿着红袍，官职为"供奉"，这使屡试不第的诗人罗隐大为不满，作诗嘲讽"何如学取孙供奉，一笑君王便著绯"。中国的伦理发展到极端，就是发昏的道德，天下不可一日无君，"三月无君则惶惶如也""孝莫大于严父"，父亲名讳石，石子路就不敢走了。印度宗教的顶峰就是发狂的信仰，生不如死，死不如无，为涅槃、入梵，割体灼身，吃粪喝尿。

印度和中国是近邻，确有很多的相似，古代很像是兄弟。她的人民创造了灿烂的文明，而她的统治者也创造了领先的腐化和愚昧。近代却又都受人欺凌，一样的贫穷落后，一样的精神奴役，一样的人口压力。但他们肯定都有美好的明天，只是走向明天的道路不同，要经受不同的牺牲和磨炼。他们将重新出现在人类前进队伍的排头，这将是人类历史上最艰难也是最成功的试验。

（唐昭宗播迁，随驾有猴，能随班起居，昭宗赐以绯袍，号供奉，罗隐诗"何如学取孙供奉，一笑君王便著绯"是也。）

76. 第一声啼哭

东晋有个捣乱人物叫桓温。他的特别名气是因为他有个"遗臭"宣言："男子不能流芳百世，亦当遗臭万年。"此外，他在襁褓中的啼哭也著名后世。《晋书·桓温传》记述，桓温不满周岁时，一个叫温峤的人看见他说："这孩子相貌不凡，再让他哭一声听听看。"听到他的哭声后，温峤又说："这孩子将来一定是个大英雄！"以后宋代的苏轼就作诗说："我亦从来识英雄，试教啼看定何如。"

鲁迅先生曾嘲笑先验论者："其实即使天才，在生下来的时候的第一声啼哭也和平常的儿童一样，决不会就是一首好诗。"（《热风·未有天才之前》）难道桓温毕竟与众不同，第一声啼哭就是一篇英雄的宣言？桓温最后是因要做皇帝不成败坏而死的，对中国历史有贡献的英雄名单上没有他，野心家的册子里可以找到他。他的这声啼哭可能是声音很大的嚎叫，决不是一篇英雄的宣言。

其实，英雄也是和平常人一样的，他的特殊是最能了解和善于利用平常人正在进行的思考和意愿，而不是声音或相貌的与众不同。苏轼的那诗也是不对的，如同用尺寸量度思维，生平作为用音容笑貌也是测量不出来的。骨相家认为达尔文的额头是最适合做一名牧师，而他的鼻子则预示他不能航海远行。但达尔文的一生活动却正好做了和这相反的事情。

77. 最快和最大

古代印度的史诗《摩诃婆罗多》（毗耶娑著）中坚战王和他的父亲死神阎摩对话中有一个问题："什么比风还快？"（用现在话说：什么最快？）答："思想。"《梦溪笔谈》有则记载，太祖皇帝（赵匡胤）尝向赵普曰："天下何物最大？"答："道理最大。"

用唯物主义哲学眼光看，这样的回答虽是机警，却不正确。只有物质才占有空间、时间和具有运动的性质。思维是不占有空间、时间，也无法用某种物理量来量度的。现代科学认为广漠的宇宙最大，电磁波最快。如果将来，一种奇特的哲学和科学能够证明思维也是物质，而不遭到 19 世纪证明思维是大脑的分泌物那样的失败，那么他们的这个古老的机警就会成长为新的真理。

78. 精神的衰老

达尔文曾叙述他的精神状态的一种变化："到了三十岁的时候，或者在此以前，许多种类诗都曾使我感到很大愉快，甚至我还是一个小学生时，我就非常爱读莎士比亚的著作。特别是他的历史剧。我很喜欢图画，更喜欢音乐。可是现在（1876 年，67 岁）许多年来，我不能耐心地读一行诗；近来我试着读一读莎士比亚的著作，发现它是如此难忍的无味，以致使我感到厌恶。我对于图画和音乐的兴趣几乎也失掉了。我的思想似乎变成一种机器，只能从一大堆事实中研磨出一些一般的法则。……这等兴趣的消失，就等于快乐的消失，而且可能有害于智力，更可能有害于德性，因为它使我们本性中的感情部分衰弱下去了。"（《达尔文生平及其书信集》）

中国古代的诗歌里写道"结束铅华归少作，屏除丝竹入中年"（黄景仁），它是严峻生活和纷繁思索的磨损带来的结果。这像是智慧的成熟，实际是精神的衰老，成熟的智慧总是在自己的判断里节去感情的成份，而对过去、现在和将来都表现冷漠，没有感情，却是精神衰老的征兆。生活目的的狭隘比生活的困苦更易使人的精神衰老。达尔文对他的前辈地质学家赖亦尔说："假如每一个科学工作者到六十岁时就死去，该是多少好啊，因为以后他一定会反对一切新学说的。"资产阶级的世界观使他看不到自己的前面还有路。而恩格斯在 70 多岁高龄的时候还开始阅读产科书籍，仍然保持着对生活的热情和对一切知识的广泛兴趣。在他逝世前不久的最后一篇著作中，还嘱咐世界无产阶级不要把力量在前哨战中消耗，要保存到决战的那一天。这是因为对于献身于人类彻底解放的革命家和战士们来说，目标永远在前头，战斗未有穷期。

79. 人是谜底

古代尼罗河畔的妖怪斯芬雅克有个谜语：一物幼时四条腿，长大二条腿，到老三条腿。谜底是人。人体骨骼内含有无机物的成份，随着年龄的增长而增多，骨头也要由软变硬变脆，由爬行到独立行走再到扶杖蹒跚。

中国古代也有个谜，叫做一物险于山川，难于知天。谜底是人心。这个谜和谜底是中国古代的圣人孔夫子说的："凡人心险于山川，难于知天。天犹有春秋冬夏旦暮之期，人者厚貌深情。"（《庄子·列御寇》）。唐代诗人孟郊困难不得志时，愁眉苦脸，隐忧嵩山，一切皆不顺眼，作诗曰："出门即有碍，谁云天地宽。"50 岁考中进士，喜气洋洋，跨马游京，作诗曰："春风得意马蹄疾，一朝（应为"日"——编者注）看遍长安花。"什么都很遂心了。韩愈想喝酒，就说"破除万事无过酒"，不想喝了，也有词"断送一生唯有酒"。王安石把韩愈这两句诗戏改为："酒，酒，破除万事无过，断送一生唯有。"仿此，可对孟郊的心说："心，心，出门有碍是你，春风得意是你。"

人虽厚貌深情，但由他的所生所养、所作所为，是可以准确判定他的所思所想的。恩格斯说"人的智力是按照人如何学会改变自然界而发展的"（《自然辩证法》），而人的思想则是随着社会环境、生存条件的变化而变化的。

80. 千圣同心

明代的李贽说："千圣同心，至言无二。"（《焚书·复宋太守》《三教归儒》）这个心是什么？就中国的孔、佛、老三圣来说，李贽认为道人视富贵如粪秽，释子视富贵如虎豹，皆"期于闻道以出世也"，即他自己要想解脱。但李贽只说出圣人共同"心事"的一小半，圣人们共同"心事"的一大半，是要围剿大众心中的"欲"。使统治者不得安宁的就是被统治者不甘心受统治的欲望。中国的圣人学者们聪明地又发现"知识能匡欲者鲜矣"（《后汉书·马融传》），"唯思能窒欲"（程颐）。匡正、窒息人的欲望，知识、理论是无能的，只有靠道德和信仰。于是就有圣人出场。儒家用安命，道家用寡欲，佛家用空无，都是各自最好的武器。一场扫荡，围歼人欲的千年"战争"开始了。战争的结局：人欲像是砍不断的流水，总是消灭不掉，而圣心却像断线的风筝，前途未卜。

81. 子产的经验

子产是春秋时期郑国一位威望最高、政绩最著的执政者，连孔子也对他敬佩。他死时，孔子潸然泪下，称他是"古之遗爱"。

子产的手段是软硬兼施，所以他时而遭到诅咒，时而又受到颂扬。临死时，他把这经验传授给儿子（此处作者表述有误，子产此话是讲给他的继任者子大叔的，后者不是他的儿子——编者注）："我死，子必为政，唯有德者能以宽服民，其次莫如猛。"后代的统治者虽遵循子产的教训，但却难收到子产的效果。因为即使是最成功的经验在不肖者的手中运用也会变得不灵，何况子产的经验中并没有总结出真正成功的因素。

统治者的宽容和严峻，民众的服从和反抗，是人类社会从来都有的现象。民众对于"有德"统治的服从，是因为他能给自己带来某种利益，并不是因为他仁爱宽宏；民众敢于反抗"无能"的统治者，不是因为他缺乏"猛"，而是因为他除了"猛"以外一无所有。"宽"与"猛"都是驾驭不住民众的。拿破仑曾说："工人没有工作……他们就会暴动，我害怕这种因缺乏面包而发生的暴动，我不大怕与二十万军队作战。"对于统治者，这倒是值得一代一代往下传的经验：人民群众的贫困是真正的可怕！服从与反抗都从这里滋生。

82. 可以做到的和难以做到的

1882年美国旅行家乔治·凯南曾斥责俄国的民粹主义者，斥责他们的恐怖主义。因此，俄国当局乐意让他进入俄国，访问监狱及强制劳动的地点。

1884～1886年，这位旅行家在西伯利亚旅行，接触了很多的革命者，他的思想发生了转变，他在一封信中说："在西伯利亚我所看到和发觉的，在许多方面清洗了和提高了我的一些道德概念，我在那里认识了一些真正英勇的性格，是属于我们从人类历史中所能知道的最高贵的类型。我在那里看到丈夫气概和强有力的人，他们无限的准备牺牲和死亡。我出发去西伯利亚时对于这些被放逐者是怀有很深成见的，回来时，和他们分离，把他们紧紧拥抱在自己怀中，眼睛里充满了眼泪。"没有权势的知识分子对革命者的认识是比较容易的。革命者通常具有的知识、才能和英勇的品质都是知识分子熟悉的。

如果在十月革命的时候，这位旅行家再来到俄国，他看到的不再是少数革命者而是无数的拿枪的士兵，劳动着的工人、农民，他是否会感到像列宁所说的那样"精神品质优的只是少数人，而决定历史结局的却是广大群众。如果这少数人不适应群众，群众有时就会对他们不太客气"（《十一大政治报告》）？他是不会的。知识分子对群众力量的认识是比较困难的。只有置身群众之中，并能运用群众力量来创造历史的领袖人物，才能真体验到最伟大的力量。伟大领袖的卓越之处在于他懂得并能体现出爱护群众、尊重群众。这当然是一个知识分子难以感到和做到的。但是一个知识分子要对自己的劳动在人类历史中的地位有正确估价却必须认识到这一点。

雕朽集（哲理短文87篇）

83. 既难以接受又难以反驳

达尔文在《人的由来》一书中曾经说："人的道德感情和道德概念可以用社会影响来说明。如果人生活在与蜜蜂完全相同的生活条件下，那么就会有一种蜜蜂的道德支配着他们。他们就会像在蜂房中定期地发生的那样心安理得地杀戮自己的同类。甚至他们会认为实行这种残暴行为是自己的神圣职责，而第一个拒绝这样做的人反而会承担违反道德的罪名。"

达尔文如此安详地、等闲地把人类道德感情和道德概念所否定的行为说得和肯定的行为一样自然、合理，也许是难以接受的，但也确是难以反驳的。不同的社会环境里总是产生不同的道德观念和风俗习惯，在像古代中国这样一个文化发展程度较高的国度里，统治阶级标榜"万般皆下品，唯有读书高"，而在古代的摩洛哥这样一个文化发展条件差的地方，统治阶级却认为读书、写字表示你不是一位贵族、绅士。

早期基督教有许多安慰穷人灵魂的箴言，但它被富人拿去用来平息穷人时，就变得可憎。约翰·根室的《非洲内幕》中写了很多非洲人的可笑怪诞的习惯，但它们都是和那里的民族发展阶段相适应的，只要不是怀有敌意的人和浅薄的人，都不会去讥笑他们或大惊小怪的。

18世纪的法国哲学家爱尔维修说得正确："只有那些当采用它们的原因消灭之后，还继续存在的变得对社会非常有害的风俗习惯和道德法律，才是真正可笑可憎的。"

84. 人类思维和历史的统一性

直角三角形的斜边平方等于两直角边的平方和。古希腊哲学家毕达哥拉斯首先发现了这个数的关系，所以几何学上把它叫作"毕达哥拉斯定理"。其实，其他文明古国也有自己的毕达哥拉斯数。中国有勾股定理，是《周髀算经》上记载周公和商高的对话。埃及的竖琴则用 $3^2 + 4^2 = 5^2$。各个民族都能认识毕达哥拉斯数，所以有人曾建议把勾股定理的图形作光线信号，传送给火星或其他天体上的高等动物。这种人类思维或真理的统一性根源于世界的物质统一性。

基于同样原因，人类历史在本质上也是统一的，已经历或将经历相似的发展阶段，有共同的发展方向，起点和路线虽不同，终点却是一个。而看不到这历史主要之点的历史学家却否认人类历史的统一性和进步性，坠入历史细节的尘埃中。汤因比说："在法国波旁王朝与英国斯图加特王朝起作用的那些规律，对于俄国罗曼诺夫王朝、印度斯坦帖木尔王朝、土耳其奥斯曼王朝、中国清朝，或者跟它们同时代的日本幕府，都是不发生作用的，这些不同国家和不同朝代的政治历史，是不能用同样一套术语来说明的。"这些国家和朝代尽管有千万个不同的社会现象，却总有一个共同的社会本质：都是封建的王朝，它将由各自特殊的道路走向现代的资本的社会，并将继续循着各自特殊的道路走向将来的自由的王国。

历史学的认识能力和科学价值就是在于它应该并能够在人类历史的尘雾中发现并描绘出这明朗的道路和目标。如果怀疑或放弃了这一点，它就要堕落并受到像罗素所诅咒的那样的惩罚："历史并不是一门科学，只是借助于伪造和沉默的人，才能使它具有科学性的。"（《自由与组织》）

85. 不死的捣药鸟

在中国古代那支得道成仙、永生不死的神仙队伍里，还有一只小鸟，叫捣药鸟。李贽《初潭集》是这样描述的："葛仙翁于西峰石壁上石臼中捣药，遗一粟许，飞禽过而食之，遂得不死。至今夜静月朗，其禽犹作丁当杵臼之声，固名曰捣药鸟。"

"不死"对于这只幸运的小鸟也并非就是幸福。因为除了永远孤独地作"丁当"的鸣叫声之外，别的还有什么呢？晚年的歌德说："长寿是多么痛苦！"生活如果推动理想和追求，没有变化和发展，生命就成为多余的了。

中国古代的道教方士叫卖使人长生不死的仙丹，实际是使人精神堕落的毒药。人类如果一旦获得生命的不死，那么，促使人类进步的动力马上就丧失。"不死"会把人类的一切热烈追求、努力、奋斗熔化掉。

人类的将来如果还会遇到各种灾难，但"生命不死"的灾难不会降临。"长生不老"对于人类，既不可能，也不需要。人类的个体以自己的辛勤劳动，把自己有限的生命融入人类的无限生命中去，像涓涓的水珠流入大海，才是真正的永生。这是个性的最后的觉醒。

86. 两种尺度

佛教在汉代传入中国，到隋唐时达到了鼎盛，那时善男信女广多，高僧佛祖也是不少的，争先恐后地渡向"彼岸"，到西方极乐世界去！阴狠的皇帝武则天也加入了这个队伍。佛家以"慈悲为怀"，戒止杀生、皈依佛门的武则天就下令禁止天下屠杀及捕鱼虾。这年正赶上江淮大旱，"饥民不得采鱼虾，饿死者甚众"。她把对世人的残忍作为献给佛的慈悲！她一人的怨债就重得使这只慈航的船只沉没，到不了"西天"。但佛教使用的尺度和世俗不同，华严宗的佛祖法藏仍亲自为她说法，仍要渡她成佛。然而，高僧佛祖们用佛法普渡众生的努力，也总是不成功的，因为世俗使用的尺度也是不同的。天台宗始祖智者大师一生督造了80万个佛像，创法相宗的玄奘一生翻译了1335卷佛经，弘扬佛法的功业是大的，但在世人眼里他们是雕塑家、翻译家，文化艺术史上可以记上一笔，对他们那烦琐的三谛圆融、八识变现的唯心理论却懒于去知闻。现世生活中有重重障碍必须跨越，至于来世，"真如境界"也就无暇去问津了。

基督教和世俗也是两种尺度。肖伯纳剧本《约翰牛的另一个岛屿》中，有个疯子，他有个想法："一个共和国，在那里工作就是游戏，游戏就是生活，三而一，一而三。"这个世俗的思想在基督教看来是疯狂，因为它胆敢以人间乐园向天堂挑战，以人世的"三而一，一而三"亵渎神灵的"三位一体"。而在世俗看来，这个疯子的思想却是某种理想。英国的教育学家沛西·能认为它"正确地表现了教育上、社会上一切有效改革的动机——希望尽可能扩大生活的中心得以有益地和满意地履行的领域"（《教育原理》）。虽然这未必正确，但只有用基督教的尺才能量出它的尺寸是合于"疯狂"。

"山中方七日，世上已千年"，宗教神灵世界和人间世俗世界原是两种世界、两种时间和空间、两种道德和价值，自然也就有两种衡量事物的尺度。

87. 杨朱在今日

2000年前，杨朱说，拔掉我的一根毫毛，能使天下得救，我也不干！

一天，杨朱从野地里走过，他发觉一粒苍耳草的种子，挂在他的衣上，他把它揪了下来，狠狠地说，你想要我把你带到另外的地方好生根、开花、结果？办不到！一扬手，他把这颗尚是青青的长着刺的苍耳种子投进火中，烧为灰烬。

书　信

一　给前辈学人的信（22 封）

1. 侯外庐

1979 年

外老、指导小组各位老师：

为了完成党交给自己的研究生学习任务，现将我自己过去的学习情况、现在的学习打算和要求，汇报如下：

1. 过去的学习情况。我是 1961 年从中国人民大学哲学系辩证唯物主义和历史唯物主义专业毕业的。在人民大学学习期间，受到了基本的政治理论教育和逻辑思维的训练。那时，我对文、史、哲各学科的历史也有浓厚的兴趣，读了些关于这些学科的专史著作。此外，我也以为，一个哲学工作者，要使自己的思想不致落后，思维不致迟钝，必须追踪当代的社会和科学的运动，要了解、懂得现代自然科学和现代资产阶级哲学思想，因此，我也读了这方面的一些书。

大学毕业后，我被分配到河南，一直在中学（或中等师范）工作，教语文、政治、历史，最近这两年，因为政治形势的需要，还教了一遍中国哲学史和共产主义运动史。

这些年来，在教学工作之余，我集中精力读了一些中国思想史的资料（哲学史方面居多），《诸子集成》的篇幅基本读完，柳宗元、王安石的文集，李贽、清初三儒的主要著作也读了点。历史著作方面，读了《资治通鉴》和二十四史的部分（主要是纪传部分），读过的书还都作了摘录。但是很多东西自己是读不懂的，甚至读错了的。更重要的是对儒家经典（论、孟而外）读的少，而这正是中国思想史上一个要经常追溯到的思想源泉。对于中国思想史上的艰难之处，如魏晋玄学、隋唐佛学和宋明理学，也只是略知梗概，原著典籍很少涉猎。对于中国近代思想史的资料接触得更少。

这样，就使我感到，自己对中国思想史虽然有了初步的、轮廓的认识，但要深入进去，却很困难。在中学的工作环境里，既没有这样的条件，也没有这样的需要。于是我产生了希望能得到名家学者的指导的愿望，我报考了外老（"外老"指侯外庐先生——编者注）招收的1964年度的思想史研究生。那时，我已拜读了外老主编的《中国思想通史》，也读了其他各家的中国哲学史、古代思想史、政治思想史等著作，我感到外老主编的著作，材料充实完备，理论上的分析概括很多很深，还有最值得尊敬的社会科学工作者的难得的开拓精神。当然，自己的学力还很差，并不能全懂和真正认识外老主编的《中国思想通史》。我想，如果能得到外老的指导是非常荣幸的。但是，我未能被录取。

"文化大革命"的十年，我参加了七年的劳动。劳动之余，我读完了《马恩选集》和《列宁选集》，还读完了《普列汉诺夫哲学选集》，也都做了摘录。

意想不到，在华主席党中央粉碎"四人帮"后的今天，在我到了四十岁的中年时期竟能考取了外老的研究生。我很清楚，要不是华主席党中央的领导，外老是不会招收研究生的，像我这样情况的人，也是根本不会再有来北京学习的机会的。我感激党对自己的信任和培养，决心好好学习，完成党交给的学习任务。来北京后，我看到外老的身心受到林彪、"四人帮"一伙如此严重的摧残和迫害，心里感到非常的难过和愤慨！看到外老不顾自己年老体弱，仍坚持带研究生指导我们，受到很大教育，更觉得要好好学习，不能辜负外老和老师们为我们付出的宝贵的辛勤的劳动。

2. 学习方面的打算。根据研究生院提出的要求和我自己的实际情况，三年内在学习上我想从这几个方面去做：

（1）重读指导小组指定的马列经典原著。

（2）学好专业基础课——版本目录学、历史专题讲座、史学史、史学理论，能有较好的历史知识和历史理论基础。

（3）认真研读外老主编的《中国思想通史》《中国近代哲学史》和外老的其他著作，结合思想史的学习，读点中国思想史上的原始资料，特别是明清以下的。通过这些学习，使自己对中国古代和近代各派思想的产生、发展过程，主要思想家的思想特点都能比较清楚、比较熟悉。

（4）在一般学习的基础上，争取对思想史上的某些问题能有较深入的了解或研究，争取每学期写出一篇读书心得或论文。本学期围绕先秦思想史的学习，准备探讨一下中国古代思想的理论特色及其根源，分析一下中国古代思想和古代希腊的哲学、古代印度的宗教不同的政治伦理色彩是怎样产生的（不知这一论题是否能够确立？），以后的课题要在学习过程中才能确定。

3. 希望和要求。

（1）要求能尽快改善学习条件，能读到各种报纸杂志，借到专业课的书籍和其他各种参考书。

（2）希望在专业学习上能得到比较具体的指导。希望外老和老师们能向我们传授治学经验，对于把握中国历史上每个历史阶段的思想特点，阅读某个思想家的著作，钻研中国思想史上存在的问题和发展趋向等，都能在恰当的时候，给我们指点路数、破启关键。

（3）由于自己年龄较大，记忆力减退，身体也不太好，要求外语（俄语）学习能以自己阅读政治理论书籍为主，不再随班学习，毕业时考核阅读能力。这样我就能分出较多的精力学习专业。（关于外语学习，研究生院同意可由指导老师做主）

我的这些想法，一定有不当之处，请外老和指导小组各位老师给予指导，使我能订出切实可行的计划，完成学习任务。

崔大华

1979 年 11 月 3 日

2. 邱汉生

1988 年

尊敬的邱先生：

您好！

赐寄《中国史研究》（1988.1）收到，拜读了先生悼念外老的文章，受到莫大的教育，学生以为，这是一篇追悼绝代人物的绝唱的文章。

如此精熟地运用马列原理来剖析、解释中国历史上的思想现象，外老和包括先生在内的几位长辈所做的工作是后代难以超越的了。因此，从某种意义上说，外老和《中国思想通史》的创造者都是绝代人物。

先生这不长的文章，包容了极为丰富的内容，有历史往事的记述，有情思的抒发，有对晚辈的勉励鞭策。没有对外老挚笃的交谊、至深的了解，和先生您的高尚的学问道德修养，怎能写出如此精美深沉的文章，所以于追悼外老，这是绝唱。

学生只能瞠乎其后，但愿遵循先生"及门诸子勉之"之训，要有科学的精神、笃厚的学风，我知道，外老和先生最寄望于学生的，最欣慰于学生的，莫过于在学术上有所成就，学生愿为此而努力。

专此拜答。

耑颂教安，并问师母安。

邱先生：

您好！

六月中旬收到（卢）钟锋来信，谓今年十月外老逝世周年之际要举行外老学术思想讨论会，并嘱写篇纪念性的文章。我执帚外老门下日短，对外老的学术成就、思想风貌认识很浅，实在写不好。但情义在焉，不可推却。我用一个月的时间草就了篇题为《中国思想史领域的开拓者》的文字，今已寄钟锋转您和（黄）宣民等同志审阅，文中所论，失宜之处肯定不少，若不能用就不要拿出去了，以免有辱外老之名。暑日炎热，望多保重身体。

3. 张岱年

1988 年

尊敬的岱年先生：

您好！四月洛阳，承垂询向秀、郭象异同，在我目前所进行的研究中，尚未涉及此问题，愧不能奉答先生。若干年前在北京时，见《燕京学报》第28期杨明照《郭象庄子注是否窃自向秀检讨》一文，记录、简录该文比较向、郭两家之注，列举向有郭无者37条，向郭同者47条，近者15条，异者27条。我这里寻觅不到此杂志，不能向先生禀明杨文详细内容，唯拜书先生奉告此线索，不知予先生有否取用？

专此。耑颂

教安！

1989 年

尊敬的岱年先生：

两次来信均已拜悉。（王）中江回豫来我院所工作，我和其他两位所长均表衷心欢迎，报院里后，按组织手续，特别是经过六月风波后，院党委领导坚持到北大了解、证实一下情况，故直到本星期院党委才正式确定接受。其延宕不决之情，亦望先生予以宽谅。催稿信业已转交中江本人，先生亦勿为念！

在先生德望荫庇之下，前年我获得的国家基金资助的研究课题《庄学研究》最近已完成初稿，年底可定稿誊清，今将书稿目次、内容纲要寄呈一份，先生若有闲暇，能赐一阅。此课题的第三部分（下编）涉及中国哲学的主要方面，是论述庄子思想与历代思潮的关系。我的基本路数是总结归纳出每代思潮或理论体系的历史过程或理论主题，然后再寻觅出庄子思想对它的渗透或为它所汲取的情况。其中特别是庄子思想与近代、现代思潮部分，学生自感不胜驾驭，心惴惴焉。先生对中国思想的全部过程了若指掌，又尝亲身栉沐于现代思潮风雨之中，所感所识尤深。若有大端谬误处，万望先生指出。

此次向先生报告这一课题研究的初步也是基本的结果，也是感戴先生在向基金会所作的推荐评语中对我所表示的充分的信赖。先生的信赖对我是极大的鼓舞。三年来，学生日夜伏案，从不敢苟且。决心尽自己的所能，写出材料翔实、有新的学术内容的作品奉献给关怀自己的长辈和同人，也企望有助于后代人恢复和增强他们对中国思想历史的记忆和理解。

惠赐近作二种，学生拜读，并表感激。

1990 年

岱年先生：

您好！

惠赐近作《中国古典哲学概念范畴要论》已收到，谢谢！从概念范畴的角度来考察、研究中国哲学思想的历史面貌和历史发展，是先生开创的一条中国哲学史研究的基本途径或方法。我以为先生的这部《要论》和半个世纪前就已出版的《大纲》（《中国哲学史大纲》——编者注），为今人和后人运用这一方法去深入探索中国思想奠定了坚实的基础。先生学术开拓之功不可泯矣！谨向先生表示敬意！

祝颂

夏安！

5 月 18 日

4. 张岂之

1990 年

岂之先生：

您好！

感谢您盛情邀请我参加今年十一月在西（北）大（学）举行的中国现代化与传统思想文化国际学术讨论会。彼时，正值我父亲逝世周年，我安徽老家只有母亲一人在家，届时，我想回去探望，所以我不一定能参加此次盛会。我感到十分抱歉，望能得到您的谅解。我院情报所副所长意欲（占我的名额）前往参加，了解国内外学者对这一重大主题研究的情况，回单已寄书雪梅女士，请予俯允。

1991 年

岂之先生：

新年好！

前不久中州古籍出版社的一位编辑告诉我，由您主持的出版系统要对出版社古籍整理书籍进行一次评奖，并且您还向中州古籍社提议《庄子歧解》等书可以参加评奖。对此我表示衷心感谢，也许，或者说肯定这些年已有更多更好的古籍整理方面的著作问世，《庄子歧解》不一定被评选上，但这毕竟使我获得了一次竞争的机会。因此您的提议无疑是对我的提携与帮助，同时我也认为您的建议更多的是出于严肃学者公正的学术眼光。我自以为《庄子歧解》对魏晋以来在不同思潮影响下形成的对《庄子》的不同解释作了一番总结，兼有学术和实用的价值，它还不够完善，有不少缺点，但它会有较久的生命力。我觉得您的提议就是对这一点的肯定，这使我感到很欣慰。

另外，我想告诉您，在您的帮助支持下我所获得的国家社科基金资助研究项目《庄学研究》已经由人民出版社出版，版权页上的出版时间是1991年10月，估计到1992年三四月才能拿到书。届时我要奉寄一本给您指正的。"八五"期间，我想完成一个儒学的研究课题，我的目标是想对目前儒学研究偏重于历史的描述状况有所突破。您所指导的儒学研究已取得了重要成就和经验，您周游世界，政治视野和学术视野都很开阔，我希望能得到您的指教。

祝您在新的一年里身体健康，万事如意！

1992 年

岂之先生：

您好！

您的大作《儒学·理学·实学·新学》前天方收到，从西安到郑州20个小时的火车，这本书却走了20天！何其速也！

首先，我要对您馈赠我这样精美的书表示感谢，也乐意接受您的厚托撰写一篇评介文章。虽然还没有细读您的这本大作，但目录即可显示，这是一本既有广度、深度的，又有个性特色的非常好的中国思想史著作，应该向读者介绍。

我准备在下个月细细读两遍，争取在五月份写好。您这次从山东归陕，能在郑州逗留，告诉我学术界的某些情况及儒学诸问题，对我很有教益，很有启发。希望您以后能不断有所指教。

我还很感谢您送我的礼物，那面孔自然是稀罕的瓷枕，也许会有助于治疗我的失眠症。

我和夫人都为未能给您应有的招待而歉疚不安，也没有什么珍贵的礼物可以馈赠，只好用一点土产回报。那茶叶是我春节时从安徽六安家乡带回的，莲子是我夫人湖南家乡的。唯其是家乡泥土的东西，低贱一些您也不会见怪的。

此颂

安好！

3 月 11 日

岂之先生：

您三月八日的来信和老子思想研讨会的邀请函均收到，谢谢您的盛情！

我还没有去过使我仰望已久的西安，所以若没有特殊情况，我一定赴会忝列。承蒙您的信赖，要我准备近期国内道家思想研究概况和评述的发言，我一定遵命。只是我自 1990 年庄子课题完成后，即转向儒家，对道家思想研究的最新进展未予留心，恐怕讲不好，但先生之命不可违，我只好勉力为之。

与会的回执已给杜金科同志寄出，请放心。

此颂

安好！

3 月 15 日

岂之先生：

尊作《儒学·理学·实学·新学》已拜读完毕，获益匪浅，并遵嘱写了一篇书评，评介性质的。

您的学术贡献已为当世瞩目，无须我的卑微的推崇，所以对于这本书我的评介主要是谈自己读后的理解。我把在轮廓大体完整的儒学历史发展的背景上，凸现中国传统思想文化及儒学本身的总体评估（即对一个"时代课题"的思考）确定为您这本书的主调或基本精神，不知如此理解、评介与您的思想相距有多远。今将评介文章寄呈，请批评指正。

岂之先生：

您好！

五月西安分别，又有数月，您一定还是那样忙碌吧。此间一件大不幸的事情发生了，就是邱先生离开我们长行而去！（邱汉生先生于1992年6月18日上午10时15分病逝——编者注）

近接敏杰来信，催促交付老子研讨会论文。我在此次学术会上作了准备的发言，主要是遵照先生之命介绍国内近期道家思想研究的一些情况，我觉得没有多少学术内容，且当时供翻阅的资料皆已归还图书馆，不在手边，所以就没有将此发言整理成文章。前年，我在《中州学刊》上发了一篇不长的文章，辨析老庄异同，我以为这是中国传统思想源头上的一个重要问题，还有点内容，今加以修改寄去，请您和其他编辑审处。

我现在正在进行一个儒学方面的研究课题，这一课题今年也获得了中华社科基金的一点资助，我很感谢同行专家的信赖和支持，要努力做好这一课题。

我的《庄学研究》可望在今年内出版，出版后我会寄呈给您指正，欢迎您有机会再来郑州。

此祝

金安

8月25日

岂之先生：

征稿函早已收到，您为《中华文化》（应指《华夏文化》杂志——编者注）的设想设计都是很好的，祝您成功！我们这里历史所有位任崇岳副研究员，是我在（中国社会科学院）研究生院时的同学（他当时是民族系的研究生，导师是翁独健），文字好，且来得快，除学术论文外，还经常写些历史小说之类，我将您寄来的征稿函给了他一份，还给了另外一位年青的副研究员一份，他著有《酒文化与中国人》（王守国著《酒文化中的中国人》——编者注），也经常喜欢写些文化方面的文章。另外，给了申松欣三份，她交往多，请她帮助组稿。今年我们河南省委组织党员高级知识分子轮流去省委党校学习，我参加了九月份这期，为期一个月，今日方结束。

函件收到有日，为此事迟复为歉。

金安！

1992 年 9 月 26 日

1993 年

岂之先生：

您好！

我的《庄学研究》已经出版，今奉一册，请批评指正，并衷心感谢您给予我的支持。

我很抱歉，答应为《中华文化》（应指《华夏文化》杂志——编者注）二期撰稿一事尚未完成，主要是因为十一月以来，我母亲因患重病住院，杂事扰乱，心静不下来，您的约稿还有些我不太熟悉的要求，路子生，几次想动手还是未写成，请您原谅，稍宽时间。

此祝冬安！

元月 9 日

岂之先生：

您好！

近日收到安徽六安家妹的来电，告谓家母患肺癌病危，要我回去，第二次西安老子思想研讨会我不能参加了，请您原谅。我推荐我们这里一位青年同志高秀昌（《中州学刊》编辑）前去赴会，他参加了我负责的《老庄思想研究》课题组，分撰老子思想部分，热切盼望能忝列这次西安的老子研讨会，增长见识，开阔眼界。我想先生一定会乐于成全他的。

上月在太原为外老举行的九十诞辰纪念会，先生因别有事务，未能光临，未能与先生会晤，聆听教益，甚是遗憾。会上，我作了简短的发言，今将发言稿寄呈先生指正。我认为，先生是最能了解外老的人格、学问和他的科研处境的。

11 月 12 日

2002 年

岂之先生尊席：

来函敬悉。承蒙邀约，"外庐先生百年诞辰学术研讨会"我一定参加。对我来说，此不仅是求取学术，更是践履道义。遵来函所示，我亦愿作"外庐先生与（邱）汉生先生学术友谊"的发言。

专此奉复。崇颂

文安

7 月 8 日

5. 李学勤

1993 年

学勤先生足下：

前月奉寄拙著两册，不知收到否？

十多年前，我执寻外老、邱老门庭时，常听到二老称赞先生治学严谨而广阔，后又得幸聆听先生为历史所"文革"后第一届研究生开设的关于先秦历史、文献的课程，心中实仰慕之。只是先生当时主要指导先秦文献、文字专业方面的研究生，我主攻中国思想史，无缘得到先生更多的教诲，真是遗憾！

我自在（中国社会科学院）研究生院毕业回到河南后，弹指间，又是十年光阴，此间我主要是对《庄子》进行点研究，出了一本资料性的书《庄子歧解》和一本研究性的书《庄学研究》，都十分浅陋。听（张）岂之先生说，在 1991 年底全国首届古籍整理图书评奖会上，您对我的《庄子歧解》给予好评，获得了二等奖，我对于先生的提携表示感谢，故在《庄学研究》出版后，一并将两书寄呈先生指正。《庄子歧解》出版已有四年，坊间一时买不到，是我自己保存的一本。

前日，接到安徽大学钱耕森教授来信，谓在先生给他所主办的刊物《老庄文化》的约稿中，数次提到拙作《庄学研究》，这使我心中惴惴焉，不知先生有何教正。仰望先生若有闲暇，能赐函指教。

此祝春安！

2 月 28 日

6. 宗璞

1995 年

宗璞教授足下：

今年是现代中国哲学尊者冯友兰先生的百年诞期，学界为此举办中西哲学与文化融合与创新的学术讨论会，以纪念冯先生，这是很有意义也是应有的举措，因为冯先生应是这一时代学术思潮中最有贡献和影响的领潮者之一。冯先生在不同的理论观念背景下撰作的"贞元六书"和《（中国哲学史）新编》我亦以为是现代中国哲学中两座真正的丰碑，都是非常宝贵的精神遗产。立于这两座丰碑之上，冯先生应是属于出离了、超越了世之褒贬损益的了。我作为后生末学，非敢妄评前贤，只是聊表对冯先生的崇敬之心而已。

我因为被一个应该完成而尚未完成的国家课题拖住，未能为这次学术讨论会撰写出论文，加以其他鄙事，不能参加这次学术盛会，谨向您表示歉意！

向朱伯崑教授及筹委会北大、清华其他诸位时贤致意！

祝讨论会圆满成功！

11 月 18 日

7. 石峻

1996 年

石峻先生：

您好！

我是您的学生，1961 年毕业于人大哲学系本科，现在河南省社会科学院哲学所工作。今年四月，我省宋学研究会拟在河南濮阳召开一次宋学与东方文化的国际学术讨论会。我受河南省人大教育文化委员会主任、河南宋学学会会长石训教授嘱托，恭请先生俯允能届时莅临河南与会，以增学术讨论会之光辉。

　　敬祝安好！

学生　崔大华

元月 12 日

8. 萧萐父

1999 年

尊敬的萧先生：

　　惠赐《吹沙征程》《吹沙二集》收到，谢谢！

　　先生的撰作，昭显一上下求索的多彩高尚心灵，是构筑一代风骚的篇章。我谨向先生表示真诚的敬意。

　　祈愿先生身体健康，德业广被！

后学　崔大华

5 月 25 日

9. 李锦全

2004 年

锦全先生足下：

　　惠赐自选集四册《思空斋诗草》，已经收到。谢谢您！

　　先生在哲学史、思想史、社会史等广阔的学术领域都有卓越的建树，以娴熟的古体诗词抒怀叙事，当今学界能有几人？这些都使我敬佩景仰不已！祝愿先生身体健康，不断有高文雅作惠泽世人后学。

后学　大华

5 月 28 日

10. 熊铁基

2004 年

熊铁基先生教席：

　　先生惠赐大作《中国庄学史》近日收到，谢谢！

　　先生所领导的学术团队对老学、庄学、道家、道教的研究，已取得了令海内外学界瞩目、推崇的成绩，我也十分钦羡！还要特别感谢您在《中国庄学史》对我的高看。衷心祝愿熊先生和在您培育荫庇下的学术集体不断获得新的成就！

7 月 10 日

二 给学界同仁的信（40 封）

1. 方克立

1988 年

克立兄：

承蒙指教，讲课一事我初步设想为 6～7 次，总论部分 2～3 次，我想把庄子研究中曾经争论过的问题（主要是其人其书）向您的研究生们历史地介绍一下，使他们推进前人的结论而不是重复前人的结论。读《庄子》首先对庄子思想也需要有个总的把握，所以我也要根据我的理解把庄子思想的主要方面介绍一下。既然这是原著课程，当然主要时间应是读《庄子》原文。我准备领读三篇内篇［《逍（遥游）》《齐（物论）》《大（宗师）》］和一篇杂篇（《天下》）。书中其他的疑难段落仍然不少，只好由研究生提出，我再作回答。我的《庄学研究》第三部分的研究撰写任务还很重，所以我不能在天津停留时间长。如果没有其他事情干扰，我打算五月上、中旬赴津完成这次教学任务。

我心中不踏实的是对您的贤弟子们情况一无所知，不了解他们的学业状况和对这门课的一般要求和《庄子》这次课的特殊要求。

洛学的会如果有可能您还是来一下。这个会本应该是在四年前开的，因为没有钱，没有热心人，拖到了现在，内容已很落后。您来可以介绍一点新儒学研究的情况，带一点新鲜的空气，谈一点中哲史研究的新动向，即使与二程关系不密切，也没有关系，大家一定会十分欢迎的。

1988 年 5 月

1989 年

克立兄：

您好！

我的《庄子歧解》终于出版了！真是"千呼万唤始出来"！我向外寄出的第一本就是给您。

另外，给您的德国学生熊德兰的一本烦请代为寄出。去年我在南开讲课时，曾答应送她一本书。不能失言。麻烦您了！

承蒙您的支持，我的基金项目《庄学研究》目前正在进行，可望今年完成初稿。其他情况如常不赘。

教安！

2001 年

克立兄：

您好！第十二届国际中国哲学大会已筹备就绪了吧！

上月我不慎将右足扭伤，医生说是跖骨撕裂性骨折，很快会好的，可能是治疗不得法，至今仍未痊愈，行走仍不方便，这次中国哲学的盛会我不能去参加了，这使我深感遗憾并谨向吾兄表示歉意。我为大会撰写的论文《人与自然关系的儒学选择》也很浅陋，但为表示对您及大会的支持，今天也寄会务组。

我写这封信时，身体虽小有不适，但我仍沉浸在无限的喜悦之中，因为昨晚北京申奥成功了！我想吾兄的心情也会是这样的吧，祝吾兄主持的第十二届国际中国哲学大会在这喜庆的日子中获得圆满成功！

7 月 14 日

2003 年

克立兄：

你好！

承蒙你的提名，我也收到参加在瑞典举行的第十三届国际中国哲学大会的邀请，得知会后还有北欧之旅，我想这是很难得的领略异国风光的机会，一定会是很惬意的。所以我很高兴能有机会参加这次大会，也为大会撰写了论文。今年三月份我就将邀请信等材料交我单位办事部门，向省外事办申请办理护照、签证事宜。可是，因为"非典"疫情，还有其他我不太清楚的条例的限制，直至今日，我仍未拿到护照，汇款购票等手续也无法办理，这样，这届国际中国（哲学）大会我就不能参加了。特此致信吾兄，除对你的提携表示感谢外，亦表示无奈之情，并祝愿吾兄作为组织者之一的此届国际学术会议圆满成功！此外，还有一事求助于吾兄，我的《儒学引论》只是论述了儒学的历史面貌，我想把这一课题做完整，今年申请了一项研究现代儒学的项目，若能通过通讯评议，进入学科组，请吾兄在可能的情况下给予支持。

问候文安！

7 月 15 日

2004 年

克立兄：

你好！

四月初去杭州参加浙江省社科院主办的现代儒学研讨会，见到北京来与会的同仁，得知吾兄因病住院，近日得知吾兄已出院，我感到很高兴！在这里向你表示诚挚的问候。

我已于 2001 年初办了退休手续。去年申请批准了一项关于现代儒学的国家社科基金在做，我感到虽退休了，有点事做，有点任务，比闲逸无事要好。

上周我院哲学所收到中国哲学史学会的来信，要我所推荐一人出任理事，所领导同我商量，决定推荐高秀昌。秀昌君年青，有能力为学会多做事，且对他个人的学术成长也很有好处。此外，河南大学徐仪明教授也希望出任理事。徐君之意，他是河南唯一的中哲硕士点负责人，若任理事，能有更多的机会与中国哲学界时贤们交流，会有助益此学科在河南的发展。徐君已写信向你表述心愿。我觉得他的企盼也是可嘉许的。若有可能，望吾兄能予支持。过去和现在吾兄对我本人和河南学界都有很多很多的关怀、帮助，我们都是感铭于心的。

祝愿吾兄早日完全康复！

5 月 25 日

2. 陈鼓应

1989 年

鼓应先生足下：

您好！

今日收到张智彦编审先生来信，得知您需要拙著《庄子歧解》备用，今奉寄一册指正。

我与先生虽未尝通音问，但在 1985 年《明清实学史》的第一次编写会议上曾有一面之交，并承蒙先生之盛情，惠赐高著《老子注译及评介》。这些，我都记忆犹新。您的《庄子今注今译》文辞准确优美，受到读者的普遍的赞誉，注解兼收广罗诸家观点的宽容的学术态度，对我有很大的启发，也可以说是拙著《庄子歧解》的最初的发端。故拙著于今年四月出版发行后，我亟欲寄呈先生教诲，奈何不知先生确切地址，无从投寄（想寄往北大，又怕收不到）。今智彦先生在信中告之，终使我了却夙愿。

《庄子歧解》是我在 1985 年完成的，这是试图对魏晋以来《庄子》注解作一综述，学力有限，实现得不好。此后，1986 年我又开始《庄学研究》的撰述，这是对庄子思想及其在中国思想发展史上的影响的研究。经过三年多的努力，最近完成了初稿，现正在修改、定稿，今将初稿的内容、目次和纲要（主要结论）也一并寄呈赐阅。

我虽孤闻寡见，但亦知先生对于庄子思想对中国传统思想和近现代思想都有发掘深入而背景广阔的研究，于拙作之疏漏浅薄、谬误处，万望先生不吝赐教。

专陈不尽。问候

安好！

鼓应先生：

您好！

上月初我曾赴北京参加孔子诞辰纪念会，本欲登门拜访，聆听您对我的《庄子歧解》和《庄学研究》内容的意见，因会程紧，未能如愿。十月中下旬，我又返回安徽六安的老家侍奉垂危的老父，直至十一月初才返回河南的工作单位，安徽的庄子讨论会未能参加，您来河南商丘等地考察，未能奉陪以尽地主之谊，更使我感到十分歉疚！您一定不会知道，从23～40岁这段最好的青春年华我是在商丘度过的，在那里教中学。

我目前正进行《庄学研究》书稿的修订、誊清工作。在我的工作条件下，其中一半是要消耗大量时间和精力的手工劳动。此外，还要进行更困难的联系出版的奔波。我希望这些事在明年上半年能有个眉目。

感谢您在电话中对我的问候，明年若有机会去北京，定去拜候。

祝颂

安好！

1992 年

鼓应先生：

您的大作《老庄新论》已由上海古籍出版社惠寄收到，谢谢！

虽然您的这部新作我尚未遑细细研读，您的某些观点，诸如老庄之间的关系，道家思想在中国哲学中的地位判定，对古史辨的评价等问题，我也未敢苟同，但我仍真诚地认为，在您已出版发表的这些论著中，您对老、庄优美准确的注译和独特的理论阐释，对大陆中国哲学的道家思想研究是起了推进的作用，增添了许多新鲜的东西，产生了很大的影响。我衷心祝愿您在中国哲学更广大的领域内取得更大的学术成就！

上月，我和王粤编辑通一次电话，询问《庄学研究》的出版进展情况，详情她也不知，她还告诉我，您曾打电话给她过问此事。对于您的关照，我亦在此表示感谢！

祝颂

安好！

10 月 22 日

1996 年

鼓应教授足下：

承蒙不弃，盛情邀约忝列道家文化国际学术研讨会，谨表衷心感谢！

近些年来，大陆的道家、道教思想研究在您的带领与推动下，有很大发展，本人深深敬佩！我自 1992 年转到一个儒学课题上来后，至今尚未完成。道家思想研究方面也没有新的进展，拟为本次讨论会撰写的论文至今尚未完成，加以其他鄙事，八月中旬的讨论会我就不准备参加了，谨向您表示歉意！

预祝讨论会圆满成功！

3. 黄宣民

1990 年

宣民

您好！

（李）正平从西安开会回来告诉我，明年是邱（汉生）先生八十寿诞，您和（张）岂之及其他几位学长商量，准备为邱老庆贺一番，我作为邱先生的学生，表示完全赞成、拥护，需要我做什么，请来信吩咐。

11 月 27 日

1991 年

宣民：

惠书拜读。

最近，在我们所讨论今年工作时，我将是否参加发起庆祝邱先生寿辰学术讨论会的事向另两位所领导提出，他们觉得十分为难，情况也确实如此，全年全所 16 人的科研经费才只有 5000 元（每人三百元），要为此一事支出 1/5，所以我也无法对我的提议再作坚持。最后我想，我把我应得的三百元经费一次支出，另外再凑上二百元，贡献 500 元。我很为自己贡献菲薄而惭愧，并望得到您的谅解。

我同意你们对会议的安排，即会议不大，时间不长，能切实讨论一两个问题，除了儒学的学术问题，是否也可议一下侯门的学风、学术思想的发展前景问题。

专此奉答。祝您在新的一年里万事如意！

元月 21 日

宣民：

　　您好。最近一个月我去河南的南阳地区参加了农村的社会主义思想教育工作，日前方回，不知邱先生的八十寿诞庆祝会准备得怎样了，要我做些什么工作。您上封信提出向申松欣打听能否买到《梁启超年谱长编》一书。申因骨折住院已有四个月，至今尚未出院，我向另一位编者打听，他说此书出版已有五年时间，似乎已没有存书了。不知申自己手边还有此书否，等她出院后，我再替你向她打听或索取如何？

　　我这里的情况如常，不再赘述。

　　春安！并问候（姜）广辉及室内诸同志。

4 月 6 日

　　1993 年

宣民同志：

　　您好！

　　来信收到了，您对我的《庄学研究》给予很高的评价，这是对我的鼓励，谢谢您！

　　我自 1982 年回到河南后，除了参加《宋明理学史》的研究和撰写外，主要是对《庄子》进行了研究，出了本资料性的《庄子歧解》和这本《庄学研究》。说起对庄子的研究，我还是要感谢您。我过去一直很喜欢庄子，但说不上有深入的研读，1978 年我刚去跟外老读研究生不久，你知道我喜欢庄子，就拿了一篇《哲学研究》准备刊用的束景南的文章让我审读，我还提不出十分中肯的意见。后来，在一次研究室的会议上，您曾提出一个课题设想，即对庄子思想作一自古至今的研究。这对我很有启发，我的研究生毕业论文原想写庄子，后来因要与所里也是国家的重点项目宋明理学研究课题结合起来，遵照邱先生的意见，我的论文改为南宋陆九渊及其弟子。我所承担的宋明理学课题中的任务完成后，1983 年我就转入了对庄子的研究，《庄子歧解》原来是我课题设计之内的一小节，但是在阅读《庄子》时，发现歧解很多，觉得有必要先把这些系统整理一下，结果用了三年（1983～1986）的时间竟积累成 57 万字的一本资料。现在我对庄子的研究告一段落，在这一研究开始之前您给予我以启示，在这一研究完成之后您又给予我肯定的评价，所以我要衷心地感谢您！

从 1991 年开始，我又转到儒学的研究上来。我以为，儒学毕竟是中国传统思想的主体，我们只有对儒学有深入的认识，才能真正把握住自己民族历史悠久的精神历程。我的儒学研究试图能突出儒学的理论结构、社会功能和前景方面的论述，而避免落入对儒学的历史描述和概念分析方面的窠臼。我以这样的思路，以《儒学引论》为题于去年（1992 年）申请了一项中华基金，结果承蒙评审专家们的信任，有幸通过了。我现在正着手这一课题的研究和撰写，我一定努力工作以不辜负您对我的期望。

下月，我们这里要在开封举行一次宋代哲学与中华文化的研讨会，这是由我们这里八个单位（包括我们河南省社会科学院）与开封市共同举办，实际上，主要是以省委党校校长（石训——编者注）为首的《中国宋代哲学》一书写作组筹办的，我没有参加他们的课题，所以也没有参加筹办工作。但我同他们的关系还好，我知道他们也给思想史室发出邀请，他们还告诉我，（姜）广辉准备来，您不一定能来，是吧？如果可能，欢迎您也来，到开封、洛阳等地玩玩，到我这里看看。好吗？

3 月 26 日

1996 年

宣民：

惠寄照片并赐予《颜钧集》均收到，谢谢！

此次赴台，受到您的兄嫂热情款待，我亦永铭在心。

我对泰州学派没有研究，只是感到泰州诸先贤亦儒亦侠，在中国思想史舞台上是很独特的角色，您整理、点校的《颜钧集》发掘了、救出了可能会被湮灭的珍贵思想史材料，我认为是有功德于学术事业的，您对颜钧的研究也是独到的。谨向您表示祝贺与尊敬之意！

祝您全家安好！

7 月 19 日

4. 钱逊

1992 年

钱逊先生：

您好！

自西安回郑后，我即去图书馆查阅《先秦诸子系年考辨》（作者钱穆——编者注），发现院图书馆保存的这本书是令尊大人惠赐已故河南大学名教授孙海波先生的，孙先生逝后可能由其子女遵嘱赠给了本院图书馆。遵照您的叮嘱，我就没有向馆长提出转让一事，只是将令尊大人手迹复印奉寄。

专陈不尽，此颂

教安！

5 月 18 日

5. 吴光

1993 年

吴光兄：

惠寄大著《黄老之学通论》《儒家哲学片论》及由你编校的《王阳明全集》上下卷均收到了，谢谢你。你的《通论》我早已读过，并窃以为这是第一本给黄老思想以系统而准确论述的专著，是我们（包括我自己在内的）那一届研究生的硕士论文中最好的。你的《片论》我尚未及细读，我相信也一定会有许多真知灼见。

这次你来河南，光临寒舍，我招待不周，多请原谅。你的短暂的逗留给我的妻子和孩子都留下美好的印象，他们都很敬佩你，你来信中嘱托购物之事，我会遵命办理，请放心。

专陈不尽。此祝

研祺并问候你全家安好！

3 月 27 日

吴光兄：

尊函、大作拜悉。你在百忙中抽出时间，花费精力，完全是以一种爱护的态度鼎举我的这本著作，我衷心感谢你！

这篇书评（指吴光先生撰写的《道家思想研究中的优秀成果——评

崔大华著〈庄学研究〉》——编者注）也显示了你的功力和慧眼，凡我自觉得比较满意或妥切之处，你都给予了肯定、称赞，凡我自知是薄弱的、可能有破绽之处，也被你以十分客气的商榷的态度指出，例如你对内篇命名的质疑，对将老子书、人分开，就是不无道理的，是使得我深入考虑的。你的这种态度正表现出你在这些问题上的思考比我更高、更成熟。当然，我也知道我的这本书一定还有更多一些的因为你的宽容而没有指出的缺点。

这篇书评寄给《哲学研究》或《中国社会科学》我以为皆可，数月前，我已分别给《哲学研究》张智彦、《中国社会科学》李存山、《中国哲学史研究》蒙登进寄去《庄学研究》，我和他们的关系都还好，我祈愿他们能刊用你的这样好的书评。至于最终还是寄给哪家好，请你裁定。因为我不便亲自给编辑写投稿信，所以与吾兄商量，还是自吾兄处寄出为好？下月北京见面再叙，问候吾兄全家安好！

6. 曾春海

1993 年

曾教授春海先生足下：

惠书拜读。拙文能得到先生之赞许，又有若干有契合先生之慧见之处，使我感到十分欣慰，并对先生费心将拙文荐举给《哲学与文化》月刊，表示感谢！

先生来教，意谓既言道家思想多有与异质文化观念融合点，又称道家思想拒宗教信仰于中国哲学之外，岂不矛盾？依弟之鄙见，这是不同层次上的问题，并不矛盾。大陆学者在马克思主义影响下，多从比较狭隘的、确定的意义上界定宗教，即对某种超越的实在、实体的信仰，弟在这里也是采用了这样的界定，并以为儒家（宋明理学）的"理"和道家的"道"都与此不同。宗教的精神世界是宽广而崇高的境界，弟鄙陋，对此无知，但绝无成见，而是持宽容的理解与尊崇的态度。此陋见不敢企望先生之允同，惟祈望先生之谅解。

专此奉答。嵩颂

教安！

9 月 12 日

7. 李振宏

1993 年

振宏教授：

　　来信收悉。《元典文化》丛书的事，我已与高秀昌君谈过，他欣然接受，并表示有信心按丛书要求完成。不久，他会给您去信联系。另外，我也完全理解并同意您的建议。第一是参与，一定要审稿、定稿，是否一定也要写部分，视高君完成情况而定。第二为使丛书能较顺利通过出版社的审查，暂与高君连署名。

　　奉覆。此颂

教安！

12 月 25 日

1994 年

李教授足下：

　　尊函收悉，所示内容均已转告高（秀昌）君。彼谓将给您复信。李教授主编的即将推出的元典文化丛书气势宏伟，可喜可贺！于书名，我也实是提不出什么新意见，用一短语概括一部经典确非易事，至于《老子》，高君用的是"中华智慧宝典"，如何是好，他会去信和您商量。

　　高君于此书，用心勤苦，我只是翻阅一遍书稿，感到尚好，未可修润，故出版时，不能也不应再署鄙人之名。

9 月 3 日

8. 朱义禄

1994 年

朱义禄先生足下：

　　今天收到王粤同志转来的先生给我的信，先生对我的《庄学研究》内容上的缺陷提出了中肯的批评，谢谢您！我的《庄学研究》第三部分着重于考察庄子思想对历代主要哲学思潮的影响，故于中国历史上的文学艺术发展和明代儒学及明清两代批判理学的启蒙思想都未遑论及。其中，一般社会思潮的从略是主要出于篇幅的考虑，而文学艺术方面的省略，则兼有自己学力所不及的考虑。先生所指出的极是，关于庄子的确还有许多大文章、大著作可做。

再次对先生在炎热的夏季，耗费心力，不吝赐教表示真诚的感谢。

文安！

8 月 29 日

9. 宋志明

1996 年

宋志明先生：

我是 1961 年人大哲学系毕业的校友，今年是恩师石峻先生八十华诞，我赞同您与方克立教授等发起为石先生出纪念文集等庆贺活动，今遵命寄上拙作《儒学的最初传授》，聊以表达谢师之意，只是浅陋得很，可否用，你们文集编辑组裁定。

专陈不尽。

元月 12 日

10. 蔡方鹿

1996 年

方鹿君：

惠书收悉。承蒙你和赵宗正先生美意，欲在我省洛阳召开第十一届退溪学术讨论会，我很高兴很感谢！我和所里同志研究一下，觉得盛情难却，也确是一对外展开学术交流的好机会，表示愿意承担。初步商定由我院和洛阳大学联合筹办。洛阳大学有一位副校长是我的朋友，也热心于此类事。他在洛阳多年，多方面关系比较熟，有关会务方面可能比较顺利。惟请你再将此讨论会，特别是成都那次会议的情况再稍详细告之，诸如会议的规模、国内外代表名额、经费匡算、会议立题之类，以便我们进一步较具体地与洛阳大学确定计划。

专此奉覆，并祝你在新一年里取得新的学术成就！

12 月 29 日

1997 年

方鹿研究员：

来信收悉。我哲学所所务会根据你信中所提诸事项，进行了研究，现将主要意见奉告：

1. 此次学术活动，我所由刘勇副所长负责与会方及会议组织安排。刘勇同志很有组织能力，工作认真负责，具有先进的个人办公条件（已入网），与国内外联络十分快捷方便。

2. 主办单位，因情况变化，洛阳大学不再参与主办，中方只有我院参加，我所认为以与韩国退溪学金山研究院、日本九州退溪学研究会联合主办为宜。

3. 参会人数，希望韩日不要超过预定人数（韩国 50 人，日本 10 人），中方拟为 18～20 人。其中由韩日方提出 5 人（包括你和赵宗正先生），我河南提出 15 人（包括 3 名会务人员），参会总人数不超过 80 人。

4. 会议经费。我院经费困难，只能提供少部分会议启动经费，会议主要经费要求由韩日方面承担。除了一次晚宴外，中方参会人员（不超过 20 人）二天的食宿费，亦要由韩日提供。估算韩日需增加 1500 美元的会议费。如果你估计韩日不会接受此要求，请你和赵先生商量，是否可以与陕西联系，在西安举办这届退溪会？那里的经济情况比我们这里要好些。

5. 在会议经费解决后，其他事宜再进一步商量。

顺颂

研祺！

8 月 30 日

1999 年

方鹿教授：

寄来照片收到，谢谢！

得知你将应河南大学之聘来这里参加申报博士点的工作，我很高兴！我因为年龄已超过 60 岁，按政策规定，将要退休，但我亦向河南大学方面表示，无论是现在硕士点的教学或明年博士点的申报，如有需要，我都愿尽绵薄之力。我也同你一样，愿河南大学的申报工作获得成功！

祝你不断取得新的学术成就！

11 月 9 日

11. 〔韩〕许骏宁、〔韩〕金景熙

1997 年

韩国退溪学金山研究院长许骏宁、国际退溪学会金山支部长金景熙两位先生台鉴：

12 月 17 日传真收悉。因贵国近时遭遇经济困难，海外旅游实行控制，原协商在我国河南开封举行之第十一届退溪学国际研讨会不得不中止。对此，我表示谅解，我方确实已为筹办此次会议付出不少辛劳，但为了学者间的友谊，为了值得尊重的儒家学说和退溪思想，此亦不足挂齿。

祈愿贵国能尽快摆脱此次经济困境，愿两位先生的事业顺利发达。

12 月 18 日

12. 李士澂

1997 年

李士澂教授足下：

大函拜悉。承垂询庄子故里一事，鄙见以为：

①《史记》"庄子蒙人也"之"蒙"，断不是今之安徽蒙城。此蒙城唐代以前称山桑。以今之蒙城为庄子故里，其讹误始自宋代人。

②《庄子》一书中于"宋国""宋人"多有记述或称谓，似对宋地风土人情、宋国历史轶事甚为熟稔，可以推测庄子是宋国蒙地之人。宋国地望属今河南商丘。

③但蒙在商丘或宋之何地因历史地理的变异，不易确定。在今河南民权（建置于抗战期间，此前属商丘）及毗邻的山东东明，都有庄子事迹在民间流传，有若干历史遗迹，两地处黄河故道，濮水之阴，似可与《庄子》之"秋水"、垂钓印证。要之，两地皆属于古之宋或商之范围，方位在其北。

4 月 4 日

13. 王湘楠

1998 年

湘楠君：

来信收悉。看到你的哲学理论研究内容、眼界越来越高远，越来越深入，我是很高兴的！你现在为阐明、捍卫因果性原理的努力，我认为是很有意义的，从某种意义上说，也就是捍卫科学。我对此问题没有深入的了解，也还没有阅读到你已发表的文章，所以难以提出很有据的看法。我的浮浅印象，围绕因果性的争论，早在古代哲学中就开始，那时还是纯粹思辨性的。近现代在量子力学、统计力学出现后，更有了某种实证的、具体的内容。我希望你能十分熟悉这段历史，熟悉已经提出的问题，及其已经回答或解决的状况。爱因斯坦说得很正确，是理论决定我们观察到的东西。不同的理论领域内，或同一理论领域的不同理论层面上，所见所持往往都会有不同的。在量子力学、统计力学的领域，学者可能见不到，也不需要因果性，但是在更多的宇宙的和人生的领域内，也许不是这样。即使量子力学、统计力学描述的是最初始的，但也不一定就是最本质的、最普遍的。在我看来，这是一个没有最终答案的问题，但却要求每个时代都应有自己的回答，这个回答是衡量一个时代科学水平和哲学水平的可靠的尺度。

我在 1992 年申请并被批准了一项国家社科基金课题《儒学引论》，去年已经结项，但还有点扫尾工作，这就是我在已经过去的 1997 年所做的事。在新的一年里，我恐怕还要为此事付出一半的时间。

祝你全家新年快乐，万事如意！

元月 2 日

湘楠君：

你好！近来工作忙吧，身体好吗？

今有一事相求。为参加今年 12 月在香港召开的"中华文化与二十一世纪"学术研讨会，我撰写了一篇题为《20 世纪的中国儒学》的论文，文中引用了 1949 年以后一直生活在港台、前年过世的著名的现代儒学哲学家牟宗三的一句话："仁且智的精神实体，注定要在历史发展中完成其自己，以前没有开出来，将来都要开出来，这里决定没有不相容的地方。"这句话是我转引自别人论文中，原出自牟著《道德的理想主义》（这是由牟氏14篇文章组成的论文集）258页。我想查对一下原文，勘对是否有误，特别是要知道该段文字所属的篇名。我这里找不到牟氏此书，我请人在北图港台阅览室亦未查到，请你在方便的时候，从你们哲学所图书或其他处查一下，若有此书，请记下此书258页的篇名，然后告诉我，为节省你的时间，也不必写信，电话告之即可。我的电话是（0371）3836993。

我今年11月就满60岁了，现在已从所长的岗位上退了下来，平时都在家里看书、写作，不再坐班。我还负责一项国家社科基金课题，按计划明年底才能完成。另外，今年又和河南大学政教系一起申报了一个中国哲学的硕士点，听说也已批准。由于有这些情况，我准备接受延聘或返聘，再工作一段时间。我的情况大致是这样，不多赘述。

祝你的学术事业不断取得新成绩，祝你全家安好！

9月10日

14. 刘文英

2000年

文英兄：

惠赐大作《儒家文明》已收到，谢谢！

您对"儒家文明"这个宏大的论题作了简明而周延的论述，真是难得。

新的一年来到，祝您的科研教学工作取得更大成就，全家幸福安康！

2月1日

15. 卢钟锋

2000年

钟锋：

您好！

寄来资金800元今天收到，谢谢！

得知《宋明理学史》获首届国家社科基金项目优秀科研二等奖，我很高兴。这是以外老为旗帜的学术集体的最后一项集体成果，我能忝列其中，深感荣幸！我想，外老和邱先生的在天之灵也会感到欣慰。您和（张）岂之为此项工程付出了最多的辛劳，我在此要向您表示特别的谢意。

请代问（陈）祖武好！祝愿历史所在你俩的领导下多项事业更加兴旺发达！

2 月 13 日

16. 葛荣晋

2000 年

荣晋学兄：

久乏音问，吾兄身体好吧，工作忙吧？念念！

我们河南省文物局、鹿邑县人民政府正在老子故里鹿邑建一座大型老子纪念馆，计划编辑一本大型精品图书作为一项展品，拟收入介绍老子故里的文物古迹、考古发现，以及当代著名学者的老子研究思想的学术论文集等。内有《老子思想与现代科学》一题想请您撰作。我知道吾兄对此问题已有深入研究，并已有多种论著发表，驾轻就熟、折枝之劳而已，但我想吾兄一向很忙，每有重务在身，所以，若无时间重新撰作，内容相同或相近的旧作亦可。我们这里负责此项工作的同志嘱我拜书足下，万望俯允赐文，使这本图书得以生色增辉。

9 月 2 日

17. 郭齐勇

2001 年

齐勇教授：

惠书收悉。感谢你在德国学者叶博士面前对我的溢美赞誉，并将叶博士引荐给我。河南的哲学研究学术力量很弱，学术气氛亦微，至今还没有召开过研讨庄子的学术会议，实在是对不起这位产生于今日河南乡土的先贤，今后在我省或我得知在他省有此类学术会议，我一定会建议邀请叶博士来参加。

专此奉复。耑颂

教安

7 月 19 日

2006 年

齐勇教授教席：

第十五届国际中国哲学大会预邀函已收悉。得知你被推举为大会秘书长，要为此大会的成功举行付出许多辛劳，在此我谨表示慰问之意。我准备参加此次盛会，回执将在下月奉寄。

今有一事相询相求，不知参加这次大会有无名额、资格的限制？我退休前的两位硕士研究生，现在已博士毕业，在高校任教，从我这里得知有此信息，希望也能参加，以向学界的时贤、长辈们学习求教，并围绕会议主题撰写了论文，特嘱我致信足下，询问不知可否？我们河南的中国哲学科研、教学学术队伍都很弱，请齐勇教授在可能的情况下予以提携。

耑颂

教安

10 月 24 日

附两位青年学者的情况：

李晓虹：南京大学哲学系博士毕业，现任职郑州大学公共管理学院哲学系（郑州 450002），提交论文：《神明不灭与三教同源——梁武帝政治理念探源》。

王党辉：复旦大学哲学系博士毕业，现任职华东理工大学人文科学院伦理学教研室（上海 200237），提交论文：《"一心开二门"与"心统性情"——马一浮心性论的创造性诠释》。

2010 年

郭齐勇教授、胡治洪教授：

春节前我即去了外地，三月下旬方回。回来后开启邮箱，方得以拜阅你们的春节贺函和约稿信，迟复为歉！

首先，我要对你们发来的新年祝福表示感谢！我也衷心祝愿你们个人的学术事业，你们领导的、致力的武大中国传统文化研究中心、《儒家文化研究》刊物在新的一年里都能取得新的成就！

承蒙高看，邀约稿件，赐予发表陋见的机会，我亦表示感谢！我手边有篇简论儒家道德观念系统的文字，是我最近完成的国家社科基金一般项目"儒学的现代命运"中的一个小论题，相对独立，去年曾作为参加孔子诞辰学术研讨会的论文提交，但未公开刊发，今又略作修改发送（纸质本也已寄出），不知能否符合贵刊第四辑的主题要求，请批评指正。

崇颂

教安

4 月 21 日

18. 邱居和

2002 年

邱居和先生：

惠赐令尊大人诗集《邱汉生诗集》已经收到，谢谢！

汉生先生的道德文章永远是我的楷模，虽然我已年过六十，但我还要努力，以更好的学术成绩来报答恩师生前的关怀和期望。

您寄来的两册《邱汉生诗集》，一册我以您的名义转送给郑涵先生，他今年已年近八十，当年是赵纪彬先生的助手，与汉生先生有过交往。他很高兴，并要我代为向您致谢！

专此奉复。祝您全家安好！

10 月 17 日

19. 李承贵

2005 年

承贵教授：

中国哲学问题是什么、有哪些，我对此问题没有独立的思考和确切的判定。我认为张岱年先生的《中国哲学大纲》所归纳的都应是具体的中国哲学问题。因此，我建议你可以此书为基础设计论述角度和理论构架等。

顺颂

文安

1 月 9 日

20. 刘笑敢

2006 年

刘笑敢教授足下：

感谢你盛情邀请我参加"朱子与四书"的中国哲学经典诠释的国际学术研讨会。这一会议主题有很高的学术和专业水平，我很欣赏。唯我承担的一项国家社科基金课题要在七月份结项，还有若干重要的课题内容未完成，实在抽不出时间、精力深入研读《四书集注》，撰写论文，参加你主持的此次盛会。失去这次与诸多长辈时贤会面、请益的机会，我甚感遗憾，并向你深致歉意，预祝你主持的此次学术研讨会圆满成功。

崇颂

文安！

3 月 1 日

21. 朱越利

2009 年

越利吾兄：

教师节前，您嘱两位贤弟子来看望我，现又来电邮告知欲助我在河南开展宗教研究，谢谢吾兄对我的关怀。

近些年来，我一直在独立承担一项国家社科基金儒学课题，进度比较慢。另外还有些其他科研任务，颇有紧迫之感。宗教问题的研究，的确如吾兄所提示，很有意义，但眼下还难以提上日程，只好稍待时日再说。

最后，祝吾兄身体健康，事业不断取得新的成就。

9 月 13 日

22. 刘太恒

2010 年

太恒教授：

今将《儒学文化传统的现代价值》短文发送上。这是我在儒学文化促进会（指河南省儒学文化促进会，成立于2010年1月1日——编者注）成立大会上的发言概要，请批评指正。文章实在是太简略，但再作扩充又感到很有难度，每个论点都可以是一篇很长的文章，一时难以完成。我的意见还是不必收入此次计划出版的论文集中。

5月16日

三　给编辑的信（16封）

1988年

（王）箴禹：

顷接惠书拜读。虽然岁月匆匆，二十七年的时间过去了，但当年你那亲切和蔼的音容、雄辩的口才、广泛的知识，又清晰地浮现在我的眼前。作为一个普通的知识分子，我们在青年时代有相似的生活遭遇，现在作为在相同观念背景下成长起来的一代中年人，心境都是比较接近的，作为老同学，在感情上更是亲切的。我对您从逆境中走出来，目前能工作、生活在一个比较适意的环境中，感到十分欣慰，我大体上也是这样。

我的精神状态在打倒"四人帮"到1986年这一段时间是极好的。我在1986年入了党。1986年经济体制改革全面展开以后，我的思想有点变化，或许是旧的观念作怪，或许是对全面情况缺乏了解，我的思想上又不断地落上阴影，主要是感到这场目前仍是以经济建设为中心的改革似乎对经济、物质利益以外的制约着经济发展和社会进步的其他社会因素考虑太少，太急切了。我仍然像个普通知识分子、普通老百姓那样感受着、困惑着。

您来信要我给你们的刊物写点庄子的文章，这是您对我的器重和信任，是不应该推辞的，但我也感到困难点。主要是我对青年思想缺乏了解，对庄子思想和现代观念的衔接、转换还没有形成明确的、科学的看法。我对庄子的研究偏重于把庄子思想作为我们传统思想中的一项自由的精神遗产来研究，于历史研究，此前我对庄子作了点研究资料的整理，写了本《庄子歧解》（正看三校），目前正在着手《庄学研究》的写作，初步感到，庄子思想和一切唯心主义思想，都是在较高的精神层次上才能发挥积极作用的，在较低的或一般的精神层次上，庄子思想和一切唯心主义一样，它的作用随着它发挥作用的观念背景而有所不同。在中国历史上，庄子思想主要是在儒家思想的背景下发生作用的，在这个现世的观念背景下，它的作用基本上是积极的、健康的。我们今天生活的观念背景有很大的变换，庄子思想与我们今天的现实对青年的要求相距甚远，庄子所追求的自由，和叔本华、尼采、萨特的意志自由有所不同，也不同于斯宾诺莎、黑格尔的理性自由，它是一种情境的自由，所有这些自由，都是在人类的较高的文化和精神层次上真实存在的、被感受到的，但它们不可能在一般的社会生活中普遍地存在和被感受到的。庄子像萨特一样，会使青年失望。我们的国家很穷，提高人民的物质生活、文化水平的任务是那样的繁重，如果不是用艰苦的劳动、奉献的精神来生活，而是企图用一种轻巧的、投机的方式来获得物质和精神自由的享受，一定是不能实现的。我对庄子认识到这些，固已不一定正确，若加以较具体的说明，并能联系青年的思想实际，更是我一时难以办到的。因此，我请求您宽宥我的这次违命，或假以时日，容我慢慢地写成。也许是年龄和身体的关系，我的思路迟钝，笔头也慢，"急就章"写不了，何况像这样严肃的、有较深内容的东西。我希望得到您的谅解。

　　耑颂
编安！

1989 年
（田）炳章社长：

　　您好！

　　孔子诞辰纪念会（1989 年孔子诞辰 2540 周年——编者注）上幸会，但匆忙间未及深谈。本欲在会议结束后去济南齐鲁社上拜访，但因父亲病危，只好改变计划，提前返安徽故乡侍奉，失礼之处，乞予海涵。

　　你们审阅拙作《庄学研究》的课题论证及内容纲要后，给予了初步的肯定，对此我表示感谢！你们提出要审阅书稿后才能最后确定能否接受出版，我认为也是认真负责的、合情合理的。此书稿初稿是写在笔记本上，现正修改、誊清。现将九月初即已誊清出的上编（第1～2章）寄呈审正。尚有中编（3～7章），下编（8～11章）将陆续寄呈。三编论述因内容有所区别，故着重点和论述方法亦有所区别，上编多于梳理对存疑问题的历史线索及寻求其解决途径，考论为多，中、下编则注力于在中国传统哲学思想和世界哲学思想背景下的对庄子思想及其影响，论证为多。但文体风格在总体上仍保持一致。我把学术著作当作自己的生命，遣词造句皆作认真推敲，绝不草率，这点请你们放心，也请你们审阅后不吝提出批评、修改意见。

11月3日

1990年

王粤同志：

来信收悉。知道贵社（人民出版社——编者注）同意接受拙书稿《庄学研究》的出版，我感到十分高兴。今就你的来信中提出的出版资助落实情况和能否再压缩篇幅两事奉答如下：

1. 五千元的出版资助，目前已经落实三千元，这是我院经学术委员会审议、领导批准给予的，尚有二千元是另外一单位（省社联）原答应给予的，省社联以"不能重复给予资助"的规定不欲再给。但即使我得不到这二千元报账，我已向贵社承诺的给予五千元的出版资助数额也不改变，我想，能否从我将来可能得到的稿酬中扣除？

2. 我的《庄学研究》必须在广阔的背景中展开论述，您从内容纲要上可以看出，必然涉及中国哲学史上的全部学派和主要哲学论题，故初稿成编后约有50多万字，我考虑到出版的实际困难，在修改、抄誊过程中一再删削，方成目前的面貌，再压缩确实有困难。此事亦望得到你们的谅解，并且也请你们相信，从严肃的、公正的学术立场看，我的《庄学研究》在内容的深度和广度上一定可以超过已出版的庄子思想研究专著。

我的这两点也许是不情之请，但却是真实情况，不知你们能否接受，亦盼尽快答复。

（李）存山同志：

惠书收悉。得知贵刊拟刊用拙稿《庄子思想与中国佛学的独立发展》，我感到很荣幸！当然我首先应该感谢您和方立天教授对我在这个十分艰难的论题上的论述所给予的肯定。

专此奉告，作者简介栏内容附后。

1991 年

（田）士章同志：

您好！

日前收到王粤编辑的来信，方知她最近才开始审读我的书稿，不知何日才能审读完毕。她在信中还提出了些意见，归纳起来一是要我删减与作为哲学家的庄子本人无直接关系的内容，二是要在语言文字上有神韵风采。坦率地说，她这两点意见我都难以接受，难以做到。我不否认她的意见是善意的、友好的，特别是从"大哲学家系列丛书"的既定宗旨和要求来看也是合理的，但是，您是清楚的，从我寄给你们的课题论证和书稿内容提纲可以看出，《庄学研究》是为了另外的学术目标而设计和写作的，即我认为把庄子研究推进一步必须解决三个问题：①明确回答历史上对庄子其人其书提出的疑问。②对庄子思想作具有内在逻辑的论述并揭示它的个性特色。③庄子思想对中国历代思潮的影响及其在形成中国传统思想中所起的作用。我的《庄学研究》书稿三部分就是分别指向这三个目标的。所以删去了其中任何一个部分我认为都是不完整的，都是我难以接受的。我知道我的语言风格缺乏文采神韵，有时显得呆板，但我努力追求简明、通畅、准确，我以为对于学术著作来说，这也许是更适合的语言形式。我所使用的方法基本上是一种理性的、实证的方法，经常是要把所论述的问题的历史状况交代清楚，然后以翔实的材料来予以论证。在对这种历史状况的描述和对这个问题的论述中，当然都有着自己的理解，体现着解释学所指出的那种精神，并且任何一种解释都含有某种创造，要求我对这些作较大的改动，都使我感到十分困难。加以自去年以来，我已经转移到儒学的研究领域，日常接触的材料、形成的思路和心境都与写《庄学研究》时迥然有别，这也阻碍了我回过头来把《庄学研究》书稿重新加以修改。

我不知你们的"大哲学家系列丛书"对作者的具体要求是什么，但我希望不要在著作体例、语言风格上刻意要求，而在内容的深度和广度上尽可能严格。这是第一点意见。第二，我以为中国哲学的研究，从20世纪初以来，个案研究和通史（包括断代史）的研究一直较多、较发达，但学派研究较少、较薄弱。如果是这样，是否可以通过你们出版社引导加强一些。如果是这样，你们的"大哲学家系列丛书"是否可以改为"中国哲学研究丛书"，兼容个案研究和学派研究，容纳中国哲学的范畴研究。把这两个或三个方面你们认为是最高学术质量的书稿吸引来，真正反映出中国哲学的宏富规模。我提出这两点建议，的确是由于我的书稿在你们那里所遇到的困难而引起，但最终目的却并不是为了个人，而是热切盼望也相信人民出版社在弘扬我国传统思想文化方面能做出与它在出版界崇高位置相当的贡献。

对于你们审处我的书稿时所遇到的困难，我在这里提出三点解决意见：①如果我上面所提的建议可被考虑，则我的《庄学研究》书稿在内容和体例上就都比较合宜。②如果不能这样，我的书稿可否单独出版，我准备删去第七章第一节的一万多字，尽量减轻你们的经济压力，我可以不要或少要稿酬。③以上若皆不可行，就请你们尽快通知我，我再另寻出版。

（田）士章同志：

您好！

本月初奉寄修改后的自序等谅已收阅。下月中旬我将赴京参加历史所举办的关于儒学研究的座谈会。届时，我亦准备去贵出版社拜望，如有可能，愿聆听并一起商讨解决你们在审稿过程中发现的问题。

5 月 25 日

（田）士章同志：

来信收悉。知道我的书稿已于上月发稿，我很高兴。感谢您为此付出的辛劳，以后我定将报答。

签订协议书一事我同意您的处理办法，待你们社各具体问题理顺后再补办。出版法刚开始实施，一定会有许多新情况新问题发生，此是意料之中，请您放心，在诸如稿酬等具体问题上我不会使你们为难的。我相信并已感到你们总是善待于我的。

8 月

（田）士章同志：

您好！

王粤寄来的校稿我已校完毕，除填写高空外，改正、改动处还是不少的，但一般皆无须变动版面。只是表格的版式设计是否可稍作修改，即跨页的表格在转页时，是否不必再排印一次表格的标头，这样便于衔接，也便于排印。具体情况我在给王粤的信中已说明。

书的副标题我想改为"中国哲学一个观念渊源的历史考察"，我觉得这更准确一些。您以为如何？另外，根据国家社科基金会的要求，要在书的空白扉页或者封二上部标注"此项研究受国家社会科学基金资助"字样。此事请您予以关照。

我的书稿出版得到了您和王粤编辑的许多具体帮助，在书的《致谢》中我明确表示了我对你们的真诚的谢意，请不要嫌弃，予以接受。

11 月 26 日

1994 年

王粤同志：

来信收悉。遵嘱将我这里有关《庄学研究》的评奖材料寄给你，并说明如下：

①我在这里申报参评时，因一时找不到同行专家评价，只好用了黄宣民和陈来给我的信，黄信中说是"庄学代表作"，陈信中说是"最佳之成果"，皆是抬举我之词。

②文史哲出版社的出版契约作为在港台有一定影响的证明，契约虽签字，但尚未践约，此事我在去年八月去北京时，曾同老田（田士章）谈过，文津出版社主编邱镇京先生曾来信表示要出版原著中一部分（中编），我希望全书出版，没有同意。

③我在申报参评时，吴光的书评尚未发表，《中州学刊》上的书评也

未用，这次也寄给你。

你在北京请余、姜两位先生写评语，我没有意见，我要感谢他们为此付出的辛苦。若以后还有此类事，请你根据情况决定，我亦不会有意见。我衷心感谢你为我的事操心。

我的电话号码是 0371 - 3934232 - 2324（办）3607（家）

此祝编安！

7 月 28 日

1995 年

王粤同志：

新年好！

去年你曾来信，告谓拙作《庄学研究》有朝一日可能重印，并询问有无错误处需订正。自《庄学研究》出版后，我就没有再细读，以前偶尔翻阅，尚未发现讹误。近日翻阅，在两页上发现错误：

①360 页：第一行"比较析分"应为"比较分析"，第二行"……而霖林"应为"……而霖雨"。

②465 页第三行"《抱朴子·勉学》"应为"《颜氏家训·勉学》"。

特此奉告。

祝你新的一年万事如意！

元月 10 日

1997 年

编辑先生：

承蒙青睐，将拙作《超越经学》（《中州学刊》96.2）选入《世纪文典》，深感荣幸！惟敝人近些年的作品中，自以为发表在《中国文化研究》（1996 年夏之卷）上的《论经学之训诂》是最好的，此文将纷繁复杂的经学训诂总结概括出若干基本范式，似更具学术内涵和有助于后学之使用，为对严肃的典范的《世纪文典》负责起见，特提出要求，以此文替换《超越经学》。请审处。

11 月 2 日

李申兄：

来函敬悉。今将 15 年前撰作的《“儒教”辨》原稿复印件寄上。此文曾在《哲学研究》1982 年第 6 期发表，但我不满意发表时由该杂志编辑所作的删改。今日贵所欲编《儒教问题讨论集》（后改为《儒教问题争论集》——编者注）以存时代走过的思想轨迹。其旨意嘉美，亦拟收入拙文，我深感荣幸。唯我不同意以《哲学研究》所发一文入集，若你们认为可以，我愿将我的原文贡献滥竽充数。虽然现在看来，此文仍多有不妥当处，但却更能显现那时的真实原貌。

专陈不尽。崇颂

研祺！

2007 年

萧若然先生：

最近一周，我有事外出，日前方回，开启邮箱，见到你的来件，迟复为歉！

我在东明庄子会上的那篇发言稿，我同意在贵刊（中共菏泽市委党校内刊《求实论丛》——编者注）上发表。有二处改正：

1. “涅磐”应改为“涅槃”。

2. “象《秋水篇》写的黄河汛期的景况，不是生活在黄河边的人是写不出来的”，两句话删去，改为“象《秋水篇》对黄河秋汛景象的真切描写，《外物篇》有庄子家贫，贷粟于监河侯的故事的记述，都可以推断是庄子生活在黄河边的佐证”。

专此奉复。顺颂

编安

10 月 28 日

萧若然先生：

我的发言稿中“都可以是推断庄子生活在黄河边的佐证”一句，应修改为“都可以是推断庄子的一生可能是生活在邻近黄河的地区的佐证"。切切。

10 月 29 日

2008 年

《Front Philos China》编辑部：

欢迎并感谢贵刊收录我的论文《人生终极的理性自觉——儒家"命"的观念》（载《孔子研究》2008 年第 2 期），兹将来电邮件所提出的问题回复如下：

1. 该论文的英文翻译，请由贵刊编辑部物色译者，并请转告译者，文中脚注是正文内容的必要补充，不能删去不译。

2. 我以为该论文标题（含正题、副题）意义明确，能涵盖正文内容，不需要修改。如有更好的标题，请提出。

3. 补充正文参考文献于下，供参考选译：

《论语》《孟子》《春秋左传》《十三经注疏》，中华书局，1980。

程颢、程颐：《河南程氏遗书》《河南程氏外书》《周易程氏传》《二程集》，中华书局，1981。

朱熹：《四部丛刊·朱文公文集》，黎靖德编《朱子语类》，中华书局，1994；《四书单句集注》，中华书局，1983。

史蒂芬·霍金：《霍金讲演录》，杜欣欣、吴忠超译，湖南科学技术出版社，1995。

4. 著作权转让声明（授权书）内容授依 2007 年 9 月与贵期刊分社达成的协议，简化为三项。

以上回复诸项妥否，请告之。

此致

敬礼

9 月 3 日

2009 年

（朱）立峰编辑并转继海主任：

电子函件收悉。得知贵社（中华书局——编者注）意欲重版拙著

《庄子歧解》，我很高兴！贵出版社有很高的学术声誉，为中国传统文化的学术积累作出了巨大的贡献，能得贵出版社的青睐，我感到很荣幸！

《庄子歧解》一书是我二十多年前旧作，是部资料整理性质的书，试图从字词文义方面厘清《庄子》中的疑难肯綮处，希望能对于阅读、研究《庄子》的读者有所助益。1988 年出版后即发现尚有未校出的讹误，我当时就想若有再版的机会，一定要予以改正。这些年来也不时发觉尚有些歧解遗漏未载入，也想若有再版的机会，再作修补。

这次贵出版社给了我这样的机会，我十分感谢！但我眼下正承担着一项国家社科基金的儒学课题，已进行了五年（2003 年立项），今年底才能完成，所以对《（庄子）歧解》的修订工作，最快也只能在明年方可开始，不知能否适应贵社的出版计划安排？

专此奉复。

3 月 26 日

四　给后辈学人的信（11 封）

1996 年

（詹）石窗博士：

来信收悉。得知你荣获（四）川大（学）博士学位，近日又有大作问世，我很高兴，衷心祝贺你！

1994 年成都一晤，你给我留下极美好的印象，当时虽未遑深谈，但从你为道家道教电视片所撰解说词中，使我觉得你对道家道教已有较准确深入的了解，禀赋文采灵气，是位优秀的年轻学人。现你又经博士课程的深造，学养更有长足进步，前途真是未可量也！

欲见赠大作，我表示感谢，寄来信地址即可收到。

专此奉复。

9 月 8 日

2000 年

丁四新君：

收到你寄来的《郭店楚墓竹简思想研究》，谢谢！我尚未遑细读，但从《结语》中可以看出大作颇多独到见解，真是难能可贵。

祝你的学术事业不断取得新的成就！

12 月 13 日

2002 年

杨燕君：

来信收悉。1949 年前河南儒学诸种情况我不太熟悉，需要你自己去翻检资料。兹将 1949 年以后，主要是近二十年来我所知情况奉告如下：

①1949 年以后，河南最著名最有影响的两位思想史学者是嵇文甫和赵纪彬。他们都有全集或文集出版（河南人民出版社），其中有不少应是属于儒学研究的。如嵇氏对王船山的研究，赵氏对《论语》的研究。"文化大革命"后，我们河南省社科院的重要儒学学术著作有郑涵先生的《吕坤年谱》（中州古籍出版社）、卢连章副研究员的《二程学谱》（中州古籍出版社）、《二程评传》（南京大学出版社）。我本人的儒学研究著作有《南宋陆学》（中国社会科学出版社）、《儒学引论》（人民出版社）。河南师大李之鉴教授有《陆九渊思想研究》《孙奇峰思想研究》。河南省委党校石训教授主编有《宋代哲学史》。此外，还有一位姓范的学者（单位不详）研究汤斌，并整理出版了《汤斌全集》（中州古籍出版社）（应为《汤斌集》，由范志亭辑校——编者注）。

②儒学研究机构。1996 年河南宋学研究会在开封成立，至今仍有活动，会长是石训。安阳有研究周易的组织，详情不知。

③学术会议。1988 年洛阳二程思想研讨会（应为"洛学与传统文化学术讨论会"——编者注），1996 年开封宋学研讨会（会议名称不一定准确）（应为"中国宋学与东方文明国际学术研讨会"——编者注），2000 年开封儒学与东亚文明研讨会（会议名称不一定准确）（会议名称为"儒学与东亚文明研讨会"——编者注）。此外，在安阳开了几次研讨《周易》的会，详情不知。

上述所知，很不周全，仅供参考。祝你顺利完成此项研究，攻读在职博士亦如愿以偿！

5 月 22 日

2006 年

陶俊君：

来信收悉。陆九渊《陆修职墓表》一文，述及家世颇详。陆氏是一大家族，同族聚居，人丁甚众，故曰"食指以千数"，象山文集、全集不同版本，皆为"食指"。我在《南宋陆学》中引录为"食宿"是错误的。谢谢你的指正。

你为学的细心、严谨态度是值得称赞的。祝你学习进步！

7 月 10 日

2008 年

萧平博士：

发来电子函收悉，因故迟复为歉！

有幸应武大哲学系之聘，评阅你的博士论文《早期道家自然观念研究》和另两篇已公开发表的论文。阅后感到你的中国哲学已有很好的知识和理论基础，对所研究的问题能有自己独到的见解，于现代思想也有很强的消化能力。深信你的学术前程远大，祝你不断取得新的学术成就。

9 月 17 日

2009 年

陆建华教授：

寄来大作《先秦诸子礼学研究》收到，谢谢！

对于先秦之"礼"观念，学界从儒家角度阐述较多，甚至给人造成"礼"为儒家垄断专有之感。你的大作还论述了道家、墨家、法家的"礼"之观念和对"礼"的态度，比较了他们间的区别和联系，我以为颇有新意。大作我尚未遑细读，但从目录所显示的论题、论断中，我也以为是很正确、准确的。祝你不断取得新的学术成就！

3 月 9 日

2010 年

高丽杨博士：

你的考证文章思路清晰，结论明确，我以为很好。但因我不熟悉道教典籍，所以也提不出更具体的意见。

祝你不断取得新的学术成就！

7 月 10 日

萧平博士：

寄来大著《自然的观念》收到。你的博士论文出版了，我十分高兴，祝贺你！

衷心祝愿你在未来的学术道路上不断攀登新的高峰，取得新的成就！

9 月 15 日

章媛博士：

发来照片收到，谢谢！

我对二十世纪老子研究之发展历程的简要论述，见我的论文《本世纪的老子研究》（《河南社会科学》1994 年第 4 期）或《中国大陆的老子研究》（台湾《哲学与文化》月刊，第 24 卷 11 期）。

双节好！

9 月 21 日

章媛博士：

我的文章《本世纪的老子研究》复印件已邮寄出，请查收。

9 月 27 日

高丽杨博士：

来件收悉。我对道教经典很陌生，你的论文中援引的道教经典我都没有读过，论述的问题很专业、深入，需要有很好的道教历史、思想的学术修养，才能作出评议，这是我的学力达不到的。

愿你在道教研究的学术道路上，不断探索，一定会成功的！

10 月 13 日

五　给读者的信（4封）

1990 年

李老师：

　　您好！

　　来信及大作均已拜读。庄子是商丘何地人，唐人和宋人记载迥然有别，今日商丘民间传闻也不一，对此，我不敢妄下判断。我希望你的判定能是正确的。另外，您的文章中援引苏轼《庄子祠堂记》证明庄子是商丘人，似乎不够坚强。苏轼《庄子祠堂记》一文中所说"蒙城"是今安徽蒙城，唐以前称山桑。去年安徽有几位学者在选定蒙城召开庄子学讨论会就是以此为据。在蒙城开庄子讨论会自然是可以的，但说这是在庄子的故里开会就根据不足了。

1991 年

李老师：

　　惠书及短文均收到。谢谢您对我的科研工作的关怀。您的意见是对的，我说"宋国蒙地大致在今商丘县以南一带"，只是根据《国语》"宋有萧蒙"一句，萧在商丘南，故推测蒙亦在商丘南。这样的推测既没有历史地理文献或方志记载根据，又没有民间传闻的根据，是很不坚强的，可疑的。您的信再次提醒了我，所以我在《庄学研究》的校样上改为"在今商丘县境内"。您对蒙的地望考证我认为是很确凿有据的，我在《庄学研究》中只是对蒙地的国属问题能作肯定的判断，蒙的具体方位未能作如此深入的考证，承蒙垂询，我的《庄学研究》刚看过一校，恐怕在明年三月才能出版。

　　再次对您表示感谢，祝您身体健康，并问候您全家安好！

11 月 27 日

1997 年

徐迪科同学：

　　来信收悉。你对你堂哥的爱心使我感动。对《周易》的利用历来有两种路数，一是探讨其义理，此为一般哲学史、思想史工作者所为；一是推究其象数，此多为术数家所热衷。我是属于前者，对后者一窍不通，所以不会据生辰八字推测命运遭际。请予见谅。我的建议是你应该用科学用健康的哲学而不是术数为你堂哥找寻摆脱精神沮丧的出路。

9 月 28 日

2007 年

刘翔君：

《礼记》"亲亲"等两句今译如下：

1. 血缘亲人间爱的情感释放，是由近及远地以自己为中心向外推展。最亲的是自己与父亲、儿子三代之间，由此三代间推到祖父至孙子的五代之间，再推到高祖（祖父的祖父）和玄孙（孙子的孙子）九代之间。亲情的强弱程度和丧服的重轻程度在直系亲属间，往上推，从父亲到高祖，是递减的；往下推，从儿子到玄孙是递减的。在旁系亲属间，从亲兄弟到堂兄弟（同祖父兄弟）、同曾祖兄弟、同高祖兄弟，也是递减的。出了这个范围，亲情就淡了，就没有丧服了。

2. 从高祖到自己为四世，为父亲服斩衰（读"cui"）三年，为亲兄弟服齐衰周年，为同祖兄弟服大功九月，为同曾祖族人服小功五月，为同高祖族人服缌麻三月，这就是五服的极限了。到了五世，已不是同高祖的族亲，遇到这种族人丧亡，不穿丧服，仅右袒以表哀意，显示亲属关系已远。到了六世，就没有亲属关系了。

祝你工作顺利！

6 月 18 日

六　给中小学老师、同学及亲人的信（8 封）

1988 年

浠联小学各位领导、各位老师、各位同学：

在我们的母校建校五十周年光荣日子到来之际，请接受远离母校和故乡的一位校友的衷心的祝贺和诚挚的怀念！

我是 1950 年从母校毕业的，以后就离开故乡到六安、到北京上学，大学毕业以后，分配到河南工作，至今已有三十多年的时间了。（我的生命的步伐已由十一岁的童稚少年跨入五十岁的中年了）很多忘记的往事被几十年的生活风雨冲刷掉了，但是教我认得第一个字、写第一篇作文、算第一道算术的小学启蒙老师的音容笑貌，却仍然刻在我的心头，最早教我认字作文、认识世界、认识生活的小学老师，我永远感谢他们，缅怀他们。在我的母校五十周年的光荣生日到来之际，我要向用她的知识乳汁和辛勤劳动哺育我的母校的老师深深地鞠躬！

我希望我们的每个同学都能热爱自己的母校、自己的老师。这是一种非常珍贵的感情，有了这种感情，将来长大了，热爱祖国、热爱人民那种更加伟大的感情也就会成长起来。

最后，让我衷心地热烈地祝愿母校事业繁荣昌盛，为家乡的建设和祖国的建设培养出更多的人才！

（这应该是崔大华 1988 年写给母校安徽洰联小学建校五十周年的贺信——编者注）

爱明贤侄：

来信收读。你向我倾诉苦衷，这是对我的信赖，我很高兴！

从信中所述使我感到你比同年级的高中学生显得更成熟一些，更有社会经验一些，文字表达能力也很好，这对于学文科是很有利的条件。你虽然是在一个各方面条件都很差的农村的中学里上学，但你的语文程度绝不比在城市里的条件好的重点中学里的学生差，你只要能把数学、外语这两门课拼上去，是一定可以考取大学的！

我们的社会正在激剧的变化，浪潮迭起，中学生们有家庭和学校的围墙保护，也年轻，没有多的以往的经历来形成比较，在一个新的抉择面前，不知何所是从，这是很自然的。但我觉得，一个年轻人，只要有条件，努力地读书学习，培养充实自己的能力，这应是坚定不移的。我国将来的社会，至少在一定时期，将是竞争十分激烈而不会很平静的，且不说为民族、国家做出贡献，就是个人在社会中站得住，都需要有知识、有能力。这种知识、能力在我们现在的社会环境下，就要靠在学生时代用勤奋的刻苦的学习换得来，"少壮不努力，老大徒伤悲"，这是无数人的后悔凝成的格言。你现在有学习的家庭条件、个人的主观条件，切莫三心二意，就你现在的知识和能力，在社会的大海里根本是浮不起来的，只会沉溺下去。高考要改革，大学教育要改革，分配要改革……一切改革都改不掉社会需要有知识有能力的人，改不掉历史的航船是有知识有能力的人驾驭的！

千万不要被外界的社会变动所扰乱，要坚定相信这种变动更是需要和产生人才，而绝不是意味要多出产些、更需些鼠目寸光的蠢材。

你也要把我的意思告诉崔尧，一定要在学生时代努力学习，将来生活道路的宽窄，就看你们学生时代、青年时代的努力程度。

祝你的学习不断进步！

岩儿：

来信收到了，知道你在学校里一切都好，我和你妈妈很高兴！我们家里也一切均好，小明（崔岩之弟崔岸——编者注）学习仍很紧张努力，每天清早上学，在学校吃午餐、晚餐，上完晚自习后才回来。我和你妈妈工作、生活如常，你不要挂念！

现在东西都涨价了，以后每月还是给你70元，略有多余，你就存放起来，说不定什么时候就需要用了。另外，就是要认真学习，不知你们学校情况如何，据说现在不少大学生有厌学情绪，我认为这是不好的，你千万不要这样。一定要在青年时期努力掌握现代的科学技术，将来才能在社会上立得住，才能为我们贫穷的祖国做出应有贡献。

现在火车十分拥挤，来往车票也不好买，是元旦回来，或是春节回来你们根据情况确定。

1994 年

万福君：

大函及诗作均收读。从中可以看到贤契年来笔耕甚勤，收获甚夥，且仍葆有旺盛的才华、情思，我很高兴，并希望贤契仍保持当年那勇于开拓的生活热情，不要疲倦，你应还可走得更远更高。人生各有路径，各有高峰，望贤契珍惜已获得的成就和已有的积累。那些也是有意义、有价值的，我相信贤契一定会创造出更有意义、更有价值的属于自己的东西。

对于《庄子》，我的经验是，能消化它，则使我们的精神更坚强、开阔，不能消化它，会使我们生命变得沉重、脆弱。我在扉页上将《庄子》中意境开阔的一句话题赠贤契，我的理解是"无厚"是指一个人要在道德上、智慧上不断地、终生地磨砺。

祝日日新！

9月5日

1995 年

恩师开炜先生尊鉴：

来信拜悉。得知先生身体精神都甚健康，居家安定和乐，学生感到十分快慰，同时先生当年儒雅高洁之行止和谆谆教育我等学子之往事也浮现心际。

离开母校的这些年来，我的生活经历着十分平凡的挫折，取得一点平凡的成绩。说来很惭愧，有负先生的教诲。青年时代言行多有差池，迄至"文革"结束，我始终未能从现在看来是属于那个时代我们社会生活中阴暗、沉重的方面摆脱出来。主要是两件事造成这一切，一是 1957 年的反右斗争，在那场政治运动中，我有"右派言论"，当时组织上考虑到我年轻幼稚，无其他背景，给予较轻处分——团内严重警告，1957 年在北京见到先生时，我记得曾向先生禀告我当时的思想状况和处境，我知道那次会面一定在先生的心里留下为对自己的学生的关怀而产生的长久的不安。二是"文革"中的日记问题。1961 年大学毕业后，我被分配到河南医学院，一年后精简调整，我被调整到商丘一高。我自 1956 年入大学后，一直写着日记，虽然主要是记录自己的日常生活、思想，但不知天高地厚，也有不少妄议时事之处，大约是 1964 年在商丘一高时被住在同屋的一位同事暗地里逐日摘抄，交给学校的党组织并存档。"文革"一开始，这些日记被公布出来，其情景只有经历过那段日子的人才能想象。此后，我就在学校的农场劳动了近十年。1978 年"文革"后国家第一次公开招收研究生，那年我已四十岁了。我报考侯外庐先生在刚建立的中国社会科学院研究生院招收的中国思想史专业研究生。我有幸被录取了！事后我知道，这次录取我的过程还有一个小插曲使我终生不能忘怀。1964 年我曾第一次报考侯先生招收的研究生，也是在 1978 年我被录取后，知情人才告诉我，1964 年那次我的考试成绩也合格了，但政审时因日记问题被刷掉了。1978 年这一次录取时，因形势与 1964 年不同了，"日记"似乎不具有无疑的否决力了，所以问题就提到侯先生那里，由他裁定。侯先生在"文革"中受到康生非常严重的迫害，这时他出来任历史所所长了。侯先生说："什么日记，拿来我看，说不定人家还是对的呢！"把这个问题顶了回去。我就这样被录取了。回顾这段历史我的心境十分平静，我亦无怨，亦无悔，这是那个时代许多知识分子共同的遭遇。当然也有我个人特殊的地方和责任。1981 年我在研究生院毕业后，先是在中国社科院历史所工作了一年。当时我的爱人带着两个孩子在商丘，一个上小学，一个上中学。我爱人是湖南人，中学教师，在商丘没有亲友，生活上有不少困难。就那时的情况看，3～5 年家属进京也很困难。我怕影响孩子们成长，1982 年离京来到河南省社科院，我的爱人也同时调到这个单位。转瞬间，十三年又过去了。现在我的两个孩子大学毕业后都去了广州，爱人今年已退休，我的家庭生活、工作环境都是很安定清静的，我是很满足的。

十几年来，我的科研工作成绩主要是出版了三本书：《南宋陆学》（1984 年）、《庄子歧解》（1988 年）、《庄学研究》（1992 年）。第一本书是我的硕士论文，篇幅不大（15 万字），后两本书是我回到河南后写的，都奉寄给母校了。此外，还发表了三十多篇学术论文。这三本书出版已有时日，书店已经买不到，当初每本书我都自购了百数十本，但现在都已分赠师友告罄，寄给母校的《庄学研究》是最后一本。前不久，人民出版社《庄学研究》的责编告诉我，这本书要重印，一旦来书，我立即奉寄先生。这次将今年发表的一篇论文随信奉呈先生指正。

我现在正在全身心地投入一项国家社会科学基金项目《儒学引论》的研究和撰述。这一课题已进行了三年半，大约明年才能完成。在中国哲学史这个领域内，我自知自己学养有限，起步亦很晚，难以取得更高的成就，但我还是要努力不已，争取把著作写得好一些，以不辜负先生和母校其他各位老师对我的培养之恩和期望之情。

弹指间，三十九年过去，日月徒改。凝视、端详先生寄来的两张照片，我感慨万千。昔日朝夕相处的同窗好友、终日耳提面命的老师，几乎都不能辨识了。

今寄上三张照片，一张给校史编辑部，另二张奉赠先生及王忠厚老师留念。王先生是我高三时的语文老师，对我有很多的栽培和关怀。照片中的鲍老师是我的化学老师，陈老师我记得是在教务处工作，是主任，徐老师未给我班授过课，但我也还依稀记得。我对我中学时的每位老师都怀有深深的感激之情。

我有兄弟姐妹九人，上大学和来河南工作后，都很少回去，常是三五年才回去一次。1989 年以后，因父母年高染病，我回去探望的次数多些。我家在淠河西岸的农村，来往经六安时为赶事赶路，不能逗留太久，每次都来去匆匆，所以一直也未去母校——拜望老师，心里很是负疚。我的父母相继于 1989 年、1993 年过世，在家乡四个弟妹也各有家庭，虽然以后回去的次数想来也不会是多的，但还是有机会的，彼时，我一定去看望先生。

崇颂
夏安，敬祈师母安泰，并问候诸位师长

1996 年
恩师开炜先生尊前：

惠书及慈照均收到。奉读来书，不禁心驰神往，许多往事如烟云飘过脑际。印倩老师上第一堂生物课时自我介绍的神态，周末我尾随洪老师结伴回我家的情形（那时洪师母在我家莲花庵镇小学教书），鲍老师温文尔雅给我们上化学实验课，王忠厚老师给我们上语文课。记得一次我不懂"逻辑"二字，王老师答应说上课时讲解，我欣喜若狂！我总是将"名副其实"写作"名符其实"，也是王老师帮我纠正。先生当年给我们讲世界历史，指点我的历史作业的情景也一幕幕涌现，甚至住在我们学校宿舍前排宿舍，自己洗衣服，读《历史唯物主义》等生活情景。学友中，我、丁大钧、王必和、桂先轸、杨世云初一即是同班同学，丁大钧的学习，尤其是数学非常优异，经常受到戴老师的表扬，在他的作业本上用英文批写鼓励之语，杨世云非常活泼可爱，是歌唱时的指挥，大学都很喜欢他。我们最钦佩的同学是李树新，大家称他为"列宁"。王必和、桂先轸是我们同学第一对恋人，他们学习都很好，恋爱也处得很好，没有人非议他们。韩声韵家住韩摆渡，到六安上初中前，我到韩摆渡小学去玩，就认识了。初二时，有一次可能是国庆节庆祝会，我还是穿了他的一件较整洁的衣服去参加观礼的……十六岁的花季已经过去，青春已消逝，今时再相逢，倾诉衷肠，回味青少年时光，四十年遭际，真是人生快事，怎能不如痴如醉！感谢先生的来信，精彩地描述了师生欢聚的情境，使人虽然未能身临其境，也分享了这种快乐，体验到了这种心醉情痴。但我也毕竟为失去了这次永远不会再有的珍贵机会而深深地、深深地遗憾。

　　端详先生的近照，见先生身体硬朗，精神矍铄，我感到十分高兴，衷心祝愿先生永葆康健，并祝师母安康！

10 月 14 日

燕林、声韵：

　　56 届同学联谊通知收悉。你们为此次难得的聚会作了周到的安排，你们辛苦了！我本拟与会，但近日接到通知，有两个会议要参加：一个是省哲学社会科学"九五"规划课题评审，一个是 1995 年省社会科学优秀成果评审。考虑到回去一次，旅途辗转，师友聚会至少需一周的时间，恰与两会的时候冲突，这里又不便请假，家乡老同学的聚会就不能参加了，谨向两位学兄及各位老同学表示歉意。以后我有机会回六安，一定拜望你们。

　　为弥补不能与会的缺憾，我写了一封短信，向老同学们汇报我四十年的简况，寄去一张近时的生活照，以表我对老同学的怀念之情。

尊敬的老师，亲爱的同学：

　　光阴似箭，1956 年高中毕业分别后，弹指间，四十年过去了！在今天这个以特殊方式欢聚的日子里，我在河南郑州，向你们表示我深切的怀念和衷心的祝福。

　　1956 年高中毕业分别后，我来到中国人民大学哲学系学习，1961 年大学毕业后，被分配到河南，一直在中学教书（此处略去在河南医学院的工作经历——编者注），1978 年又考入中国社会科学院研究生院历史系学习，1981 年毕业后又回到河南（此处略去在中国社科院历史所工作经历——编者注），我选择了到河南省社会科学院从事中国哲学史研究的工作。十五年来，我在这一专业工作中取得一点成绩，但由于自己起步较晚，知识上又有很多的缺陷，要取得更大一点的成绩是比较困难的，但是我还是要努力做到我能够做到的一切。我相信，我们每个老同学在自己的工作岗位上都是这样的。

四十年前分别时，我们都还是充满幻想的青年人，而今聚首，我们却多是即将退出工作岗位的老年人了，其间有多少阴晴圆缺，有多少悲欢离合？怎能不感慨万分？然而，看到母校比起当年发生了如此巨大的变化，看到我们的儿女都已长大成材，这又不能不感到无限欣慰，我们逝去的岁月和付出的辛劳，并未消失，而是融入我们国家的社会进步中了，融入更具活力的新一代生活中了。

最后，让我衷心祝愿各位老师健康长寿，祝愿我们的母校更繁荣兴旺，祝愿各位老同学身体健康，家庭幸福，祝愿我们的下一代生活更美好！

1997 年

开炜吾师尊前：

惠书拜读。近时起写一篇文章，日前方了结，奉复为迟，请吾师原谅！

从来书得知吾师患小恙已愈，我很高兴，望多为保重！

56 届高中同学联谊会纪念册亦已收到，吾师与在六安工作的几位学兄为此付出许多辛劳，我于此致以深深的敬意与谢忱。

我久久地端详纪念册上每帧照片，感慨万千，真是岁月无情，记忆中的昔日师友的面容，今日已完全不能辨识了！我要将这本纪念册珍藏，让它时时带我去回味那逝去的美好青春时光。

吾师寄来的剪裁自《团结报》上的恩师侯先生外庐 1948 年在香港的照片，这对我来说也是十分珍贵的。为答酬吾师这番美意，谨奉寄上我去年 11 月在郑州这里的一张照片，作为纪念。

多年来我很少用毛笔书写，书法生硬笨拙，遵吾师之嘱，此书仍用毛笔涂鸦，令吾师见笑了。

　　嵩颂

夏安！

7 月 11 日

七　其他信件（4 封）

1989 年

树林同志：

　　惠书收悉。

　　商丘师专决定自现在起，逐步筹建庄子、老庄资料馆，我以为是一件具有远见卓识的伟大的文化工程，我最近完成了《庄学研究》课题（写完了初稿），深感从先秦至现代在中国传统思想的演变发展中，庄子思想始终是最活跃的理论因素。庄子思想在较高的文化层次揭示了人们精神生活中非常深刻的方面。商丘有这样一位历史伟人，确实是一种光荣。你们确定以庄子资料中心—庄学研究中心为步骤和目标也是正确的、恰当的。我衷心祝愿你们这一文化、学术事业成功，并愿尽绵薄之力。下面提三条具体意见：

　　1. 争取在二三年收集起有关庄子的主要资料（主要是文献资料，实物古迹恐怕已荡然无存？），然后召开一次学术会，以在全国最周备的庄子资料赢得学者（今年安徽黄山书院准备在蒙城开第一次庄子学术讨论会。其实，庄子并不是安徽蒙城人，这是宋代王安石、苏轼等传下的错误）。

　　2. 资料收集

　　①历代至今《庄子》版本和注解。可以在台湾严灵峰《庄子集成》（一百多种注解）的基础上扩充。

　　②历代至今论述庄子思想的文章汇编或目录。还没有人整理编辑此类书，能完成此项，就是一大成绩。

　　③研究庄子的专著。已出版的国内不太多，港台具体情况我也不清楚。

　　3. 目前可联系的庄学学者。我平素与国内学者联系少，所知情况甚少。近几年来比较专门研究庄子的最长者可能是张恒寿，河北师范学院教授，著有《庄子新探》。年青学者是刘笑敢，北京大学哲学系。中年学者是陈鼓应，北京大学哲学客座教授，对海外庄子研究情况恐怕也是熟悉的。任继愈，北京图书馆馆长，五六十年代也发表了一组庄子、老子论文。和此先生及北大的两位学者取得联系，得到支持，在北图、北大图书馆查阅、复印资料可能会有些方便，并可进一步和海外学者联系。

1996 年

河南大学出版社：

《道家双峰》书稿是由我负责指导，三位青年学者（安继民、高秀昌、王守国——编者注）研究撰写的省"八五"规划重点课题，原名《老庄思想研究》。立项的初衷是，老庄思想对中国传统文化有深刻的、多方面的影响，老子庄子皆是河南古代先贤，为此，河南应有自己在全国有一定地位和特色的研究老庄的学术成果和学术队伍。现在看来，《道家双峰》的研究成果完全符合并在一定程度上实现了这一课题的目标。该书稿约 21 万字，对老子庄子其人其书及思想的主要方面进行较深入的论述。三位青年作者除了注意吸取前人和当代学者的老庄思想研究成果，还特别注重用现代的观念加以阐述，提出不少经过自己认真研究和独立思考的新见解、新结论。

我向贵出版社所作的以上负责的介绍，是企盼贵出版社能以优惠的条件帮助我省的青年科研人才的成长和我省优势学科的形成，接纳该书稿的出版。

王全书秘书长：

日前在淇县举行的 1995 年度河南省社会科学优秀成果评奖会上，您的《十要十不要》讲话被评为荣誉奖。鄙见以为政府官员，尤其是高级官员不应与民争利，与民争誉。我是投了反对票的，我以为这一做法本身是违背您的"十要十不要"的。我以一个评委应有的责任向您建议，您是否考虑在高评委定评前撤回评奖的申请？（也许您本人就根本不知道有此申请之事？）

社科联评奖委员

10 月 15 日

2011 年

河北师范大学张申府张岱年研究中心：

寄来《张申府张岱年研究通讯》第一期收到，得知贵中心成立，我很高兴，谨表衷心祝贺！同时得知贵中心拟在国内外征集二张先生生平活动资料，以作全方位的研究，我以为甚好。

我和当代中国哲学界许多学人一样，都是在张岱年先生的道德和学问荫庇滋润下成长的，对张先生怀有深深的尊敬、感激、怀念之情。我在1982 年就离开北京回到河南，所以和张先生交往不多，但我仍时时感到张先生对我的关怀、勉励。张先生是我的硕士毕业论文答辩委员会主席，1984 年该论文出版时，我请张先生作序，先生欣然俯允。1986 年我出差北京，公事毕去拜望张先生，先生将他刚出版的文集第一卷赐赠予我，我感到非常欣喜和温暖。我知道这点事例甚至不足以彰显张先生关爱、提携后学的高尚仁德于万一。

今天，就将张先生所作序文及赠书签名复印（序文原件可能存放出版社）寄上，以表示对贵中心学术事业的微薄支持。

祝贵中心的学术事业不断取得进步、成就！

6 月 24 日

日 记

1979 年 8 月 25 日

新学年开始了。我想还是记点日记，记下生活中的重要事情和那闪现即逝的思考、想法。

二十年前的日记，招来了"文化大革命"中的灾难，逆境磨炼人，然而这场浩劫却使我在 1957 年风雨中长起来的思想锋芒钝秃下去，这不是很好吗，与年龄相适应，思想也跨到了新的境地。

近时来一直考虑关于庄子的论文，我想庄子的思想主要应是人生观的虚无主义和认识论的相对主义。庄学对后代的影响应从哲学思想、宗教（道教）和文学这三方面来考查。

应该热爱生活，是普通人那样的生活。历史上的一切和现在，将来的一切，都是从普通人的生活土壤里长出来的。

8 月 27 日

5 月间写了一篇关于先秦思想发展进程的文章，二万四千言，《中国史研究》准备用，但要压缩至一万五千言。今天开始这一修改的工作。

9 月 1 日

外老前天刚出院，今天去他家问候。

我询问他对我们毕业论文选题的意见，他没有明确的意见，多病和已在学术上取得的巨大成就都使他对学术上新的问题、新的情况缺少考虑。残年的学者大都常是这样吧？这并不能减少我对自己老师的尊敬。

9 月 3 日

思考庄子：庄子是个否定的最古老渊源，饮此源的水，长出来的是草，也有花。这也许是我这篇文章的中心思想。

9月4日

和兆利、广辉一起去邱先生家。外老身体不好，委托他指导我们的专业学习。邱先生为人非常朴素，家境也很清寒。据说，这些年来在政治上也一直遭受迫害。他是一个真正潜心于思想史研究的学者，所以把这些视为蛛丝、尘埃。

邱先生向我们谈了他的教学计划和研究计划，我们也各自谈了学习和研究的愿望。

9月24日

去邱先生家。前天，他和外老研究了我等毕业论文选题的事。导师们要我在宋明理学中选题，并为我选定陆学。我只好暂时放弃《庄子》，由道家唯心主义走进儒家唯心主义。

10月10日

去外老家。外老对自己的学生、对下一代青年人总是很关怀的。我向外老说，近来我的血压很低，50～80，走路时头晕。刘姑（外老家的姑姆）说，闻初（外老长子）前一段也是血压低，吃了二斤"六味地黄丸"就好了。外老马上说：还有这药吗？给他一点。

最近，我们专业要去太原、西安、洛阳参观，这些地方我都没有去过，但我还是不想去、不敢去，怕旅途劳累把肝病累发。二年内不出大毛病，写出有一定水平的毕业论文是我的最大愿望和目标了。外老和邱先生都同意我不去出游了。

11月12日

前天收到商师来信，寄来学校党组织关于我的日记问题的复议意见，决定报请上级撤销"文化大革命"中给予我的开除团籍、降工资一级的处分，问我有什么意见。我写了回信：我没有意见。我觉得一个人的言行和历史，只能由群众和组织来评定，由生活的发展来评定，自己除了说清事实，其他的话都是多余的。

12月6日

听传达中央83号文件：关于高级干部生活待遇的若干规定和邓小平在副部长级以上高级干部会上的讲话。他除了谈关于《规定》的事外，还谈到培养接班人和关心人民生活的问题。他说，这个会可能使老干部不高兴，《规定》使他们生活有所降低，培养接班人的事又要让他们让位。这使我深有感触，如果不是党蜕化了，至少是有一部分掌权者蜕化了。使全国人民高兴的事，却给他们带来不愉快，原来和人民一体的，现在异化到对立面去了。

12 月 24 日

有一个话剧中写到"文化大革命"破坏了一个家庭（妻子被关进监狱，丈夫以为她已死，再娶一女，打倒"四人帮"后，原妻又回来了）时说，这是昨天给我们留下的难题，回答它，必须付出代价，云云。"文化大革命"给我们每人都带来了灾难，就个人来说，这也确是难题。但对我们国家民族来说，这就算不上难题了。信仰崩溃了，道德崩溃了，经济崩溃了，这才是真正的难题。

有一篇小说中写到，"文化大革命"中红卫兵要拆毁一座庙宇，庙中一僧道说：当初造这座庙宇时是愚蠢和迷信，今天拆这座庙宇也是愚蠢和迷信。这话说得太好了！起点和终点一样，多么可悲！

1980 年 5 月 2 日

3 月 12 日我开始了《陆九渊》的初稿写作，至今已写了近四万字，进度时快时慢，有时甚至为了一个问题不得不搁下笔来，到北大、科图去翻阅材料，原计划在本学期写完初稿，看样子恐怕要往后拖延了。

去年夏天曾写了《释"国人"》一短文，为应付通史考试用的，经邱先生推荐，在今年 2 月份天津《历史教学》发表了。近收到张家口一读者来信，意思是从我的短文中使他觉得诸侯和国人的矛盾是中国奴隶社会阶级矛盾发展的一个特定阶段。今日给他写了复信，谓这个论断也许可以成立，但我的文章提供的材料还不够。

5 月 18 日

写信给研究生院党委，请帮助解决"日记"平反问题。

研究生院党委：

1957 ~ 1962 年，当我还是二十岁左右的年轻人时，在日记中写了一些当时社会生活的情景和自己的看法。这些感受或思想观点，不少是符合当时实际情况的，当然也有一些偏激不当的地方。但所有这些，我都从来没有向别人散布过，因而它们仅是我在一定社会背景下产生的认识而已。

1962 年后，当我到河南商丘第一高中任教员时，我的日记被人暗地里偷偷摘抄，并被存入档案。然而组织上从未就此事同我谈过，所以我自己一直是毫无所知。1966 年"文化大革命"一开始，这些被人偷摘抄的日记即被公布出来，并把我的全部日记、笔记、未发表的文章底稿收去，从中摘取被认为"有问题"的段落字句印发出来，又散发到学校以外的场合去。多年多次、反复不断组织对我的批判斗争，并且一直作为专政对象在学校里劳动改造。1971 年底 1972 年初定性为严重政治错误，并给予开除团籍和降工资一级的处分。

在粉碎"四人帮"以后的崭新的政治形势下，我于 1978 年 9 月考入本院历史系学习。1979 年 2 月，我根据党的政策精神向我原工作单位提出申诉，要求对我在"文化大革命"中受到的处理给予复议，要求退还我的日记、笔记和文章底稿。

1979 年 11 月我原在的工作单位来信，说接受我的要求，初步复议决定撤销处分，并说报送上级党委批准。

1980 年 2 月，我春节回商丘探亲，去原单位询问，才知尚未报送。在我催促下，方送报教育局党委。2 月底，去局党委询问，他们说，此事不归他们审批，要转地委组织部审干办公室。那时我院新学期即将开学，我不能在家久等，只好请他们帮助尽快解决。他们也满口答应。三个月又快过了，我写信去催问，原单位负责此事的一位同志来信说，地委审干办公室也不审批此案，要我找地直党委。但我不知地直党委又会把我推到哪里。

我不明白，当初提出、处理我的问题的时候，教育局、地委宣传部、组织部（政工组）都是参加者、决定者，今天我要求复审时为什么就推脱不管呢？如果"文化大革命"中对我的做法和处理是正确的，就应该驳回我的申诉，如果确有不当，就应该纠正。当然，我是一个普通的知识分子，我的遭遇比起那些遭受林彪、"四人帮"打击迫害的老干部和卓有贡献的人来说是微不足道的。但是，当为这些人平反昭雪工作做完以后，我的问题还是应该一议的。因为它毕竟也还是属于落实党的政策中的一件事。

为此，向院党委汇报事情缘由并请求帮助。

9 月 17 日

暑假后从商丘回京。桌上放有一封《读书》杂志转来的信和一份油印刊物，是长春的一个青年组织读了《读书》4～7 期上我的一些札记后寄来表示的。我的这些札记很短，以"补白"登在极不显眼的地方。然而，他们居然发现它的特点。这使我很感慨，我觉得任何教条和成见也遮挡不住一代代新人探索的目光。

10 月 8 日

今天收到宗财的电报。大大，哺育我的母亲（注：崔家亲戚——表婶娘，崔大华吃她的奶长大，称呼她"大大"，宗财是她儿子，姓毛）病故了。前些天，宗财曾来报，说大大病危，想我回去。我考虑到毕业论文的任务重，自己身体也很差，去年跟随邱先生去太原参加哲学史讨论会的任务我都不敢接受，目前又正患咽炎，同时，也想到大大老人家的子孙甚多，能安慰她的心，就没有回安徽，只是寄了 50 元钱。但是，大大毕竟与世长辞了，再也不能见到她了。我要把宗财的这两封电报永远保存起来，作为永久的悔恨和对自己的责备。

10 月 24 日

我的毕业论文《南宋陆学》，自 3 月 12 日动笔，至今日写完初稿，约 12 万言。

12 月 13 日

《南宋陆学》誊抄完毕，共 14 万字。在这篇长文中，我竭力做到三点：①把陆九渊写活，勾画出这个学派的本来面目，辨析它和朱学、禅学的异同；②综合使用思想史的三种描述方法；③引进或运用现代科学、哲学的理论成就。

12 月 17 日

晚，看电视报道《你信不信》记录人体特异功能，用肢体辨物识字、隔墙视物、父子同感等，令人惊叹不已。这只是因为它初次被人发现，实际上世界上并无荒谬和奇迹。只要是事实，科学和哲学都应相信。这是它存在和发育的营养，成见和迷信却正是它病衰的毒素。人本身就像宇宙一样也是宽广的、深奥的科学领域。

1981 年 1 月 13 日

人性的本质在于匮乏、异化。一个全部欲望都实现的人，发现自己陷入一片空虚；而决心终生枯寂的人，总时时感到自己心田是多么的不宁静。

5 月 23 日

顾炎武的母亲（养母）十六岁未婚守节，后来清兵破崑山，又绝粒二十七日而亡。理学家认为这是天理战胜人欲。我感到，这就是人超越自己，人超越人性，是人特有的高度发展了的、异化了的本性。人性的这种发展是不会终止的。我相信科学和哲学将会使人性变得更加美好而不是丑恶。

5 月 27 日

就像宋儒对于佛老，入其深久者则能见其非（各派创始人），涉猎浮浅者却笃信为真（其弟子辈），中国人对于外来思想，从来如此，今日犹然。

6 月 9 日

晚上从电视中看《巴山夜雨》。就像一个人的缺点往往和优点联系在一起一样，这部影片的缺陷也在于它的简捷、意境中多空隙。这将使它早逝。它所要表达的、所要达到的都需要观众以自己在"文化大革命"中的经验、体验加以补充才能实现。"文化大革命"所带来的苦难，在中国的历史上是非常特殊的，只有经历过它的人才会有感受，而且也不是每个人都有那样的感受。因而若干年后，这部影片就会变得平淡无奇、乏味，它现在的这种光彩的生命就要消失了。

不同的事物总是有不同的存在方式、意义和价值。木乃伊长期保有着死的生命，一颗飞入大气的流星转瞬即逝，却发出耀眼光芒。

6 月 14 日

唐甄说"老养生，释明死，儒治世，三者各异，不可相通。合之者诬，校是非者愚"，确是有见地之言。企图熔诸家于一炉之学问博杂者，往往歧路亡羊，无有归宿。

6 月 22 日

上午去所里进行我的毕业论文答辩。

我的《南宋陆学》受到张岱年先生、邱先生很好的、很高的评价，二年来的劳动初次得到认可，这使我很高兴，并想了一番，决定在《南宋陆学》的扉页题写四句话：风雨尘土四十年，黄券雌石六百天。前贤心事浩渺宇，吹扫（洗）翳霭现（见）真明。

7月6日

去医院探望外老。他因病住院已半年多了。外老现在行动极为不便，上下床都需搀扶，说话也很轻，难以辨清，更说不上有什么思考。但看上去气色甚好，据侍候他的刘姑说，饮食也很好。真是生命尚存，思维已逝。对于终生进行思想劳动的人，这种状况是最不幸的了。

8月11日

因为毕业论文答辩，毕业分配不能立即进行完毕。我们先放暑假，九月十五日再返京分配。我于七月二十六日回到商丘。

晚上看电影《花开花落》。这是以农村生活为题材的批判1956年以来，特别是"文化大革命"的极左思潮的电影。它突破向来以知识分子、领导干部等城市生活为题材来表现这一主题的框框；它以农村青年的婚姻悲剧为中心题材也是对向来描写农村生活的文艺作品的一个突破。我非常喜欢这部电影，我觉得它非常感人。如果说它有缺点，那也是和《巴山夜雨》一样，在于它的主题思想需要有这二十年来生活经验的人以自己的体验加以补充才能充分显现。但也应该说，这一"缺点"不是这部电影本身产生的，而是我们的时代所产生的。任何一部文艺作品，都需要读者或观众加以自己的主观感受的补充，才能实现、完成其美学的、思想的效果。可是我们的时代，像"文化大革命"这样的事物确是特殊的，它产生的恶也是非常特殊的，需要有这种亲身经历的人才能体验，它对后代和未来永远是陌生的。历史绝不会重演！

8月18日

从电视中看《天云山传奇》，这也是不久前轰动影坛的影片，香港报纸称它为"爆炸性"影片，因为它是写"反右"斗争扩大化这一尚未有人写的题材。有过"反右"斗争以来二十多年生活经验的人都会感到，这部影片所要批判的都是真实的，而它所要歌颂的（或肯定的）却是不真实的、没有典型意义的。所以它是一半成功一半失败。例如把罗群等这样党的中层领导作为反右斗争的主要对象就是不符合历史事实的；宋薇在政治压力下被迫放弃了自己对罗群的爱情是真实的，冯晴岚却正在这样的时候献给罗群以爱情就是不真实的。有过当时生活经历的人知道，那时的社会生活是不会允许这一美好事物产生的。对于后人，他是不会理解不会相信这一点的。当然，人类在任何历史环境下都曾产生过和表现过善的道德品性，它的真实性也只能在于此。

9 月 7 日

这次暑假回来，和两个孩子相处中，我越发感到他俩的性格有所不同。小的性格比较开朗，喜欢和别人交往，整天在外面玩，一次玩了八个小时方回。大的比较拘谨，整天不出门，但在家里也不是认真看书学习，而是摸摸这、弄弄那，时间也就消磨掉了。

9 月 21 日

上午集体乘车去历史博物馆礼堂参加 78 届研究生毕业典礼，社会科学院的三位副院长，各研究所所长，科学院、北大、人大、北师大的领导，坐了满满一台，各专业导师们，包括我们的邱先生只能坐在台下。

邓力群第一个讲话，他提出要用三点来衡量研究生院的工作和我们每一个毕业生的学习：（1）即通过三年学习，马列主义毛泽东思想是多了还是少了；（2）对马列主义毛泽东思想的信念是坚定了还是动摇了；（3）分析问题的能力是增强了还是削弱了。并说第二条最重要。这三条是很厉害的，它使坐在台上的很受同学欢迎的研究生院副院长温济泽很不自在。按照这个标准，我们的很多人，甚至我们的时代是倒退了。因为只有盲人和聋人才会不闻不见今天社会的"信仰危机"。接着是温院长讲话，这是三年来我第一次看到温院长的讲话是那样的心神不安、语言混乱。

是的，我们社会的制度，我们国家的物质和精神力量，都还经受不住这样的"解放"，但中国的将来却需要这种"解放"，一定会获得这种"解放"。

10 月 1 日

不乏这样的人，他们对数学家们花费那么大的精力去论证"1＋1＝2"这样简单的命题，感到困惑不解；他们对历史学家或考古学家对"破铜烂铁、龟甲瓦片"所表现出的浓厚兴趣，感到可笑。应告诉他们，这并不奇怪，就像他们自己对佳看新衣表现出喜爱一样，思索和吃饭穿衣一样都是人类特有的生活内容。而且随着人类的发展，对人类与自然的过去和将来的探索，对一切未知事物的探索，将是人们最不可缺少的、最具有吸引力的生活内容。

人类不幸的是：富有同情心的人总是无权的和软弱的人，有权势和有能力的人从不施舍同情。

10 月 21 日

我对于自己生活的目的和意义的理解是：我是一个播种精神食粮的劳动不强的农人，我的收获微薄，也许颗粒不收。我的劳动果实是有营养的，但不一定很快被吸收。

11 月 4 日

我感到，许多对人类有重大贡献的人，从他们心灵中长出的第一个美好的感情，就是热爱自己的妈妈。这种感情不是由母亲的溺爱而是由母亲的高尚品德产生的。母亲培养孩子的这种感情不是自私的目的，而是给孩子滋长一切有益于人类品行的第一块温床。

12 月 23 日

这两个月来，我们一直为争取最起码的工作条件和生活条件而斗争。研究生毕业了，都是四十岁左右的人了还得三个人住一间房（18 平方米），如何工作！且不说这是一个月内突击盖起 50 间简易平房，上面是水泥顶的，冬冷夏热，结构单薄，在北京这样的地震带完全不符合居住标准。和爱人分居的问题、孩子的教育问题，则更是属于不当提出的份外问题和过分要求了。旁观者说："你们太可怜了！"

是太可怜了，中国的不少知识分子都在遭受着苦难，经受着物质和精神的贫困。从另一方面来说，这也是一种时代的"恩赐"，这至少能使一些知识分子感受到社会的和人民的苦难。没有这种感受，知识分子的进步性和"酵母"作用就会丧失。

1982 年 2 月 12 日

前天从商丘探亲回京，即向历史所行政领导和党委提出调回河南工作的申请。我在请调报告中写道："我是不久前分配到历史所工作的研究生，今年 44 岁，我的爱人 45 岁，两个孩子也十岁以上。来所前，我曾觉得要是能带一个孩子来京借读，即使夫妻两地分居，还是可以坚持工作几年的，故报到后，我即向历史所领导提出此项要求，领导答复：由于客观存在的困难，不能帮助解决。

我的爱人本来体质瘦弱，这次春节我请假回去探亲，看到她因年龄和劳累的关系，健康状况更不如以前了。一当她风湿关节炎发作，走路都很困难，有时还并发其他病症，卧床不起，我们都是外省人，又无亲人在那里帮助照料，这时，两个孩子连饭也吃不上了。爱人的健康也因此恢复得很慢，工作也受到影响。家中的里里外外都要由爱人一人操持，故她也就无暇顾及对孩子的教育和督促，两个孩子的学习成绩都不好。这些都使我感到没有尽到对孩子、对家庭，实际上也是对社会的职责，难以有一个安定的心境来搞好工作，即使孩子借读问题能够解决，也难以继续坚持在北京工作。所以我请求调回河南省工作，那里的省社会科学院表示愿意接纳，并答应尽快帮助解决家属分居问题。

能在全国最高的学术研究机构工作，本是非常荣幸和难得的事情，我之要求调离，实是由于实际困难无法解决。同时，我愿意向组织上保证，自己受党和人民培养教育多年，到了地方上也绝不会松懈，一定同样地为祖国四化建设努力工作。

4 月 23 日

北京街头常有"青年服务队"，他们不收费用替别人理发、修车、补鞋等等，这很是点缀我们生活的花朵。但我总感到这不像是一棵树上自生自开的花，而是人为捆扎在枝叶丛中的花。

6 月 7 日

一位同事很欣赏撒切尔夫人，他问我："你希望自己当总理还是希望你的妻子当总理？"我感到茫然不知所答。事后我细想，原来这个问题对我是根本不存在的，就像要蚂蚁回答它希望自己的洞穴旁边生长一棵桃树还是一棵李树一样。

7 月 25 日

慈爱的母亲总是有与儿女一体的感情，同时也能使儿女有与自己一体的感情。

8 月 27 日

6 月中旬我接到河南同意调入的调函，8 月上旬正平接到调入河南省社科院的调令。昨日我们全家从商丘搬迁郑州。

11 月 25 日

今天开始研究、拟写庄子、庄学。我对庄子有种亲切的感觉，有种乡谊，他老夫子生老病死在商丘，我的青春年华也是在商丘度过的。

1983 年 5 月 24 日

最近，在宣传向张海迪学习，这是一个在因特殊条件而造成一种较纯洁的、带有昨日气味的空气里成长起来的女青年。她的优点和特点都在于此。她的感召力因素和限制这种感召力的因素也都在于此。

1984 年 3 月 27 日

补记：今年春节携妻儿回安徽老家过年。上一次是 1975 年春节回去的，转瞬间九年，比一个抗日战争还多！但因是临时决定回去的，走得很晚，阴历二十七才动身，二十九到家，正月初七就离家返回了。回来后收到父亲来信，说我们在家过的很短暂，走后母亲很难过。

为准备今明年的洛学讨论会，最近我在撰写一篇关于二程的文章。

3 月 29 日

圣·托马斯·阿奎那（1226～1274 年）说："倚仗权威的论证，是最薄弱的论证。"可是，为权威作论证，不也是最薄弱的论证吗？阿奎那说了如此明智的话，却做了那么不明智的事！

5 月 6 日

对于古老文明和历史的怀念、向往，是人类的美德，是善的表现，往往也会产生善的行为。对于古老文明和历史的鄙弃、轻视，是一个人的思想不成熟或一种制度不成熟的反映。

6 月 7 日

康德说，人是目的。

但人的特性却往往表现为他对手段（方法）的意识比对目的的意识具有更大的自觉性、明确性。

6 月 24 日

苦难是善的源泉。

7 月 12 日

现代思潮往往在美国兴起，这是它先进的表现。但美国是一个无根的国家，在它那里发生的事情在世界其他地方不一定也会发生，至少不一定以同样的方式或过程发生。

世界潮流让一个没有崇高的价值观念和道德原则的制度、国家去领导，是很危险的。

但持有某种庄严的、严肃的道德规范的国家或制度，往往总是发展缓慢的，产生不了、领导不了新的潮流。

历史就是矛盾！

1985 年 2 月 26 日

甘于寂寞和清贫，但又充满理想和信心，这是一个学者得以成功的最佳的精神状态。

3 月 21 日

读书不多，读书不化，皆不能立言。

1986 年 3 月 6 日

春节前《庄子歧解》完稿交出版社。接着，准备《庄学研究》的写作。能否具有新的理论观念背景是这本书的成败关键。我的准备工作首先就是从这里开始：温习西方、印度哲学史，熟悉一下当代理论思潮，考察这几年中国哲学史（特别是庄子部分）的进展。

3 月 18 日

我觉得在关于哲学家的评传中，艾兰·乌德的《罗素哲学：关于其发展之研究》是最好的之一。虽然它是一篇未完成的只有短短几页的作品，但他做到了这样一点：和所评述的哲学家站得一样高，并且有不同的角度。

3 月 30 日

严肃的、深刻的思考的结论往往是不合时好的。那些认为人类和地球进化前景并不一定美妙的观点就是属于这一种。即使他们像杞人忧天那样错误，但他们的严肃和负责的态度也是应该得到人们的宽容和称赞，而不应是讥笑和斥责。

4 月 13 日

在思索新的问题时，心的思维之车，常会偏离这个新目标而驰入熟悉的旧轨道。

5 月 2 日

我开始构思《庄学研究》，探寻是什么原因产生了庄子对已形成的文化采取了那激烈的否定和批判的态度；而这种否定的态度为何却对以后的中国文化发展起了实际上是有益、消毒剂、抗腐剂的作用？

6 月 2 日

党支部大会通过我的入党申请。

8 月 24 日

近月来，一位青年工人（副司机长）常将他的《易》学论文拿来我看。读后，我深切感到，《周易》只是有一个语言框架，并没有凝固的观念结构，故填进哪种知识观念，就出现哪种思想体系。程颐《易传》、船山《周易》内外传，装进的、呈现的是宋代、明代那个时代的知识思想；这位青年是在往《周易》这个筐子里装现代的知识、观念，确也都有其奇妙！这似乎有点像儿童玩具万花筒，一个纸筒装着三块透明白玻璃，底部再填上一些碎细的彩色玻璃，孩子转动它，就可以从中看到无穷的奇妙的彩色图景。万花筒能启迪图案设计师的想象，《周易》能提供给思想家什么？

完成《庄学研究》的第一部分：对庄周和《庄子》的考证。

10 月 12 日

人类思维能力的增长的重要标志或表现，它的实际内容，是发现和塑造能力的增强。人类以往的知识积累，都可能是将来人类的精神的矿藏。

1987 年 2 月 5 日

春节过后，开始对《庄学研究》的第二部分构思：庄子思想研究。大体准备分两步走：第一，在《庄子》本文的基础上，形成一个理论的、逻辑的框架或结构，能将《庄子》装进并展开；第二，为这个框架或结构选择、拼排一个较宽阔的背景。这似乎像是为一幢建筑搭脚手架，同时考虑在它周围应建的辅助设施和应栽的花草树木。

2 月 27 日

对于我，勤奋不再是品质上的优点，而是一种生活方式。

3 月 29 日

对年龄渐长的人的品质和力量的一个重要的检验，是能否容忍和消化比自己年轻的人的骄傲。

8月29日

理性能解释、消化非理性，反之则不能。

1988年2月25日

今年春节我独自一人回安徽老家，和年迈的父母一起度过佳节。

4月13日

我感到似乎我们的民族国家正在酝酿一次新的灾难。这也许是不可避免的、必须经历的。如果说，经过"文化大革命"这场灾难的洗礼，我们懂得，我们的民族，一个现代国家必须有民主、法制；那么，经过这场新的灾难的洗礼，我们认识到的将是一个兴旺民族、发达的国家一定要崇尚奉献的精神，需要道德。

9月28日

据我的观察，共产主义体制的兴旺，必须依靠它的全体成员持久不衰的社会责任感和历史使命感，然而普遍的具有这种道德意识和历史意识是十分困难的。它只能在较高的文化层次上或特殊的历史环境里才能产生。

11月18日

道德精神是对物质匮乏的填补，一个贫穷的社会，没有普遍的道德责任感、义务感，它的进步和稳定都一定是很艰难的。

1989年3月21日

只有生活本身是最深邃宽广的。任何一种极高深的哲学思想和哲学家，当它在理性的思维的世界里发展到了极致，走到了尽头，都要返向生活，紧密地栖存在温暖的生活的土壤里。印度佛教的中观、中国哲学的庄子、现代的现象学和维特根斯坦，都是这样。

6月5日

艰难地构思、撰写我的《庄学研究》的最后一部分——庄子思想与中国近现代思潮。我相信，我所做的是对我们国家和人民、对我们生活的今天和明天有益的事情。

7月28日~8月7日

接敏妹父病急电，回安徽。知父亲患贲门癌，和家中弟妹们商量安排保守治疗后，返回。

8 月 17 日

《庄学研究》初稿全部完成。

12 月 8 日

父亲于 11 月 26 日（阴历十月二十九日）下午三时一刻病逝，享年八十一岁。于 11 月 9 日返家，办完丧事，昨日回郑。父亲一生忠厚处世，勤奋创业，治丧时我为父亲以此意作一副挽联：

迈八十又一春秋忠厚处世一方乡人有口皆碑

跨新旧两个时代勤奋创业几多儿孙铭心永志

1990 年 5 月 24 日

今天完成《庄学研究》的修改、誊清工作，整整四年的日日夜夜的辛勤至此告一段落。

7 月 25 日

赴北京，将《庄学研究》送交人民出版社出版。在《庄子》的工作已经结束后，我要转入对作为中国传统思想主体的儒学的研究领域，理性地审视它的历史发展、内容结构、社会功能和前景。我企望对中国近现代学术思想和社会进步中的这一理论主题有较为深刻的观察结论。

11 月 15 日

开始撰写《儒学研究》。

我觉得以往探究儒学的论著，对儒学形成的精神渊源、过程论述得不够具体、贴切，我将较深入地研读《尚书》《诗经》《易经》及基本的甲骨、金文材料，以阐述殷周之际的思想观念变迁；较深入地研读《左传》《国语》，以明了孔子思想的观念背景。试图在本书第一个论题（儒学形成）——一个陈旧的标题下做出具有新的内容的文章。

1991 年 12 月 5 日

昨夜梦见一位年纪尚属年轻的占卜师告示我，我只有四年的生命了。我希望这是梦话，是真正的梦中之梦。若果应验，却也有可喜处，它似乎表明真的存在着某种伟大的必然，而我就是融入了这种必然。

1992 年 6 月 20 日

我的导师邱先生于六月十八日上午十时十五分病逝。我发去唁电：

恩师邱先生汉生千古

栖身学苑杏坛锻铸鸿言三百万，是先生之一生游渊道德学问比迹先贤可不让，乃吾师之为人。　　　　　　　　　门弟子崔大华鞠躬

1993 年 12 月 13 日

母亲于 1993 年 12 月 5 日（农历十月二十二日）早晨七时零二分（辰时）去世，享年 78 岁。

母亲是患肺癌而死。去年 12 月 11 日在六安专区医院 CT 扫描确诊为肺癌。为母亲的病我在今年四次回家。

为母亲送终，我们兄弟六人、姐妹三人都回去。这是 18 年来的未有的聚会，以后，这样的机会也很难有了。

1996 年 4 月 11 日

今天上午 11 时孙女在湖南株洲出生，重 7.2 斤。

（焱子 1966 年 12 月 28 日 4 时，小明 1971 年 4 月 5 日 8 时）

1997 年 2 月 15 日

今年春节（2 月 7 日）我是在南海西樵山岩儿家度过。26 日去，14 日返回。见到了会笑的孙女，孙女需要照料，正平元月 2 日就去了南海，春节后仍留在那里。小明从广州和我同去南海过春节，正在准备 GRE 考试。

1998 年元旦

阳光明媚，天气温暖，1 ~ 14℃。

早七时起床，去对面工业大学校园内做了一套鹤翔庄动功。自 1984 年即学做此功，好走神，从未有过"气感"，如同做广播操，活动全身关节。

晨练回来后，抹桌子等家具上灰尘，完毕后挂新年挂历。我站在桌子上，正平递，往墙上挂。今年挂历有两本，一本是我买的，是香港大都市的景致，高楼大厦，倒也很壮观美丽，一本是崔岩张飒寄来的，是张飒单位定制的，每月一张，每日皆注有宜某事忌某事。多年来，有此内容的挂历或日历在内地少见。

平日早餐是喝半斤牛奶，吃一个馒头。今天是元旦，和正平吃了一袋冰冻饺子。

早餐后我还是提着水、推着车子去我的办公室。习惯了，办公室的光线明亮。阅读牟宗三先生论著，准备写《儒学引论》中"回应"一节的最后一段。

上午还去邮局取回崔岩张飒寄来的一千元汇款，复印牟先生的两本书。晚上崔岩打来新年问候电话，说他和张飒带着璐璐今天去广州市动物园玩，崔岸也参加了。电话中璐璐"爷爷好、奶奶好"都说得很清楚，还学着说出许多动物名字。

1月2日

去年7月14日正平右足骨折，至今尚未愈。每天都是由我买菜、买馒头等。今天用鸡蛋票去附近小店取回10斤鸡蛋。近几年，每逢节日，单位都要为职工办点福利，新年春节最隆重，福利也较多。每人10斤鸡蛋是今年双节福利项目之一。

复信王湘楠。湘楠君是前年从我们这里调往中国社科院哲学所的。来信谓他撰文质疑量子力学怀疑、否定因果性原理的观点，并征求我的看法。

1月4日

今天是星期日，却是1998年的第一个工作日。1995年国家实行五天工作制以来，每逢五一、十一等节日，常常会有这样的调整。当然，对我来说，一切节假日和平常工作日是毫无区别的。我总是感到，我现在的节日、假日时间已全部在十年的"文化大革命"中用掉了。

1月6日

今天选举金水区人民代表。每人发给一张选民证，一张选票……我对选票上二位候选人毫无了解，无法选举。若写上自己愿选的人，也毫无意义。所以我是什么都没写、没圈（画个○），弃权。

1月7日

我单位是每月7日发工资。工资主要是由职务工资（职称或行政级别）、津贴、福利补贴、地区差四个基本项目组成，此外，每月还有若干不固定项目。我的四项基本工资有1126元。我大学毕业到"文化大革命"时的工资是51元，"文化大革命"中是25元。正平1995年已经退休，现在只有三项基本工资（无津贴），665元。她自大学毕业到"文化大革命"

结束，工资最高时是 57 元。我今年第一个月的工资总数是 1290 元，扣除电话费、公积金、所得税等，实发 1080 元。

1 月 11 日

前日《光明日报》有则短文说，现在的美国，大学本科毕业生中，工作机会最多的首推与电脑相关的高科技职业，学习市场推销也较容易找到工作，而天文学、心理学专业的毕业生最难找到工作。美国无疑是当今世界最强大的国家，美国生活方式虽然不能说是当今世界唯一的、最理想的，但肯定是主要的、最有影响力的。在美国的职业需求中，天文学、心理学受冷落而赚钱本领受推崇，似乎是具有代表性、特征性地表明，人类多么缺乏虔诚与谦虚，人们对认识自己、认识自己在宇宙时空中的位置是多么地不以为然！今天早晨电视报道一则科学信息，天文学家研究认为在形成今日宇宙规模或结构的热核爆炸中，已用去 6% 的氮、氢。剩下的氮、氢，还可以供应 1000 亿年的宇宙中继续形成过程中的爆炸所需能量！虽然像在美国发生的那样，人们在现实生活中不太需要天文学，但正是天文学能科学地使人类感悟渺小，获得理性的安宁。

1 月 16 日

报载，近日英国首相布莱尔正在日本访问。14 日日本首相桥本在英国发行量最大的《太阳报》上撰文，对二战期间日军残害英国战俘的暴行表示"深切忏悔""真诚歉意"，请求英国宽恕云云。可是，日本对在二战期间曾经最残酷蹂躏过的中国，从来没有表现过这种"真诚"，从来不愿低头。这是一个尺度，量度出半个世纪来的时间和机会被糟蹋了很多，我们的进步仍然不够，中国在日本的内心深处，仍是一个被鄙视的弱者，绝不是一个值得尊重的胜利者，日本的脸色表情可以使我们认识到自己是做对了什么或做错了什么。

今天上午，一位加拿大籍华人学者来我院讲演《后现代化与中国哲学》，他认为中国哲学，如"仁"之观念可以挽救或者说有助于缓解已步入后现代化的西方所遭遇到的价值困惑或"沟通"危机。在我看来，此是一种空言、大言，至少是言之过早。中国哲学对后现代化的世界未来可能的贡献，还要看它能为中国现代化进程中所能完成的转变和为此进程所能提供的有效的精神支持。只有当中国哲学、文化以一个充盈着强劲活力和美好前景的社会生活方式，而不仅是若干独特的理论观念呈现在世界面前时，才会有这种可能。

1月19日

今晚，崔岸从广州回来过春节。他在华南理工大学读食品生化工程研究生。三月份就要毕业了，现正忙于找工作单位。

去年我在我国台湾《哲学与文化》杂志上发表了《本世纪大陆老子研究》一文，今天收到经由香港美商费城国民银行寄来的53美元。

1月27日

今天是阴历牛年大年日，除夕，是我们中国人最隆重的节日。虽然按政府规定，只是从明天才开始放假，但自小年日（阴历二十三）后的一星期内，已不再按时上下班，都忙着去筹办年货。各行各界的新春茶话会也在其间举行，我接到了省委宣传部主办的省会文艺界、社科界和组织部主办的省会知识界、科技界两个茶话会的邀请信。我参加了前一个，没有参加后一个。前一个会人数较少，熟人多，不便缺席。

除夕晚上，岩子从南海西樵打来电话，小孙女也在电话中学着说给爷爷拜年。吃罢年饭后，我给姐姐打去祝贺新年的电话，也收到弟妹们从北京、六安和马鞍山打来的电话，我和正平商量给了小明666元压岁钱，祝他好运。

中央电视台的春节晚会节目，我只看了少数几个，觉得甚无味，就读报、看书、听美国之音（时断时续，很不清晰），小明也不太感兴趣，只有正平一人看得津津有味，常常开怀大笑。"众口难调"，中央电视台这台一年中最重要的晚会，虽然不能得到所有人的喜爱，但却可能得到所有人的谅解。

2月1日

今天是农历虎年正月初五，星期日，春节的假日已经过完。

春节假日期间，我的生活内容、节奏与平常日一样。但也有两件属于是过年的内容。初一晚上和正平、小明三人一起玩了麻将，小明从未玩过，根本不会，我小时候玩过牌九、纸牌，游戏规则大体相仿，正平去年以来，参加离退休老干部组织的活动，玩得较熟练。初四，正平的在郑工作的大学同学聚会，她的右脚骨折未痊愈，行动不便，我只好陪她同去同回。在正平的那位老同学家吃了午饭，那位老同学的儿子好能干，虽然只有中专学历，但做房地产生意很赚了些钱，在本省和海南、青海都办有公司。我们去聚会的那个老同学的住处，就是他用20万元钱在郑州替自己父亲买下的。现时下的风雨土壤，有许多这样的暴发户长出来。

2月2日

正月初六，早饭后去上班，办公楼空空如也，去茶楼房打开水，冰冰如也。一打听方知，初一到初五的五天假日中有两天是双休日，故还要补两天的假日。据说，地球上有某一富裕国家或地区，一年有50多个节日！中国何日也会如此？在我看来，需要付出体力和脑力的劳动生活，应该是最健康的生活。

2月4日

正月初八，春节假日结束，开始正式上班。春节期间我读完牟宗三《心体与性体》。在《儒学引论》里，我将冯氏与牟氏及其分别从逻辑的进路与道德的进路而建立的形上学作为现代儒学的典型代表、典型理论。

上午，小明回广州，购买不到火车票，只好改乘飞机，我将他送上开往新郑机场的民航班车。

2月22日

近十年来，我和正平的工资渐有增加，渐有结余。每积累到千元以上，正平就要去存储起来，或买国债之类。最近，我们又攒到了四千元，我们商量决定购买国债。正平去年七月右脚骨折，至今未痊愈，行走不便，此事只好我去办。昨日我三次去银行储蓄所，见顾客拥挤甚多，都未办成，今天还是正平去办成的。

这几年，我和正平最大的三笔支出是：去年以成本价1.7万元购买现在的四室一厅住房；前年岩子结婚时，给了他1万元；孙女在株洲出生时，我们寄去二千元，去年在南海过春节，第一次见到孙女，又总共给了她三千元。我们现在还有的全部积余是3.2万元。此外，还有750美元。

2月28日

正平的脚至今未愈，我每隔三四天都要骑车去最近的集贸市场买蔬菜食品之类。今天去买了二斤豆腐（8角/市斤）、藕二斤（1.2元/市斤）、蘑菇1斤（1元/市斤）、胡萝卜三斤（8角/市斤）、猪腿骨四斤（2.5元/

市斤）、包菜 2 斤 （0.8 元/市斤）。这些菜再加上春节时单位发的带鱼，足够我和正平吃一星期的了。

3 月 5 日

今天是周总理 100 周年诞辰。从上月 20 日全国各地就开始了纪念活动，由党中央主办的最高级别的纪念会是 23 日举行的。周总理在知识分子中有最好的人缘。他的人格如同历史上的周公，是伟大的、不朽的，但也是不会再出现的了。个人的独特禀赋姑且不论，能将儒家思想传统、对国家民族苦难的感受、共产主义理想三种观念同时注入、融化到一个人的精神中去的那样独特的历史时代也已经逝去而不会再现。

3 月 12 日

河南有两位青年学者分类选编了《新青年》主要文字，题为《回眸〈新青年〉》，由河南文艺出版社出版，反映很好。出版社邀请了十几个人，今天开了个座谈会，我也去参加了。

回眸《新青年》，我看到那里是一座丰碑，上面镌刻着两面旗帜——科学与民主，两个人物——陈独秀与胡适，两条道路——社会主义与自由主义。回眸《新青年》，我也感到那是一首绝唱，唤醒激励《新青年》那代人的刻骨铭心的国家民族苦难感不会再有。回眸《新青年》，我还不禁产生一种感激之情，我们今天所获得的社会进步，是《新青年》播下种子结的果。

3 月 26 日

近两周，河南电视台播映了《龙珠》。一位泰国友人的一子一女，少儿时来到中国，在中国长大，不幸他俩的青春花季岁月正值"文化大革命"，纯洁、热烈的初恋被无情地摧残，还遭到其他许多迫害。我们生长在这片土地上的人，受此灾难，自是无可奈何，自是命该如此，一个友好的外国人也跟着受罪，真是使人感到不平！罪孽啊，"文化大革命"！

4 月 6 日

今天收到母校人民大学科研处寄来的函件，告谓教育部责成人大、北大、北师大、山东大学等高校组成几个中国古代文化研究组，聘我为"特约研究员"，参加第一组承担《庄子》专题的研究与操作。我复信表示，这是国家分配给母校的任务，我作为人大的学子，自是义不容辞。

4 月 18 日

今天我们哲学、社科党支部组织去临颍县南街村参观。南街出名有二件事,一是办了若干食品企业,产值 16 亿,3000 多村民生活比周围的农民富裕;二是坚持毛泽东思想,读"老五篇",实行供给制,住房、基本生活物品都是统一配给。这是南街最特出之处,也是最有争议之处。

返回时,我们还到许昌城里的春秋楼参观,传说是三国时关云长被曹操系困时读《春秋》处,故楼早已毁坏,现在的三重殿堂建筑是近些年许昌地方政府花费 1600 万元新建。院内有四座明代碑刻,也许就是它的最早的历史。

4 月 21 日

从 1990 年 11 月 15 日开始撰作的《儒学引论》,今天在写完对牟宗三的"道德的形上学"的论述后,主体部分 52 万字告成,再写出 2 万至 3 万字的总结性结语,就可以全部完成。龙已画成,还须点睛。

5 月 6 日

这几天,传媒大量报道了北京大学百年校庆。我们国家领导人用"爱国、进步、科学、民主"八字来概括北大传统,应该说,这是很高的褒奖,当然也是完全符合事实的。但据我们这里的一位从校庆会上回来的北大校友说,许多北大人将思想自由视为北大更重要的传统。北大人在校庆时审视北大所面临的挑战或危机是:北大的经费只是哈佛的 1%,北大 1/3 的本科毕业生和 1/2 的研究生流向国外。

6 月 6 日

今天是六月六日,又是星期六,"666"民俗认为是个好日子,吉祥的日子。上午十时左右,我休息时在街头漫步,见装饰很漂亮的轿车满街驰行,那是结婚彩车。

下午,我和正平去华联商厦,这是郑州市较大的一家国营百货商店。正平买了夏天穿的裤、上衣,虽然是假日,商店里的顾客并不多。我和正平很少一起乘车去市中心较大的商店买东西。

7 月 12 日

今天和正平一起去华联商厦购买一台容声冰箱,2503 元,由商场工人用三轮车送货到家。1987 年用 1500 元购买一台万宝冰箱。这 1000 多元是我的《南宋陆学》的稿费，积攒着准备给岩子读收费的自费大学用。那一年岩子第三次参加高考，终于达到录取分数线，被正式录取安徽工学院，这笔费用就省下来买了冰箱。前年花 300 元维修了一次，最近彻底坏了。

7 月 16 日

岩子出差洛阳，为他服务的东华仪器公司送货。15 日凌晨 1 时到家，今日下午离家返广州。岩子去年十月也是趁出差之便来家一次。这两天恰是今年入夏以来最热的天气，并下了最大的暴雨，街道上流着腿肚以上的积水，加上文化路街道拓宽，满街都是砍倒的还没有清理的桐树枝干，车辆无法通行，岩子离家时还是穿着拖鞋蹚水、绕行到别的街道乘车而去。

8 月 15 日

小明今年四月华南理工大学食品生物工程硕士毕业后，留在该校环保研究所工作。现正值暑假，11 日从广州回来，今天又去了北京，到清华大学了解那里环境工程学院的情况，如有可能，他想着明年报考那里的博士生。

8 月 21 日

今天院人事处宣布免去我的哲学所所长职务。我自 1983 年任副所长、1993 年任所长，至今已十多年了。我的能力实在是有限，没有做出什么事情，故今年初，年龄一跨入六十，我即写了一份辞职申请，今日终得遂愿。今天在全所会上，我发表了简短的离职致辞，感谢全所同志这些年对我的支持，对我的宽容。

11 月 6 日

今晨 4：30 五弟黄德金患食道癌去世。五弟幼时被父母送给黄姓无男孩的农家。

11 月 11 日

今天是我六十周岁生日。先前，我从未认真地过过生日，甚至生日是哪一天也记不准确。母亲说我出生在阴历十月十二，奶妈——我的表婶娘，我出生后三个月就吃她的乳水，九岁前一直跟着她，住在她的穷困的乡下家里，感情亲如生母——说是十月十一日。我在填写自己的档案表格时需要按阳历计算出生年月时，也就写成十一月十一日（经向崔大华先生夫人李正平老师确认，崔大华先生的出生日期是 1938 年的农历十月十二日，公历 1938 年 12 月 3 日——编者注）。这次是六十岁，正平和两个孩子都说要隆重些。小明还专此代表岩子他兄弟俩从广州于昨天回来。其实，我的六十岁生日最终过得也很简单：早饭后，正平、小明我们三人在家里照了几张相，又去对面郑州工业大学的校园内照了几张，乘黄色面的车去天府酒家吃了一顿午餐，四菜一汤，花了 251 元，由小明付费，小明说，这钱是他哥给的。然后，又乘面的回来了。

12 月 19 日

12 月 13～18 日我去香港参加了由中华炎黄文化研究会、香港中文大学、香港中华文化促进中心联合主办的《中华文化与二十一世纪》学术研讨会。这是我第二次去香港，上次是 1996 年去台湾参加刘宗周学术研讨会途经香港，停留一天。我为研讨会提供的论文是《二十世纪的中国儒学》。

12 月 31 日

今天，我的《儒学引论》初稿全部撰写完毕。书稿从 1990 年 11 月 15 日开始动笔，至今已整整八年的时间！这一课题于 1992 年申请立项为国家社会科学基金课题，获一万元资助。1996 年主体部分完成后结项，扫尾工程（《理学的衰落之回应》及总结语）又进行了两年。初稿写在笔记本上，全部由正平在 1995 年退休后帮助誊清。她誊写的速度很快，与我的写作速度差不多是 1：8。

1999 年 2 月 18 日

今年 2 月 16 日是春节。小明 14 日从北京回来过节，他在北京参加 GRE 学习班，17 日晨又回北京了。

春节日下午，和正平、小明一起去商店，小明要买套西装，我们帮他挑选。

除夕晚上，我给大姐去电话祝问，弟妹们也给我打来电话问候。今年的年饭吃得较晚，小明下午去会朋友，回来时自行车坏了，修理好，很晚才回来。年饭后，给小明 666 元，表示祝愿。然后，看中央电视台春节联欢晚会，直到凌晨。

9 月 6 日

上午 11 时离家，一行三人往新郑机场。飞往深圳的航班，因班次调整，延后 50 分钟，于下午 2 点 40 分飞离郑州，4 时许抵达深圳。机场免费车将我们送往永福港，谓可乘船直至香港，且手续简单。买船票时，票价高达180元/张，觉得是上当受骗，又改乘出租车，由罗湖乘火车入港，票价30元一张。

至香港已晚八时，住在《经济导报》的内部招待所。

9 月 7 日

下午1：45乘加拿大飞机离港，飞行10小时到温哥华。入加拿大境时，需用英文填写表格，不会，只好请别人帮忙。

主人梁燕诚博士到机场迎接，去他主持的文化更新研究中心办公室稍事参观，即去住处安顿。梁博士陪同吃饭后，又应我们要求，开车游览温哥华海湾，参观了温哥华最大的私立学校西门沙菲大学。

9 月 8 日

上午由中心张先生陪同乘空中巴士去温哥华唐人街，其规模据说仅次于北美旧金山唐人街。又去中华文化中心参观。

下午，梁博士驾车陪同参观不列颠哥伦比亚大学（U.B.C），会见了该校的亚洲研究中心主任，参观了该中心的图书馆，有国内罕见的蒲版书，是位姚姓名人捐献，姚姓自称舜之后，祖籍为蒲。游览了校园。

U.B.C亚洲研究中心专职教授只有2人，加上兼职工作人员有50多人。中心主任是位女性，是前加拿大驻华使馆文化参赞，她即将发表的一篇论文是关于抗战时期国民党挖掘花园口事件的。中华文化中心也是一位女性，是位法官，她介绍加拿大华人经过流血流汗至1947年方取得有选举权的平等地位。

9 月 9 日

梁博士驾车带我们去100公里以外的农村参观。这里有一座小山，山上有座教堂，教士学校。据梁博士介绍，这是温哥华宗教气氛最浓重的地区。下午又去西门菲沙大学在市中心的分部，登上塔楼最高处，鸟瞰温哥华市容。晚上梁博士邀请在这里的华人文化人吃饭。

在西门菲沙大学还去拜访了林思齐国际文化交流中心，中心主任汉语说得非常好，他家里有急事，只谈了十分钟就匆匆走了。

9 月 10 日

上午在梁博士家交流学术，我谈了二十世纪儒学的贡献、进展与面临的挑战。但因时间短，只有一个小时，未能充分展开讨论。这次去加拿大是以学术交流的名义申报出国的，可是这一主要事情却做得最不够，而游玩倒是很充分的。

9 月 11 日

上午 8：10 乘机飞往渥太华，飞行 5 小时到达，赵言慧女士去机场迎接。下午，她带我们去华人教会"渥太华主恩宣道会"参加该会成立十周年的纪念活动。近些年来不少从大陆、香港来的华人有 200 多人参加了这个教会，有清华、中山、中国科学院来的年轻人，也有随儿女在这里定居的年老人。在异质文化中，他们寻找到了新的精神追求和归宿。

9 月 12 日

上午赵女士驾车带我们去参加渥太华主恩宣道会的礼拜活动，下午还是她带我们参观加拿大博物馆、国会山、美术馆。在博物馆的小卖部里，我买了两片加拿大的特有工艺品——镀金的枫叶。

9 月 13 日

上午 8：10 乘火车往多伦多。结算旅馆费用时，见我们是不懂英语的中国人，在账单上多记了 15 元的停车场地费。后来被前来送行的赵女士发现，旅馆不得不退回 15 元。

下午一时许在大雨中到达多伦多。我们来加拿大的温哥华、渥太华这几天，一直都是晴朗、凉爽的好天气。火车上的乘客不多，每人都有座位，沿路的车站都极简易，也未见有车站的管理人员。

9 月 14 日

乘旅游车去参观美加交界处的尼亚加拉大瀑布。这是一辆只有五个座位的小面包车，乘客除了我们三人外，还有一对来自上海的老年知识分子夫妇，他们是来加拿大探亲，由定居在加拿大的女儿陪同。旅游车先在市内兜了一圈，参观了省议会大厅，大厅的柱子北边一半是木的，南边的一半是大理石，据说是当年火灾后重建时的设计。我们还在多伦多大学的绿茵广场上以多伦多电视塔为背景拍照。

在尼亚加拉大瀑布的前面、左右上下我们都拍了照片，还乘船在瀑布近处观游，随后又在瀑布公园商店买了些纪念品，很多都是中国大陆、台湾和香港制造的。我买了加拿大的特产枫叶糖、冰酒，还买了些钥匙串

（台湾产）。

9月15～16日

上午8:40离开多伦多，飞往温哥华，四小时后到达。因香港地区有台风警报，加航似乎怕风险，停飞当天飞往香港的航班，将已从多伦多来的旅客转让给国泰航空公司飞往香港的航班。下午3时40分我们乘国泰航班飞往香港，十个小时后，离香港已经不远，可能是香港有台风，不能降落，飞机又折返航向，最后在日本大阪机场降落。我们办理了入境手续，被国泰公司安排在大阪的HYATT酒店住宿、就餐，此时已是夜晚八九时许（当地时间）。我们在酒店附近散步，看到大阪的街道十分整洁，楼群高大，立交桥空中巴士道路的建筑都十分坚固，夜已深，行人多为年轻人，且多为男女成对。

在温哥华候机时，我们买了一家华人餐馆的面食，明码标价是2元，结算时却是5元多，询问何故，彼曰：你们吃的是大碗！此次加拿大之行，这是第二次被敲竹杠。前次是以自己的无知被洋人所欺，这次是被华人商人的无赖所骗。

9月17日

清晨五时（大阪时间）即被酒店电话唤起，六时乘车前往机场，此时天已明，沿途看到高速公路两旁都是工厂、高架道路建筑、跨海大桥，都极为坚固。从旅馆里的小设备（如拉窗帘的拉杆设计）到这些大建筑、工厂群，都使我感到日本人做事细心（每个细节都考虑到）、认真（每个螺丝钉都能拧到位），又有高科技支持，真正不得了。

在大阪机场办理登机手续时，旅客多为华人，大家拥挤一团，毫无秩序，不知日本人是如何看待这一场景的。

十二时许，到达香港。同来时一样，住在轩尼诗道的《经济导报》的简陋的招待所里。下午上街购物。

9月18日

上街购物。在会展中心铜紫荆花前、香港回归纪念碑前照相留影。这次外出买的最贵重的物品是为正平购一枚足金胸针，价1020港元。

9月19日

晨六时许出发，乘火车从罗湖出香港，由深圳入关。下午三时许乘深航飞机返郑州。在机上，深航公司为成立十周年及国庆五十周年开展一项纪念活动，要旅客在自己的登机牌上写上姓名，交给乘务员，摸出一个最幸运旅客，再由这个最幸运旅客摸出四个幸运旅客。我竟然是四个幸运者之一，奖品是一条刻有深航机徽的皮带。领奖时，要求获奖者签名并留下电话号码。

9 月 30 日

今年国庆节有较长假期，岩子、张飒带着璐璐于今日到家。不巧，这几天郑州一直下雨，只到动物园去游玩一趟，这是小璐璐最要去的地方。小璐璐还喜欢趴在我的书桌上或在地下画画，喜欢与奶奶一起弹电子琴——都是乱画，乱弹琴。

10 月 6 ~ 10 日

赴京参加国际儒联举办的"纪念孔子诞辰 2550 周年大会"及"儒学与二十一世纪人类社会的和平与发展"学术研讨会。正平与我同行。我们清晨乘车，下午三时到京，将正平送到大富家，我就去金泰大厦（中国妇女活动中心）报到。

7 日上午在人民大会堂常务会议厅举行孔子诞辰 2550 周年大会，似乎是未能请到理想的中央领导参加。下午在金泰大厦会议厅举行国际儒联第二届会员大会，有选举新一届理事一项。事实上名单是事前拟好的，宣读后大家鼓掌通过。我也添列新一届理事。

8 日上午学术研讨会大会主题发言，下午分组发表论文。我在第五组发言"儒学面临的挑战"，限时 15 分钟。

9 日下午全国政协主席李瑞环接见与会部分理事、学者，这可能被视为是此次会议所得到的最高礼遇。

10 日闭会。我要去中关村接正平来我的住处，便于晚上一起乘车去曲阜，闭幕式未结束我就离开了会场。

10 月 11 ~ 14 日

10 日晚从北京乘火车，11 日晨到曲阜。

下午乘汽车去邹县参观孟庙、孟府。孟府中有口宋代的钟，铸有八个字"重臣千秋，皇帝万岁"，其中"臣"字反写，导游小姐说：寓意为"反臣"，贬刺时政（"重反臣"）。

12 日上午参观孔庙、孔府，下午参观孔林。十年前（1989 年）参加了在北京举行的纪念孔子诞辰 2540 周年大会后，亦曾来此。这次经导游解说，获得新的认识是圣府门前柱楹联"与国咸休安富尊荣公府第，同天并老文章圣人家"，其中"富"字上少写一点，寓意"富无头"，"章"字最下一竖通过上面的"曰"，寓意"文章惊天破日"。我想，孔子若能生还，一定要刻去这副楹联。这次是和正平同行，有许多留影。

13 日至泰安，乘泰山公路汽车至中天门，乘缆车至南天门，登上玉皇顶，下午三时许，又返至南天门，乘缆车下山。需一二日方能完成的登泰山诸节目，我们竟在四五小时内做完。下山后，匆匆穿行岱庙，未及瞻仰，即乘车至济南。十年前来曲阜，正欲于次日登泰山时，接家里电报，告父亲病危，当晚我即于兖州乘车经蚌埠回六安。登览泰山，未能成行；今日虽登泰山，上下皆乘车而行，泰山之容，亦未能尽览。

14 日在济南游览了泉城广场、趵突泉、大明湖。泉城广场虽尚未竣工，但现代感、宏伟城的大格局已经创出。趵突泉公园中很多泉已经干涸，大明湖也不再见"四面荷花三面柳，一城山色半城湖"（园内铁公祠中浮浪亭壁的对联），真是令人叹息！

10 月 15 日

清晨 5 时，乘火车返郑。

12 月 20 日

澳门回归，我和正平一直守候在电视机边观看直播，直至凌晨二时。

2000 年 1 月 1 日

今天是新世纪、新千年的开始。郑州阴天，直到下午四时，太阳才出现在西半天，因有薄云，看起来不刺眼，且红而大，我和正平都看了又看，难得这是新世纪第一天的阳光，愿新世纪的阳光永远是这样温暖、可亲、吉祥地照耀着人类！

2 月 5 日

今天是龙年春节。今年还是小明回来过春节，岩子一家没有回来。下午我和正平、小明去金博大商城游逛，买个开瓶器，去年我去加拿大带回一瓶冰酒，准备在年饭上喝，这种洋酒在瓶颈部有很长一段软木塞，家里旧有的开瓶工具无法打开，很使小明扫兴。今天去买了开瓶器，一回到家，小明就忙着把酒瓶打开了。小明还买了双皮鞋。

除夕夜和往年一样度过，我先打电话向姐姐姐夫拜年，然后，我就要接到弟妹们打来的拜年电话。看中央台的春节文艺晚会，直到凌晨。今年的文娱节目似乎比前几年好看些。给了小明1000元压岁钱，正平对小明说："你和小璐璐是一样待遇。"1997年以来，每年都要给璐璐寄千元压岁钱。而每年总是张飒先给我们寄来千元，表示他们做儿女的孝心。实际上是把他们寄来的钱又还给他们了。

五弟1998年去世，春节来临时，我也总要给五弟媳寄点钱。

10 月 11 ~ 14 日

去武夷山参加纪念朱熹逝世800周年的"朱子学与21世纪"学术研讨会。正平与我同行。会间，登览了天游观，泛舟九曲，还去朱熹墓拜谒。朱熹墓很偏僻、荒凉，也许正是由于此，才使它避过了"文化大革命"中被挖掘的一劫。

2001 年 1 月 20 日 ~ 2 月 12 日

今年春节我和正平去广州，1月20日去，2月12日回。我们在西樵过阴历除夕、元旦，在广州岩子和小明共租的寓所里过元宵节。其间还去珠海正平好友詹家瑄家住了三夜，乘船在濠江上看了澳门。在广州时，参加"广州经典一日游"游玩了黄埔、陈家祠、白云山、越秀公园等广州著名的人文和自然景观。回程路上，在株洲璐璐外婆家短暂停留，在长沙正平妹妹家住了三夜。28年前，我曾去过长沙，那时，两家的孩子都还很小，今天都长大成人、成家立业了！那次，我和正平还带着两家的孩子去韶山玩，小明还在怀抱中，在韶山参观时，不经意掉了一只鞋，只好又买了一双新鞋。这次，我和正平没有去韶山，只是参观了岳麓书院，重游了岳麓山。

2 月 13 日

今天收到我工作单位（河南省社科院）向我发出的退休通知书。当然，我虽然退休，但我的读书、思考、写作并不会休止。

3 月 1 日

回首生平多歧路，只是生死文字间。

7 月 14 日

将近二十年来，我和正平一般只在阴历除夕晚上，为观看中央电视台春节晚会的节目，迎接新年到来，才在深夜十二时以后睡觉。昨晚，我们一直守着电视机，等候观看国际奥委会投票决定 2008 年奥运会的城市。北京以 56 票的优势当选，我和正平都沉浸在巨大的喜悦中，看电视报道全国欢庆申奥成功，不知不觉到了凌晨二时，直到中央台庆祝晚会结束。

10 月 7 日

今年国庆节与中秋节在同一天，19 年才轮到一次。1982 年，我们调来郑州那一年的双节也是在同一天。放假七天，我和正平连续六个下午都去家具商场，比较、选择家具，因为半年后，要搬新居。

放假期间，我收到人民出版社寄来的两本《儒学引论》样书，自然十分高兴。这本书从写作到出版整整是十年时间。

10 月 11 日

我的幸福在于一生始终没有到达终点。

2002 年 2 月 4 日

今天是立春，我拿到新住宅的钥匙，准备装修，打算去广州过春节（2 月 12 日）。

3 月 9 日

从广州回来后这些天，我和正平都十分疲惫，为装修新居选购地板、橱柜、洁具、灯饰等物品，我们不止一次去建材市场，都是我在郑州二十年来没有去过的地方。

4 月 16 日

4 月 11 日（阴历二月二十九）我们搬入新居，从 6 号楼 7 号迁进新楼 2 号楼 35 号，又经过 5 天的劳累，今天把书籍杂物整理就位，搬家的工程算是基本上完成。……这一次，正平听从她那位同事的建议，选择了有"九"的日子搬家。正平说，我们老了，更害怕倒霉。

8 月 8 日立秋

退休以后，经过一年多的阅读、思考，我想用十年时间写出两本书，一是将儒学研究进行到底，《儒学引论》主要是论述了儒学的历史面貌，我要以"儒学的现代命运"为题，较全面论述儒学的现代处境和命运，二是以"雕朽集"为名，将百万字的读书笔记整理出来。我祈愿天与命给我健康，裏我成功。

8月26日

前天，儿媳带小孙女璐璐坐飞机来到郑州。岩子工作很忙，经常出差，张飒想重新寻求职业，就把小孙女送到我们这里来上小学。我们决定把她送到附近一所民办的先锋学校去读一年级，每学期费用三千元。

今天，小学校开学，小孙女成了一年级的小学生。我为她起了个学名叫崔子瑜，追寻、向往美德之意，且纪是子年出生（1996年丙子鼠年）。

10月17日

10月11~14日，我去西北大学参加外庐先生百年诞辰学术研讨会。我在会上作了《外庐先生和汉生先生的学术友谊》的简短发言。会后，去法门寺参观。公元6世纪这里建塔建寺，供藏着一枚今天世界仅存的佛指（灵指），唐代又仿造三枚（影指）。我们在宝塔地宫中看到的是三枚影指，据护塔的保安人员说，灵指藏在陕西省银行的金库里。

2003年2月16日

今年春节（2月1日）也是在广州过的。我和正平带着孙女子瑜是1月23日到广州，2月16日回郑州的。

6月15日

今年8月，第十三届国际中国哲学大会在瑞典斯德哥尔摩大学举行，我已经接到邀请，并为大会撰写了论文《全球伦理的儒学资源》，准备与会。但4月份以来，"非典"流行，许多国家拒绝中国人入境，我们河南这里办理出国事宜也暂停，我去催促，单位经办人告谓：商务出国可以办理，像我这样学术会议出国，又是退休人员，不予考虑。今天致信会议联络人，表示遗憾不能参加了。

10月24日

9月26日我和正平乘车去广州。国庆七天假期在广州过的。岩子还是在一家德国仪器公司（赛多利斯）工作，是广州地区的经理，小明在丹麦一家食品公司（丹尼斯克）工作。月收入都在万元左右。岩子和小明都贷款买了房子。子瑜在南海实验小学上学，星期日下午送去，星期五接回。张飒在一家刚注册的医药公司工作。

10月6日乘飞机到桂林参加梁漱溟先生110周年诞辰学术研讨会。其间瞻仰了在穿山公园的梁先生陵墓（梁先生还有部分骨灰葬在山东邹平），参观桂海碑林，游览芦笛岩、阳朔、桂林市内的两江四湖、近郊的靖王陵等。

10月10日晚乘火车于次日晨到长沙。西平有病住院，回来与正平叙谈。13日去桃源，到妈妈的坟上拜祭，妈妈的骨灰葬在母家（朱姓）侄子的山上，极为幽静。在正平一位桃师老同学陪同下，游览了桃花源。桃花源离全国著名风景区张家界很近，只有三小时的汽车路，我和正平又去张家界玩了两天，返回长沙。今天早晨回到郑州。

11月9日

11月3日去北京参加了5日、6日由中国社科院历史所主办的纪念冯老百年诞辰学术研讨会，正平同行。这个会本计划在四月举行，因"非典"流行，延至本月。我在会上作了《20世纪中国哲学史诠释模式变迁》的发言。外地与会学者住在北京军区招待所，即赵家楼饭店，即1919年"五四"时被游行学生放火烧的赵家楼。

我已有四年没去北京了。会后，我和正平去参观1999年建成的世纪坛，又和大富、欣然一起登了天安门城楼。9日返回郑州。

11月19日

今年初我申请一项国家社会科学基金课题《儒学的现代命运》，九月接到批准的通知。经过一段时间的准备，今天开始撰写第一个问题。

12月20日

我单位隔着马路（文化路）对面是郑州工业大学和河南农业大学，每天清晨我要和正平一起去晨练，正平打太极拳，我做鹤翔庄动功，但都很不到位，活动身体关节罢了。晚饭前，我还要去工业大学的操场慢跑二圈。十一点半钟时我都要去校园散步，回来吃午饭。两个校园里都有很多标语牌，名人的警句、格言。我最喜欢的是农业大学内有块标语牌上的卡耐基的话："成熟人格的重要标志：宽容、忍耐、和善。"这个标语牌上写的既是一个科学定义，也是一条道德号召。

2004年1月1日

今天是新年元旦，早上一起床，我就乘公共汽车去百货大楼对面的铁路售票点，购买10日去广州的火车票。排队15分钟后，买到了票。往年都要排二三个小时才能买到票。

2月15日

1月10日去广州和孩子们一起过春节，今日返回。来去我和正平都是乘火车软卧，车票也很容易买到。想起1988年父亲和四弟来看望我们，他从家到上海、从上海到郑州都是坐硬座，到我这里时，腿都坐肿了。从我这里返回时，我跑了好多地方，托了好几个熟人，想给父亲买张硬卧票，也没有实现。那时，软卧更是要有较高职位或地位的人，才有资格买。

今年在广州过春节，使我尤感欣慰的是两个儿子都贷款购置了自己的房子；孙女子瑜每天都会有的有趣话、有趣事，也使我开怀不已。我还和正平一起去参观了六榕寺、光孝寺。两寺和惠能关系密切，六榕寺有六祖堂，光孝寺有惠能受剃戒塔。我们登上了六榕寺的花塔，光孝寺大雄殿正在大翻拆维修，僧人在殿前售题名瓦（每片瓦100元，写上全家人名）。在两寺的菩提树下，我们拾了数枚落下的树叶。

3月29日~4月7日

3月29日我和正平一起出发去杭州参加一个当代儒学的学术研讨会，4月7日返回。途间，在上海停留了三天。3月30日到上海，去三弟那里探望。三弟十多年来，身体一直欠佳，1998年就已退休。我和三弟还是母亲去世那年（1993年）在家中见面，至今已有十多年了。

4月2日到杭州，4日会议结束，5日由会议主办单位（浙江省社科院）组织游绍兴，去了兰亭、王阳明墓、鲁迅故居等。王阳明墓室由近百位日本学者捐资于1989年修的，一位韩国学者见此景大骂日本人不止，我们也深以为耻。我们还参观了根据鲁迅小说中的人物和环境用2亿元建造的旅游点——鲁镇，并为地方当局不知保护、爱惜真的历史遗迹，而斥巨资去造一个假的历史遗迹而感到困惑。

8月14日

8月7~12日，我去马来西亚参加由马来西亚孔学研究会主办，大陆和台湾诸多儒学研究团体协办的第一届儒学国际学术研讨会，主题是"忠恕之道促进世界和平"。我为会议提供的论文是《全球伦理的儒学资源》。

我和河南大学四位与会者一道，6日乘火车离郑赴广州，次日晚乘南航班机，飞行四小时，深夜到吉隆坡，12 日清晨乘机返回广州。

会议期间，除参加由主办单位组织的 11 日在吉隆坡市内的参观，还与一些学者自行组织于 10 日去马六甲游览。彼处宝山亭有三宝井等郑和遗迹，博物馆中多有荷兰与英国殖民者当年争斗留下的残痕。

马来西亚是个伊斯兰国家，但甚为开放，行走在首都吉隆坡街道上，既有蒙着头面的伊斯兰妇女，也有坦露肚腹的印度妇女，华人妇女着装如中国大陆一样随意；传统伊斯兰建筑并不显目，市中心繁华地带鳞次栉比的都是西式高大写字楼。

10 月 31 日

10 月 19～28 日，我去安徽大学参加一个关于哲学前沿问题的学术会议，顺便回六安老家一趟，我已有十年没回去了，正平与我同行，她有15 年没回去了。

我和正平 19 日晚离郑，20 日晨到合肥，下午和姐姐，还有从马鞍山赶来的六弟夫妇一起，回到六安，住在敏妹那里。21 日早饭后，我们兄弟三人（还有四弟）、姐妹三人、妯娌二人、姑爷三人，一行共十一人一起乘车去崔大庄子，见到老庄子也有所变化，盖了两层楼的瓦房，青壮年都外出打工，也未见到小孩子们，几位老哥哥，也老态龙钟。午时后，去父母的坟墓烧纸叩拜，并在父母坟前照相留念。二时许，又乘车到莲花庵镇上（沛联），集镇街道有很大变化，杂乱、冷清，因为不是在公路干道上，已经衰落，完全不是我童年、少年时的那个样子了。我家的老屋两厢房已倒塌不在，三间堂屋尚存，屋顶已损坏漏雨。我们兄弟姐妹五人（大玉提前回六安准备晚餐，未到沛联）在老屋前合影留念。随后，我们再到五弟（黄德金）的坟上拜祭后，就乘车返六安。我这次回老家要做的主要事情就做完了。

在大玉家吃了晚饭后，兄弟姐妹们一起讨论父母留下的老房子问题。母亲去世后，我和姐姐、弟妹们议定，在外地工作的四兄弟（我和二弟、三弟、六弟）放弃继承权，由四弟、五弟分占，但需遵守母亲的遗嘱，不得出卖；若一定要出卖，需征得其他兄弟同意。现在，五弟已死，四弟不但没有从分得的房屋得到收益，还要负责维修。四弟已经内退，工资低微，不堪负担，所以提出要出卖。当时未形成明确意见，后来我考虑到：①母亲过世前，曾有不得出卖的遗嘱；②现在出卖，据行家估价，三间堂屋加上宅基地，价值不会超出万元（七八千元），以如此低价出卖祖业甚是不忍、不德；③四弟的困难也确实需要帮助解决。我和二弟商量后，决定：①给四弟一万元，作为这些年来维修、操心房屋的补偿；②老房子不再维修，自然倒塌后垒成围墙，宅基地永不出卖；③考虑到三弟身体长期患病，六弟有一个正上大学的孩子，一万元由我和二弟分担。

22日下午回到合肥，去兰亭宾馆报到。23～24日开会。我在会上有七分钟的大会发言，陈述20世纪中国哲学史诠释模式的变迁。

24日下午乘车到太平（黄山区），25日游黄山。

我有十年没回去了，这次回去给唯一尚存的长辈姨娘、老庄子的堂兄们、侄子、侄孙每人都有数目不等的钱，给姐姐买了台全自动洗衣机，祝她七十岁生日的到来。共花去八千多元，应该说是不菲的，但我得到的是无价的亲情的欢悦、欣慰。

11月3～6日

这几天去焦作市中站区参加"中国首届许衡学术研讨会"。瞻仰了许衡陵墓，游览了云台山的两个景点。我在会上作了《思想史视野中的许衡》的发言。

12月21日

上星期，去江西参加由南昌大学江左思想研究中心、江西金溪县政府等单位举办的陆象山思想研讨会。正平与我同行。我们13日上午动身，乘火车当晚到了九江。次晨，乘汽车登上庐山，游览了仙人洞、含鄱口等景点。当晚住在山上，空气非常新鲜宜人。次日又游览了美庐、庐山博物馆（毛主席旧居）、庐山会议旧址等景点。遗憾的是今年冬季庐山干旱少雨，为预防火灾，五老峰封山不对游人开放，未能看到著名的"疑是银河落九天"的庐山瀑布。16日到南昌，下午去滕王阁参观，这是1996年由南昌市政府重修的，也是自唐代建阁以来的第29次修建，十分雄伟壮观，只是生态环境破坏，赣江水枯，游船都搁在无水的江边，"秋水共长天一色"的景色不再了。

17日到南昌大学，与参加研讨会的学者们同车前往象山先生的故里金溪县。途经疏山寺，这里是曹洞宗的祖庭之一，也是象山少时读书的地方，车子停了下来，大家前去瞻仰。研讨会的主持人还特意设计，在疏山寺的讲坛里举办一个演讲会，由我主讲他所提出的两个问题：象山的读书方法，象山与佛禅关系。我即兴讲述象山先生的独特思想性格、评论朱子对象山的三点批评，来回应、回答主持人的两问题。

18 日整天作学术研讨，我作了《论朱陆之争》的发言。

19 日上午，拜谒象山先生墓。象山墓在一座坐北朝南的山腰上，墓地不大，但高朗幽静。下午回到南昌。

20 日乘车回郑州。到郑州的时间是凌晨四时，并且正下着大雪，颇使人感到似乎是从温暖的南方回到气温差别很大的北方。实际上，南昌郑州间各方面的差距都不是很大。

2005 年 2 月 27 日

今年春节（2 月 9 日），我和正平又是去广州度过的。1 月 28 日乘火车去，今日回到郑州。春节前后的广州一直是阴天、潮湿，我和正平大多时间都是住在岩子家，孙女很聪明伶俐，上小学三年级，期终考试年级第一名，大家都很高兴。除夕夜的大年饭，是在福仙来酒楼吃的。小明正在准备博士考试，为了不影响、干扰他，只在孙女新学期开始上学去了后，我和正平才去他家住了五夜，然后就回来了。

6 月 27 日

年底总结备用

元月份　河南大学中国哲学研究生课：先秦哲学概述

三月份　鉴定全国社科基金课题《顾炎武思想研究》（江苏）

四月份　华东师大博士生论文《本心与自由》鉴定

六月份　河南大学 2005 届四位硕士论文鉴定、答辩

九月下旬　河南大学中国哲学研究生课：宋明理学

11 月 20 ~ 24 日

应南京大学中国思想家研究中心的邀请，赴南京给该中心的博士、硕士研究生讲述宋明理学（二次），与中心的科研人员座谈，介绍了我现代儒学研究的构想。接受为中心兼职教授的聘请。正平与我同行，一起游览了中山陵、夫子庙、瞻园、总统府等景点。

2006 年 1 月 20 日～2 月 25 日

此间去广州过春节。去年六月崔岩买了小轿车，行动就方便多了，所以游览了好几个地方：登帽峰山、顺德清晖园、三水荷花世界、花都洪秀全故居。还去观赏去年 12 月在佛山市举办的第七届亚洲文化艺术节遗留下的彩灯场面。

洪秀全故居显得简陋而冷清，但仍有相当的规模，整洁而管理良好。洪秀全是个失败者，20 世纪 50～80 年代间对洪秀全正面的评价，似乎正在被一种否定性的意见所代替。孙中山也是事业未竟，但对他的基本肯定应该不会动摇。人们不能允许洪秀全用西方宗教来摧毁、代替中国固有的儒家文化传统，但拥护孙中山用西方政治理念来改造已腐朽的中国帝制政治制度。

此外，春节后还和正平一起去香港游玩三天。此前，我也三次去过香港，但因是参加学术会议或途经，未有游览。这次由旅游团的导游带领，香港的主要景点都走到了，浅水湾、赤柱、警察展览馆、太平山顶、黄大仙庙、海洋公园，夜晚还乘船观赏维多利亚湾夜景，在"星光大道"上走过。我和正平都感到很满意、很高兴。这些都是在两天内完成的节目。第三天旅游团解散，我和正平去香港新建成的迪士尼乐园玩。我对园中一切玩意皆不感兴趣，正平却兴致盎然，不停地拍照，特别是对一些表演节目，如"狮子王""米琪经典金奖"赞不绝口。

4 月 1 日

昨日，阴历三月初三，是传说中轩辕有熊氏皇帝的诞生日。黄帝故里就在郑州市的郊县新郑。1992 年始，新郑市在这一天举行拜祖仪式活动。前两年升格为郑州市举办，今年又升格为河南省举办，有全国人大常委会副委员长、全国政协副主席、各省代表、港澳台和海外侨胞代表，有万人参加，很是隆重。中央电视台进行了直播。拜祖仪式甚是典雅，有主礼人沐浴更衣、颂拜祖文、各地代上香等，鸣炮 34 响（全国 34 个地区）。礼拜仪式毕，有两个歌舞节目，歌曲是《皇帝颂》，乐律和意境十分温文尔雅、悠长深远。歌舞毕，突然天空出现彩虹，为时约十分钟，全场哗然，拜仪主持人也很惊诧，大声说"这是吉兆"。在我看来，这应是事有偶然，但毕竟也能引发人的很多遐想。

5 月 20 日

16 ～ 19 日，院老干部处组织离退休人员去山西参观游玩。去了三个地方：壶关县境内的太行山大峡谷（八泉峡）、祁县乔家大院、平遥。平遥是外老的家乡，20 世纪 90 年代初，在太原为纪念外老逝世五周年，开学术研讨会，我曾去过，也去过乔家大院，那时，因为电影《大红灯笼高高挂》在柏林得金奖，这座山西民宅也声名鹊起。近年，因描写晋商的电视剧《乔家大院》火红，乔家大院也更有名。据媒体称，五一黄金周期间，有 50 万人来这里参观。和我上次来看到的相比，平遥城和乔家大院修葺得更好了，展出的东西也更丰富了，当然参观者也更多了。导游小姐介绍，太行山大峡谷有 80 多个景点，都由私人买去进行开发。这次我们去游玩的八泉峡是最先被开发的，且是最好的景点。既可以坐船游峡谷，又可以登山，的确很好。没有想到陡峭光秃的太行山深处，竟有这样清秀的天地。我们旅行团一行 40 多人，大家都很开心。正平拍了很多照片。

9 月 25 日

上星期正平的妹妹、妹夫从长沙来郑州。19 ～ 24 日我们一起去山东招远的表姐家探访。表姐、表姐夫陪我们一起去蓬莱游玩，登蓬莱阁，观黄海渤海之分界。返郑州时，由青岛上火车，在青岛有六个小时的停留，乘船游了青岛的海湾，又乘车走马观花地游了天后宫，在信号山上鸟瞰青岛市容，很是惬意。

11 月 4 日

10 月 25 日姐姐姐夫从合肥来往这里。他们都已年过七十，但身体甚好。我和正平陪同他们到少林寺、开封、洛阳旅游。

2007 年 3 月 10 日

今年去广州过春节，2 月 10 日前往，3 月 10 日返回。来去都是乘飞机，恰巧能买到 2.5 折的飞机票，比往年乘火车软卧还要便宜，也节省时间，乘火车需 17 小时，飞机只需 2 小时。今年在广州过春节期间，崔岩驾车带我们去了惠州罗浮山一游。这里是东晋葛洪炼药之处，道教七洞天之一。乘 20 分钟缆车上了山，不巧是雨天，如同在雾里游，完全看不见罗浮山的面貌。下山后买票进冲虚古观瞻仰，香烟浓烈，熙熙攘攘，全是跪拜三清、求签问卜的世俗人众。

7 月 1 日

6 月 24 日与正平一起去武汉大学，参加第十五届国际中国哲学大会（25～27 日）。会议期间，冒大雨参观了黄鹤楼、归元寺。会后（28～30 日）又去三峡游览。

8 月 28 日

7 月 16 日至 8 月 27 日我和正平一起在广州住了 40 多天，为孙女子瑜暑假间要上华南师大数学补习班，上学、放学需接送。子瑜的学习成绩已很优秀，能考上华南师大附中的数奥班（全省 80 名），方可得到公费的待遇，我们鼓励她实现此目标。

在广州时，崔岩驾车去游览了南华寺、丹霞山。南华寺是禅宗惠能弘法的道场，现在修缮得甚好。广州夏天盛热，我是带着患带状疱疹病回来的。

10 月 30 日

本月 26～29 日，老干部处组织离退休人员去山东日照旅游。乘火车，晚上出发，清晨到达，玩了两天，当晚在日照海边渔民村农家旅社住。我和正平从海边小岛上拣回两块长满贝壳的石头带回来，这是从黄海里拣回的石头啊！

2008 年 1 月 26 日～2 月 29 日

和正平一起在广州过春节。今年春节广州很冷，没有外出游玩。与往年不同的是，来去乘票价打 2 折的飞机（270 元＋150 元燃油附加费、机场建设费），比乘火车软卧还要便宜。

4 月 18～24 日

正平和我一起去武汉参加华中师大道家道教研究中心和香港青松观全真道研究中心联合举办的"全真道与老庄学国际学术研讨会"。会后，主办单位组织去武当山游览。

武当山是道教圣地。南岩宫、紫霄观、太子坡（复真观）、金殿等几个建筑在武当山上的最主要的道教宫观，我们都去参观。紫霄观的道长还为参加研讨会的会议代表举行了祈福法会。我站在道场的最后一排，感受到道教音乐如同佛教音乐一样，在庄严肃穆中弥漫着为苍生祈福的谦卑、向善愿望，使人心灵净化。

5 月 19 日

5 月 12 日下午 2 时 28 分，四川汶川发生 8 级地震，迄至今日统计，已死亡三万四千人，伤二十多万。今天为全国哀悼日，2 时 28 分全国人民起立默哀三分钟。我和正平在厅中站立，面对电视机默哀。

这次地震震级高，专家说相当于 400 颗原子弹爆炸的能量，波及广，我们郑州也有感觉。那天我正午后小憩浅睡，被衣柜玻璃门震动的响声惊醒，很诧异，欠起身看了看，以为是风吹动的。二个小时后知道是四川地震了。

11 月 12 日

6 日赴上海参加华东师大先秦诸子研究中心主办的庄子国际学术研讨会，正平与我同行。我在会上作了"庄子思想的历史定位"的发言。还去探望了三弟，他身体一直不好，不到六十岁就退休了，近二年有所好转。11 日返回郑州。

2009 年 9 月 20 日 ~ 11 月 1 日

小明 10 月 29 日要离开广州移居加拿大，他估计此去二三年方能回来。我和正平就决定在他临行前去广州住一个月。此段时间郑州夏季已过，进入秋凉，广州还是炎热的夏天。今年我和正平过了两个夏天。

12 月 20 日

2003 年 11 月开始操作的国家社科基金课题《儒学的现代命运》，今天完成。课题原定 2006 年完成（25 万字专著），因为内容有较大扩展（现为 49 万字），2006、2007 年两次申请延期。国家社科基金办公室批示，2009 年底必须完成，否则撤项。

今日课题虽然完成，实际上还有一个论题（"后人类"）未及撰成，待来日再作考虑。

2010 年 1 月 23 日 ~ 3 月 21 日

此间和正平一起去广州过春节。

4 月 9 日

院老干部处党总支组织党员考察新农村建设，去新乡刘庄参观。自 20 世纪 50 年代以来，刘庄一直是河南乃至全国的模范农村，80 年代我曾去参观，人均收入、居住条件的生活水平，令人羡慕不已。这次更是如此。每家都住三层楼 470m² 的别墅，可抗十级地震，家具、电器设备十分高档，何时全国农村都能这样！

6 月 4 ~ 11 日

应正平三姑和西平妹的邀请，和正平一起乘火车去上海参观世博会。崔岩一家三人也乘飞机到了上海。世博会上人山人海，十分拥挤，几乎每个国家馆都要长时间排队才能进入。沙特馆需排队 9 个小时，那里有个世界最大的球面 3G 影幕，吸引了最多的参观者，我们没有去。但我们凭有七十岁以上老年身份证，从"绿色通道"用三天时间，还是较顺利地参观了 20 多个国家馆、主题馆。当然也都是走马观花、草率地参观的。

9 月 18 日

我院老干部处每年都要组织两次退休职工外出旅游。春季一次选择较近的景点，往返一天时间；秋季的一次二天时间，可以走得远一点。这次去信阳，游玩南湾湖、鸡公山。晚上住在鸡公山上农家旅馆。鸡公山上有座抗战时蒋介石指挥保卫武汉战役的行营，保存修葺得尚好。还有座活佛（济公）禅寺，已破败不堪。

2011 年 3 月 7 日

去年 10 月底和正平一起去广州，今日方回。这次在广州过了四个月。往年去广州皆是春节前才去，春节后不久即回，往返一个多月。这次去广州的时间较早，住的时间也较长，其缘故是为看亚运会。本届亚运会 11 月在广州举行，正平很喜欢看体育比赛，所以十月底就去了。

5 月 19 日

今年上半年的旅游，是参观 5 月 1 日才开放的中原福塔和前些年就已开张招揽旅客的"大宋·东京梦华"演出。

中原福塔高 388 米，全钢结构，号称世界第一高钢塔，是河南广播、电视信号发射塔，兼有旅游观光、餐饮购物的功能。其中三层四层间的圆筒全景画馆，是一副高 20 米、长 176 米的巨幅油画。由多名画家、教授历时六年创作而成，展现河南历史和十八个省辖市的人文、自然风光。由声光电特技烘托，颇为壮观。

《东京梦华》是在开封清明上河图皇家园林区的景龙湖上，利用固有亭台楼榭、水系桥廊的歌舞剧。由九阙宋词和一幅《清明上河图》串联画面，每年 3 ~ 11 月晚上上演，更凸显声光电的现代科技效果，全剧共 70 分钟，由 700 多名演员参与表演，展示宋代历史兴衰和社会生活画面，颇能唤起观众的思考与共鸣。

7 月 29 日

本月 16 ~ 18 日，我们全家七人回安徽六安老家一次。焱子一家三人 16 日下午从广州乘飞机到合肥，小明 12 日从加拿大回到北京，玮祯去北京相会，他俩一起 15 日到上海，16 日从上海到合肥。我和正平是 15 日就到了合肥。17 日下午在四弟大忠和六弟崔捷陪同下回到六安。18 日下午回到合肥，晚上，我和正平就乘车返郑州，小明和玮祯也一同来郑州。焱子一家于 19 日去南京、杭州旅游。小明、玮祯 28 日乘飞机离郑回广州。

在合肥，亲人们举行了两次聚会，多年前在合肥只有姐姐一家，现在四弟、六弟全家也定居合肥了，共有 30 多人，聚会很热闹。

在六安，18 日我们全家在四弟、六弟、两位妹妹和妹婿陪同下去位在崔大庄后山上的父母坟墓前祭奠，又去莲花庵镇上的旧居看望。旧居现在只有三间堂屋，其他旧屋皆已倒塌被清理，不复存在。

10 月 19 日

17、18 两日，院老干部处组织今年第二次旅游，去南阳武侯祠、丹江水库。

南阳武侯祠，唐代就已知名，宋元明清皆有修葺。新中国也多次维修。现存祠内匾额楹联，题写年代多为清代、民国人士。山门"武侯祠"三字为明崇祯七年南阳知府所书，是为最早。丹江水库是南水北调工程中路供水的源头，水库周边 800 里，水深 175 米，向河南北部、河北、北京、天津供应饮用水，2014 年建成。我们乘汽船在水库中航行 2 小时，水面平静辽阔，水质清澈。导游介绍，工程已进行了几十年，为修建丹江水库，处在库区的淅川有数十万人需搬迁，早期移民 20 万，一次性外移西部边区，遭受了许多困苦。现在到了后期，国家有财力，对迁移民众的政策优越多了。淅川人为丹江水库作了贡献，付出了牺牲。

11 月 18 日

10 ~ 15 日去北京参加母校（人民大学哲学系）建系（现在称哲学学

院）55 周年庆祝会。见到了许多自 1961 年毕业后 50 年没有见过面的老同学，特别是我大学时期最好的朋友金继业，他现已在辽宁大学退休。会后，还参观了电影博物馆、中国大剧院、鸟巢等北京新建筑。

正平与我同行。我开会的两天，她去会见了她大学、中学的在京老同学。

我们在大富弟家里住了两宿。

2012 年 2 月 22 日（农历壬辰年二月初二）

去年 12 月 4 日我患脑出血，住了 45 天医院神经外科、神经内科。当时的情景我已毫无记忆，据老伴事后对我描述，3 日我就表现出不正常，显得很疲惫，对周围事物不感兴趣，看世界男排竞赛，也打瞌睡。恶心、呕吐、大小便不能控制。

我先是住在离家最近的郑州市第五医院，一站路程。住在重症监护室四天四夜。12 月 8 日后转往河南省人民医院。办得还较顺利，多亏崔岸的一位很要好的冀姓朋友，在多伦多大学教书，其父是省农业厅厅长，与卫生厅厅长从小就是同乡好伙伴，他从加拿大给卫生厅厅长打来一个电话，转院就解决了。先是住在河南省医院神经外科，元月 5 日转到神经内科，内科主任医师胡亚美，三十年前社科院文学所所长胡世厚的女儿。现在的中国社会生活，还是被儒家文化传统笼罩，是人情社会，有熟人就好办事。

元月 19 日从神内出院回家。出院时医生告诫，像我这样年龄、职业的人，患此病一般都需要三个月至半年才能复原。

我患病期间，岩儿三次回家来探望、照料，张飒也回来两次，春节时岩儿还带着妻儿驾车回郑州过儒家生活方式中的这个最隆重的节日。据正平说，第一次回来是在 12 月 4 日零时，他下了飞机后直接乘出租车来到了郑州第五医院，住了两周的时间。第二次是 12 月 28 日，他从北京开完会返广州时，中途在郑州停留一下，还专门到省医院去看望我。第三次是元月 16 日，他驾车载着妻儿从广州来郑州，中间在株洲留宿一晚，将张程放下，次日到郑州时天色已暗，他将车径直开到省医院神内科，与正平遇齐，先去看望我。岩儿一行元月 26 日（初四）离郑州返广州。岩儿回来后，有了车，17～19 三日，我都是每天下午回到家里，次日九时前赶回医院。

我患病期间，四弟和六弟还在初二清晨乘火车来看望我，初二晚上又乘车回合肥了。两位弟弟带来了很多六安、合肥的土特产，还有两只鳖。大姐和崔敏也多次打来电话，表示要来探望，都被正平婉拒了。

4 月 16 日

前天，玮祯在美国洛杉矶产下一个男婴。岸儿给他取名摩根·子瀚·崔。岸儿还用电脑视频传来几张赤裸的照片。一张是睡在婴儿称上，显示是 6 公斤（此时的崔大华头脑已不清晰了，足见疾病对他的摧残——崔大华夫人李正平注）。另张是侧躺着，腿显得很长，在哭。还有两张是裹在襁褓里。姑奶奶看了，都很高兴，每人给了一个 2000 元的红包，说这是一代新人。我想，这是我的孙子收到的第一笔财产——三位姑奶奶和小奶奶给予的 8000 元（正巧那几天大姐、崔大玉、崔敏和夏红四人一起来郑州看望崔大华——崔大华夫人李正平注）。

崔大华先生学行简谱

1938 年

12 月 3 日（农历十月十二）出生于安徽省六安县南岳庙区分路口乡莲花庵村（今安徽省六安市裕安区分路口镇莲花庵村）。父亲崔进三，母亲周仁芝。兄弟姐妹 9 人，先生是家中长子。

1950 ~ 1956 年

就读安徽六安中学。

1956 ~ 1961 年

就读中国人民大学哲学系辩证唯物主义和历史唯物主义专业，本科毕业。

1961 ~ 1962 年

河南医学院马列教研室助教。

1962 ~ 1972 年

到河南商丘第一高中做教员，教过语文、政治、历史。

1964 年

报考侯外庐先生的研究生，因政审不合格，未被录取。

1972～1978 年

在河南商丘师范学校、商丘师专做教员。因喜欢庄子，做过大量读书笔记。

1978 年

本年考取侯外庐先生的研究生，就读中国社会科学院研究生院历史系中国思想史专业，因侯先生身体不好，由邱汉生先生指导，事实上张岂之先生亦具体参与指导，使先生受益良多。

5 月 写成一篇关于先秦思想发展进程的文章，2.4 万字。

8 月 25 日 考虑撰写关于庄子的论文，认为"庄子的思想主要应是人生观的虚无主义和认识论的相对主义。庄学对后代的影响应从哲学思想、宗教（道教）和文学这三方面来考察"。

8 月 27 日 修改论文《评〈简明中国哲学史（修订本）〉》，将其压缩至 1.5 万字。后收入《哲学研究》编辑部编的《中国哲学史文集》，由吉林出版社于 1979 年出版，以"周问石"笔名发表。

9 月 3 日 考虑写一篇关于庄子的论文："思考庄子：庄子是个否定的最古老渊源，饮此源的水，长出来的是草，也有花。这也许是我这篇文章的中心思想。"

9 月 24 日 去邱汉生先生家，谈毕业论文选题一事。老师建议他在宋明理学中选题，并为他选定陆学。他原本想写庄子，只能先放下，日记中说："我只好暂时放弃《庄子》，由道家唯心主义走进儒家唯心主义。"

1980 年

2 月 为通史考试写出《释"国人"》，经邱汉生先生推荐，发表在《历史教学》1980 年第 2 期。

3 月 12 日 开始硕士论文《陆九渊》的初稿写作。

4 月 这一年从 4 月起以"问石"的笔名在《读书》发表札记 20 则，分别发表在《读书》1980 年第 4～7、12 期。

5 月 2 日 经过一个多月，硕士论文写了近四万字。

10 月 24 日 硕士论文《南宋陆学》从 1980 年 3 月 12 日动笔，历时半年多写作完成，约 12 万字。

12 月 13 日 《南宋陆学》誊写完毕，共 14 万字。自述："在这篇长文中，我竭力做到三点：一是把陆九渊写活，勾画出这个学派的本来面目，辨析它和朱学、和禅学的异同；二是综合使用思想史的三种描述方法；三是引进或运用现代科学、哲学的理论成就。"

1981 年

6 月 22 日 毕业论文答辩。自述："上午去所里进行我的毕业论文答辩。我的《南宋陆学》受到张岱年先生、邱（汉生）先生很好、很高的评价，两年来的劳动初次得到认可，这使我很高兴，并想了一番，决定在《南宋陆学》的扉页题写四句话：风雨尘土四十年，黄券雌石六百天。前贤心事浩渺宇，吹扫（洗）翳霭现（见）真明。"

9 月 《南宋陆学（提要)》发表在《学习与思考》（《中国社会科学院研究生院学报》的前身，双月刊) 1981 年第 5 期。

9 月 21 日 参加中国社会科学院研究生院 1978 级研究生毕业典礼。

10 月 分配到中国社会科学院历史研究所思想史室从事科研工作。

1982 年

6 月 论文《"儒教"辨》发表在《哲学研究》1982 年第 6 期。

10 月 论文《说"阳儒阴释"》发表在《中国哲学史研究》1982 年第 4 期。

调入河南省社会科学院哲学研究所从事科研工作。

11 月 25 日 打算继续他的庄子研究："今天开始研究拟写庄子、庄学。我对庄子有种亲切的感觉，有种乡谊，他老夫子生老病死在商丘，我的青春年华也是在商丘度过的。"

1983 年

3 月 论文《中国古代历史变迁思想的构成》发表在《文史哲》1983 年第 3 期。

10 月　论文《张九成的理学思想及其时代影响》发表在《浙江学刊》1983 年第 3 期。

11 月　论文《董仲舒的春秋公羊学》发表在《学习与思考》1983 年第 6 期。

1984 年

1 月　论文《人不是马克思主义出发点》发表在《哲学研究》1984 年第 1 期，后被人大复印资料转载，发表在《哲学原理》1984 年第 2 期。

3 月 27 日　为参加 1984 年的洛学研讨会，撰写一篇关于"二程"的论文。

4 月　撰写《宋明理学史》上卷三章（陆九渊、陆九渊弟子、张九成，第 9、19、20 章）共 4 万字，人民出版社于 1984 年 4 月出版。

5 月　论文《二程与宋明理学》发表在《中州学刊》1984 年第 5 期。

硕士论文《南宋陆学》由中国社会科学出版社出版。

1985 年

4 月　论文《陈献章的江门心学》发表在《中国哲学史研究》1985 年第 2 期。

7 月　论文《简谈庄子思想对中国文学发展的巨大影响》发表在《商丘师专学报》1985 年第 2 期。

1986 年

1 月　论文《庄子的人生哲学及其在中国文化中的作用》发表在《哲学研究》1986 年第 1 期。

2 月　《庄子歧解》完稿，交出版社。

3 月　论文《江门心学述评》发表在《中州学刊》1986 年第 2 期。

准备《庄子研究》的写作（《庄子研究》即《庄学研究——中国哲学一个观念渊源的历史考察》——编者注）。自我要求："能否具有新的理论观念背景是这本书的成败关键。我的准备工作首先就是从这里开始：温习西方、印度哲学史，熟悉一下当代理论思潮，考察这几年中国哲学史

（特别是庄子部分）的进展。"

5 月 2 日 构思《庄学研究》："探寻是什么原因产生了庄子对已形成的文化采取了那激烈的否定和批判的态度；而这种否定的态度为何却对以后的中国文化发展起了实际上是有益、消毒剂、抗腐剂的作用？"

8 月 24 日 完成《庄学研究》的第一部分：对庄周和《庄子》的考证。

1987 年

2 月 论文《庄子思想的文学特质及其影响》发表在《文史哲》1987年第 2 期。

2 月 5 日《庄学研究》的进展和打算："春节过后，开始对《庄学研究》的第二部分构思：庄子思想研究。大体准备分两步走：第一，在《庄子》本文的基础上，形成一个理论的、逻辑的框架或结构，能将《庄子》装进并展开；第二，为这个框架或结构选择、拼排一个较宽阔的背景。这似乎像是为一幢建筑搭脚手架，同时考虑在它周围应建的辅助设施和应栽的花草树木。"

8 月 撰写的《宋明理学史》下卷由人民出版社出版，内容分别是第六章"陈献章的江门心学"，第七章"湛若水对江门心学的发展与江门心学的学术归向"。

1988 年

7 月 论文《中国传统思想伦理道德特质形成的比较分析》发表在《孔子研究》1988 年第 3 期。

12 月《庄子歧解》一书由中州古籍出版社出版。

1989 年

3 月 论文《理学衰落的两个理论因素》发表在《哲学研究》1989年第 3 期。

6 月 参与编写的《中国历史大辞典·思想史卷》（26 条）由上海辞书出版社出版。

7 月 论文《五四的文化选择与今天的精神建设》发表在《中州学刊》1989 年第 4 期。

8 月 17 日 《庄学研究》初稿全部完成。从 1986 年 3 月正式开始研究，总共历时三年半。

1990 年

1 月 论文《中国思想史领域的一位开拓者》发表在《高校社会科学》1990 年第 1 期。

4 月 论文《庄子思想的文学特质》发表在《黄淮学刊》（前身是《商丘师专学报》，1989 年更名）1990 年第 2 期。

5 月 论文《庄子思想与道教的理论基础》发表在《哲学研究》1990 年第 5 期。

5 月 24 日 完成《庄学研究》的修改、誊写工作。

7 月 论文《老庄异同论》发表在《中州学刊》1990 年第 4 期。

10 月 被评为河南省优秀专家。

11 月 15 日 开始撰写《儒学研究》（即《儒学引论》——编者注）。崔先生对自己的要求："我觉得以往探究儒学的论著，对儒学形成的精神渊源、过程论述得不够具体、贴切，我将较深入地研读尚书、诗经、易经及基本的甲骨、金文材料，以阐述殷周之际的思想观念变迁；较深入地研读《左传》《国语》，以明了孔子思想的观念背景。试图在本书第一个论题（儒学形成）——一个陈旧的标题下做出具有新的内容的文章。"

12 月 论文《试论中国传统思想伦理道德特质的形成、价值和缺弱》在《中国文化与中国哲学》（1988 年号）一书中发表，由生活·读书·新知三联书店出版。

1991 年

1 月 论文《庄子思想与中国佛学的发展》发表在《中国社会科学》1991 年第 1 期（1991 年第 4 期英文版）。

4 月 论文《庄子故里的国属问题》发表在《黄淮学刊》1991 年第 2 期。

7 月　论文《庄子思想与魏晋士风》发表在《安徽大学学报》（哲学社会科学版）1991 年第 3 期。

1992 年

7 月　书评《对一个时代课题的思考——评介〈儒学·理学·实学·新学〉》发表在《西北大学学报》（哲学社会科学版）1992 年第 3 期。

专著《庄学研究——中国哲学一个观念渊源的历史考察》由人民出版社出版。

8 月　论文《庄子思想与两晋佛学的般若思想》发表在《道家文化研究》第二辑。

10 月　享受国务院政府特殊津贴。

1993 年

10 月　论文《老子故里问题》发表在《周口师专学报》1993 年第 4 期。

论文《宋代理学及其回应》发表在中国台湾《孔孟月刊》32 卷第 2 期。

论文《老庄异同论》收录在《老子与中华文明》，由陕西人民出版社出版。

11 月　论文《我国当前腐败现象的存在根源与治理对策》发表在《中州学刊》1993 年第 6 期。

1994 年

1 月　论文《〈易传〉的宇宙图景与三个理论层面》发表在《中州学刊》1994 年第 1 期。

4 月　论文《经学之训诂》发表在中国台湾《经学研究论丛》19 辑，由圣环图书公司出版。

被评为河南省劳动模范。

7 月　论文《本世纪的老子研究》发表在《河南社会科学》1994 年第 4 期。

11 月　论文《论经学的历史发展》发表在《中国社会科学院研究生院学报》1994 年第 6 期。

1995 年

1 月　论文《道家思想及其现代意义》发表在《文史哲》1995 年第 1 期。

3 月　论文《儒家道德精神与我国现代化进程》发表在《齐鲁学刊》1995 年第 2 期。

6 月　论文《墨子：中国文化源头上的一位巨人》发表在《黄淮学刊》1995 年第 2 期。

1996 年

3 月　论文《超越经学》发表在《中州学刊》1996 年第 2 期。

论文《侯外庐学术思想的理论特色与时代精神》发表在《中国哲学》第 17 辑。

5 月　论文《论经学之训诂》发表在《中国文化研究》1996 年夏之卷。

7 月　应中国台湾邀请参加刘宗周学术研讨会。

11 月　论文《论〈礼记〉的思想》发表在《中国哲学史》1996 年第 4 期。

1997 年

1 月　论文《理学形成的两个理论支点》发表在《开封大学学报》1997 年第 1 期。

5 月　论文《刘蕺山与明代理学的基本走向》发表在《中州学刊》1997 年第 3 期。

8 月　论文《论理学之消化佛学》发表在《中国文化研究》1997 年秋之卷。

11 月　论文《中国大陆的老子研究》发表在《哲学与文化月刊》324 卷第 11 期。

1998 年

1 月　论文《儒学的最初传授》发表在《益阳师专学报》1998 年第

1 期。

5 月 论文《刘宗周与明代理学的基本走向》发表在中国台湾《刘蕺山学术思想论集》。

9 月 论文《新理学的理论品格》发表在《中州学刊》1998 年第 5 期。

12 月 13 ~ 18 日 赴中国香港参加了由中华炎黄文化研究会、香港中文大学、香港中华文化促进中心联合主办的"中华文化与二十一世纪"学术研讨会，为研讨会提供的论文是《二十世纪的中国儒学》。

12 月 31 日 《儒学引论》完稿，崔先生自述："书稿从 1990 年 11 月 15 日开始动笔，至今已整整 8 年的时间！这一课题于 1992 年申请立项为国家社会科学基金课题，获 1 万元资助。1996 年主体部分完成后结项，扫尾工程《理学的衰落之回应》及总结语又进行了两年。"

1999 年

5 月 论文《庄子：中国传统文化的自然主义源头》发表在《教学与研究》1999 年第 5 期。

9 月 6 ~ 19 日 赴加拿大作学术交流。

10 月 6 ~ 10 日 赴京参加国际儒联举办的"纪念孔子诞辰 2550 周年大会"及"儒学与二十一世纪人类社会的和平与发展"学术研讨会，为大会提供的论文是《儒学面临的挑战》。在国际儒联第二届会员大会上，被选为国际儒联理事。

2000 年

1 月 论文《二十世纪中国儒学的贡献和理论进展》发表在《中州学刊》2000 年第 1 期。

论文《儒学面临的挑战》发表在《孔子研究》2000 年第 1 期。

10 月 11 ~ 14 日 赴武夷山参加纪念朱熹逝世 800 周年的"朱子学与 21 世纪"学术研讨会。

2001 年

1 月 杂文《获得魔力以后》以笔名"可雨"发表在 19 日的《河南

日报》上。

6 月 论文《中国传统文化的中原之根》发表在《许昌师专学报》（社会科学版）2001 年第 6 期。

9 月 专著《儒学引论》由人民出版社出版，收入"哲学史家文库"。

2002 年

3 月 论文《人与自然关系的儒学选择》发表在《中州学刊》2002年第 2 期。

10 月 12～15 日 赴西北大学参加侯外庐先生百年诞辰学术研讨会，作了《外庐先生和汉生先生的学术友谊》的发言。

12 月 《儒学引论·自序》发表在《国际儒学研究》2002 年第 12 辑。

2003 年

9 月 国家社会科学基金课题"儒学的现代命运"获批。

10 月 6 日 赴桂林参加梁漱溟先生 110 周年诞辰学术研讨会。

11 月 3～9 日 去北京参加由中国社会科学院历史研究所主办的纪念侯外庐百年诞辰暨中国思想史学术研讨会，在会上做了《20 世纪中国哲学史诠释模式变迁》的发言。

12 月 合著《道家与中国文化精神》由河南人民出版社出版。

2004 年

1 月 论文《20 世纪中国哲学诠释模式的变迁》发表在《文史哲》2004 年第 1 期。

任国际儒联第三届理事会理事。

7 月 论文《刘宗周与明代理学的基本走向》发表在《新哲学》第一辑。

8 月 7～12 日 赴马来西亚参加由马来西亚孔学研究会主办，大陆和台湾诸多儒学研究团体协办的第一届儒学国际学术研讨会，主题是"忠恕之道促进世界和平"。为会议提供的论文是《全球伦理的儒学资源》。

9 月 论文《梁漱溟：一种文化自觉》发表在《孔子研究》2004 年

第 5 期。

10 月 19 ~ 28 日　赴安徽大学参加关于哲学前沿问题的学术会议，在会上作《20 世纪中国哲学史诠释模式的变迁》的发言。

11 月 3 ~ 6 日　在焦作市参加"中国首届许衡学术研讨会"，在会上作了《思想史视野中的许衡》的发言。

被评为河南省老干部先进个人。

12 月 13 ~ 20 日　去江西参加由南昌大学江左思想研究中心、江西金溪县政府等单位举办的陆象山思想研讨会，在会上作了《论朱陆之争》的发言。此外，在陆象山故里金溪县疏山寺举办的演讲会上，讲述了陆象山的独特思想性格，评论朱子对陆象山的三点批评，以此回答主持人提出的两个问题：陆象山的读书方法，陆象山与佛禅的关系。

2005 年

3 月　论文《论朱陆之争》发表在《东华理工学院学报》（社会科学版）2005 年第 1 期。

4 月　论文《思想史视野中的许衡》发表在《学习论坛》2005 年第 4 期。

10 月　《庄学研究》由人民出版社重印并被列入"哲学史家文库"。

11 月 20 ~ 24 日　应南京大学中国思想家研究中心邀请，赴南大给该中心的博士、硕士研究生讲述宋明理学（两次），与中心科研人员座谈，介绍对现代儒学研究的构想，并接受了中心兼职教授的聘请。

2006 年

1 月　论文《儒学的一种缺弱：私德与公德》发表在《文史哲》2006 年第 1 期，本文的英文版发表在《中国哲学前沿》第 2 卷第 4 期。

2007 年

6 月 25 ~ 27 日　到武汉大学参加第十五届国际中国哲学大会。

7 月　论文《关于庄子的两个问题》发表在《求实》2007 年第 4 期。

12 月　论文《儒家社会生活中的宗教宽容》发表在《诸子学刊》第一辑。

2008 年

2 月　论文《人生终极的理性自觉》发表在《孔子研究》2008 年第 2 期，本文的英文版发表在《中国哲学前沿》第 4 卷第 3 期。

论文《全球伦理的儒学资源》发表在《学习论坛》2008 年第 2 期。

4 月 18～24 日　到武汉参加华中师大道家道教研究中心和香港青松观全真道研究中心联合举办的"全真道与老庄学国际学术研讨会"。

11 月 6～11 日　去上海参加华东师大先秦诸子研究中心主办的庄子国际学术研讨会，在会上作了《庄子思想的历史定位》的发言。

2009 年

6 月　论文《论明末儒者的天主教选择》发表在《诸子学刊》第二辑。

任国际儒联第四届理事会顾问。

12 月 20 日　完成《儒学的现代命运》，从 2003 年 11 开始撰写，历时 6 年。这项课题原定 2006 年完成，因为内容有较大扩展，曾经两次申请延期。

12 月　论文《庄子思想的历史定位》发表在《诸子学刊》第三辑。

2010 年

12 月　论文《儒家思想特质的形成：两次观念蜕变》发表在《诸子学刊》第四辑。

2011 年

3 月　论文《最后的坚守——后人类文化思潮中的儒学立场》发表在《孔子研究》2011 年第 3 期。

8 月　论文《儒学的根本价值》发表在《光明日报》2011 年 8 月 29 日国学版，后被《新华文摘》2011 年第 24 期转载。

2012 年

3 月　论文《人与自然关系的儒学选择》发表在《诸子学刊》第

六辑。

专著《儒学的现代命运——儒家传统的现代阐释》由人民出版社出版，收入"哲学史家文库"。

旧作《庄子歧解》（修订版）由中华书局再版。

10 月 14 日 由河南省社会科学院主办的"《儒学的现代命运》出版暨崔大华先生学术思想研讨会"在郑州举行，先生抱病参加。

2013 年

11 月 25 日 病逝于广州中山大学第一附属医院。

12 月 论文《章炳麟的儒学观》（遗作）发表在《中州学刊》2013年第 12 期，并收录在中国人民大学复印报刊资料《中国哲学》2014 年第三期。

《崔大华全集》 出版后记

2019 年 3 月，河南省社会科学院哲学与宗教研究所计划以《崔大华全集》（以下简称《全集》）的形式，出版崔大华先生已发表的论著和未发表但具有较高学术价值的作品。这项计划得到河南省社会科学院院长谷建全研究员和院领导班子的高度重视与大力支持。其后，哲学与宗教研究所原所长王景全研究员组织科研人员投入资料搜集整理工作中。我们除了向出版社提供崔先生已出版的专著（《南宋陆学》《庄子歧解》《庄学研究——中国哲学一个观念渊源的历史考察》《儒学引论》《儒学的现代命运——儒家传统的现代阐释》）、合著（《道家与中国文化精神》）和论文集（《中国传统社会思想的理路及当代价值》）外，还通过各种方式，将崔先生发表在正式期刊、辑刊、内部刊物、海外刊物上但未收入论文集的 18 篇论文以及《宋明理学史》与《中国历史大辞典·思想史卷》中由他撰写的部分整理出来。在崔先生夫人李正平老师的协助下，我们还整理了崔先生写于 20 世纪 70 年代的随笔《佳羽集》和短文《雕朽集》，并从他的书信底稿中整理出 165 封书信，选 105 封收入《全集》。李正平老师还提供了崔先生不同时期的照片 100 多幅，我们选 40 多幅作为《全集》正文前的插图。

《全集》由社会科学文献出版社出版。经过紧张的编辑、排版和校对工作，《全集》的样书于 2019 年 11 月印出，并作为河南省社会科学院建院 40 周年庆典书目展览。进入 2020 年，由于新型冠状病毒肺炎疫情等不可抗因素，出版进度受到影响，但是《全集》的校对、修改工作仍继续进行。2021 年 5 月中旬，我们收到出版社发来的校样稿，哲学与宗教研究所负责人潘世杰副研究员组织七名科研人员分工校对，其中：赵胤校对第一卷，高丽杨校对第二卷，徐幼萍校对第三卷，赵志浩校对第四卷，宋艳琴校对第五卷，王思远校对第六卷，代云校对第七卷。最后再由代云对所有校对结果进行汇总、整理与完善。校对结果于2021年7月中旬向出版社反馈。

《全集》的编纂与出版得到各界人士的大力支持和无私帮助。湖南大学姜广辉先生提供了崔大华先生早年多幅照片的有关信息；西南大学高秀昌教授将崔先生发表在海外的论文拍照传给我们，并就《全集》整理、编纂中存在的问题提出了具体的指导意见；河南大学张枫林博士提供了崔先生在河南大学主持研究生答辩时的照片；河南省社会科学院杨海中研究员、丁巍研究馆员就崔先生早年的两张照片提供了详细的信息；河南省儒学文化促进会副会长周桂祥先生和常务理事李若夫教授提供了崔先生参加河南省儒学文化促进会相关活动的照片与文章；人民出版社方国根编审、大象出版社卢海山副编审、西南民族大学杨翰卿教授、上海师范大学张永超教授、遵义医科大学袁永飞博士、河南省哲学学会会长梁周敏教授、郑州航空工业管理学院鲁庆中教授、河南省社会科学院刘勇研究员与周全德研究员对于《全集》的编纂工作也提出了有益的意见。此外，在两年多的时间里，河南省社会科学院领导一直关心并多次过问《全集》的进展情况，院办公室、科研处、文献信息中心积极给予支持；社会科学文献出版社诸位领导和编辑也付出了辛勤的劳动。在此，我们对大家的积极帮助和支持，表示诚挚的谢意！

编者

2021 年 7 月

图书在版编目（CIP）数据

崔大华全集：全七卷／崔大华著. -- 北京：社会
科学文献出版社，2022.5（2023.2 重印）
ISBN 978 - 7 - 5201 - 5752 - 0

Ⅰ.①崔…　Ⅱ.①崔…　Ⅲ.①古代哲学 - 中国 - 文集
Ⅳ.①B21 - 53

中国版本图书馆 CIP 数据核字（2021）第 048856 号

崔大华全集（全七卷）

著　　　者／崔大华

出 版 人／王利民
组稿编辑／任文武
责任编辑／王玉霞　李艳芳
责任印制／王京美

出　　　版／社会科学文献出版社·城市和绿色发展分社（010）59367143
　　　　　　　地址：北京市北三环中路甲 29 号院华龙大厦　邮编：100029
　　　　　　　网址：www. ssap. com. cn
发　　　行／社会科学文献出版社（010）59367028
印　　　装／北京虎彩文化传播有限公司

规　　　格／开本：787mm × 1092mm　1/16
　　　　　　　印张：268.125　插页：1.625　字数：4157 千字
版　　　次／2022 年 5 月第 1 版　2023 年 2 月第 3 次印刷
书　　　号／ISBN 978 - 7 - 5201 - 5752 - 0
定　　　价／980.00 元（全七卷）

读者服务电话：4008918866